H. Plessner

Politik – Anthropologie – Philosophie

Übergänge Band 40

Übergänge

Texte und Studien zu
Handlung, Sprache und Lebenswelt

herausgegeben von

Wolfgang Eßbach
Bernhard Waldenfels

Band 40

Helmuth Plessner

Politik – Anthropologie – Philosophie

Aufsätze und Vorträge

Herausgegeben von
Salvatore Giammusso und
Hans-Ulrich Lessing

In Zusammenarbeit mit dem
Istituto Italiano per gli Studi Filosofici,
Napoli

Wilhelm Fink Verlag

Die Deutsche Bibliothek – CIP-Einheitsaufnahme

Plessner, Helmuth:
Politik – Anthropologie – Philosophie: Aufsätze und Vorträge /
Helmuth Plessner. Hrsg. von Salvatore Giammusso und Hans-Ulrich Lessing –
München: Fink, 2001
  (Übergänge; Bd. 40)
  ISBN 3-7705-3516-2

Das Werk einschließlich aller seiner Teile ist urheberrechtlich geschützt. Jede Verwertung außerhalb der engen Grenzen des Urheberrechtsgesetzes ist ohne Zustimmung des Verlages unzulässig und strafbar. Das gilt insbesondere für Vervielfältigungen, Übersetzungen, Mikroverfilmungen und die Einspeicherung und Verarbeitung in elektronischen Systemen.

ISBN 3-7705-3516-2
Satz: Albert Schwarz, Paderborn
© 2001 Wilhelm Fink Verlag, München
Herstellung: Ferdinand Schöningh GmbH, Paderborn
Umschlagentwurf: Heinz Dieter Mayer

Inhaltsverzeichnis

Salvatore Giammusso/Hans-Ulrich Lessing
Einleitung   7

I. Kultur – Politik – Ästhetik

Vom abendländischen Kulturbegriff.
(Anläßlich der Umbildung der Universität Konstantinopel.)   25

Die Untergangsvision und Europa   33

Staatskunst und Menschlichkeit   47

Politische Kultur. Vom Wert und Sinn der Staatskunst
als Kulturaufgabe   51

Politische Erziehung in Deutschland   57

Wiedergeburt der Form im technischen Zeitalter   71

Das Problem der Klassizität für unsere Zeit   87

Zur Genesis moderner Malerei   100

II. Philosophische Anthropologie und Soziologie

Hören und Vernehmen   113

Sinnlichkeit und Verstand. Zugleich ein Beitrag
zur Philosophie der Musik   119

Tier und Mensch   144

Das Problem der menschlichen Umwelt   168

Nachwort zu Ferdinand Tönnies   176

Philosophische Anthropologie   184

Über die allgemeine Bedeutung des Normativen
in der Lebensbewältigung 190

Spiel und Sport 199

Die Gesellschaft und das Selbstverständnis des Menschen –
Philosophische Aspekte 210

III. Philosophie

Über die Rätselhaftigkeit der Philosophie 217

Lebensphilosophie und Phänomenologie 231

Offene Problemgeschichte 256

Adornos *Negative Dialektik*. Ihr Thema mit Variationen 265

Carl Friedrich von Weizsäckers Studien *Die Einheit der Natur* 282

Zum Verständnis der ästhetischen Theorie Adornos 286

IV. Erinnerungen

Ad memoriam Edmund Husserl (1859-1938) 297

In memoriam Hans Driesch 304

Unsere Begegnung 311

In Heidelberg 1913 320

Die ersten zehn Jahre Soziologie in Göttingen 325

Totale Reflexion. Zum Tode Adornos 334

Erinnerungen an Max Scheler 337

Nachweise 347

Personenregister 351

Salvatore Giammusso/Hans-Ulrich Lessing

Einleitung*

Der vorliegende Band versammelt eine Reihe ausgewählter Arbeiten Helmuth Plessners, die die große Spannweite seines Denkens, sein ungewöhnlich breites intellektuelles Interesse widerspiegeln. Diese Texte sind nach systematischen Gesichtspunkten in vier Abteilungen zusammengestellt und jeweils in der Reihenfolge ihrer Veröffentlichung bzw. Abfassung angeordnet.

Die hier vorgelegte Sammlung ist eine Auswahl aus der Vielzahl der nicht in die Ausgabe seiner *Gesammelten Schriften*[1] aufgenommenen Texte Plessners. Entscheidendes Kriterium für die Aufnahme war einerseits die Bedeutung eines Textes für das Verständnis von Plessners Denken oder die Vergegenwärtigung nur wenig bekannter Aspekte seines Werks, aber andererseits auch seine allgemeinere, systematische oder historisch-biographische Relevanz. Die Arbeiten umfassen einen Zeitraum von mehr als sechzig Jahren und repräsentieren damit alle Phasen seines Lebenswerks. Der größte Teil der aufgenommenen Texte wurde bereits – zum Teil an entlegener Stelle – veröffentlicht, ein kleinerer Teil entstammt dem Groninger Nachlaß Plessners.

I. Kultur – Politik – Ästhetik

Der erste Teil der vorliegenden Edition präsentiert eine Auswahl der wichtigsten frühen kulturkritischen sowie der ästhetischen Arbeiten von Helmuth Plessner. Er enthält Aufsätze und Vorträge, welche eine Fülle von Materialien anbieten, die sich von der Geistesgeschichte bis zu einer typologisierenden Soziologie erstrecken. Sie belegen Plessners Rezeption vieler Motive des Historismus und eine stets erneute ge-

---

* Der erste und der vierte Teil der Einleitung wurden von S. Giammusso, die Teile zwei und drei von H.-U. Lessing verfaßt, der auch die editorische Einrichtung der Texte besorgte.
[1] Gesammelte Schriften, hrsg. von Günter Dux, Odo Marquard und Elisabeth Ströker. 10 Bände. Frankfurt a. M. 1980–1985. Im folgenden zitiert als: GS, mit Bandnummer und Seitenangabe.

schichtsphilosophische Auseinandersetzung mit der Frage nach der europäischen Identität.[2]

Bereits 1916 entwickelt Plessner in dem Aufsatz *Vom abendländischen Kulturbegriff* einige Überlegungen zum Begriff der modernen Welt. Den eigentlichen Ansatzpunkt bildet die Frage einer Kolonialpolitik im Osten, die nicht unter dem Zeichen der Machtpolitik, sondern im Interesse einer Motivation zur europäischen Kultur steht. In diesem Zusammenhang bestimmt Plessner die westliche Lebensform als „Heraklitismus der Praxis". Mit diesem Begriff wird auf den Strukturwandel des Sinnes sozialer Betätigung hingewiesen: modern wird die Arbeit zum Selbstzweck und gilt somit als prinzipiell unabschließbar und grenzenlos. Für Plessner hängt diese halb sakrale Verselbständigung der Arbeit – Weber steht hierbei Pate – mit dem Geist des Luthertums zusammen, für den „das wirkliche Alltagsleben – in den vollen Kontrast zur himmlischen Überwelt gesetzt – die Bedeutung der Materie [gewinnt], die im unendlichen Prozeß steter Annäherung *geheiligt* werden muß".[3] Die protestantische Werkfreudigkeit markiert dann die eigentliche Zäsur zwischen der Daseinsform des modernen Westens und der orientalischen Kultur. Diese tendiert – dem Typus nach – zur Beschaulichkeit und bevorzugt abgeschlossene Formen; die moderne Welt rückt dagegen das Individuum in den Vordergrund, das sich in einer offenen, dem individuellen Glück gegenüber indifferenten Aufgabe eben als Individuum auflöst und eine neue Form der Befriedigung in der Teilnahme an einem grenzlosen Prozeß findet. Nicht nur der Typus des Industriellen und des Wissenschaftsmenschen, sondern der moderne, individuell autonome Mensch handelt und lebt in Hinblick auf eine nie ankommende Zukunft, in der die ganze Existenz ihren idealen Schwerpunkt findet. Modern wird dann die Zukunft zur tragenden Zeitdimension der Erfahrung.

Eben diese Richtung auf Zukunft ist, laut Plessner, für den Sieg der modernen Technik maßgebend. In *Die Untergangsvision und Europa* (1920) erkennt er in der Verbindung von protestantischem Geist und Technik die eigentliche Kluft zwischen der westlichen und der magisch disziplinierten orientalischen Welt. Die Anwendung von künstlichen Instrumenten wird dadurch modern, daß sie zum Mittel der Naturbeherrschung im Sinne einer stets zu erneuernden Heiligung der Materie verwendet werden. Es ist nicht zu übersehen, daß Plessner außerdem der modernen Technik eine geschichtsphilosophische Funktion zu-

---

[2] Vgl. dazu Salvatore Giammusso: Potere e comprendere. La questione dell'esperienza storica e l'opera di Helmuth Plessner. Milano 1995.
[3] Unten S. 29.

schreibt. Die Technik hat die Abstände verkürzt, gegenseitige Abhängigkeiten unter den verschiedensten Völkern hergestellt, Gemeinsamkeiten zustande gebracht, die ohne sie undenkbar gewesen wären: von diesem Gesichtspunkt aus hat sie dann den „Richtungssinn" der Menschheit im Sinne einer säkularisierten Universalität bestimmt. Dank des zukunftsorientierten technischen Geistes läßt sich von einer Universalgeschichte der ganzen Menschheit sprechen als einem Inbegriff der technikbedingten Beziehungen, wobei die verschiedenen Völker der Erde zur gemeinsamen Aufgabe der Kontrolle der Natur notwendigerweise aufeinander angewiesen sind.[4]

Auch der Aufsatz *Zur Genesis moderner Malerei* von 1958 beschäftigt sich mit der Frage nach dem Sinn der modernen Welt, diesmal aber aus dem Gesichtspunkt der Kunst und ihrer sozialen Funktion. Der Gedanke der Autonomie taucht auch in diesem Zusammenhang als grundlegende Kategorie der modernen ästhetischen Sphäre und der Moderne auf. Der Funktionswandel der literarischen Produktion und der Malerei, der mit der Renaissance stattfindet, geht laut Plessner den Weg einer Verselbständigung der die Proportionen der Natur wiedergebenden Bildlichkeit. Als solche ist sie ein Aspekt der allgemeinen Umdeutung der Welt, zu der auch die Reformation in einem analogen Sinn beiträgt. Beide Kulturformen konvergieren darauf, daß sie die Idee der Autonomie einführen, sowohl hinsichtlich der natürlichen Erscheinungen als auch in Hinblick auf die Innerlichkeit. Die Zäsur zum mittelalterlichen Katholizismus ist dadurch gesetzt: war für diesen die ganze Welt – Natur, Geist, Mensch – einem himmlischen Prinzip subordiniert, ein von oben regierter Kosmos, so entsteht nun das Neue dadurch, daß das Prinzip der Verselbständigung für jede einzelne Gestalt der Welt, ob Natur oder Geist, geltend gemacht wird. Daß die Kunst immer abstrakter in einer immer mehr offenen Gesellschaft wird, läßt sich also im Rahmen der wachsenden Autonomisierung der modernen Daseinsformen des Menschen verstehen.[5]

Daß Modernisierungsprozesse ein Gefühl des Unbehagens an der Wirklichkeit hervorrufen können, ist nicht zu leugnen. Aus einem solchen Unbehagen an der Wirklichkeit speist sich laut Plessner auch der deutsche Konservativismus. Spenglers Geschichtsästhetik z. B. legt Plessner als Zeichen eines romantischen Unbehagens an der technischen Zivilisation aus. Diese deutsch-romantische Tradition sei reaktionär, denn sie forme die individualistisch-rationalistischen Werte der

---
[4] Unten S. 45.
[5] Vgl. unten S. 104.

modernen politischen Revolutionen in Amerika und Frankreich zu einem naturorientierten politischen Indifferentismus um: „das Pathos der Vernunftmacht kraft Naturrechts wird zum Pathos der Naturmacht kraft Vernunftrechts".[6] Die politische Verspätung Deutschlands spiegelt sich auch im politischen Dualismus von guter Gesinnung und Machtpflicht wider. „Das Leben des Staates," – schreibt Plessner in *Politische Kultur* (1921) – „dem akademischen Gegensatz von Staatsnorm und Staatswirklichkeit zuliebe auseinandergerissen, krankte in Deutschland an der extremen Zwiespältigkeit zwischen dem Respekt vor der vorhandenen Macht und dem durch keine anderen als theoretischen Rücksichten bestimmten Schweifenlassen der Gedanken."[7] Für Plessner sind Politik aus reiner Gesinnung und die unkritische Identifizierung mit der jeweiligen herrschenden Machtform komplementäre Phänomene, die mit dem politischen Lutheranismus zusammenhängen und letztlich nur Indizien eines Mangels an politischer Kultur darstellen.

Dagegen kennt die moderne Form der Politik im Westen diese Form der Spaltung nicht. Der moderne politische Humanismus geht von der Wirklichkeit des Staates als „offenem System von Möglichkeiten der Umbildung und Neuschöpfung"[8] aus; er setzt die Autonomie und die Würde der Bürger als gleichberechtigte Individuen voraus, die sie zugleich als ein in der Zukunft zu verwirklichendes Ideal antizipiert. Als Inbegriff der stets neu zu erbringenden Leistungen für die Bürger bietet der moderne demokratische Staat den Boden, um Politik als asymptotische Annäherung an moderne Menschlichkeitsideale zu betreiben. Plessner betont dies in den frühen politischen Schriften wiederholt. Seine Absicht ist es, einen Begriff der Politik zu entwickeln, der die deutschen Intellektuellen an den Stil der politischen Moderne anschließen kann. Der moderne Dualismus von Gesinnung und Machtpflicht, von abstrakter Theorie und konservativer Praxis soll damit überwunden werden.[9]

---

[6] Die Untergangsvision und Europa, unten S. 34.
[7] Unten S. 54.
[8] Unten S. 55.
[9] Die These von Rüdiger Kramme (vgl. Helmuth Plessner und Carl Schmitt. Eine historische Fallstudie zum Verhältnis von Anthropologie und Politik in der deutschen Philosophie der zwanziger Jahre. Berlin 1989, bes. S. 23–35), Plessner stehe in seinen frühen politischen Schriften noch im Banne der neukantianisch strengen Trennung von Theorie und Praxis, der letztlich selbst Max Weber verhaftet bleibe, übersieht, daß Plessner trotz aller methodologischen und inhaltlichen Verpflichtungen gegenüber Weber auch diesen letztlich als einen Vertreter des typisch deutschen, das heißt durch Luther bedingten politischen Dualismus ansieht und an dessen Überwindung arbeitet. Vgl. Grenzen der Gemeinschaft. Eine Kritik des sozialen Radikalismus (1924), GS V, S. 104.

Bereits in *Vom abendländischen Kulturbegriff* entwickelt Plessner seinen Begriff der Politik. „Politik" – schreibt er – „ist nicht angewandte Ethik, weil alle Anwendung bei der unendlichen Verschiedenheit von Begriff und Leben nur zustande kommen kann, wenn ein Drittes beide zueinander bringt."[10] Zu betonen ist, daß dieser Vorrang des Lebens vor der Vernunft keineswegs mit einem konservativ gefärbten Dezisionismus im Sinne Carl Schmitts gleichzusetzen ist.[11] Es geht Plessner im Grunde genommen um die These, daß ideale Vernunftprinzipien in der Wirklichkeit anwenden zu wollen, also von der reinen Form zu der zu gestaltenden Materie herunterzugehen, eine Verstrickung in die Aporien des politischen Dualismus bedeuten würde. Vielmehr soll man die Erkenntnis in Anspruch nehmen, daß die Wirklichkeit immer schon gestaltet und gedeutet ist; trotzdem kann man sie als ein System von offenen Möglichkeiten auffassen, in dem Eingriff, Augenblick, Zugriff die entscheidende Rolle spielen.[12]

Daher beharrt Plessner ständig auf der These, daß Politik und politische Führung vor allem Bildung voraussetzen. In *Politische Erziehung in Deutschland* (1921) schlägt er eine wissenschaftliche Anstalt zur Bildung von politischen Eliten vor.[13] Es kommt darauf an, eine „Anatomie" der politischen Kunst zu erstellen, die im Dienst der Staatsführung stehen soll. Das Programm einer solchen politischen Erziehung orientiert sich an dem Typus des Rechtsanwalts. Denn dieser ist flexibel, elastisch, anpassungsfähig, hat Sinn für den Augenblick, ist ein echter „Künstler der Situation". Der Begriff der Kunst rückt auf diese Weise in die Mitte der politischen Theorie. Plessner betont die Analogie mit der Kunst, die Notwendigkeit einer genialen, das heißt unvorhersehbaren Inspiration in der Politik, weil er die Gefahr einer „Systematisierung der Zukunft"[14] sieht. Der Politiker muß Künstler sein,

---

[10] Unten S. 26.
[11] Es ist Joachim Fischer zuzustimmen, wenn er die Plessnersche Kategorie „Entscheidung" erziehungspolitisch interpretiert. Vgl. J. Fischer: Plessner und die politische Philosophie der zwanziger Jahre. In: *Politisches Denken. Jahrbuch 1992*, hrsg. von Volker Gerhardt, Henning Ottmann und Martyn P. Thompson. Stuttgart und Weimar 1993, S. 70.
[12] Vgl. zu diesem Themenkreis auch Plessners Zeitungsartikel *Staatskunst und Menschlichkeit*, unten S. 49.
[13] Unten S. 68 f. Ähnliche Motive hat Plessner auch in dem hier nicht aufgenommenen Beitrag *Universität und Staatsinteresse* (in: *Frankfurter Zeitung und Handelsblatt*, Teil I: 20. Oktober 1921, S. 3; Teil II: 3. November 1921, S. 3 [Hochschulblatt der Frankfurter Zeitung]) entwickelt.
[14] Unten S. 59.

denn Staatskunst ist die Fähigkeit, sich in der Sache Politik wie in der Kunst zu bewegen: durch einen schöpferischen Akt die Ideale der Humanität mit der historischen Wirklichkeit in einer originalen Form zu vermitteln.[15]

Die Analogie Kunst–Politik rehabilitiert die Politik als Kulturaufgabe. Sie zielt auf die These ab, daß Politik im Sinn der Moderne weder bloße Technokratie noch angewandte Ethik sei, sondern Klugheit im Dienst der Humanität. Die Frage aber, wie das Humanitätsideal konkret aussehen soll, ist von vornherein sinnlos: Humanität ist ein asymptotisches Ziel und kann Konturen nur ex negativo annehmen. Gegeben sind immer nur Konstanten des konkreten politischen Handelns, wie die „Volkshaftigkeit", die Unhintergehbarkeit der Macht usw. sowie die Bedingungen des Augenblicks. Der Kunst des Politikers, also seiner politischen Kultur, unterliegt es dann, Taktiken und Strategien kreativ zu entwerfen, die in der faktischen Situation der Zeit Elemente der Humanisierung als ständige Erprobung und Verwirklichung von Idealen durchsetzen.

II. Philosophische Anthropologie und Soziologie

Die zweite Sektion des Bandes versammelt Beiträge zu den beiden zentralen Arbeitsfeldern Plessners, der philosophischen Anthropologie und der Etablierung und Entfaltung einer wirklichkeitsgesättigten Soziologie.

Eröffnet wird dieser Teil durch zwei Aufsätze, die zum Kontext von Plessners frühem philosophisch-anthropologischen Projekt einer „Ästhesiologie des Geistes" gehören. Inauguriert wurde dieses Unternehmen durch sein Buch *Die Einheit der Sinne* von 1923.[16] In ihm unternahm Plessner den Versuch, mit Hilfe einer komplexen Systematik die Wesenseigenschaften der menschlichen Sinne und ihr Zusammenspiel mit bestimmten geistigen Funktionen zu verstehen.[17]

Eine eher populär gehaltene Erörterung einiger Aspekte dieses ambitionierten Unternehmens einer solchen „Hermeneutik der Sinne"

---

[15] Vgl. Politische Kultur. Vom Wert und Sinn der Staatskunst als Kulturaufgabe, unten S. 55.
[16] Die Einheit der Sinne. Grundlinien einer Ästhesiologie des Geistes, GS III, S. 7–315.
[17] Vgl. dazu Hans-Ulrich Lessing: Hermeneutik der Sinne. Eine Untersuchung zu Helmuth Plessners Projekt einer „Ästhesiologie des Geistes" nebst einem Plessner-Ineditum. Freiburg und München 1998.

bietet der kleine Aufsatz *Hören und Vernehmen* aus dem Jahre 1925. Plessner geht in diesem Beitrag zu einer Philosophie der Musik von der nach seiner Ansicht unbestreitbaren Beobachtung aus, daß im Unterschied zur Musik die bildende Kunst und die Dichtung eine „notwendige, über die Empfindungsschicht hinausgehende Bindung an Sachverhalte" besitzen. Den Grund dafür sucht er mit Hilfe einer „Differentialdiagnose der Wesensmöglichkeiten von Auge und Ohr"[18] zu ermitteln.

Wie Plessner unter Hinweis auf das Wesen, die Intention des Sehens festhält, sind optische Daten und Gestaltcharaktere „nur unter *der* Bedingung Ausdrucksträger, daß sie einer Bildeinheit angehören". Daher – so kann er schließen – „ist bildende Kunst, insofern sie den sinnlichen Anschauungsbestand sinnhaft durchsichtig und unmittelbar verständlich machen will, gebunden an Sachverhalte, an Dinge, an eine bedeutungsahnende Schicht des Bildes". Bildende Kunst „steht und fällt mit dem Sujet".[19]

Demgegenüber ist der akustische Modus „unmittelbarer Symbolträger", worin die Möglichkeit der Musik begründet liegt, sich ohne jedes Sujet zu entfalten, das heißt „frei von jeder Bedeutung und jedem Hinweis zu sein".[20]

Aufgrund der von ihm aufgezeigten Strukturunterschiede von Sehen und Hören formuliert Plessner abschließend eine Absage an jede Form von Musikhermeneutik: Wir verstehen als reine Hörer der Musik „nicht irgend etwas, wie derjenige, welcher den Ausdruck einer Gemütsbewegung, eine Wortbedeutung oder einen Begriff versteht, sondern wir vernehmen im Gehörten die sich aus sich hervordrängende, zu ihrem Ende hindrängende Folgeordnung". Das heißt, „wir vernehmen das Gehörte, ohne es […] für etwas zu nehmen, als etwas zu verstehen, auf etwas zu beziehen und damit etwas zu meinen". Daher ist nach Plessner „eine Hermeneutik, die durch Rückgriff auf poetische Bilder, Naturschilderungen usw. die Verständlichkeit des Gehörten plausibel machen will, […] genau so unnötig und verfehlt, wie irgend eine Art von Ausdruckshermeneutik", denn die Musik ist „weder Ausdruck noch Aussage noch Malerei, sondern ein Geschehen, das die Tatsache und Richtung der Abfolge einschließlich seiner Farb- und Dehnungswerte aus sich selbst ‚motivieren', das heißt einsichtig machen kann".[21]

---

[18] Unten S. 114.
[19] Unten S. 115 f.
[20] Unten S. 116.
[21] Unten S. 117.

Wiederaufgenommen wird das Problem einer Untersuchung der menschlichen Sinne und ihrer Wesensunterschiede in dem Aufsatz *Sinnlichkeit und Verstand* von 1936, der zu Plessners Lebzeiten vollständig nur in einer französischen Übersetzung erschienen ist. In den drei ersten – kürzlich aus dem Nachlaß veröffentlichten – Abschnitten der deutschen Originalfassung der Abhandlung[22] stellt Plessner die ebenso schlichte wie schwierige Frage nach der Bedeutung der Mannigfaltigkeit der sinnlichen Modalitäten, das heißt der Differenzierung der menschlichen Sinne.

Plessner gewinnt ein Prinzip zur Beantwortung dieser Frage, die ebensowenig von der traditionellen (insbesondere Positivismus und kantischem Kritizismus) wie von der modernen Philosophie (der Existenzphilosophie von Heidegger und Jaspers) als seriöses philosophisches Problem anerkannt wird, in der von ihm so genannten „Vermittlungsfunktion" der Sinne zwischen den Typen des Verstehens und den menschlichen Bewegungsmöglichkeiten. Wie diese Vermittlung zwischen dem Geist und der Motorik konkret zur Erklärung der Mannigfaltigkeit der Sinne zu nutzen ist, hat Plessner in der *Einheit der Sinne* vorgeführt.

Mit seinem sinnesphilosophischen Ansatz wehrt sich Plessner gegen die übliche Formalisierung der Sinne und die Nivellierung ihrer Unterschiede, wie sie von den herrschenden philosophischen Lehrmeinungen vorgenommen wird, die die Sinne aufgrund ihres leitenden erkenntnistheoretischen Interesses nur unter dem Aspekt ihrer Wahrnehmungsfunktion betrachten. Mit seiner Absicht, die sinnliche Differenzierung des Menschen zu verstehen, hofft er zugleich einen Beitrag zu leisten zu einer wahrhaft radikalen Philosophie, die den „Problemen des konkreten körperlich-sinnlichen Daseins" nicht ausweicht. Insofern versteht er sein Unternehmen geradezu als eine „Anthropologie in revolutionärer Absicht", die den Kampf mit den Prinzipien des Cartesianismus aufnimmt.[23]

Mit seiner Philosophie der Sinne macht Plessner entschieden Front gegen das universale und intolerante „Prinzip der rationalen Praxis", in dem die Uniformierung und Nivellierung der sinnlichen Modi wurzelt.[24] Durch die Überwindung der üblichen rationalen Vorurteile

---

[22] Den – nur wenig veränderten – abschließenden vierten Teil des Textes hat Plessner – zusammen mit einer kurzen Einleitung – unter dem Titel *Zur Anthropologie der Musik* 1951 auf deutsch publiziert; jetzt in: GS VII, S. 184–200.
[23] Unten S. 134.
[24] Unten S. 137.

bricht Plessner die traditionelle Vorzugsstellung von Auge und Hand auf: Sobald die Philosophie die „Enge ihrer üblichen Einstellung überwunden hat, ändert sich der Aspekt der menschlichen Existenz. Wahrnehmen und Handeln ordnen sich, wenn auch als vital besonders wichtige Funktionen, in das Zusammenspiel anderer Funktionen ein, und neben dem auf Gesichts- und Tastfeld abgestimmten Typ rationalen Verstehens, der der Berechnung und Zielstrebigkeit dient, gewinnen die anderen Möglichkeiten des Verstehens und der leiblichen Existenz Raum."[25]

Die gemeinsam mit Buytendijk verfaßte, aber aus politischen Gründen nur unter dessen Namen im Jahre 1938 publizierte Abhandlung *Tier und Mensch* erörtert das zentrale Problem einer jeden philosophischen Anthropologie: die Idee des Menschen und das Verhältnis von Mensch und Tier. Diese Thematik ist nach Buytendijk/Plessner nicht nur von rein theoretischem Interesse, sondern von einem hohen praktischen, sie ist gradezu – wie die Autoren nicht ohne Emphase schreiben – eine „Lebensfrage".[26]

Die Annahme einer Sonderstellung des Menschen, eines unüberwindbaren Wesensunterschiedes zwischen Tier und Mensch wurde – wie die Verfasser zeigen – seit dem neunzehnten Jahrhundert ebenso durch den Naturalismus darwinistischer Prägung wie durch den antidarwinistischen Lebensirrationalismus, etwa von Bergson oder Klages, erschüttert.

In Opposition dazu nehmen Buytendijk und Plessner in ihrem Aufsatz dieses alte Problem der Wesensgrenze zwischen Tier und Mensch neu auf und analysieren es zum Teil in Anlehnung an Schelersche Theoreme und unter Rückgriff auf neuere biologische und anthropologische Forschungen (unter anderem von Bolk), die wenig später auch in der philosophischen Anthropologie von Arnold Gehlen zum Tragen kommen sollten.

In dem Vortrag *Das Problem der menschlichen Umwelt* von 1951 diskutiert Plessner die Sonderstellung des Menschen auf der Basis des für seine anthropologische Position konstitutiven Gedankens eines „Verschränktseins von Welt und Umwelt".[27] Die eigentümliche Begrenztheit der Umwelt ist beim Menschen durchbrochen. Spezifisch menschliche Phänomene wie Lachen und Weinen sind für Plessner ein Beleg dafür, daß beim Menschen die Gebundenheit an eine Umwelt

---

[25] Unten S. 137 f.
[26] Unten S. 145.
[27] Unten S. 173.

durchbrochen ist, und ein Beweis für die „Möglichkeit des Transzendierens, die Möglichkeit des Durchbrechens oder der Transparenz der jeweiligen Umwelt". Daher nimmt der Mensch Plessner zufolge durch diese Verschränkung eine Zwischenstellung ein „zwischen den Tieren als Tier und als Nichttier".[28]

In seinem kurzen Beitrag *Nachwort zu Ferdinand Tönnies* (1955) verknüpft Plessner einen kritischen Rückblick auf Tönnies' wirkungsreiches Buch *Gemeinschaft und Gesellschaft* mit der Erinnerung an die Intention seiner durch Tönnies motivierten Kritik des sozialen Radikalismus, die er in seiner Schrift von 1924 über die *Grenzen der Gemeinschaft* vorgelegt hatte.

Plessner ging es in diesem Buch – wie er rückblickend schreibt – um die „unverbrüchliche dialektische Verbindung von Gemeinschaft und Gesellschaft als Verwirklichungsweisen sozialen Daseins, um die Bestreitung möglicher Vereinseitigung des Gemeinschaftsideals, den Nachweis also der Unaufhebbarkeit der Öffentlichkeit, der Distanzen, der Diplomatie, von Macht und Gewalt im zwischenmenschlichen Verkehr."[29] Dabei betrachtet er seinen frühen Versuch einer „Ideologiekritik am Gemeinschaftsradikalismus"[30] durchaus nicht unkritisch, so, wenn er insbesondere die mangelhafte anthropologische Fundierung seiner Analysen hervorhebt.

In den drei diese Abteilung beschließenden Arbeiten thematisiert Plessner verschiedene Aspekte des sozialen Lebens:

Der Aufsatz *Über die allgemeine Bedeutung des Normativen in der Lebensbewältigung* von 1957 untersucht auf der Grundlage einer Anthropologie, die den Menschen vornehmlich als ein handelndes Wesen begreift, den Zusammenhang von menschlichem Verhalten und den in ihm verkörperten Werten.

Im Beitrag über *Spiel und Sport* (1967) entwickelt Plessner auf der Basis seiner Anthropologie Grundlinien einer Theorie des Spiels und gibt Ansätze zu einer soziologischen Erklärung der großen Bedeutung des Sports in der modernen Gesellschaft.

Und in seinem Aufsatz *Die Gesellschaft und das Selbstverständnis des Menschen – Philosophische Aspekte* aus dem Jahre 1979, einer seiner letzten Arbeiten, thematisiert Plessner den Strukturwandel des Öffentlichen in der modernen Massengesellschaft.

---

[28] Unten S. 174 f.
[29] Unten S. 177 f.
[30] Unten S. 178.

III. Philosophie

Die dritte Abteilung des Bandes, die Themenstellungen der allgemeinen theoretischen Philosophie gewidmet ist, enthält sechs Texte. An der Spitze steht Plessners Beitrag zur – ungedruckt gebliebenen – Jaspers-Festschrift von 1943. Unter dem Titel *Über die Rätselhaftigkeit der Philosophie* skizziert Plessner die Umrisse einer Logik der Philosophie. Seine Intention ist es dabei, den echten Stil des Philosophierens herauszuarbeiten, das einen älteren Ursprung vorweisen kann als die wissenschaftliche Problematik.

Plessner vertritt in diesem Aufsatz – mit Huizinga – die These, daß das Philosophieren „aus einer Frageform entstanden ist, die wir heute nur noch spielerisch gebrauchen, nämlich aus dem Rätsel".[31] Obwohl die Philosophie trotz ihrer Abkunft längst die Frageform des Rätsels hinter sich gelassen hat, geht sie allerdings nicht in der Frageform des Problems auf. Philosophieren, dies ist Plessners Grundannahme, ist eine Denkform oder -haltung sui generis, und diese spezifische Haltung des Denkens kehrt Plessner zufolge im allem Philosophieren wieder.

Als entscheidende Kennzeichen eines so verstandenen Philosophierens arbeitet Plessner „Ursprünglichkeit und Selbstbezüglichkeit, Richtung auf Wesen und Sinn, Abkehr vom gemeinsprachlichen Ausdruck, Unablösbarkeit des Inhalts von der Form, der Form vom Inhalt, Einheit in der Grundidee"[32] heraus, um abschließend die auch systematische Verwandtschaft zwischen dem philosophischen Denken und dem Rätseldenken aufzuzeigen.

Wiederaufgenommen und weitergeführt hat Plessner das Thema einer Gegenüberstellung von Problem und Rätsel im übrigen in seiner Groninger Antrittsvorlesung *Gibt es einen Fortschrit in der Philosophie?* von 1947.[33]

In der Abhandlung *Lebensphilosophie und Phänomenologie,* 1949 in Niederländisch als Beitrag zu einem Handbuch veröffentlicht, stellt Plessner die von Dilthey ausgehende geschichtlich-hermeneutische Lebensphilosophie und die von Husserl inaugurierte Phänomenologie gegenüber, das heißt die beiden Richtungen, die ihn in der Formierungsphase seiner philosophischen Anthropologie in systematisch-philosophischer Hinsicht am stärksten und nachhaltigsten geprägt haben. Er skizziert in dieser für niederländische Leser geschriebenen Dar-

---

[31] Unten S. 218.
[32] Unten S. 228.
[33] Jetzt in: GS IX, S. 169–191.

stellung die philosophischen Grundideen der beiden Schulen sowie den Zerfall der phänomenologischen Bewegung und die Ansätze zu einer philosophischen Anthropologie bei Max Scheler und einer materialen Ontologie bei Nicolai Hartmann.

Hartmanns Philosophiebegriff und sein Verhältnis zur Philosophiegeschichte erörtert Plessner in seinem Beitrag *Offene Problemgeschichte* zur Gedenkschrift zu Hartmanns siebzigstem Geburtstag (1952). Plessner würdigt in diesem Text Hartmanns „Position der Systemlosigkeit" und charakterisiert ihn entsprechend als „Systematiker der Systemlosigkeit".[34]

In diesem Aufsatz, in dem er sich um eine angemessene, wenn auch nicht unkritische Sicht der Hartmannschen Philosophie bemüht und seine von Hartmann abweichende Auffassung der Philosophiegeschichtsschreibung deutlich macht, ergänzt Plessner die Analyse von dessen Philosophie, die er in seinem großen Rezensionsaufsatz von 1933 über *Das Problem des geistigen Seins* vorgelegt hatte.[35]

Den Abschluß dieser Abteilung bilden drei Rezensionen, in denen einerseits Plessners kritisches Temperament und seine Lust an der prägnant-polemischen Formulierung zum Ausdruck kommen und andererseits seine große Begabung, sich verstehend-kritisch in fremde Gedankenwelten hineinzufühlen, ohne in ihnen zu versinken. In zwei der Besprechungen setzt sich Plessner mit Theodor W. Adornos Spätwerk, der *Negativen Dialektik* und der nachgelassenen *Ästhetischen Theorie*, auseinander, die dritte Kritik befaßt sich mit Carl Friedrich von Weizsäckers Aufsatzband *Die Einheit der Natur*.

IV. Erinnerungen

Plessner war Schüler des Biologen Hans Driesch, der Philosophen Wilhelm Windelband und Edmund Husserl, aber kann nicht als Anhänger einer bestimmten akademischen Schule angesehen werden, ebenso wie er selbst keine Schule gegründet hat. Auf ihn paßt eher das Bild des offenen und originellen Einzelgängers, der in Kontakt mit den avanciertesten Richtungen der Philosophie und der wissenschaftlichen Forschung steht. Diese Vielfalt an Impulsen – vom Historismus zur Wissenssoziologie über die Phänomenologie und Lebensphilosophie – sieht

---

[34] Unten S. 261.
[35] Jetzt in: GS IX, S. 73–95.

man in den im vierten Teil der vorliegenden Edition abgedruckten Nachrufen und Erinnerungen widergespiegelt. Plessner würdigt hier Intellektuelle von Rang, denen er begegnet ist und die eine bedeutsame Rolle für seinen Denkweg gespielt haben.

Amüsante Anekdoten und der farbige Stil vieler Erinnerungen tragen dazu bei, daß sich die Lektüre genießen läßt. Plessner gelingt es, die geistige Atmosphäre der Universität Heidelberg noch in der Kaiserepoche, die Erwartungen in der Zeit der Weimarer Republik und die bittere Erfahrung des Emigranten mit virtuoser Spracheleganz zu evozieren. Die Texte lassen indirekt auch den Wandel der deutschen Wissenschaftsanstalten und des akademischen Lebens im Lauf eines halben Jahrhunderts sehen, von den elitären Kreisen aus der wilheminischen Zeit bis zur Massenuniversität der Nachkriegszeit.

Andererseits fehlt es in diesen Texten nicht an einem gewissen philosophischen Interesse. Im Rückblick auf die Begegnungen mit Autoren wie Driesch und Weber, Husserl und Scheler, Buytendijk und Adorno zahlt Plessner seinen Tribut an Lehrer und Weggenossen von Format, ohne aber darauf zu verzichten, Grenzen zu ziehen. So kann man sein Bestreben nach einem eigenständigen Weg in die Philosophie eben aus dem Spannungsverhältnis zu seinen Autoren herauslesen, so daß die Erinnerungen an diese modernen Klassiker als ein Teil seiner geistigen Autobiographie wirken.

Der Aufsatz *In memoriam Hans Driesch* (1941) ist dem Andenken an den Zoologen und Naturphilosophen gewidmet, der Plessners frühes Buch *Die wissenschaftliche Idee* von 1913[36] beeinflußte. Am Leitfaden von Drieschs rationalistischen Gedanken einer Logik der organischen Welt versuchte Plessner in seinem ersten Buch eine Metaphysik der wissenschaftlichen Vernunft zu begründen. In der Erinnerung an seinen alten Lehrer setzt Plessner aber den Akzent eher auf den angelsächsischen Denkstil Drieschs, der auf etablierte Begrifflichkeiten verzichtete, um der Erfahrung treu zu bleiben. Plessner zeigt, wie Driesch aus der merkwürdigen experimentellen Tatsache, daß halbierte Seeigellarven zu ganzen Seeigeln wurden, zur Idee der „Unreduzierbarkeit des Organischen ins Anorganische"[37] kam. Driesch wies nach, daß sich die Lebensphänomene nicht auf reine mechanische Faktoren reduzieren lassen, und dieser Beweis bleibt sein größtes wissenschaftliches Verdienst. Wichtig für Plessner ist die philosophische Konsequenz dieses Beweises: die Unhaltbarkeit der kantischen Theorie der Natur. Hatte

---

[36] Die wissenschaftliche Idee. Ein Entwurf über ihre Form, GS I, S. 7–141.
[37] Unten S. 307 f.

der Neukantianismus die Aktivität des Ichs in der Konstitution der Natur hervorgehoben, so kam Driesch zu der Einsicht, daß das Ich nichts vollzieht, sondern unmittelbare Gegebenheiten als Erscheinungen eines Agens hat. Unter der Parole „Autonomie des Lebens" brach Driesch mit dem akademischen Kantianismus und öffnete neue Wege der Naturphilosophie, die Plessner selbst dann auf seine Weise, mit Rekurs auf die Phänomenologie und die Lebensphilosophie Diltheys, in *Die Stufen des Organischen und der Mensch* (1928)[38] gegangen ist.

Im Rückblick auf Driesch bedauert Plessner vor allem seine Naivität in Sachen Geschichte. Erst durch die Nähe zu Weber und seinem Kreis wurde Plessner mit den Problemen des damaligen Historismus vertraut. Es war gerade durch Empfehlung Drieschs, daß Plessner den *Jour fixe* bei Max Weber besuchen konnte, dem die Erinnerungen *In Heidelberg 1913* gewidmet sind. Die Faszination, die von der Persönlichkeit des großen Wissenschaftlers ausstrahlte, hat Plessner in seiner Erinnerung so festgehalten: „mit seinem Assyrerbart" erschien Weber als „ein leidenschaftliches, ein gewalttätiges Temperament", doch gelassen und ernst „wirkte er hoheitsvoll, wie ein Mensch, der seiner chthonischen Eruptivität Herr geworden und gelernt hatte, sich zu befehlen".[39]

In dieser Edition ist es in den frühen politischen und kulturgeschichtlichen Schriften unmittelbar ersichtlich, welche Rolle der Einfluß von Weber und die historische Atmosphäre in Heidelberg für die philosophische Entwicklung Plessners spielte. An diesem Ort genügt es, darauf hinzuweisen, daß Plessner trotz aller Bewunderung und Faszination für den berühmten und souveränen Forscher die Schwierigkeit seiner Wissenschaftsmethodik nicht übersieht. Weber war Neukantianer und hatte den Neukantianismus selbst der Soziologie zugrunde gelegt. Nun behauptet Plessner, daß die Soziologie, selbst abgesehen von Gesetzmäßigkeiten, ohne Typologie nicht auskommen kann. „Wenn das Material jedoch von sich aus typisch ist" – schreibt er – „dann stimmt der nominalistische Ansatz des Neukantianismus nicht mehr, dann gibt es universalia in rebus, und der Weg zur Phänomenologie ist offen: nach Weber der Weg zur Heteronomie und romantischen Reaktion."[40]

Der Enthusiasmus für die Phänomenologie bewog Plessner, 1913 Heidelberg zu verlassen, um direkt bei Husserl in Göttingen zu studieren. An Einzelheiten und Anekdoten aus dieser Zeit hat Plessner in ver-

---

[38] Die Stufen des Organischen und der Mensch. Einleitung in die philosophische Anthropologie, GS IV.
[39] Unten S. 321.
[40] Unten S. 322 f.

schiedenen Husserl-Aufsätzen erinnert.[41] In der hier aufgenommenen Gedenkschrift geht es ihm vor allem darum, kurz nach Husserls Tod dessen Profil zu konturieren und das Anliegen der Phänomenologie zu behaupten. Gegen den Platonismus-Vorwurf betont Plessner eher die aristotelistische Orientierung von Husserls Denken. Sie bestand darin, daß „seine Arbeit darum bemüht war, an jeder Erscheinung die Struktur ihres ‚Typus' (signalisiert im treffenden Ausdruck) zur Transparenz zu bringen".[42] So bestimmt Plessner den Sinn der phänomenologischen Untersuchung als eine begriffliche Klärung der Anschauungsphänomene und ihrer Typik am Leitfaden einer „Besinnung auf die ursprünglich begreifende Funktion der Sprache".[43] Die Phänomenologie wird zu einer Art Anamnese: in der Analyse kommt es darauf an, sich durch treffende Sprachunterscheidungen der immer schon bestehenden Korrelation von Sache und Ausdruck zu vergewissern und sie anschaulich zu machen.

Diese Auffassung der phänomenologischen Arbeit ist für Plessners Entwicklung maßgebend. Er hat sich von der transzendentalen Wende der Phänomenologie bei Husserl distanziert, denn Husserls *Ideen* – so heißt es in diesem Aufsatz – verlieren „den Kontakt mit der von ihm selbst proklamierten Richtung zur unmitelbaren Fülle der Anschauung".[44] Die Phänomenologie darf sich für Plessner dagegen nicht auf das transzendentale Bewußtsein beschränken, sondern muß sich zu einer Hermeneutik des Lebens und der historischen Erfahrung eröffnen. Worum es Plessner eigentlich geht, ist dann keine abstrakte Theorie mehr, sondern ein flexibles Instrument, um der menschlichen Wirklichkeit zu begegnen.

Einen gewissen Einfluß auf dieses Plessnersche Konzept der Phänomenologie hat ohne Zweifel Scheler ausgeübt. Zwar hat Plessner in den hier veröffentlichen *Erinnerungen an Max Scheler* (1975) seinen Dualismus-Vorwurf wiederholt.[45] Doch ist überall in der Schrift eine tiefe Bewunderung für den „brennenden" Philosophen zu spüren, der die Phänomenologie benutzte, um vom damaligen herrschenden Neukantianismus Abstand zu nehmen. Plessner weist darauf hin, wie Scheler bereits in den Göttinger Jahren selbst gegen Husserls „ewiges Messer-Wetzen ohne zum Essen zu kommen" protestierte.[46] Scheler sah die Phänome-

---

[41] Vgl. Phänomenologie. Das Werk Edmund Husserls (1938, GS IX, S. 122–147); Bei Husserl in Göttingen (1959, GS IX, S. 344–354); Husserl in Göttingen (1959, GS IX, S. 355–372).
[42] Ad memoriam Edmund Husserl (1859–1938), unten S. 301.
[43] Unten S. 300.
[44] Unten S. 302.
[45] Vgl. unten S. 345.

nologie eigentlich als ein Mittel zur Überwindung der Alternative zwischen transzendentalem Kantianismus und psychologischem Empirismus im Bereich der seelisch-ethischen Phänomene. Aufgrund der phänomenologischen Methode konnte Scheler materiale Apriotis von Liebe, Sympathie usw. aufweisen und damit in der Philosophie wieder Platz schaffen für die Behandlung der leibseelischen Phänomene. Es kann also nicht verwundern, daß Plessner als bleibendes Verdienst Scheler „die Wiederentdeckung der emotionalen Sphäre mit den Mitteln der Phänomenologie" zurechnet.[47]

In der Tat hat Plessner die phänomenologische Forschung seit der Mitte zwanziger Jahre im Rahmen der Ausdruckstheorie und, in einem weiteren Sinne, einer Hermeneutik des Lebens fortgesetzt. Die Begegnung Plessners mit dem niederländischen Physiologen und Psychologen F. J. J. Buytendijk war in dieser Hinsicht bedeutungsvoll. Wie Plessner selbst erzählt, war es Buytendijk zu verdanken, daß die Universität Groningen, anstatt einen Anthropoiden anzuschaffen, ihn zu einem Forschungsaufenthalt einlud.[48] So entstand eine wichtige Untersuchung, die Buytendijk und Plessner gemeinsam erarbeiteten.[49] Die phänomenologische Analyse des Lebensverhaltens von Kröten mündete hier in eine Theorie des Verstehens mimischer Ausdrücke. Die Untersuchung wies nach, daß „die bildhafte Erscheinung des Menschen der physiologischen Funktionsanalyse entzogen ist, weil sie ihr vorausliegt".[50] Demgemäß wurde die These aufgestellt, daß der Vorrang im Umgang mit dem Lebensverhalten dem Verstehen vor dem mechanistischen Erklären zukommt, und daß – wie Plessner retrospektiv behauptet – „Lebendiges darin seine Autonomie beweist".[51] Letzteres gehört primär einer dem Subjekt-Objekt-Bezug gegenüber indifferenten Schicht des Verhaltens an, in der uns die „Umweltintentionalität des Leibes"[52] in der Anschauung unmittelbar ‚als etwas' verständlich ist.

Die Ergebnisse dieser Untersuchung waren für beide Autoren fruchtbar. Bekanntlich hat Plessner in den *Stufen* mit dem Begriff des positionalen Charakters des Lebendigen versucht, diese Autonomie einheitlich zu begründen, und selbst für spätere hermeneutische Unter-

---

[46] Unten S. 345.
[47] Unten S. 338.
[48] Vgl. Unsere Begegnung, unten S. 312.
[49] Die Deutung des mimischen Ausdrucks. Ein Beitrag zur Lehre vom Bewußtsein des anderen Ichs (1925), GS VII, S. 67–130.
[50] Unsere Begegnung, unten S. 312 f.
[51] Unten S. 313.
[52] Die Deutung des mimischen Ausdrucks, GS VII, S. 79.

suchungen hat er auf diese Verschränkung der psychologischen und der physiologischen Aspekte im menschlichen Leib hingewiesen.[53] Im Rückblick auf das Werk Buytendijks erkennt er dort ein ähnliches Ziel als Leitmotiv der Forschung: „nicht die Natur in Griff bekommen", etwa mit kausalen Erklärungen und abstrakten Theorien, „sondern ihren Augen begegnen". Und ein wesentliches Instrument dazu war eben die Phänomenologie, „welche Theoria im platonisch-aristotelischen Sinne treibt, wenngleich im Habitus positiver Forschung".[54]

Diese Begegnung war nicht nur für Plessners wissenschaftliche Entwicklung bedeutsam. Es kann kaum übersehen werden, daß Plessners Biographie nach 1933 durch die „Exterritorialität" in den Niederlanden und spezifisch durch die Hilfe Buytendijks geprägt ist. Dieser hatte sich dafür engagiert, daß Plessner – bis zur deutschen Besetzung der Niederlande – eine soziologische Stiftungsprofessur innehatte. Als Emigrant in den Niederlanden bekam Plessner – wie er schön formuliert – „ein zweites Gesicht", das ihm die schmerzvolle Erfahrung einer „Entfremdung seiner selbst"[55] und seiner deutschen Geschichte ermöglichte. So entstand der Kern seiner *Verspäteten Nation*.[56]

Nach dem Krieg sind seine weiteren akademischen Jahre wieder von der Soziologie bestimmt. Plessner folgte einem Ruf an die Universität Göttingen und wurde Direktor des neu gegründeten soziologischen Seminars. Die Erfahrungen und die Projekte dieser Zeit sind in *Die ersten zehn Jahre Soziologie in Göttingen* dokumentiert. Hier sind interessante Ausführungen über die Lage des deutschen Hochschullehrers in einer Zeit der Krise und sozialen Veränderung zu lesen. Plessner behauptet den Kollaps des Humboldtschen Prinzips der Einheit von Forschung und Lehre und tritt entschieden für eine Hochschulreform ein. Er vertritt somit eine offene und kritische Soziologie, die aber auf Übererwartungen und eschatologische Illusionen verzichtet. Im hier veröffentlichten Nachruf auf Adorno äußert Plessner echte Bewunderung und Respekt für diesen Hauptvertreter der Kritischen Theorie der Frankfurter Schule,[57] doch bleibt er skeptisch im Hinblick auf die Vorstellung einer „totalen Selbstpräsenz" des Denkens und einer endgültigen Befreiung

---

[53] Die Stufen des Organischen und der Mensch, GS IV, S. 158 ff.; vgl. GS VII, bes. Lachen und Weinen. Eine Untersuchung der Grenzen menschlichen Verhaltens (1941), S. 201–388 und Das Lächeln (1950), S. 419–434.
[54] Unsere Begegnung, unten S. 318.
[55] Unten S. 315.
[56] Die verspätete Nation. Über die Verführbarkeit bürgerlichen Geistes (1935/1959), GS VI, S. 7–223.
[57] Vgl. Totale Reflexion. Zum Tode Adornos, unten S. 334.

des Menschen von seiner Selbstentfremdung.[58] Reformversuche und Strategien der Humanisierung von Institutionen bleiben für ihn der prekären Kunst des politischen Spiels und des diplomatischen Kompromisses aufgegeben.

Editorische Notiz

Für die Textgestaltung der in diesem Band gesammelten Arbeiten wurde entweder der jeweilige Erstdruck oder das im Groninger Plessner-Archiv befindliche Typoskript zugrunde gelegt. Die herausgeberischen Eingriffe beschränkten sich einerseits auf eine Vereinheitlichung (und nötigenfalls Korrektur) der Schreibweise und der bibliographischen Angaben (sowohl im Text wie in den Anmerkungen). Andererseits wurden Hervorhebungen einheitlich durch Kursivierung wiedergegeben. Darüber hinaus wurden im Fall des Wörterbuchartikels *Philosophische Anthropologie* die wohl von der Redaktion vorgenommenen Abkürzungen aufgelöst und die Verweise getilgt. Bei den bislang ungedruckten Texten wurden darüber hinaus die Zitate überprüft und gegebenenfalls korrigiert bzw. ergänzt. Unterstreichungen sind ebenfalls kursiv wiedergegeben; handschriftliche Korrekturen Plessners wurden stillschweigend ausgeführt, Einfügungen und Ergänzungen wurden übernommen. Zusätze der Herausgeber stehen in [ ]; editorische Hinweise in den Anmerkungen sind kursiv gesetzt.

Für die Genehmigung zur Edition danken wir Dr. Monika Plessner (Göttingen) sowie der Leitung der Handschriftenabteilung der Bibliothek der Rijksuniversiteit Groningen, und für die Abdruckerlaubnis eines Textes gilt Prof. Dr. Guy van Kerckhoven (Brüssel/Bochum) unser Dank.

An dieser Stelle möchte ich [S. G.] mich bei den Herren Professoren Fulvio Tessitore und Giuseppe Cacciatore der Universität Neapel „Federico II" bedanken, die meine Plessner-Forschungen im Rahmen eines von ihnen geleiteten Forschungsprogramms über „Historismus und Hermeneutik" gefördert haben. Der DAAD hat meinen Aufenthalt in Deutschland ermöglicht, und die Herren Professoren Frithjof Rodi und Gunter Scholtz haben meine Forschungsarbeit betreut. Ihnen möchte ich meine tiefe Dankbarkeit aussprechen, wofür es vieler Worte bedürfte, für die aber ein Satz genügen muß.

---

[58] Unten S. 336.

I. Kultur – Politik – Ästhetik

Vom abendländischen Kulturbegriff

(Anläßlich der Umbildung der Universität Konstantinopel)

Auf zwei Arbeiten, welche für dieses Thema von Interesse sind, gestatte ich mir hinzuweisen: auf die glänzende Rede des Bonner Orientalisten C. H. Becker *Das türkische Bildungsproblem* und die kleine Schrift von Haas *Die Seele des Orients. Grundzüge einer Psychologie des orientalischen Menschen"*, welche beide während des Drucks dieser Untersuchung erschienen sind. Wenn ich es trotz der Differenzen in den Ansichten der beiden Autoren versuchen wollte, ein Gemeinsames darin zu erkennen, so ließe es sich kurz so beschreiben: Der vom abendländischen Seelentypus absolut qualitativ verschiedene Typus des Orientalen, welcher es gar nicht zu einem unmittelbaren Einfühlungsverhältnis kommen läßt, ist nach seinem objektiven Gehabe (nur nach diesem) für unser Bewußtsein etwas Mittelalterliches. Und zwar in dem Sinne, daß er wesentlich ohne die Idee der Entwicklung lebt. Wie es weiterhin für den Orientalen typisch ist, sein Leben gar nicht eigenmächtig zu gestalten, sondern durchaus isoliert von seinen Taten zu existieren, wird er also sehr wohl fähig sein, abendländische Arbeit zu leisten. Freilich auf ganz andere Art wie der Europäer. Es braucht darum speziell beim Türken das für uns unfaßliche Nebeneinander von praktischer Gleichgültigkeit und Beschaulichkeit und theoretischem Rigorismus noch keine unüberwindliche Schranke gegen den westlichen Gedanken zu bedeuten, vorausgesetzt, daß man sich mit seiner äußerlichen Aufnahme begnügt. Seine *innerliche* Bedeutung dagegen wird dem Orient unbedingt unverständlich bleiben.

In seinem künstlichen und vermeintlichen Erhobensein über die Zeit erscheint dem abstraktiven Menschen die Unbedingtheit des Ideals einer Epoche als täuschendes Ergebnis einer wohltätigen Einrichtung des Selbsterhaltungstriebes, deren Zweck ist, die Ziele mittels des Trugbildes unausweichlicher Notwendigkeit vor der gefährlichen, überdrüssigmachenden Skepsis zu schützen. Aber der Politiker ist der wirklichere Mensch, weil er mit seinen Gedanken nicht jenseits der Zeit leben will, sondern in ihr verharrt, ohne sie zu vergessen. Die Unvermeidlichkeit und Notwendigkeit, welche er (in der Form des heimlichen Wunsches seiner Zeit) für seine Ziele und Entschlüsse in Anspruch nimmt, läßt sich freilich nicht nach einem Maßstab beurteilen, kann nicht rein begrifflich aus einer Idee gerechtfertigt werden, und man vermag sie durchaus nicht als *Anwendung* eines reinen Grundsatzes auf die herrschende Situation zu begreifen, wie es die sogenannten Freunde der Kantischen Vernunftkritik in ihrem „guten klaren Recht" proklamieren zu müssen glauben. Politik ist nicht angewandte Ethik, weil alle Anwendung bei der unendlichen Verschiedenheit von Begriff und Leben nur zustande kommen kann, wenn ein Drittes beide zueinander bringt; ohne diese Hilfe alle Anwendung aber bloße Bemühung bleiben müßte. Die Vernunft ist allein nicht die Richtschnur und der Prüfstein des politischen Handelns, insofern ihre Anwendung nur unter der Bedingung der Gnade und einer gewissen Gunst des Augenblicks gelingt. Daher ist die Polemik der Vernunft, deren natürliche Hoffnung die Herrschaft *ihres* Wesens ist, gegen den Realpolitiker – abgesehen von ihrer faktischen Vergeblichkeit – höchst ungerechtfertigt, höchst unerwünscht. Den Sinn der Humanität bestimmt nicht die für sich selbst lebende Abstraktion, sondern der seiner vollen zeitlichen Bedingtheit in der Hingabe an ihr Ideal genügende Politiker.

* * *

Auf den Entschluß, ihm zur Existenz zu verhelfen, hat für Deutschland die Politik der großräumlichen Tendenz einsetzen müssen, weil die westeuropäischen Staaten ein Reich, welches sich ganz auf binneneuropäisches Leben hätte beschränken wollen, durch ihr schon vorhandenes außereuropäisches bzw. koloniales Übergewicht alsbald in völlige Abhängigkeit von sich gebracht hätten. Eine solche Politik erstrebt den Großraum, d. h. Land und Verbindungen, welche Angehörigen eines Volkes oder Völkerbundes sichere Gewähr zu *unbegrenzter* physischer und kultureller Entwicklung bieten. Diese durchaus nicht selbstverständliche Tendenz muß sich für die europäischen Staaten in einer Ausdehnung nach den Tropen als dem Quellgebiet unersetzlicher Rohstoffe geltend machen. Es wird der entwickelte Handel und die Industrie die

Lage dieses Großraumes so zu bestimmen suchen, daß wiederum für ihre unbegrenzte Entwicklung ein Anreiz in Form eines praktisch unerschöpflichen Absatzgebietes in ihn einbezogen ist. Als Absatzgebiet kann aber nur relativ fähiges Land in Betracht kommen, zu dessen Förderung seiner Kauf- (und weiterhin auch Produktions-)Fähigkeit die technischen und exakten Wissenschaften benötigt sind. Bis dahin ist ja wohl alles ökonomisch intendiert. Jedoch sieht sich der Wirtschaftspolitiker an diesem Punkt gezwungen, um den ganzen Kreislauf in Gang halten zu können, an eine außerhalb von ihm gelegene Macht zu appellieren: die Macht des zweckfreien Strebens, des reinen Interesses. Nur dadurch, daß man Wirtschaft in dem Gefühl eines Volkes verankert, erschließt man ihm die mütterlichen Kräfte, welche seiner Sinnesart und seinem Gewissen eine derartige Gestalt geben, wie sie zur sicheren Umänderung des Lebensstiles unbedingt erforderlich ist. Läßt man diese Sorge außer acht oder begegnet man hier unüberwindlichem Widerstand, so braucht zwar der ökonomische Kreislauf nicht stille zu stehen, aber das Volk verliert seine innere Einheit und wurzelhafte Festigkeit, es wird moralisch krank und geht seelisch zum Teufel. Unvermittelt einsetzende Kapitalisierung menschlicher Wertobjekte, verbunden natürlich mit steigendem Reichtum gewisser Gesellschaftsschichten, wirkt entartend, weil sie für jeden Sinnes bar und ohne jede wohltätige Begrenzung für etwas bloß Negatives erachtet werden muß.

Diese dann hervortretende Hilflosigkeit ist durchaus symptomatisch für einen tieferen Mangel. Zu einer Wirtschaftsform gehört eine bestimmt entsprechende Wirtschaftsethik, die mit ihr sich entwickelt hat als der Ausdruck ihrer inneren Rechtfertigung; die Wirtschaftsform ist deshalb nie aus ihrer Ethik abstammend zu denken. Vielmehr gehören beide zueinander korrelativen Seiten einem ökonomischen Typus an, dessen Ursprung tieferen Kräften verdankt wird. Nun begeht man allzuleicht den Fehler, bei dem Versuch, die moderne Wirtschaftsform in fremdem Land einzubürgern, die ihr zugehörige Ethik gesondert mit transplantieren zu wollen, ohne zu bedenken, wie überflüssig und direkt verwirrend das sein kann. Man ist von dem an sich vortrefflichen Gedanken gelenkt, die betreffende Wirtschaftsform zu *motivieren*, ihr Recht darzustellen, um sie lebensfähig mit dem fremden Volksgeist zu verbinden. Aber man hält aus einer begreiflichen Voreingenommenheit dasjenige für die motivierende Kraft, was im europäischen Leben solche Funktion ausübt, und übersieht vollständig die Verschiedenheit der Situationen im Mutterland und in dem zu kolonisierenden Gebiet.

Unsere Wirtschafts- und Gesellschaftsform rechtfertigt sich – gleichsam reflektorisch – in dem uns geltenden Ethos mit der ihm eigenen Betonung des wissenschaftlichen Lebens und einer zwar immer wieder geleugneten, aber faktisch auffällig hervortretenden religiösen Indifferenz. Dieses so verstanden, daß die religiöse Überzeugung bei den europäischen Völkern sich fast völlig aus den objektiven kulturellen Betätigungen zurückgezogen und deren eigentlichen Verlauf freigegeben hat, ohne noch aus eigener Machtvollkommenheit ihn nach ihrem Willen zu bestimmen. Das religiöse Leben gibt freilich in seiner Einsamkeit den Anspruch geistlicher Herrschaft nicht auf, doch existiert es, selbst in den streng katholischen Ländern, kaum mehr als formal und nur ideell in den Gesinnungen der einzelnen, nicht mehr in den Taten der Gesamtheit. Das den gegenwärtigen soziologischen Zustand rechtfertigende Ethos zieht (und es geht dieses alles unbewußt vor sich) aus den verschiedenen religiösen Dogmen beträchtliche Kräfte; sie werden zurecht interpretiert und dem Zustand des Zeitalters angepaßt, so weit als möglich. So entsteht der Anschein einer gewissen Harmonie zwischen den herrschenden Glaubenssystemen und dem wirklichen Leben und die Täuschung über die reellen Gründe dieses wirklichen Lebens.

Was vermag im Geheimen den eigentümlichen Zustand der europäischen Gesellschaftsform und seine immanente Rechtfertigung zu motivieren? Worin besteht dieser letzte Grundzug der Zeit? Was ist der objektive Zweck schrankenloser Kapitalisierung – der subjektiv innere Sinn ist ohne weiteres deutlich –, was die Notwendigkeit des mit der Kapitalisierung und wirtschaftlichen Ausnutzung der Erde und der menschlichen Gemeinschaft notwendig verketteten Wachstums der Natur- und Geisteswissenschaften? Welches ist die Zweckursache des unendlichen Expansionstriebes des Gedankens und seines Anspruchs auf unbegrenzte Entwicklung? Sieht man darin klarer, so gibt sich auch die Möglichkeit, das europäische Organisationswerk einem fremden Volksgeist einzufügen, ohne einen unheilvollen Kampf gegen sein Ethos und seine Religion aufnehmen zu müssen.

Der schrankenlose und sich an keiner Grenze genügende Wille des Mannes von abendländischem Geistestypus hat durch seine Gleichgültigkeit gegen das individuelle Glück und das edle Gleichmaß des Lebens etwas grauenvoll Paradoxes an sich. Denn die einzelnen Personen opfern ihre Kräfte irgendeiner Sache – und zwar gilt das für den gedanklichen Arbeiter wie für den Kaufmann und Industriellen –, einer Sache, deren Umrisse sie kaum nur ahnen können. Sie opfern sie einer Sache, die nie, wesensmäßig nie fertig sein kann, einem Ding, das niemals Gestalt zu werden vermag, weil es nur die endlose Hoffnung auf sich selbst bedeuten soll. Der Gelehrte gibt sein Leben an ein Problem, der Kaufmann und Industrielle an die Mehrung, Stärkung und den Glanz eines Symbols: die Firma, den Staat ... Und sie alle haben das sichere Wissen, nichts von einer endgültigen Erfüllung erleben zu können; sie wollen das gar nicht, sie würden dem mißtrauen. Der sich stets übersteigende Fortschritt des Gedankens, die ständige Überhöhung des Kapitals und Differenzierung der Arbeitsmöglichkeiten, die total zum Selbstzweck gewordene Arbeit zwingt Individuen, Klassen, Zeiten in einen grenzenlosen Prozeß der Betätigung, der nicht einmal wahrer Fortschritt genannt zu werden verdient, weil er seinem unendlichen Ideal sich nicht zu nähern vermag. Es hat Zeiten gegeben, denen dieser gewaltsame Heraklitismus der Praxis vollkommen fremd war. Die Antike, das Mittelalter wissen davon nichts. Die demütige Arbeit wandte sich in ihnen nur der Verwirklichung fester Formen zu: große Zeitalter forschungsfremder Philosophie und der Baukunst. [Jahrhunderte haben an einer Kirche gebaut, aber die Generationen ertrugen ihre Unvollendung, weil sie das Ziel der Entwicklung in lebendiger Anschauung vor Augen hatten.] Erst mit dem Augenblick des in Luther sich durchringenden Geistes gewinnt das wirkliche Alltagsleben – in den vollen Kontrast zur himmlischen Überwelt gesetzt – die Bedeutung der Materie, die im unendlichen Prozeß steter Annäherung *geheiligt* werden muß. Der in Galilei wirklich gewordene Gedanke der Forschung (welcher die Realisierung eines Zieles ausdrücklich ins Unendliche verlegt), erhält nun durch die Reformation metaphysischen Boden und gliedert sich als natürlicher Teil in das Ganze des neuen Lebens ein.[1]

Damit verschiebt sich notgedrungen und ganz ohne Beziehung zu den Wertideen selbst der Punkt des größten Nachdrucks, welchen der Geist auf seine Bildungen legt, von den in endlicher Zeit sich realisierenden Werken der Kunst auf die im Unendlichen wirklich werdenden Werke der Wissenschaft. Das religiöse Zeitalter der Kunst macht dem religiösen Zeitalter der Erkenntnis Platz; in welchem Wechsel der Naturen des religiösen Sinnes und damit der Gegenstände seines Interesses ganz eigentlich die Grenze von Altertum-Mittelalter und Neuzeit oder der Übergang der romanischen Form des Christentums in seine germanische zu suchen ist. Daß man den Wert vom Werk und Ergebnis in das ihm dienende und zu ihm hinführende Streben, von der Sichtbarkeit in

---

[1] Die Ansicht Max Webers vom Ursprung des Kapitalismus aus dem Calvinismus ist durch die psychologisch ganz verfehlte Theorie Sombarts, das System des hl. Thomas sei die Quelle, nicht erschüttert.

die unsichtbare Gesinnung verlegt, es aber bei der Gesinnung als einer anbetenden Haltung des Herzens nicht bewenden läßt, sondern die Umsetzung des innerlichen Lebens in Tat fordert, begreift sich aus der neuen Absicht, das Göttliche aus seiner Einsamkeit herauszubringen und die Welt als seinen Gedanken nicht bloß zu wissen, sondern zu besitzen. Der Glaube, daß das Erlösungswerk Christi für den Menschen die Bedingung der Möglichkeit und die ewige Aufforderung geschaffen hat, kraft der er durch eigenen Kampf seine sündige Natur überwinden kann, macht die den Umkreis der Existenz wirklich durchlaufende Arbeit zum Selbstwert und ruft damit ein vollkommen neues Zeitalter der Unendlichkeitsgüter: der Forschung, der Technik, des Handels hervor. Wie aber der unendlichen Zerstreuung der Welt die ewige Möglichkeit ihrer geistigen Sammlung entgegen ist, und in ihrem Gleichgewicht Sieg und Niederlage aufgehoben erscheinen, ist die völlige Indifferenz gesetzt, reißen sich die einmal wirklich gewordenen Lebenstendenzen von ihrem religiösen Mutterboden los, werden selbständig, verweltlichen sich und ergreifen allmählich unterschiedslos alle Stände der Gesellschaft, so daß heute in Europa und Amerika der überzeugte Katholik, der überzeugte Protestant und der überzeugte Jude größte Konkurrenten im Wirtschaftsleben oder engste Kollegen in wissenschaftlichen Dingen sind.

Der Gedanke, daß man in der ewigen Annäherung an das wissenschaftliche Ziel zum *Täter der Wahrheit* wird, ganz allgemein das Bewußtsein, eine Form der Existenz zu besitzen, die noch für die fernsten Geschlechter Geltung haben muß, deren Gewinn die Zukunft im wahrsten Sinn erst garantiert, sie ganz und gar bestimmt, schlägt um in die hohe Befriedigung, sein individuell begrenztes Leben mittels einer im Grunde unpersönlichen Handlungsweise dadurch in eine höhere Gegenwart aufzulösen, daß man sich unentbehrlich macht, und bildet den unwiderstehlichen Anreiz für eine überwältigende Menschenmasse, sich in den gleichmacherischen Strom ruheloser Arbeit zu versenken. Bei den wenigsten steckt noch die Sehnsucht nach Wahrheit und maßvoller Herrschaft über die Natur in diesem Willen. Die niederdrückende Majorität fragt nach keinem objektiven Warum, und der kleine Mann mit obligater guter Gesinnung flüchtet sich um so eifriger in die mechanischen Getriebe wissenschaftlicher Disziplinen und merkantiler Unternehmungen, als seine persönliche Minderwertigkeit dann das Gepräge der Selbstbescheidung und der demütigen Hingabe an die Sache erhält. Was diese unterjochende, gegen alle menschliche Einmaligkeit so gleichgültige Arbeit, was dieser erstarrte Hinweis auf eine unablässige Zukunft bedeutet: tätige Nacht und treue Stille der Erwartung, welche dem Geist vor den Aufgang seines ewigen Tages gesetzt ist, – in dem täglichen Getriebe vergißt es sich zu leicht.

* * *

Begreift man, was es auf sich hat, den Geist des Abendlandes in seiner entschiedensten Form, der wissenschaftlichen Arbeit, dem orientalischen Menschen nahe bringen zu wollen? Nichts ist dem östlichen Bewohner antipathischer in seinem Denken, seinem Gestalten und seinem alles durchdringenden Glauben als solche Auflösung fester Formen in unfertigen Gestaltungsprozeß; durch seine Religion ist die mächtige Hemmung gegeben, die eine wirkliche Hingabe an Unendlichkeitswerte im Sinne abendländischer Kultur vorerst undenkbar erscheinen läßt. Vermag irgendeiner unter uns abzusehen, welche Folgen sich an einen derartigen Versuch knüpfen werden? Die Politik ist einmal eingeschlagen; man hat daraus alle Konsequenzen zu ziehen. Der Großraum des Vierbundes von Hamburg bis zum persischen Golf und zum Suezkanal schließt in sich sehr ungleiches Land ein. Die zivilisatorischen Niveaudifferenzen streben nach Ausgleich, der Handel wird kommen, die Industrie, die Wissenschaften ... Nur ist füglich zu bezweifeln, ob der ökonomische Kreislauf wahrhaft dauernde Antriebe für sich finden wird. Dem Verlust weltindifferenter Beschaulichkeit gegenüber ist der Gewinn der modernen geist- und herzindifferenten Tüchtigkeit des betriebsamen Mannes, welcher, wie man sagt, in die Welt paßt, doch allzu fragwürdig. Eins ist sicher: die herrschende Religion kann von sich aus – entgegen gewissen politisch klugen und freundlichen Versicherungen hochgestellter islamischer Geistlicher – niemals Werkfreudigkeit in dem spezifischen Sinne motivieren. Und darauf kommt schließlich alles an. Vollzieht sich die Mobilisierung des Volkes zur Arbeit nur unter dem Druck der Konkurrenzangst und Gewinnsucht, dann wird die Wissenschaft zum Mittel, und von einer inneren Erfassung europäischen Geistes kann nicht die Rede sein. Dazu werden wir aber die Universität als eine Anstalt um der Wahrheit willen niemals erniedrigt sehen wollen; sie muß unter allen Umständen die Ehre des interesselosen Denkens schützen. Die Wahrheit zu erforschen, – das ist zu motivieren; nicht wie es das abendländische Humanitätsideal der Vernunftidee gemäß will, sondern aus dem östlichen Geist selbst. Die Motivierung: eine kultur*politische* Aufgabe, keine wissenschaftliche mehr, in dem innersten Interesse deutschen und islamischen Lebens.

Bewußt der Gegensätzlichkeit abendländischer und morgenländischer Geistesform, muß das Ziel der türkischen Bildung als die Entwicklung ihrer eigenen Originalität und ihres Charakters gedacht werden. Was in erster Linie durch das lebendige Vorbild des Europäers erreicht werden dürfte. Allerdings muß man den Widerstand der großen Masse dabei berücksichtigen. C. H. Becker hat in seinem oben zitierten Aufsatz auf die Bedeutung der Scheria, der Pflichtenlehre für die Verfestigung des Persönlichkeitswertes der Beschaulichkeit und den ihm entsprechenden Mangel an Arbeitsbedürfnis hingewiesen. Die orientalische Auffassung vom Gesetz als einer löblichen Vorschrift, „zu deren Verwirklichung aber der Mensch ebensowenig die Kraft hat, wie zur Erfüllung der Scheria", macht es bestimmt sehr schwer, den Arbeitsgedanken lebendig werden zu lassen. Der Türke ist im Grunde seines Herzens ein mittelalterlicher Mensch, welcher das abgeschlossene, in der Gegenwart ruhende Leben liebt. Darum hat auch nicht das Denken und Wissen, sondern der Glaube die kulturgestaltende Macht. Ob unter diesen Bedingungen Becker recht hat, wenn er sagt: „Nur unter der Parole des religiös Gleichgültigen und damit Erlaubten kann die neue Gedankenwelt im Islam Wurzel schlagen", möchte ich bezweifeln. Gerade weil das türkische Volksleben religiös fundiert ist, wird man ohne jeden religiösen Antrieb kaum zu einem kräftigen Anfang kommen. Ich bin der Meinung, daß man die Lösung des Problems nicht dem Lauf der Geschicke und dem Zufall einer genialen Person überlassen darf, weil das leicht zu einer „Politik der verpaßten Gelegenheiten" führt. In politischen Dingen, glaube ich, appelliert man nur dann wahrhaft an die Gnade Gottes, wenn man, soweit die Kräfte reichen, selbst dem Gegenstand auf den Leib rückt. Weil eine Auseinandersetzung zwischen Glauben und Wissen, Priester und Professor in einem modernen Staatswesen kommen muß, wird es das Interesse und die Pflicht seiner Regierung sein, in richtiger Weise zu vermitteln. Wie diese kulturdiplomatische Mission realisiert wird, ob von seiten der Geistlichkeit oder der Universität oder der Regierung, ist eine Frage für sich. Läßt sich dann ein katastrophales Abbrechen der Entwicklung westlicher Ideen im Osten verhüten, so können sich an diese allmahliche Vermählung der beiden großen Kulturprinzipien unserer Erde höchste Hoffnungen knüpfen: es werde auch in dem Lebensblut des westlichen Geistes wirklich das beschauliche Moment in großem Maße verstärkt, welches nach einem Wort Nietzsches „zu den notwendigen Korrekturen gehört, welche man am Charakter der Menschheit vornehmen muß".

Die Untergangsvision und Europa

In Deutschland hat sich, wenn auch nur in kleinen Kreisen, zäher als in anderen europäischen Ländern, jenes romantische Verhältnis zur Welt erhalten, das noch vor siebzig Jahren zwischen den Nationen des Kontinents eine Atmosphäre gegenseitigen Verstehens ermöglichte, die den Namen einer international-europäischen Kultur als nicht zu kühn gewählt erscheinen ließ. Man darf bei Betrachtung dieser uns wehmütig stimmenden Tatsache, da ihr definitiver Verlust heute keinem Auge mehr verborgen ist, nicht vergessen, welche Ursachen für ihre Entstehung und ihr Verschwinden in Betracht kommen. Da bei uns nach dem Niederbruch einer absolut illusionären Politik nicht nur in den unteren Schichten und im Kleinbürgertum, wo dieser Geist nie ausgestorben ist, sondern im Bourgeois und im Großkapital das Bewußtsein von der Notwendigkeit einer europäischen Orientierung Leben zu gewinnen scheint, darf diese Retrospektive nicht gleichgültig lassen.

Von Talleyrand stammt das Wort, daß, wer nicht vor 1789 gelebt habe, die Süße des Lebens nicht kenne. Die Revolution leitete in der Tat eine Phase nicht nur für Frankreich und die europäischen Höfe, sondern für die ganze Welt ein, die, vom Standpunkt des Rokoko und noch von der Romantik aus gesehen, in voller Barbarei enden mußte. Schon die Unabhängigkeitserklärung der Vereinigten Staaten von Nordamerika, deren Verfassungsgrundsatz der Gleichheit, Freiheit und des Eigentums vom revolutionären Frankreich als Parole und Prinzip übernommen wurde, bedeutete prinzipielle Aufhebung des europäischen Primats und damit Kampfansage gegen eine Welt geschichtlich gewordener Voraussetzungen; Naturrecht und Vernunftglaube erwiesen sich als stärkere Mächte.

Das bürgerliche Lebensgefühl in seiner uns jetzt verlassenden Form, wie es Rousseau im Protest gegen Rokoko und Aufklärung gefaßt hat, ist in seinen staatsrechtlichen Ursprüngen also amerikanisch-französisch; es begegnen sich in ihm anglikanischer und romanischer, insularer und kontinentaler Geist, und den Katholizismus trifft nach seinem relativen Sieg über die protestantische Bewegung, die er aus der Kirche herausdrängt, der größte Schlag: die Begründung einer neuen

Internationale jenseits der Kirche. Wie wenig der Unterschied zwischen dem geschichtsfeindlichen Denken der Revolution und dem allen äußeren Gewaltsamkeiten, damit also auch einer künstlichen Isolierung von der Vergangenheit, abholden deutschen Charakter der Ausbreitung dieser Internationale individueller Freiheit und des Eigentums etwas anhaben konnte, beweist der großartige Aufschwung deutschen Geistes am Ende des Jahrhunderts. Von der friderizianischen Auspowerung hatte man sich einigermaßen erholt, als die napoleonischen Feldzüge die deutschen Verhältnisse in ihrer gottgewollten Staubigkeit aus den Angeln hoben. An den dadurch neu bekräftigten innereuropäischen Primat Frankreichs, gesichert seit dem Westfälischen Frieden, rührte erst der Untergang Napoleons, dessen revolutionäre Sendung in ihrem letzten Sinn auch nicht durch heilige Allianz und Restauration illusorisch werden konnte.

Man hat die von den deutschen Philosophen damals getragene Bewegung eine Konterrevolution der Wissenschaft genannt, insofern sicher mit Recht, als der ahistorische Geist des neuentstandenen Amerika und des 14. Juli in der deutschen Romantik seine Überwinderin fand. Der Materialismus, physiologische Skeptizismus der Enzyklopädisten, die Zurüstungen der Aufklärung verfielen einer Umgestaltung, die ganz in der Linie des sich ständig verstärkenden organischen Naturgefühls lagen. Von bohrender Logik zu Ende gedacht, mußten die Ideen der amerikanisch-französischen Union ihren Umschwung erleben: das Pathos der Vernunftmacht kraft Naturrechts wird zum Pathos der Naturmacht kraft Vernunftrechts. Das revolutionär entstandene Bürgertum erklärt im Munde philosophischer Professoren die Unantastbarkeit der Geschichte. Diese allgemein bekannte Umwertung extrem individualistisch-rationalistischer Werte durch die deutsche Maßlosigkeit, die aus der Begeisterung eines unterdrückten, an physischen Gütern armen, von hundert Fürstenhöfen in patriarchalischer Abhängigkeit gehaltenen Volkes sich erklären läßt, eines Volkes, das der innigsten Empfindung fähig, wie es in der Mystik, im Protestantismus, in der Musik bewiesen, nicht in äußerer Empörung, sondern in den geistigen Taten sein Höchstes erblickt, diese Umdeutung der Revolutionsprinzipien in Evolutionsprinzipien ist der Gegenschlag deutscher Nation gegen den Westen.

Dergestalt siegte (mit bedeutsamer reservatio mentalis der Entwicklungsmystik) bürgerlicher Geist bei uns und wurde das staatlich reaktionäre, weil politisch indifferente, das heißt technisch-politisch indifferente Deutschland Mitglied der Internationale der neuen Bourgeoisie. In Wahrheit ihr Führer. Ohne Chauvinismus – gerade der Chauvinist hat hier nichts mehr zu gewinnen – wird man das neunzehnte das Jahrhundert des deutschen Gedankens nennen können. Es war die weltgeschichtliche Situation: Ruhebedürfnis, Resignation, Überdruß an politischen Dingen und revolutionärer Phrase dem deutschen Charakter wie keinem anderen angepaßt, und der Geist unseres Landes verstand die Forderung des Tages.

Wie hier im einzelnen auch die Ströme der Tradition das Netz der sozusagen am Tage liegenden Beeinflussungen von Volk zu Volk begleiten oder kreuzen, Tatsache ist, daß England, dem klassischen Land des Puritanertums, die Wirtschaftsweise wohl zuerst den spezifisch kapitalistischen, auf Großindustrie, Ausbeutung der Menschenkraft im Dienst einer ständig auf Machtvermehrung der Firma angelegten, maschinell gesteigerten Charakter zeigt, der in einer immer virtuoseren Adaption technischer Erfindungen an Bedürfnisse und einer kunstvollen Weckung von Bedürfnissen sich äußert. Die Ursprungstheoretiker des Kapitalismus sind sich auf jeden Fall darin einig, daß der Untergang mittelalterlicher Welt, Renaissance und Reformation, ob nun „innerweltliche Askese" des Calvinisten Ursache oder Wirkung des bürgerlichen Geistes und nur seine Projektion ins Religiöse bedeutet, die allgemeine Disposition zur irdischen Werkfreudigkeit erhöhen mußte. Von nun an arbeiten sich Wirklichkeitsstudium und Geschäft immer organischer, bewußter in die Hände; Erfindung ist Spekulation, Spekulation braucht Erfindung. Innerweltliche Naturerkenntnis, das Experiment, ist die Voraussetzung aller Technik und darum gegebene Grundlage eines planmäßig entwickelten Handels. Hemmungsloses Gewinnstreben weist in die Weite neuer Absatzgebiete, fordert Überbrückung großer Räume, Herstellung großer Warenmassen, also Verkehrstechnik, Produktionstechnik.

Unsere Generation stammt noch aus den Jahren, die sich stolz das Zeitalter der Technik und des Fortschritts nannten. In seinem Anfang sehen wir die Weimaraner und Jenenser, das München Schellings, das Berlin Hegels, das Wien Beethovens und Schuberts, das romantische England, das napoleonische Paris. Auf die großen Antithesen der Nationalcharaktere folgt die europäische Restauration der zwanziger, dreißiger, vierziger Jahre, ein Nachlassen der Spannungen, verstärkter Austausch zwischen Deutschland und Europa, die beginnende Industrialisierung unter Englands Führung. Die Restauration der fünfziger Jahre bekräftigt den politisch saturierten Zustand der europäischen Großmächte, dem Bismarck und Cavour ein Ende machen. Bis zu den Kämpfen um die nationale Aufteilung des Kontinents herrscht jene Atmosphäre weltbürgerlichen Verstehens, in welcher die Deutschen

Kräfte zu einer fast beispiellosen wissenschaftlichen und organisatorischen Intensität erworben haben. Das ist die Zeit, die uns in alten Hotels kleiner Städte aus verblaßten Goldrahmen noch ansieht: Einweihung der ersten Eisenbahn zwischen Nürnberg und Fürth oder: Fuchsjagd in England. Das ist die Zeit Heines, der Deutsch-Französischen Jahrbücher von Ruge, der Chopin und Liszt. Manchester siegt aber, nicht jedoch im calvinistisch-asketischen Geist der Werkgerechtigkeit irdischer Arbeitsdisziplin, wie es englischem Charakter angemessen ist. Manchester siegt mit dem Gedanken der deutschen Romantik: der unendlichen Entwicklung.

Im Grunde, und dieses Urteil werden spätere Zeiten als selbstverständlich empfinden, ist die ganze Entwicklungs- und Fortschrittslehre eine *Romantisierung der Industrie*. Ob Auguste Comte, Marx oder Darwin, ob Zola, Ibsen und die Impressionisten, sie bindet *eine* mächtige Philosophie, ein unerschütterlicher Glaube: die *Metaphysik des bürgerlichen Endzustandes*. In der gleichen Richtung, in der die Natur, in der ihr schmalster Sproß, die Geschichte der Menschheit, von der Urzeit bis zur letzten literarischen Revolution, zum Kongreß der Naturforscher und Ärzte und zum Verein für Sozialpolitik linear gewachsen sein soll, gilt es, mit exakten Methoden sich „immer weiter vorwärts" zu differenzieren. Eine einzige Stufenleiter der Geschöpfe, vom Schmetterling über den Elefanten, enthüllt die ganze Skala morphologischer Menschenähnlichkeit als offenbare Rangordnung nach Verdienst, eine sehr ehrenwerte évolution créatrice mit bürgerlichem Schlußtableau. In dieser Perspektive verliert die Antithese Bourgeoisie–Proletariat zwar nichts von ihrer geschichts*dynamischen* Bedeutung, wohl aber die Schärfe ideellen Kontrastes, mit dem etwa die Lobredner des Bolschewismus (als des Geistes der großen Herzenseinkehr und der aus proletarischer Ekstase geborenen Erneuerung) sie belasten wollen. Das Proletariat, nach Marx die Form, in der individualistisches Wirtschaften überwunden und ins sozialistische übergeführt wird, die werdende Unmöglichkeit, an der das kapitalistische Zeitalter in sein Gegenteil umschlagen soll, das Proletariat wird wohl die Bürgerlichkeit hinter sich gelassen, es widerlegt haben, wie die Frucht die Widerlegung der Blüte ist. Aber wird darum das Proletariat als zur Selbstverwaltung gelangter Staat notgedrungen auch seiner geschichtsphilosophischen Sendung untreu werden müssen, der Entwicklung maschineller Produktion in sozialistischer Form? Wird der gegen Kapitalismus und Bourgeoiskultur geführte Schlag durch das Proletariat und für das Proletariat, zugleich gegen den Industrialismus, gegen die maschinell getragene Zivilisation, also gegen den Massenaufstieg gerichtet und damit dem

Weltalter der Entwicklung des Verkehrs, der Physik, der experimentell unterbauten Medizin, schließlich unserer Art der Kleidung, Ernährung und Wohnung ein Ende gesetzt sein?

Marx hat darauf keine Antwort; denn er schrieb keine Utopie. Die Männer des neunzehnten Jahrhunderts und die aufgeklärten Parteisekretäre würden wohl nur mit Schaudern eine Welt ohne Großstadt, Eisenbahn und Komfort der Neuzeit, die Welt ohne Errungenschaften am Horizont dämmern sehen. Aber das sind keine Argumente. Tiefer greift schon, was alle, die mit Bewußtsein die erschreckend wachsende Mechanisierung und Ökonomisierung des Lebens, Bürokratisierung und Nationalisierung begleiten, mit immer stärkerer Opposition die Entartung des Menschen zugunsten des Betriebs zu ertragen suchen, tiefer greift, was diese alle bewegt: daß hier ein Ende droht aus menschlicher Verkümmerung, aus Mangel an Kultur, aus Mangel an Glaube.

Denn wer ist so hart, daß er mit gutem Gewissen, mit dem Gewissen des englischen Puritaners oder des deutschen Entwicklungsromantikers die Verstärkung der Zustände von heute verteidigen, ja verlangen könnte? Organische Geschichtsauffassung, Entwicklungsphilosophie, der Rausch großer Zeiträume und einer unbegrenzten Zukunft, die einem glücklichen, nur Möglichkeiten ahnenden Geschlecht Bedürfnis waren, haben in dem Galopptempo der Amerikanisierung vernichtende Wirkung gezeugt. So verbindet sich das Gefühl des Abscheus gegen die minderwertige Betriebsamkeit, den Aufwand größter Energien für kleinste Zwecke mit dem Überdruß gegen die Metaphysik des bürgerlichen Endzustandes und der unbesehenen Bejahung fortschrittlicher Werte. Und da dies Gefühl zum mindesten eine beträchtliche Unbeteiligtheit am Geschäftsleben, der Überdruß aber eine intensive und gleichmäßige Beschäftigung mit den Erscheinungsformen dieser Metaphysik voraussetzt, so folgt daraus, daß man die Träger dieser Opposition gegen das Zeitalter unter den Gelehrten und Künstlern haben wird.

Sorgfältige Betrachtung der Philosophie, bildenden Kunst, des Romans, der Musik und Dramatik im neunzehnten und in diesem Jahrhundert zeigt, daß eine derartige Opposition gegen den siegreichen Zeitgeist immer bestanden hat. Ob Neuidealismus oder Neuromantik oder Wagnerfeindschaft, das fällt hier nicht entscheidend ins Gewicht. So gehören Brahms und Reger, gehören Nietzsche, aber auch die Kantrestauration, Péladan und Claudel, Maeterlinck und George auf die Oppositionsseite, ob auch Bruckner, Mahler und Strauß, die Biologisten und Positivisten, Flaubert und France, Impressionisten, Expressionisten (quand même) alles andere als eine homogene Phalanx der Gegenseite bilden dürften.

Nur entspricht es dem deutschen Charakter und der Maßlosigkeit seiner inneren Phantasie, daß er das Bestehende ins Extreme treibt. Kein Volk hat mit solcher Leidenschaft im Gefühl schöpferischer Kontinuität der Natur, der großen Zeiträume und des bombastischen Fortschrittsglaubens sich treiben lassen, wie das unsrige bis in den Krieg hinein. Die populäre Biologie Haeckels und Bölsches beweisen es. So mußte Reaktion dagegen nicht geringere Wucht betätigen. Angefangen von Hegel gegen Fichtes Metaphysik der eine unendliche Zukunft heischenden Schöpferkraft, über den späten Schelling, Baader und Schlegel, die gegen die Naturwohligkeit des romantischen Pantheismus und den Optimismus logischer Organisation zu Felde ziehen, bis zu Nietzsches Vision des letzten Menschen, Schopenhauerischen Pessimismus, Götterdämmerungszauber und Tristan, läuft der Strom des Verlangens nach Erlösung aus der vorwärtsweisenden Dynamik industriellen Zeitalters. Überdruß an der Wiederholung allmählich zur Phrase werdender Dogmen, Skepsis selbst in Naturwissenschaft und Medizin, Proteststimmung ergeben am fin de siècle die Perspektive der Dekadenzphilosophie. Und ernüchtert wenden sich die Geister in dem brennenden Bewußtsein ihres Nachgeborenentums entschwundener Kultur zu dem verlorenen Paradies.

Das Mittel, der Realität ihre Unerträglichkeit zu nehmen, ist, sie zu degradieren; man erklärt sie zur bloßen Illusion. Bis zum statischen Illusionismus, der den Wert der Natur aufhebt, war die Skepsis gedrungen. Es galt, den *dynamischen* Illusionismus zu erfinden, um auch die menschliche Geschichte und die optimistische Wertbetonung der jeweils erreichten Epoche zu desavouieren. Es galt, die Entwicklung aus den Ereignissen der Geschichte zu streichen und an die Stelle der Vorstellung *linear steigender Verbundenheit* die Vorstellung *zyklisch geschlossener Disparatheit* der Zeiten zu setzen. In diesen Kreisen erfüllen sich die Schicksale der einzelnen Kulturideen gleich merkwürdigen Pflanzen, deren Form Geheimnis bleibt. Im Resultat also eine ästhetische Gleichberechtigung der menschlichen Bestrebungen dem Typus nach. Hierbei ein zwangsmäßiges Durchlaufen verschiedener Reifestufen, welche zu Vergleichen nach dem Gesichtspunkt absoluter Chronologie herausfordern, und am Ende bleibt nur ein Sterben in Schönheit. Dies die Spenglersche Vision.

Der Skeptiker hat wenigstens das eine Angenehme, daß er mit steigender Radikalität um so geringere Ansprüche hat, beweisend genommen zu werden. Wenn ich den Entwicklungstraum ausgeträumt haben soll, wozu ich mich verstehen kann, weshalb das neue Bild der historischen Kreise, der absoluten Relativität aller Gedanken dann für mehr

Die Untergangsvision und Europa 39

als ein Bild, für das wahre Erwachen halten, da jedes Erwachen vor Gott und der Philosophie nur ein neuer Traum oder eine neue Ausprägung der dem Volke immanenten Kulturidee ist? Der Ästhetiker der Weltgeschichte versichert uns, dies sei die letzte Philosophie des Abendlandes. (Hinterher wird es vermutlich dunkel und dann kommen die Russen.) Er beweist uns das aus dem faustischen Charakter abendländischer Kultur, die auf dem Bewußtsein der Unendlichkeit, dem grenzenlosen Streben und der dynamischen Umformung der Welt beruht; diese Kultur aus dem Glauben an die Geschichte und der technischen Bewältigung der Natur hat zu ihrem originalen Exponenten die Kunst der Zeit, der Negation der Gestalt und der Individualität, das ist die Musik, entwickelt. Aber der Geist der abendländischen Philosophie gleicht einem alten Schauspieler, der sich von der Bühne nicht trennen kann und vom unwiderruflich letzten Auftreten zum unwiderruflich allerletzten Auftreten kein Ende findet. Wie oft haben wir dies schon gehört: es ist die letzte Philosophie, d. i. die wahre Wissenschaft. Erinnern wir uns nur an Kant, Fichte, Hegel (in dem der Weltgeist zu sich selbst gekommen war), Schelling, der dem Buch der Philosophie das letzte Blatt anfügen wollte, Schopenhauer, Nietzsches Lehre von der ewigen Wiederkunft, den gewollten Schlußstein menschlicher Einsicht und schließlich auch noch Husserls bestimmt unwiderrufliche Begründung der wissenschaftlichen Philosophie. Die Liebe geht stets aufs Äußerste: wie die Verliebten die ersten, wollen die Philosophen immer die letzten sein.

Eine Ästhetik der Weltgeschichte will nichts beweisen, nur sehen und sehen lernen. Doch sieht jegliches Auge bloß, was die Seele will. Unsere Geistigen sind aber des Entwicklungsschwungs, der die Metaphysik des bürgerlichen Endzustandes fundiert, endgültig überdrüssig. Sie lassen den élan vital nur zu, wenn er über die Plüschsofabehaglichkeit den Menschen in die neue Härte gemeinschaftlicher Tat emporreißt. Sie setzen aus dem Groll über die Welt des verschütteten Herzens den Geist der Utopie; der geht in den Formen neukatholischer Metaphysik, wie etwa bei Bloch, die Koalition mit dem Sozialismus als Mittel ein, um mit seiner Strategie den irdischen Ausgleich herbeizuführen. Wie hier aus dem Ende des Kapitalismus die Wiederkehr einer neuen Kultur zum seligen Ausklang der menschlichen Geschichte oder (wie bei den Künstlern) wenigstens zu einer Epoche der Erholung und des Anstands für Kunst, Gewerbe und Sitte *vermittelst* des Glaubens an den seligen Ausklang gewünscht wird, so eint den Ästhetiker der Weltgeschichte, den religiösen Aktivisten und alle versteckten Romantiker die Negation des bestehenden Zustands als einer Epoche der Entartung ins Quantitative, der Sterilität, des zivilisatorischen Absterbens. Die Zivilisation als Endphase *jeder* Kultur wird dem Morphologen der Menschheit zu intuitiver Gewißheit.

Es liegt im Wesen ästhetischer Perspektive, daß trotz Ausdehnung des Blickfeldes über die Erscheinungen der ganzen Kultur die Kunst an Bedeutung für sie bevorzugt bleibt; wie Bildwerke scheinen die Kulturen zu sein, den Charakter ihrer Künste im großen gleichsam spiegelnd. So liegt es sehr nahe, von dem Zustand europäischer Malerei, Plastik und Architektur einen Hellenismus abzulesen, von unseren Instituten, Bibliotheken, Großuniversitäten, Sammlungen und Museen aller Art Alexandrinismus. Siegesallee und löwenflankiertes Denkmal Wilhelms des Großen, Brüsseler Justizpalast und die Kapitole von Washington und San Franzisko, die Barocklinie fortsetzend, der Impressionismus und sein Widerspiel, das sich gern auf Mosaiken etwa aus der Zeit des Untergangs des römischen Kaiserreichs zu seiner eigenen Rechtfertigung beruft, Spezialisierung und enzyklopädischer Sammelgeist reden die Sprache einer überzeugenden Wiederkehr. Und eine zweite Gotenwelle, Germanenwelle gleichsam, scheint Rußland nach Westen zu drängen, Lenin und seine Leute, Robbespierres und Napoleone des Ostens, ja darüber hinaus Arminius und Paulus in einer Mission.

Unzweifelhaft weist die gegenwärtige Kultur Europas die Symptome des Massenstaats und des verkümmernden Glaubens auf. Aber die bildende Kunst gibt nur unzureichende Perspektive. Schon die Musik seit Gregor, seit Palestrina ist ohne Beispiel in der Geschichte. Warum ihr also eine analoge Funktion für den abendländischen Norden zusprechen, wie sie die Plastik für die Griechen besaß? Darüber hinaus, wird auch sie sich dem allgemeinen organischen Gesetz beugen: Frühe, Hochblüte, Spätzeit? Geht es wirklich, Pergamon und Bayreuth zu vergleichen oder Bayreuth mit Michelangelo und Asam? Kann nicht die Musik eine Geschichte erleben, die dem Stilwandel unter wesentlich optischem Primat in nichts mehr gleicht, ein Altern vielleicht, das aus seinem Tode die Kraft zu einer ungeheuren Verjüngung schöpft? Und bildet sie nicht vielleicht das wahre Esperanto, die universale Sprache, die mühsam wieder herstellt, was die Sprachen zerstört?

Der Ästhetiker der Geschichte sagt: faustisch gedacht zwar, diese planetarische Universalität *einer* Sprache, *einer* Physik, *einer* Technik; faustisch gedacht diese Musik des raumlosen Verschwebens der Affekte, des nordischen "Innenraums", diese Bewältigung der Unendlichkeit, selbst in der platten zivilisatorischen Endphase, als Telephon und drahtlose Telegraphie und Luftschiff. Aber eine Vergänglichkeit.

So wäre also anzunehmen, daß wir Europäer, Amerikaner und alle

Zivilisierten der Erde von einem Wandel ergriffen werden, ausgehend vielleicht von der sprengenden Kraft eines jungen Volkes, den Russen etwa (wenn man annimmt, daß Tolstoi ihr Homer, die Karamasoff ihr Nibelungenlied ist), und daß unsere Elektrizität und Kohlenausbeutung, Naturerkenntnis und Fernverkehr, Sozialismus und Völkerbund atmende Utopie eine gleich radikale Ablehnung erfahren wird wie Babylon und Ägypten durch die jüdische Prophetie, das römische Reich durch Christus. Die Symphonien Beethovens würden in den Schränken liegen, wenn es dann noch Museen gibt, und groteske Zeichenschrift, Klangmasse sein, fremd wie Negergötzen oder kabbalistische Medizin uns heute. Man würde die Experimentalphysik und die Medizin vergessen, die Autos und alle „Errungenschaften", ohne die auch die Opposition nicht leben kann.

Trotz allem Kinohaften, Regiehaften dieser Ästhetik der Weltgeschichte, wo mit Prunk und stilechter Aufmachung, wie in einer Verdischen Oper oder einer Reinhardtschen Inszenierung, die Gestalten en masse beschworen werden, hat sie das Verdienst, die Atmosphäre dieser Zeit von der längst unwahr gewordenen Popularität der Entwicklungsphilosophie bürgerlichen Endzustandes, des linear-evolutiven Optimismus Haeckels und aller Leute vom Ende des vorigen Jahrhunderts, die stolz sind, es soweit gebracht zu haben, entschieden zu reinigen. *Dieser* Romantisierung der Industrie hat sie freilich ein klangvolles Ende bereitet, doch um den Preis einer *neuen* Romantisierung der Industrie. Gerade die Wirksamkeit dieser Kritik der Zeit wird dadurch verständlich. Denn am meisten überzeugt die Überwindung einer These von gleichem Boden aus und mit gleichen Mitteln. Im letzten Grund bleibt der Glaube an die Substantialität der geschichtlichen Erscheinungen, an die umschließende Funktion einer allgemeinen Kultur im Verhältnis zu ihren Trägern, durch deren kleine Existenz, gleich einer Maske vor dem Antlitz der Gottheit, ihre bezwingende Sprache tönt. Es bleibt der Glaube an die organische Kontinuität *innerhalb* eines Kulturkreises, über dessen Horizont die Sonne aufgeht, im Zenit steht und abends versinkt, wenn auch die Vorstellung von der etappenförmigen Sukzessivschachtelung der Völker in der abstrakten einreihigen Zeit, die Treppenform der Geschichte aufgegeben ist. Die neue Romantisierung der Industrie, im Gefühl des „Gebildeten" längst populär, ist ausgeprägt in dem als Altersunterschied ausgegebenen Gegensatz von Kultur und Zivilisation. Zivilisation ist Müdigkeit am Abend, welkende Blüte, Sterilität, Arteriosklerose, Entartung. So bieten die romantische Gemeinde und ihre Mitläufer, erbittert von der Härte des wirklichen Lebens, von dem ungläubigen, experimentellen Charakter unserer

Kunst, von Intellektualismus, Spezialistentum, Überorganisiertheit, Merkantilismus und Glanzlosigkeit der neuen Republik, den Apparat der ganzen Weltgeschichte auf, um den Sterbenskeim in diesem verhaßten Kreis des verlorenen Krieges, der nicht funktionierenden Eisenbahn und der Massenstreiks zu beweisen.

Der Untergang des Abendlandes ist eine Diagnose auf Grund des Symptomenkomplexes der modernen Technik. Genau so wie die biologische Metaphysik der Abstammung des Menschen, der Zuchtwahl und der Kulmination der geschichtlichen Entwicklung in Europa und Amerika eine Diagnose auf Grund industrieller Symptome war. Das ist geblieben, nur die Bewertung hat sich in ihr Gegenteil verändert. *Früher* sagte man: die Asiaten, das europäische Altertum und Mittelalter konnten keine richtige Malerperspektive; sie waren sehr primitiv. Bei Giotto wird die Sache anders und bei Leonardo sind wir endlich soweit. Oder das Mittelalter hatte die Kenntnis des menschlichen Körpers verlernt; Renaissance erobert das griechische Können wieder. *Heute* ist man schließlich dahin gekommen, dieser onkelhaften Geste in solcher Ausdehnung sich zu schämen, daß man in das entgegengesetzte Extrem, in die Bildungsphilistrosität, nur mit negativem Vorzeichen, geraten mußte. Was für die Kunst, die Philosophie, die Religion gilt: Achtung vor der individuellen Würde, die in sich beharrt, mit sich zu Ende gekommen ist, wird zum allgemeinen Grundsatz des Urteils über alle Dinge des Himmels und der Erde gemacht. Alles ist nur mehr Gestalt, hinter allem steht nur ein gleichsam verallgemeinertes Kunstwollen; die Relativität aller Ergebnisse, aller Leistungen, aller Hoffnungen ist besiegelt. Der Bildungsträger hat eine andere Haltung eingenommen; erwies er früher seinem Zustand der Moderne alle Ehren, so werden diese jetzt unterschiedslos allen Kulturen, ohne Teleologie und Phylogenie, mit einer geradezu botanikerhaften Objektivität zuteil. Alles ist Blühen und Sterben, jedes in seiner Form dem andern gleichberechtigt nach dem Grundsatz ästhetischer Urformenlehre.

Wir geben zu, daß den Romantiker der Kulturgläubigkeit heute (und wir behaupten, zu jeder Zeit) bitterste Enttäuschung erwarten muß. Denn er ist wesentlich rückwärts gewandt und sammelt in seinem Blick die Residuen verflossener Arbeit zu einer geformten Totalität. Hier widerfährt ihm die große Selbsttäuschung von der Realität der Kultur als einer wirklichen, die Dinge des kleinen Lebens, den Alltag durchflutenden Atmosphäre. Es ist die Illusion, die das einzelne, ein Buch, ein Bild, eine Rede, verallgemeinert, das Geistige, Bewußte und Unbewußte, verdichtet, substantiiert zum Hauch, Willen, Geist, zur Totalität einer Zeit. Es ist das Schicksal des auf die großen Linien achtenden Historikers, mehr noch des Geschichtsphilosophen, daß er eine Wirklichkeit über und in den Differentialschritten der vergangenen Menschen und Taten annimmt und über den Kurvenelementen die große Krümmung der ganzen Linie vollendet sieht. Aber das Wirkliche selbst, das wahrhaft Gegenwärtige, die existentielle Welt, in der es auf den Sprung der Entscheidung ankommt, enthält die Richtung der Epoche, den Sinn, welchen kommende Historie von ihr ablesen wird, *für sich selbst nicht*. Es leben die Menschen nicht am Standort der Idee, die sich über ihr Leben gelagert erweist, wenn es sich erfüllt *hat*; die Luft, die wir atmen, ist nicht die Luft, in der wir gelebt haben, in der wir gerichtet sind. Stil und historische Urform einer Zeit ist der verschlossene Befehl, den immer erst die folgende Epoche entsiegelt. Darum ist es eine philosophische Unmöglichkeit, die Gegenwart, die wir leben und sind, mit dem Gewordenen zu vergleichen. Wir sind nur eine Anweisung, nichts weiter. Es gibt auch ein Relativitätsprinzip der geschichtlichen Messung; denn der Stern, auf dem wir leben, verändert seinen Ort, das System, gegen das er sich bewegt, verändert aber wiederum seinen Ort in verborgener Richtung.

Wir sagen also, daß jede Gegenwart gegen Geschichte gehalten den Aspekt Zivilisation kontra Kultur ergibt; diese Form vielleicht spezifisch abendländisch, sogar deutschromantisch, aber in der Funktion eine menschliche Opposition: das irdische Unvollendete, Schmutz der Arbeit, gegen den Traum der Vollendung und das Reich des Glaubens.

Ohne diese letzte metaphysische Diskussion darf es also keinesfalls abgehen. Das andere aber, was gegen die Untergangsperspektive spricht, ist ein historisches und sozusagen psychologisches, ja biologisches Argument; also nicht prinzipiell, nur von Bedeutung für die Wahrscheinlichkeit des faktischen Eintritts der Voraussage.

Organische Geschichtsauffassung stellt die großen Kulturen wie Gedanken dar, die zusammen einen einzigen Sinn bedeuten oder einsam ihre individuelle These mit dem Tode besiegeln. Sie neigt dazu, überscharfe Akzente auf die Dinge zu setzen, Zäsuren, Ritardandozeichen, Pausen in ihnen zu sehen, daß wir einen dramatischen, musikalischen Rhythmus im Geschehen verspüren. Im tiefsten Grund ist dies eine Übertragung der Idee der Heilsgeschichte auf das profane Leben, also christliche Begriffsbildung unter Ablehnung des christlichen Absolutheitgehalts, unter Leugnung der Apokalypse. Getragen ist sie von *wesentlich orientalischen* Tatsachen. Dies ist entscheidend. Wir kennen keine Kultur, ausgenommen die mexikanische, die nicht über die auf der ganzen Erdoberfläche verbreiteten Schicht des primitiven (Eskimos, amerikanische, afrikanische, australisch-polynesische, indische

Urbevölkerung, d. i. die Völker der „Urzeit- und Altertumsstufe" nach Breysig) durch Ausbildung von Literatur, Kunst, Glauben und Verfassung erhoben – ohne Zusammenhang mit dem Orient entstanden, geographisch oder wenigstens im Fundament orientalisch ist. China, Indien, Babylon, Ägypten, Assyrisches Reich sind die großen Tatsachen, auf die sich gerade der Untergangsgedanke berufen kann, vom Hethiterproblem, Kreta, ganz zu schweigen. Palästina, Griechenland, Rom stehen in oberirdischer und mehr noch in unterirdischer Verbindung mit dem eigentlichen Orient. Die Winckelmannsche Klassizismusperspektive, die Romantisierung des Griechentums wird mehr und mehr von den Tatsachen beseitigt. Aristoteles – Platon sind ohne pythagoreische Tradition, die pythagoreische Schule und die ganzen Vorsokratiker ohne den Orient nicht denkbar. So reicht das Orientalische tief ins römische hinein, und der spätkaiserliche Synkretismus und Orientalismus ist nicht nur Rückwirkung imperialistischer Ausdehnung, auch Wiedererweckung und Anwachsen einer innerrömischen, dem Orient wesensverwandten Eigenschaft. Was aber spezifisch unorientalisch an den Mittelmeerkulturen ist, geht durch die „arabische" Kultur und christliche Mission in das neue Europa über: die sokratische Philosophie, griechische Plastik und Architektur, das römische Recht.

Auch für den Nichtchristen geschieht hier die große Verwandlung. Der Glaube an das tausendjährige Reich, die messianische Wiederkehr und das „Lehret alle Völker" der christlichen Mission durchbrechen die Gebundenheit des Blicks im engen Lebensraum der Heimat; sie geben Bewußtsein einer Unendlichkeit, sie entdecken Zukunft, die verpflichtet. Es kann für das menschliche Schicksal nicht gleichgültig sein, daß der Mensch die Gestaltung seiner Geschicke selbst, daß er die Gestaltung der Natur durch Willensverstärkung mit den Mitteln der Natur in die Hand nimmt.

Das europäische Mittelalter zeigt trotz schärfster Kämpfe innerhalb der Kirche noch hierarchisch gebundenen Charakter bis zum Niedergang der Gotik; es ist noch Orient auf westlichem Boden. Erst die protestantische Durchbrechung, die Verlegung des Schwergewichts menschlicher Existenz in sie selbst, vollzieht das Novum einer Tatkultur, einer praktischen Mission auf dem Wege der Technik, der Kolonisation und Überwindung natürlicher Widerstände durch die Maschine. Erst im siebzehnten Jahrhundert stirbt der Orient (in Gestalt arabischer Tradition) bis auf unbedeutende, noch heute erhaltene Reste in der abendländischen Kultur aus. Nun beginnt in immer reinerer Weise, von Kriegen umwettert, eine neue Kultur die Verwirklichung des Gegensatzes zum Orient: die Kultur der Zivilisation aus dem Geiste der

Tat, der Eroberung zur Herstellung menschlicher Gemeinsamkeit über den ganzen Planeten hin.

Hier also eröffnet sich der Sinn Europas: die Überwindung der Erde mit äußeren Mitteln, der technische Geist. Wir stehen am Anfang dieser nur dämmerhaft geahnten Kultur, armselig gebunden an Kohlenwirtschaft, Pflanzen- und Tierkost, abhängig vom Land, ganz noch im Schatten alter Kulturen, denen dieser neue Weg zur Emanzipation vom Stoff eine Lächerlichkeit, eine Unmöglichkeit war. An uns ist es, das neue Leben zu beginnen, das nicht mehr enden soll, solange der Geist lebt.

Untergang ist die Kategorie, in der abendländisches Denken den orientalischen Lebensstil erfaßt. Untergang ist darum das Schicksal dieser Kulturform, weil sie, gleichgültig gegen die empirische Zeit, zu jener erhabenen Monotonie durchgedrungen ist, die wie ein zweiter Raum sich dem inneren Auge entspannt. Alle Kultur aus orientalischem Geist ist magisch diszipliniert. Westliche Kultur wird technisch diszipliniert sein und den Weg zum Ausgleich mit der Natur auf dem grandiosen Umweg über die äußere Dienstbarmachung der räumlichen Dinge suchen. Auto, Luftschiff, Überlandzentralen, Funkentelegraphie sind nicht Symptome des Endes, analog denen der Hyksoszeit. Sie sind ein kleiner, gebundener, holperiger Anfang zu einer großen Phantastik des äußeren Lebens, die wir nicht mehr erzählen, sondern tun werden.

Von diesem Gesichtspunkt der unbedingten Antithese Okzident–Orient, an deren ganzer Tiefe die Menschen erst seit dreihundert Jahren arbeiten, erscheint die faktische Verkehrseinheit aller Völker auf der Erde, was keine Zeit bisher sah, nicht als Vergänglichkeit, sondern als der Durchbruch des europäischen Gedankens, der über den Orient triumphiert. Etwas ist wirklich geschehen: Herstellung einer Kontinuität in Raum und Zeit, Beginn einer Organisation der ganzen Menschheit, Fixierung aller Kräfte in *einem* Richtungssinn. Die Profangeschichte nimmt den Charakter der Internationalität und Universalität an, *gleich als wenn die Stetigkeit der christlichen Heilsgeschichte in dieser nur technisch bedingten Stetigkeit ein seltsames Spiegelbild von sich erhalten sollte.*

Die Untergangsdiagnose, ohne ihre Meriten um die Aufrüttelung, um die Formulierung drängender Verzweiflung in dem Deutschland der Niederlage irgendwie zu verkleinern, ist falsch, weil unter romantisch gefärbtem orientalischen Gesichtspunkt gesehen; denn auch der Europäer kann Europa von Osten her taxieren. Orientalische Kultur kennt nur das *eine* als höchstes: daß sich die Seele für sich selbst in die Gewalt bekommt, um der Natur von innen Herr zu werden. Das Ganze, die Masse erstarrt darüber; fortschrittslos, ein totes Bild, konserviert sich diese Kultur oder fällt jungen Völkern zum Raube. Solches Schicksal ist wie der Kreislauf eines Tages.

Der wahre, seiner Kraft erst allmählich innewerdende Okzident, Rußland, Amerika, das englische Empire und Europa, die Liga von Tokio bis Paris, London bis Melbourne, wird das Reich werden, in welchem die Sonne *nicht* mehr untergeht. – Wenn ihm dann auch für das Ganze der Menschheit gelingt, was dem Orientalen das Höchste ist, für die einzelne Seele durch innere Technik zu erreichen, wenn die gespenstische Untergangsvision dann durch eigene Kraft, durch Disziplinierung des kommenden Tages im Wege äußerer Technik gebannt wird, bleibt immer noch die Frage des inneren Heils offen, die zu lösen das Christentum berufen war.

Staatskunst und Menschlichkeit

Es wird bei der Beurteilung des 9. November 1918 immer darauf ankommen, wie man zu seinem Zweck steht. Zweck dieser Revolution war der Friede, ein Rechtsfriede der gegenseitigen Verständigung, der gegenseitigen Achtung, des gegenseitigen Verzichtes, um gemeinsam, d. i. ohne Siegerschaft und Besiegtenschaft, ein neues Leben zu beginnen, oder etwas prinzipieller gefaßt: Zweck dieser Revolution war, ernst zu machen mit einer Staatskunst der Menschlichkeit.

Die Novemberrevolution hat ihren Zweck nicht erreicht. Sie konnte ihn nicht mehr erreichen, nachdem ihr ein Akt von höchster politischer und moralischer Bedeutung vorweggenommen war, die eigentliche innere Revolution, die Demokratisierung, die Grundlegung eines Einklangs *zwischen* Staatskunst und Menschlichkeit. Jene mußte für das Bewußtsein der revolutionierten Massen im Sande verlaufen, weil sie neben rein negativen Zielen (Beseitigung der Fürstenherrschaft, Aufhebung der bundesstaatlichen Autonomien, der feudalen Privilegien), Ziele, die entweder de facto, wenn auch nicht in aller Form und nach außen, erfüllt oder nach Lage der Widerstände nicht zu erfüllen waren, eine Utopie verwirklichen wollte, die Überwindung der Politik und ihre Ersetzung durch eine rein moralisch orientierte Ethik für Staaten und Völker. Die Bildung des Kabinetts Prinz Max als die Anerkennung der Volkssouveränität in Sachen der politischen Führung war dagegen eine Revolution im Rahmen der Staatskunst. Sie kam der Entthronung der deutschen Fürsten gleich, sie antizipierte im wesentlichen die Errungenschaften des 9. November. Aber sie schien gegenüber dem akuten Problem, dem schleunigen Friedensschluß, zu versagen. Aus den Meutereien in den Hafenstädten wuchs die Revolution der radikalen Linken, der prinzipiellen Opposition gegen den Krieg, gegen das System nicht nur der bisherigen, sondern aller Staatskunst, die utopische Revolution einer Aufhebung jeder selbständigen Politik zugunsten eines Aufbaues rein aus dem Geiste der Menschlichkeit.

Wir fragen: Konnte die deutsche Revolution mehr erreichen, wenn Demokratisierung und Proklamation der Republik nicht in zwei getrennten Aktionen sich vollzogen, sondern einen einzigen historischen

Vorgang bildeten, einen organisch aus dem Willen des Volkes zur Selbstverwaltung und Selbstentscheidung über den Friedensschluß hervorgewachsenen Umsturz der Staatsform in den Grenzen der Staatskunst? Die Antwort lautet: Nein. Zwar stand dann hinter der Revolution ein großer Teil des Bürgertums und der größte Teil der Armee, wenigstens nicht mit unbedingtem Ausschluß der Offiziere. Aber der Vernunftfriede war auch damit nicht zu retten. Er war in dem Augenblick verloren und damit der tiefste Zweck des Umsturzes verfehlt, als das Mißtrauen gegen das von Grund auf diskreditierte System unserer feudalen und militärischen Organisation sich zugleich gegen *jede* politische staatsmännische Methode in Sachen des Friedensschlusses entlud. Die Tragik des 9. November liegt darin, daß ein Volk zu einem Rechtsfrieden kommen wollte, der zur Voraussetzung die Umgestaltung der politischen Verfassung im eigenen Lande hatte, daß aber in dieser Umgestaltung ein grundsätzliches Entweder–Oder sich auftat: Friedensschluß durch Mittel der Staatskunst, indirekt und auf dem Boden der Gegenwehr, schlimmstenfalls der „nationalen Verteidigung" oder ohne alle Mittel, rein durch die Gewalt des Vertrauens in den Edelmut und die Vernunft der Feinde, also unter Preisgabe aller eigenen Macht, das heißt durch Menschlichkeit. Nahegelegt, ja versinnbildlicht wurde dieses Entweder–Oder in dem Gegensatz der westlichen Demokratien und der russischen Räterepublik. Daß die Massen mehr wollten als ein konstitutionelles Kaisertum und Monate, ja einen Winter vielleicht bis zum Waffenstillstand, genügte, daß sie nicht Demokratie, sondern Rätesystem wollten, genügte, daß sie sowohl nach Außen wie im Innern keinen Apparat der Staatskunst (Diplomatie, prinzipielle Wahrung des eigenen Standpunktes, aber auch Bürokratie, eigene Beamtenschaft) mehr haben wollten, sondern radikalen Neuaufbau im Geiste der Menschlichkeit.

Diese Auseinandersetzung, unvermeidlich wie sie war, brach die Stoßkraft der Revolution gegenüber der Heimat und dem Auslande. Sie isolierte die Arbeiterschaft von dem Bürgertum, machte das unselige Kapitel von der Diktatur des Proletariats zum Hauptthema und zwang den sozialistischen Wählermassen die Rolle einer zur Herrschaft kommenden Klasse getreu dem Mechanismus einer bürgerlichen Revolution auf. Aus der Revolution wurde ein Kampf der Industriearbeiter um die zwei Naturen in Marx, die revolutionäre und die evolutionistische, ein Kampf um den Klassenkampf. Halle ist für diese Entwicklung der Anfang vom Ende: die endgültige Scheidung in zwei Parteien, von denen die Kommunistische (trotz Anhangs an der Moskauer Oligarchenmethode) im Prinzip utopisch und überzeugt ist, daß alle Staatskunst

Staatskunst und Menschlichkeit

Feigheit und Verrat an der guten Sache, der Aufbau der Menschheit aber aus dem Geiste der Menschlichkeit zu machen ist. Von denen die sozialistische realpolitische Maximen empfiehlt in dem Bewußtsein, daß politische Gesinnung wohl zum Ziele den Ausgleich zwischen den Anforderungen des Staates und der Menschlichkeit haben müsse, aber (überhaupt) nichts Letztes sein darf, sondern einen mächtigen Bundesgenossen in der Entwicklung der menschlichen Gesellschaft findet, die aus dem notwendigen Weitertreiben der naturwissenschaftlich fundierten Produktionstechnik und Lebensweise resultiert. In der Begrenzung alles politischen „Machens" findet die entwicklungssozialistische Partei die Quelle ihrer Kraft, in der kritischen Einsicht, daß Menschlichkeit nur die bestimmende Idee der Staatskunst sei, die Freiheit zu ihren Entschließungen, das Recht zur Taktik, in der Forderung, daß nur Menschlichkeit das Ziel der Staatskunst sei, den idealen Sinn der sozialistischen Strategie, das Sichselbstauskämpfenlassen der Klassengegensätze bis zum endlichen Ausgleich zwischen den Postulaten des industriellen Großstaates und der Menschlichkeit.

Der 9. November ist eine notwendige Etappe auf dem Riesenwege der proletarischen Revolution, die niemand *„macht"*, sondern die von selbst *wird*. Die deutsche Arbeiterschaft wird ihn in seiner Notwendigkeit erst dann erkennen, wenn sie aus ihm die Lehre gezogen hat, daß im Leben der Menschen innerhalb eines Staatswesens sowohl wie zwischen den Staaten der heroische Verzicht auf politische Rücksichten, das Heldentum der Preisgabe seines eigenen Selbst, das ekstatische Bekenntnis der Menschlichkeit keinen Schritt der Verwirklichung dieses ersehnten Zustandes näher bringt, sondern um Jahre und Jahrzehnte die Menschheit zurückwirft. Es heißt, die Spielregeln unserer Natur einhalten. Gesinnung, mag sie noch so gut sein, bleibt für sich allein wirkungslos, wenn nicht Anpassung an die Wirklichkeit ihr in der Wirklichkeit Geltung verschafft. Verwirklichung ist aber in allen menschlichen Sphären eine Kunst, die Sorgfalt im Zugreifen – und im Gewährenlassen verlangt. Den Augenblick ergreifen im Dienste einer unvermeidlichen, die Menschheit langsam umgestaltenden Entwicklung, ist die allgemeine Forderung des Mehrheitssozialismus gewesen und wird es bleiben. Ihr liegt das Ziel der sozialistischen Lebensordnung fest durch die Arbeitsform der gegenwärtigen Menschheit, von der sie nur loskommt, wenn sie sie logisch zu Ende denkt, zu Ende führt. Die Aufgabe der Politik kann nur sein, die Reife des erreichten Zustandes zu erkennen und danach zu handeln, das Überlebte wirklich zu beseitigen. Allgemein gefaßt: nicht Staatskunst *oder* Menschlichkeit, noch weniger die nationalistische Parole: Staatskunst ohne

Menschlichkeit, sondern Staatskunst *aus* Menschlichkeit, um der Menschheit willen.

Politische Kultur
Vom Wert und Sinn der Staatskunst als Kulturaufgabe

Wenn es auch hoffnungslos ist, in Deutschland eine durch alle Parteien und Berufsschichten gehende Überzeugung von den Zielen der Politik ausfindig machen zu wollen, eins ist sicher: in der Geringschätzung des politischen Geschäfts sind sich alle Deutschen einig. Der Name sagt es schon und legt für unser Sprachgefühl damit in das Wesen politischer Beschäftigung einen wertmindernden Charakter. Dabei ist es ganz gleichgültig, wie die Ziele und konkreten Ideale der Staatskunst aussehen, deren Verwirklichung die politische Technik zu dienen hat, ob monarchisch oder republikanisch, liberal oder sozialistisch, indifferentistisch oder konfessionell: Der Mann des alten Regimes empfand die eigentliche Arbeit im Politischen ganz genau so wie der Parteisekretär der Republik sie als etwas Niederes, Allzumenschliches empfindet, das nur von der Idee des letzten Zieles aus zu rechtfertigen, nur durch das Bewußtsein, Pflichten zu erfüllen, mit Würde zu ertragen ist. Natürlich macht es einen Unterschied, ob ein befehlsgewohnter Junker oder ein Sohn aus gutbürgerlichem Hause in die Verwaltung kommt; die psychologische Einstellung aufs Beamtentum wird sehr verschieden sein. Ebenso wie die Überbewertung der Partei- und Gewerkschaftsarbeit und des gesamten Versammlungsritus in der Arbeiterschaft wieder einer anderen seelischen Grundhaltung entspricht. Aber in der Schätzung des Politischen sind sich Beamte und Parlamentarier aller Richtungen auch heute noch gleich: man geht in die Drecklinie, erfüllt seine Pflicht und dient der für gut und wahr erkannten Idee. Infolgedessen hat es in Deutschland, auf jeden Fall seit Bismarck, nicht den Begriff der politischen Kultur geben können und es gibt ihn auch heute noch nicht. Politik als Praxis, abgelöst vom inhaltlich bestimmten Ziel, ist bloße Technik und Sache der Geschicklichkeit; sie hat, wie man bei uns zu scheiden beliebt, mit Kultur als dem Inbegriff des Über-Alltäglichen nichts zu tun, sie gehört zur Zivilisation wie alle Technik.

Man bestreitet nicht, daß politische Beschäftigung als solche, das heißt unabhängig von der jeweiligen Staats- und Gesellschaftsauffassung zu veredeln und zu kultivieren ist. Man wünscht unter Hinweis etwa auf England der innerpolitischen Kampfart, der parlamentarischen Behandlung außenpolitischer Fragen mehr gegenseitiges Verständnis, Takt, Diskretion. Man glaubt auch, daß wir Deutsche politisch viel zivilisierter werden müssen und in den staatlichen Umgangsformen uns dem europäischen Stil bedeutend mehr anpassen können. Eine Kulturaufgabe erblicken jedoch die wenigsten darin, wenn nicht, wie gesagt, der Dienst am Staate mit Rücksicht auf den in ihm investierten überzeitlichen Menschheitswert der Betrachtung zugrunde gelegt wird.

Hier liegt also für die Nation der Kern des Problems. Kann Politik als Dienst am Staate, wie er ist, in sich werthaft sein und deshalb als kulturfördernd im strengen Sinn gelten oder ist Politik nur insofern mehr als Technik und mehr als geschäftliche Routine fähig, als sie Dienst am Staate ist, wie er sein soll? Ist sie nur als angewandte Ethik kulturell zu halten und vor dem Forum des geistigen Menschtums zu rechtfertigen oder schon als Staatskunst?

In dieser Zuspitzung ist das Problem falsch gestellt, und weil man bei uns diese Zuspitzung liebt und sich den Ausweg aus der Krise des politischen Bewußtseins dadurch verbaut hat, lohnt es sich, etwas darüber zu sagen. Das Schema der Frage hat etwas Bestrickendes, denn die Gegenüberstellung des Zeitlosen gegen das Zeitliche, der reinen Norm gegen die unreine, unbefriedigende Welt des Daseins steckt unserer Philosophie und unserer ganzen Bildung tief im Blut. Nur in der Hinwendung zu dem, was er soll, zu Wahrheit, Schönheit, Frömmigkeit und Güte, hat der Mensch die Stärke seiner Natur als seine Bestimmung zu sehen.

Wo bleibt in dieser Lebensauffassung Raum für den Staat? Ein Gebilde, wie er, getragen von Interessen, ein Werkzeug in den Händen großer Männer oder großer Massen, scheint wirklich nicht geeignet zu sein, etwas Höheres und den Tag Überdauerndes zu bedeuten. In Wissenschaft, Kunst und Religion, selbst in karitativer Tätigkeit können Verstand und empfänglicher Sinn das Ewige spüren. Hier durchdringt der belebende Hauch echter Bildung selbst das kleinliche Tagewerk, und der Mensch fühlt sich nicht nur in seiner Intelligenz, sondern in der ganzen Fülle seiner sinnlich-sittlichen Organisation mit fortgerissen und im Geiste befestigt. Der Staat greift offenbar nicht so tief. Im günstigen Fall gilt er als zweckdienliche Veranstaltung, den Menschen das Zusammenleben zu ermöglichen und die Kulturarbeit zu schützen. Greift aber, wie er muß, in der Gestalt des Steuereinnehmers Krause oder des Gerichtsvollziehers Müller in die Wertsphäre des einzelnen ein, so erscheint er als „Racker" und „Ungeheuer".

Politische Kultur 53

Dieses individualistische Nützlichkeitstheorem vom Staate ist nicht ohne Widerspruch geblieben, und man hat in der Gesamtheit, die aus der Summe aller erst das Ganze und damit den weltlichen Rahmen einer sinnvollen Existenz für sie schafft, einen spezifischen Wert entdeckt. Neben, ja über das Moralische, das sich von selbst versteht, tritt das Soziale, das Kollektive und seine eigentümliche Ordnung im Staate. So erst wird er im Wesenhaften verankert. Er ist nicht mehr bloßer Notstaat, sondern Ausdruck und Symptom übermenschlichen Seins, um im Sinne übermenschlicher Forderung begriffen zu werden. Unter die Sternbilder unserer Innerlichkeit versetzt, ist der Staat etwas geworden, für das man sich begeistern kann.

Zugleich aber ist hiermit der Boden für jenen politischen Indifferentismus des Bürgers gelegt, welcher nach dem Wiener Kongreß den Mächtigen in den deutschen Staaten und Österreich-Ungarn so genehm war und den ein Bismarck so meisterhaft zu kultivieren verstand. Der tiefen Friedensliebe, dem Willen zur Gemütlichkeit und dem Drang zur Heldenverehrung bei den Deutschen entgegenkommend, wußte er das von der Romantik geschaffene Instrument der Staatsmetaphysik gut zu spielen und das in die preußische Krone mündende Leben des Staates in einem Maße der Diskussion in Parlament oder Hörsaal zu entziehen, wie es die neuere Welt nicht mehr kannte und nicht mehr verstand. So haben wir das Aussterben der Männer vom Format der Windthorst, Richter, Bamberger, Bennigsen, Bebel, Naumann, die beispiellose Verarmung an politischen Charakteren erleben müssen, welches die Verhandlungen der Volksvertretung mit dem zweifelhaften Charisma der Nüchternheit ausstattet und die demokratischen Formen mit dem Odium unerträglicher Langeweile umgibt.

Nicht ungestraft war der Staat unter die Götter versetzt. Je höher man seinen Wert bemaß, um so leichter war es, seine zufälligen oder historisch gewordenen Einrichtungen für unverletzlich zu erklären. Die Sterne begehrt man eben nicht, sondern freut sich ihrer Pracht. Auf dem Prächtigkeitsstandpunkt gegenüber dem wirklichen Staate mußte dann jener staatsbürgerliche Quietismus seine Blüten treiben, die wir als Assessorismus und Militarismus nicht nur von den Kritikern des feindlichen Auslandes vorgehalten bekamen; mußte jene den Menschen deformierende Überschätzung des Berufs und der Fachkenntnisse groß werden, welche die Politik irgendwelchen Fachleuten überantwortet und sich so aus jeder Affäre zieht, mußte schließlich jenes ganze unfruchtbare Pathos des formalen Staatsdienertums erwachsen, das sich auf das bloße: Ich dien'! etwas zugute tat.

Nicht ungestraft wird das geheimnisreiche Gleichgewicht der

menschlichen Natur verletzt. Das Leben des Staates, dem akademischen Gegensatz von Staatsnorm und Staatswirklichkeit zuliebe auseinandergerissen, krankte in Deutschland an der extremen Zwiespältigkeit zwischen dem Respekt vor der vorhandenen Macht und dem durch keine anderen als theoretischen Rücksichten bestimmten Schweifenlassen der Gedanken. Ein untrügliches Kennzeichen dieser Sachlage: die politischen Parteien bei uns differenzieren sich nur nach weltanschaulichen Prinzipien. Wie immer der letzte Sinn staatlicher Bildung gesehen wird, im Triumph einer Weltanschauung, darin kommen alle sich befehdenden Parteien und die meisten staatsphilosophischen Schulen überein, muß er liegen. Das politische Geschäft hat nur dann den Wert, das von einer Gruppe, einer Klasse, einer Nation anerkannte Staatsideal auf kürzestem Wege und mit möglichst wenig rigorosen Mitteln zu verwirklichen.

Nach dieser ganz allgemein verbreiteten Auffassung wird man nicht gerade ein großes Interesse oder gar Freude an der Politik erwarten dürfen. Nur das scheint wert zu sein, die Geister zu erregen, was der Staat sein soll, nicht aber das, wie man ihn macht.

Darin aber liegt gerade der Schlüssel zur Auflösung oder besser zur rechten Fassung des Problems. Gibt man auch zu, wie man gar nicht anders kann, daß alle Politik letzten Endes vom Ziel und seiner Fassung, also weltanschaulich determiniert ist, so braucht man sich doch nicht gleich in den zugespitzten Gegensatz von Staatsnorm und Staatswirklichkeit drängen zu lassen. Gewiß, die Norm kann uns niemand nehmen, sie verteidigen wir mit den Waffen des Geistes, und über die Norm wird weder zwischen den Völkern noch den eigenen Volksgenossen der Streit je ruhen. Um so nötiger ist es, wenn einem der Friede, insonderheit der Friede unter den Gliedern der eigenen Nation als Vorbedingungen für staatliche Arbeit gilt, das herauszuarbeiten, was bei allem weltanschaulichen Gegensatz im Wesen gleich bleibt, was alle brauchen, ob sie nun zusammenarbeiten oder sich befehden wollen, und worin alle ein gutes Stück miteinander gehen können, ja mussen, wie sehr auch die Wege ins Ideelle auseinanderführen: den Wert der Staatskunst. Der Platonismus unserer politischen Romantik beherrscht uns noch viel zu sehr, und ein nicht unbeträchtlicher Teil an unserem gegenwärtigen politischen Siechtum hängt mit der von ihm durchtränkten Überschätzung des Staatsideals und der Unterschätzung der reellen Staatsmöglichkeiten zusammen. Die akademische Gepflogenheit, Norm und Wirklichkeit auseinanderzuhalten, hat schließlich doch dahin geführt, daß dem Deutschen der politische Idealismus, die Begeisterungsfähigkeit für das im Rahmen der Wirklichkeit Mögliche, die

Freude an der Staatskunst, ja der Sinn eben für das spezifisch Politische verlorengegangen ist, weil er alle Wichtigkeit in der Fassung der Idee erblickte und für den Charakter der Staatswirklichkeit blind wurde. Diese Wirklichkeit hat aber ihren eigentümlichen Charakter. Sie ist nie und nirgends abgeschlossen, sie ist fließend, elastisch, nicht starr, sie ist ein offenes System von Möglichkeiten der Umbildung und Neuschöpfung. Nirgends, es sei denn in absoluten Autokratien, ist der Staat eine Substanz. Nach moderner Auffassung ist er wesentlich Leistung, Sache seiner Bürger und in die Verantwortlichkeit des Volkes gelegt. So undemokratisch ist heute keine Partei mehr bei uns, daß sie nicht diesen neuen Staatssinn de facto anerkennt und danach ihr Handeln einrichtet.

Haben wir uns zu diesem Standpunkte emporgearbeitet, daß der weltliche Staat Wirklichkeit und Leben, nicht durch eine Verfassung, durch Reden und Abhandlungen und Prinzipien-Diskussionen allein, sondern ganz erst in der Arbeit, im politischen Geschäft gewinnt, haben wir erkannt, daß in Sachen des Staates Wirklichkeit alles ist und dem Verwirklichen Recht und Macht dienen müssen, dann ist auch die Stunde der Einsicht gekommen, wie notwendig einem Volke neben seiner sozialen, künstlerischen, religiösen und wissenschaftlichen die politische Kultur ist. Die anderen europäischen Nationen und Amerika sind uns darin weit vorausgeeilt. In Frankreich, Amerika, England hat man das politische Traditionsgefühl, aus welchem der Begriff, die Verehrung und das Studium des politischen Klassikers entspringen. Man sieht in Disraeli oder Talleyrand (wie bei uns in Bismarck) oder in den großen amerikanischen Präsidenten nicht bloße Virtuosen und Routiniers, sondern Künstler, bei denen das Gestalten der persönlichen Eigenart, der Situation und der besonderen Aufgabe in einer nicht weniger genialen, das heißt unerrechenbaren Weise verdankt wird wie in aller echten Kunst, welche mehr ist als bloßes Können, weil sie die Idee mit der Wirklichkeit versöhnt. Niemals wird ein Staat zugleich das intellektuelle Interesse seiner gebildeten Schicht erregen und unter einem gewissen Verzicht auf äußeren Pomp in der Nüchternheit seiner Einrichtungen die große Würde gegenüber allen seinen Bürgern bewahren können, der nicht allein durch seine bloße Idee, sondern auch durch den Anreiz zur Mitarbeit an seinen Aufgaben diejenige Befriedigung gewährt, welche nur unmittelbare Hingabe an den ewigen Wertkreis der Kultur bewirkt.

Solange wir in Deutschland nicht lernen, Politik als eine durchaus eigene, in sich ruhende Sphäre zu begreifen, die als ein selbständiges Glied in das System der Kultur aufgenommen zu werden verdient, und zwar nicht um abstrakter Staatsideale willen, sondern als Lebensform von eigenem Gepräge, können wir nicht verlangen, daß das Verständnis für die Republik und ihre Aufgaben in der Welt bei uns zu dämmern beginnt, dürfen wir über die politische Passivität großer Teile des deutschen Bürgertums nicht erstaunt sein. Die heimliche Sehnsucht oder der öffentliche Schrei nach dem starken Mann ist nur ein Symptom dafür, daß man alles politische Heil von überall her, nur nicht von seiner eigenen Entschlußfähigkeit erwartet. Sie zu beleben, geht in Deutschland nur an, wenn man die fortdauernde Abkehr der Gebildeten von der Politik (wir reden nicht von den wenigen Ausnahmen), von innen her überwindet. Hier hängt aber alles daran, den Begriff der politischen Kultur lebendig und tragfähig zu machen. Philosophie und Psychologie haben von der gedanklichen Seite her dabei mitzuwirken, dieses Werk der Erziehung zur Wirklichkeit vorzubereiten. Es ist nicht zu leugnen, daß die extreme Gebundenheit unseres Landes an eine außenpolitische Marschroute und die unter dem konstanten Außendruck sich allmählich vollziehende Milderung unserer innenpolitischen Gegensätze dieser Aufgabe in gewissem Sinne entgegenkommt. Mehr und mehr wird man aus dem deutlichen Bewußtsein der Gemeinsamkeit unseres nationalen Schicksals Konsequenzen auch programmatischer Art zu ziehen bereit sein. Die Bestimmtheit aller innerstaatlichen Verhältnisse durch die Außenlage bringt die Parteien mit der Psychologie der anderen großen Nationen in Berührung und erzwingt den Gebrauch gleichartiger Waffen und die Anpassung an fremde Denkweise. Es hält nicht schwer, zu glauben, daß wenn alle, die es angeht, ihre Schuldigkeit tun und zuerst die Geistigen im Lande für die Politik gewonnen sind, die Bewertung der Arbeit am Staate, des politischen Geschäfts eine andere wird und aus der Freude am Psychologischen und Vitalen, das in der Staatskunst ebensosehr von Wichtigkeit ist, als es sich in weitem Maße von dem die inneren Gegensätze aufwühlenden Prinzipienstreit trennen läßt, ein neues Staatsgefühl, die Freude am Staate neu entspringt.

Politische Erziehung in Deutschland

Der Deutsche hat Disziplin. Er glaubt an Disziplin. Disziplin ist das große Wort, vor dem die Kritik seines Verstandes und seines Herzens schweigt. Das Ausland sieht ihn auch unbedingt so, als den Menschen, dem diese Unterordnung, Einordnung, die Straffheit, das Exakte, das Schema über alles geht. Hier läuft am leichtesten wahrnehmbar der Kontur der deutschen Psyche, der sie aus dem gesamteuropäischen Seelenbilde herausschneidet. Hier liegen die hellsten Lichter neben den schärfsten Schatten. Es ist nicht bloß Freude am Reglementieren, Polizei- und Kasernenhofgeist. Die Motive sind nicht unteroffiziermäßig. Eben so wenig wie sie in irgendeiner mystischen Gründlichkeit zu suchen sind, in dem Willen zur Gemeinschaft, zum System und was sonst bei uns an Requisiten zu einer „gotischen" Verklärung des deutschen Menschen beliebt ist.

Vielmehr liegt die Sache so (weshalb diese Bemerkung wie zur Entschuldigung dem Aufsatz voransteht): Der Glaube an die Allmacht der Disziplin ist in Wirklichkeit ein Glaube an die Macht der Erziehung. Sicherlich auch dieser Glaube ein Symptom letzter Tendenz in der deutschen Psyche auf bewußte Gestaltung und Prägung, der Zug zur Aktivität nach vorher bedachtem Plan. Symptom der Freude, die Form vorwegzunehmen: und es klappt doch, die Wirklichkeit gehorcht der Form und in ihr haben wir sie überwunden, gebändigt, verstanden. Überall ist dieses Gesetz unserer Auffassungsweise zu spüren, im deutschen Juristen (man denke zum Kontrast an englische Rechtsprechung), im deutschen Turner (der Engländer spielt), in der deutschen Begriffsphilosophie, im kontrapunktischen Stil etwa von Bachs Musik, im militärischen Drill, in der exakten Laboratoriumsarbeit und überhaupt in der: Organisation.

Irgendwie muß es immer so sein, daß man durch einen Plan, durch Übung und straffe Zucht Höchstleistungen erzielt. Der Mensch muß sich organisieren lassen. Er muß erziehbar sein. Angenehm wirkt diese Argumentation nicht auf andere Menschentypen; und es ist wieder nützlich, sich zu sagen, welches Bild der Präzision-Enthusiasmus des Deutschen bei leichter Vergröberung in fremden Seelen schafft. Es wird noch einige Zeit dauern, bis die naheliegenden Assoziationen zum Militarismus verwirkt sind, und auch die Republik, die wieder so verteufelt geölt arbeitet mit Parteidisziplin, Fraktionsdisziplin, Gewerkschaftsdisziplin, auch die Republik, auch die schneidig vorgetragene Demokratie wird noch eine Weile, wo nicht gröbliche malveillance, das Lächeln des Widerstrebens hinzunehmen haben.

Über seinen Schatten springt aber keiner, auch wenn er ihn kennt, und da der deutsche Staat als Wirtschaftsgröße erster Ordnung zum politischen Leben in Großformat entschlossen ist, muß er entsprechende Vorkehrungen treffen. Das ist ohne willkürliche Ironie gesagt. Er muß Vorkehrungen treffen. Wir müssen immer Vorkehrungen treffen. Zwar haben die Politiker, wenn sie an eine Sache nicht heranwollen, eine reizende Redewendung, indem sie empfehlen, die Dinge organisch wachsen zu lassen. Die Ausrede existierte wohl schon vor der Zeit, da Stefan George in den Berliner Ämtern bekannt wurde, im großen und ganzen also nicht erst seit 1918, und seine Unterscheidung von gemachtem und gewachsenem Gebild in ihrer praktischen Bedeutung gewürdigt wird. Aber die Dinge, um die es sich hier handelt, nicht staatsbürgerliche Ertüchtigung und die im Umkreise dieses molluskenhaften Begriffs erklingenden Schlager einer sogenannten staatsbürgerlichen Erziehung, sondern die Erziehung zum Verständnis der Politik seines Landes im Innern und nach außen, zur Führung der Politik, zur Staatskunst, diese Dinge sind etwas zu wichtig, als daß man zarte Abwehrbewegung in die Aufforderung kleidet, nichts machen, sondern organisch es sich entwickeln lassen zu sollen.

Wir können doch nicht immerzu auf den großen Mann warten. Vielleicht kommt er dann gar nicht. Außerdem verbietet es die Verfassung. Vieles kann eben der große Mann auch nicht machen, nämlich den Sinn fürs spezifisch Politische bilden. Das Genie macht nie Schule. Das Genie fährt im feurigen Wagen gen Himmel und die Hinterbliebenen stehen bloß dabei und verbrennen sich die Finger. Man denke an Bismarck.

Wie der Deutsche einmal ist, muß es sein ganzes Interesse sein, sich für den großen Mann in der Politik, sagen wir, vorzubereiten, stark, widerstandsfähig, charakterfest zu machen, so daß er, bricht der Tag des Ruhmes an, ihm als Mann entgegengeht, den ein Sonnenuntergang nicht außer Fasson bringt. Wie der Deutsche einmal ist, geht das nur durch planmäßige Erziehung. Es wird bei uns gewiß viel zu viel erzogen, alles atmet den Schulgeist, alles atmet Disziplin, überall sieht man den Oberlehrer durch unser Leben schreiten, unbeirrbar, und doch wird der Nation kein anderes Mittel helfen, kein Mittel, das ihr im

Grunde konformer ist. Die Bildung eines politischen Charakters in die Maße einer ganzen Nation übertragen: Das heißt: die Schöpfung einer Schicht, und wenn das nicht, zumindest die Schöpfung einer Berufsklasse von Politikern, sagen wir genauer und doch milder: einer geistigen Tradition der Staatskunst aus deutschem Geist für einen deutschen Nationalstaat, einer Tradition, die fähig ist, Ebene für staatlich produktive Arbeit zu sein, diesseits, vor aller parteimäßigen, weltanschaulichen Zerklüftung, unabhängig von der Staatsform und ihrer Ideologie. Das heißt Herausarbeitung, mühselige Formung eines festen Fundamentes für deutsche Politik, das durch die großen Konstanten menschlicher Geschichte, durch die psychologischen Charaktere der Weltvölker, die geographischen Grundverhältnisse, die wirtschaftlichen Zirkulationsmöglichkeiten für absehbare Zeit (wie Englands politische Tradition beweist, für Jahrhunderte) verbürgt ist. Und das heißt nicht: Kodifizierung alles dessen, was gemacht werden kann, soll und nicht soll. Es heißt nicht: Systematisierung der Zukunft.

Bei uns soll nun einmal erzogen werden. Warum also sich dagegen stemmen? In anderen Ländern ist es auch nicht viel anders. Immerhin ist Formalismus, disziplinärer Technizismus die spezifische deutsche Note. Wir werden sie niemals verlieren. Denn beim Deutschen ist alles ausdrücklich. Ihm gelingt nicht, was dem Engländer gelingt, Reserve zu wahren. Er muß aus sich herausgehen, er muß es sagen, er muß dozieren. Er kann nicht in eine Methode hineinwachsen, den Blick fest auf das Ziel gerichtet, ohne sich wieder und wieder der Methode zu erinnern. Das Technische als das Disziplinierbare steht im Vordergrund.

Überflüssig, zu sagen, daß eine politische Erziehung zuunterst Sache der Charakterbildung ist. Verdirbt die Politik den Charakter, was noch die Frage ist, so fordert sie wenigstens Charakter eben so wie Phantasie, Härte, Bewußtheit, Elastizität. Das moralische Apriori der Politik ist eine unanfechtbare Notwendigkeit. Nur anlernen kann man es sich nicht. Moralische Dignität des Staatsmannes wurzelt in seinem Blut, seiner Familie; man muß sie mitbringen. Erst die Rasse, dann das Training. Rasse im Sinn von Klasse, nicht von völkischer Art. Der Jude Disraeli hatte Klasse wie nur irgendein feudaler Brite. Auf die moralischspirituelle Güte kommt es an, auf Rasse nach ethischen, nicht nach biologischen Maßstäben. Nicht das Blut, sondern die Anständigkeit entscheidet darüber, wie einer zu seiner Nation, ihrem Erbgut, ihrer Bestimmung steht.

Hier liegt eine wesentliche Grenze aller Erziehung zur Politik. Die andere trennt von Diskussionen über das Wesen des Staates oder allgemeiner gesagt: von aller Weltanschauung, vom Religiösen im Geist. Es ist das Wesen des Prinzipiellen, jenseits jeder Einigungsmöglichkeit zu liegen. Und da keine Hoffnung auf Einigung besteht, jenseits jeder Diskutierbarkeit. Grundsätzliche Unterredungen sind darum aber nicht sinnlos. Aus dem wechselseitigen Widerstand der Meinungen resultiert sicher die schärfere Präzision der eigenen Ansicht, bisweilen die Entdeckung, daß der Kontrahent sich zum gleichen Prinzip bekennt. Erziehung zur Politik, als eine Nationalaufgabe betrachtet, kann nur dann die ewigen Gegensätze von Katholizismus und Protestantismus, Aufklärung und traditionaler Gebundenheitskultur, Kapitalindividualismus und Sozialismus meiden oder (wenn man will) überwinden, wenn philosophische, wissenschaftliche, religiöse Prinzipiendiskussionen durch die Natur der in Rede stehenden Sache ausgeschlossen sind.

Rechthaberei, Zanksucht, die Schatten eines fanatisch kultivierten Individualismus sind ausgeprägte Fehler des deutschen Volkscharakters. Der Deutsche ist, fast mehr noch als disziplinär-formalistisch, partikulär, zur Absonderung neigend und darauf bedacht, als ein Sonderling von der Welt geachtet zu werden. Es dreht sich, sehr zum Unterschied gegen die Völker einer von alters her gepflegten geistigen Tradition, bei uns hauptsächlich darum, ob der Herr Soundso eine persönliche Note offenbart. Während die glücklicheren Völker der Alten Welt mehr darauf sehen, daß der Stil nationalen Geistes in Sprache und Bild gewahrt und zu erneuter Erscheinung gebracht sei. Der Hang zur Originalität, wo er Leidenschaft wird, im Geist Bedeutendes hervorzubringen, eine dem Menschen ehrwürdig eignende Kraft, stört jede Initiative der Gemeinschaft und ist der Politik abträglich. Stets wird er bestrebt sein, die Kunst der Staatsführung in die Scylla moralphilosophischer Zänkereien, methodischer Vorerwägungen oder in die Charybdis parteimäßiger Gesinnungskontraste zu stoßen und sie zur Diagonale aller dieser Kräfteparallelogramme zu degradieren.

Und warten wollen, bis eine Wissenschaft fertig ist, kann nur der Romantiker oder die vollkommene Naivität. Während wir reden, geht die Geschichte weiter, neue Bildungen aufwerfend und wieder verschlingend. Der Eingriff ist alles.

Mithin kann es sich, kommen bindende Beschlüsse philosophischer Kongresse, Anweisungen staatsphilosophischer Lehrbücher, Deduktionen staatsrechtlicher und überhaupt verstandes- und willenstheoretischer Art nicht in Betracht, nur darum drehen, eine Technik zu schaffen oder vielmehr eine aus den Erfahrungen der Jahrhunderte sich ergebende, in Übung, bewußter oder halbbewußter, dem Politiker und Diplomaten vertraut gewordene Kunst der Menschenbehandlung und des Staatenverkehrs zu erkennen, zu zergliedern, in ihr das Allgemeine und Typische von dem Ausnahmefall zu trennen und das ungeheuer verschlungene Gewebe soziologischer und psychologischer Bedingtheiten auf eine verläßliche Anatomie zu bringen.

Die Bemühungen des Historikers, Gesellschaftsforschers und Psychologen, des Staatsrechtlers nicht zu vergessen, wiewohl seiner nicht einseitig zu gedenken, haben sich mit denen der in praktischer Politik, innerer wie äußerer, Bewanderten zu vereinigen, eine Arbeit zu beginnen, welche nicht unschicklich allgemeine und differentielle Naturgeschichte der praktischen Politik heißen möchte, wobei zwar nicht an eine Aufzeichnung der natürlichen Entstehung und Ausbildung der Usancen des Staatenverkehrs, der gesellschaftlichen und speziell diplomatischen Umgangsformen, sofern sie politisch relevant sind, gedacht ist, sondern in dem Namen der Naturgeschichte angedeutet werden soll, wie ausschließlich der Gesichtspunkt der Beschreibung des wirklichen Tatbestandes und seiner im Wesen menschlicher Psyche und Gesellschaft liegenden Ursachen im Gegensatz zu einer moralischen Bewertung für diese Arbeit Geltung haben soll. Eine auf sorgfältigster Analyse der Memoirenliteratur, Biographien, überlieferten Gespräche beruhende, nicht oder nicht ausschließlich im Interesse historischer Bedeutsamkeit durchgeführte Untersuchung könnte unter Führung des Historikers vorzügliches Material bereitstellen. Der Psychologe, hierbei nicht als Experimentator oder Verfechter irgendwelcher Theorien von der Psyche, sondern als Menschenkenner aufgefaßt, dessen Ziel das Verständnis fremden Seelenlebens zugleich mit der Fähigkeit ist, die Typik des Objektes wie die Typik seines Verständnisses begrifflich zu präzisieren, ohne das Bild von der individuellen Geschlossenheit irgendeines persönlichen Charakter-, Begabung-Reaktiontypus darin zu verlieren, wird, um es zu wiederholen, als ein der Mittel seiner Kenntnis sich bewußter Menschenkenner das Ziel der Untersuchung bestimmen. Schließlich bedarf es der soziologischen Blickhaltung, mit der die formalen und strukturellen Seiten menschlicher Beziehungsgefüge sichtbar werden. Sie verhütet es, in eigentümlichen Formen der Gegenseitigkeit, virtueller und aktueller Beeinflussung, als welche uns die Farbenpracht menschlichen Gemeinschaftslebens bei genauerer Mikroskopie erscheint, Wirkungen ausschließlich wirtschaftlicher Faktoren zu vermuten. Sie gibt der Untersuchung die Richtung aufs Universelle, auf Kollektivität, aufs Sozial-Syntagmatische, während die Psychologie stets zu isolieren, die Historie zu individualisieren bestrebt sein wird. Sie gibt ihr das Mittel des die Form menschlichen Zusammenseins in statischer und dynamischer Hinsicht bezeichnenden Begriffes, um in den Erregungen, welche die Anteilnahme an der Vergangenheit des

Menschengeschlechts und besonders unseres Volkes in uns auslöst, einen Halt zu haben und die kühle Objektivität bewahren zu können.

Zugegeben, daß es schwer ist, sich von dieser Arbeitsgemeinschaft dreier Wissenschaften eine deutliche Vorstellung zu machen, sollte man doch nicht das Projekt mit dem Einwand zu diskreditieren versuchen, daß eine Kooperation der Ergebnisse in Psychologie, Geschichtsschreibung und Gesellschaftslehre wie überhaupt in der Wissenschaft nicht durch Kooperation der Untersuchung zu bewerkstelligen sei. Der Einwand hat ganz recht, wo es sich um theoretische Ergebnisse handelt. Hier gilt der militärische Grundsatz: Getrennt marschieren, vereint schlagen. Unser Projekt hat aber lediglich eine Kooperation mehrerer Wissenschaften zu ausgesprochen praktischen Zwecken im Auge. Es handelt sich dabei gar nicht in erster Linie um neue Entdeckungen, um neue Einsichten, sondern um Zusammenfassung des Bekannten in den einzelnen Wissenschaften unter einem Gesichtspunkt, der ihnen an und für sich fremd ist. Ein Gesichtspunkt, den die Staatspraxis einzunehmen verlangt und unter dem sich wohl auch neue theoretische Einsichten in das Wesen von Mensch und Staat, in die Gesetze der internationalen Psychologie finden lassen, was aber für das Unternehmen nicht maßgebend sein darf. Den Ausschlag gibt das Bedürfnis des Abgeordneten, der seine Wähler überzeugen, seine Gegner aus dem Felde schlagen will, das Bedürfnis des Redners und Unterredners. Was uns fehlt, eine Schule der Staatskunst für das Innere wie für das Äußere, darf nicht bloß sein eine Akademie zur gründlichen oder abgekürzten Einweihung in die Geheimnisse der Gesetzbücher, der Staatsbürgerkunde, der Verwaltungstechnik, sondern muß werden eine Akademie des ausgesprochen politischen Verstandesgebrauches, für welchen die juristische Vorbildung nicht notwendiger ist als die Vorbildung in irgendeinem anderen Fach.

Die bekannte Tatsache, daß die Politik der Mächte der ganzen Welt heute von Rechtsanwälten gemacht wird, sollte nicht falsch ausgelegt werden. Der Rechtsanwalt ist der Politiker in der Jurisprudenz. Er ist nicht Jurist, wie der Richter oder der Verwaltungsbeamte. Er ist nicht Bureaukrat. Er ist Taktiker, Diplomat, Redner, Agitator, er rechnet mit dem Recht, nicht, wie der Richter, nach dem Recht. Und eben, weil er trotz seiner Berührung mit Verwaltung und Rechtsprechung Stratege und Taktiker ist, ein Künstler der Situation, weil er alle wesentlichen Eigenschaften mitbringt, welche die praktische Politik braucht, weil er schlau und elastisch sein muß, die Typik der menschlichen Natur bald beherrscht, den Unwert der Kodifikation durchschaut, die Biegsamkeit aller Bestimmungen, Gesetze, Verträge erprobt hat und sich zu decken weiß, wo ein anderer sich verrät, weiß er, wie man zur Macht im Staat kommt, wie man sich und den Staat in der Macht hält. Diesen sub specie politica unleugbaren Vorzügen des Rechtsanwalts steht der bedeutende Nachteil seines in der Regel schlecht verhüllten Zynismus zur Seite. Große Staatsmänner sind aus der Rechtsanwaltspraxis nur herausgewachsen, wenn sie im Stande waren, ihren geschickten Manipulationen, ihren Verschwörungen und Triumphen das Air moralischer Größe und den Glanz von ihren Erfolgen als Sternenschein des Schicksals der Nation ins Gedächtnis zu geben. Zur Hoheit, in der eines ganzen Volkes Charakter verklärt erscheint, so daß es selbst nicht weniger als die auswärtiger Mächte im Mann, der sie ausstrahlt, den notwendigen und göttlich legitimierten Wortführer empfinden, bedarf es jenseits aller Virtuosität der Leistung fester Substanz und tiefer Bildung.

Trotzdem wird, kommt der Jurist in Frage, wegen seiner technischen Virtuosität der Rechtsanwalt im allgemeinen den anderen juristischen Kategorien vorzuziehen sein. Die formalistische Neigung des Deutschen, übertriebener Respekt vor kodifizierter Gelehrsamkeit, die Tendenz zur Begriffschinoiserie lassen es rätlich erscheinen, Staatsmänner nicht in den Reihen der Verwaltungsbeamten und Richter zu suchen. Gerechtigkeitssinn, Pünktlichkeit und Genauigkeit sind für die Politik nun einmal nicht das Erste und nicht das Letzte. Konform mit dem ausgesprochenen Willen vieler Berufsklassen und bisher ängstlich zurückgehaltener Schichten des Volkes, mit jener langsamen Überwindung des Assessorismus in der politischen Führung vollzieht sich eine Befreiung des politischen Verstandesgebrauchs von der Herrschaft des juristischen Denkens. Hat es die Deutschen bis zum Krieg feinfühliger in ihrem Empfinden für das Rechte und Gerechte gemacht, daß sie von Juristen politisch geführt wurden? War es nicht ein Jurist, der mit seiner Erklärung über das Belgien zugefügte Unrecht die erste Bresche schlug in das Bewußtsein des deutschen Volkes, in diesem Kriege Recht zu haben? Haben es die Juristen, die seit dem Bestehen einer politischen Macht die Führung in Deutschland besaßen, verhindern können, daß Deutschland zum Protagonisten der Gewaltlehre, zum Urbild des Vertragsbrechers gemacht wurde? Man sieht, es ist nicht die Summe der Rechtsgelehrsamkeit, welche einem Staat neben der Unabhängigkeit die Würde und das rechtliche Ansehen erhält.

Kein Vorwurf gegen die Jurisprudenz, sondern gegen ein über Gebühr von ihrem politischem Bildungswert enthusiasmiertes Parterre. Der politische Erziehungswert der Advokatenpraxis soll nicht geleugnet werden; aber die Kenntnis des Jus ist dafür nicht verantwortlich zu machen. Im Unterschied zu anderen juristischen und nichtjuristischen

Berufen ist der Advokat in erster Linie Redner und Agitator, Taktiker und Psychologe und dadurch (neben einem gewissen kaufmännischen Typus) der bisher einzige Repräsentant politischer Denkfähigkeit und diplomatischer Reagibilität. Die Entwickelung der sozialen Verhältnisse bringt aber in steigendem Maße andere Berufe und Stände in die politische Führung hinein, Gewerkschafts- und reine Parteifunktionäre, Kaufleute und Industrielle, Gelehrte und Journalisten. Das hängt nicht etwa von der Herrschaft des Systems der formalen Demokratie ab, sondern ist Folge der zugespitzten Klassenkämpfe, Ständekämpfe und der in ihnen natürlich scharf werdenden Tendenzen auf genossenschaftlichen und gewerkschaftlichen Zusammenschluß, auf möglichste Selbstverwaltung und Machtfülle der Interessengemeinschaften im Staate, der, um die zentrifugalen Kräfte zu bändigen, sie nach Möglichkeit an die Zentrale zu fesseln sucht. (Die konservative geht mit der revolutionären Richtung konform, wenn sie die formal-juristisch funktionierende Bureaukratie berufsständischen Selbstverwaltungseinheiten opfern will.)

Das Projekt einer Schule für politisches Denken darf man auch damit nicht abfertigen wollen, daß man sie als ein Institut auffaßt, welches machtpolitischen Interessen im Unterschiede zu Interessen einer aufrichtigen Verständigungs- und Versöhnungspolitik unseres Landes dienen soll. Daß man in ihr ein Zentrum wittert für gewiegte Köpfe, die den Jungen die Schliche und Kniffe beibringen werden, mit denen man seine Gegner auf rechtlich unantastbare Weise zu Fall bringen kann. Einen Mittelpunkt, der für ein entwaffnetes Deutschland die Funktion des Generalstabes, nur in der Sphäre ziviler Mittel, zu übernehmen habe und an dem sich eine ähnliche Tradition von Mut, Kenntnis und technischer Vollendung in Staatskunst und Diplomatie ausbilden solle. Es ist leicht, mit agitatorischen Phrasen eine Sache, zu der man wegen ihres ungewöhnlichen Charakters nur schwer Vertrauen fassen, die man sich außerdem nur schlecht vorstellen kann, lächerlich und verächtlich zu machen. Der Gegensatz von Machtpolitik und Verständigungspolitik hat nur dann einen festen Sinn, wenn er den Unterschied zwischen einer Politik der reinen und der unreinen Mittel bezeichnet. Unreine Mittel sind diejenigen, die aus der Gewalt stammen und in Gewalt einmünden, Polizei und Militär. Sie charakterisieren eine Politik der Drohung. Kriegerischer Mittel beraubt, ist Deutschland ohnehin gezwungen, sich zu einer Politik des reinen Mittels zu bekennen, einer Politik des überzeugenden Arguments und der freiwilligen Übereinkunft, welche auf den natürlichen Interessen der Länder und der genauen Selbsteinschätzung des eigenen Landes beruht, deren oberster

Grundsatz aber nicht mehr die Ausbildung des Geistes der Wehrhaftigkeit, sondern die Achtung des Friedens ist.

Die gesinnungsmäßigen Dinge einmal bei Seite gesetzt, welche sehr viele Leute vor den Kopf stoßen, ist die Arbeit einer solchen Schule für Politik und Diplomatie, auf wissenschaftliches Studium gegründet, absolut unabhängig von Pazifismus und Internationalismus, Parteilehre und Agitation. Ein für allemal sei es gesagt: das Ethos ihrer Rechtfertigung hat keinerlei Einfluß auf die Art und Weise ihres Betriebes. Dieser ist wissenschaftlich. Es handelt sich um Erkenntnis und Formulierung der wesentlichen Regeln, welche Staatskunst und Diplomatie beobachtet haben und beobachten müssen, wenn sie vorgesetzten Zwecken entsprechend dem Lande dienlich sein wollen. Wie die Sprache es andeutet, um Erkenntnis der politischen Kunstregeln oder, wie man es auch nennen kann, um die Präzisierung der gesamten Technik des Staatenverkehrs und der Regierung, also nicht weniger um die Herausarbeitung alles dessen, was an sozialer, wirtschaftlicher, geistig-stimmungsmäßiger Gegebenheit die Entschlüsse bestimmt, wie der freien psychischen, soziologischen, historischen Konstanten, welche die Art der Durchführung der Entschlüsse herbeiführen.

Es lassen sich die mannigfaltigen Gegenstände einer derartig angefaßten Erziehung zur praktischen Politik unter mehrere Titel bringen. Im Bereich der inneren Politik: das Studium der Psychologie öffentlicher Versammlungen und des Parlaments, der agitatorischen Mittel in Rede, Diskussion, Presse, der Technik der Verwaltung und der Usancen des politischen Geschäftsverkehres der Behörden mit der Zentrale und dem Publikum. Studium auf Grund auch praktischer Teilnahme an solchen Geschäften. De facto wird gerade dieser Punkt die geringsten Schwierigkeiten haben, weil auf eine solche Akademie für Politik nur entsprechend gründlich Vorgebildete gelassen werden könnten. Genügende Kenntnis volkswirtschaftlicher und geschichtlicher Tatsachen muß von den Aspiranten der staatsmännischen Laufbahn verlangt werden, denen heute hierfür in der Akademie der Arbeit in Frankfurt, in der Hochschule für Politik in Berlin und in dem schon sehr dichten Netz von Volkshochschulkursen über das ganze Reich hin bedeutende Hilfsmittel geboten werden. Im Bereiche der äußeren Politik wird das Studium, vielleicht in Anlehnung an das Regionalsystem des Auswärtigen Amtes, die sehr schwierige Synthese vieler und zerstreuter Tatsachen, Vorgänge, Berichte in Vergangenheit und Gegenwart unter psychologischem Aspekt versuchen müssen. Mit der Hilfe reichen historischen und zeitgeschichtlichen Stoffes (etwa Lesung und Analyse der Reden führender Staatsmänner unserer Zeit im Originaltext unter Berücksichtigung ihrer staatsmännischen Technik, der eigentümlichen Psychologie ihres Landes usw.) muß versucht werden, nicht nur ein Bild der gegenwärtigen Lage in die Köpfe der politischen Seminaristen zu bringen, sondern ihren Sinn für die Gesetze der Taktik und Strategie des Friedens mit friedlichen Mitteln, für die den Reden, Verhandlungen, Verträgen und dem ganzen Gebaren eines Kabinetts, einer Presse immanente politische Technik zu wecken und zu schärfen. Größte Sorgfalt wird der Ausbildung der Diplomaten zu Teil werden müssen. Sprachenkenntnisse, historisches Wissen, spezielle Einsicht geographischer, wirtschaftlicher Art zu vermitteln, soll da nicht die Aufgabe des geplanten Institutes sein. Dem Diplomaten intime Kenntnis der Gesetze des Gesprächs, der Unterredung und der Unterhandlung zu vermitteln, erst dazu bedarf es neuer Lehrkräfte und Lehrmittel, welche unsere Hochschulen nicht aufzuweisen haben.

Nicht zu vergessen, daß Länder mit demokratisch-parlamentarisch oder auch anders gearteter Selbstregierung durch die Belebung der Parteitätigkeit für die politische Selbsterziehung sorgen. Wer politisch Karriere machen will, geht zur Partei und lernt durch Anschauung, wie man es machen muß. Genau so erzieht das Parlament, der Betriebsrat, der Vollzugsrat seine Leute. So kommt die Routine, so kommt auch tieferer Einblick und gesellschaftliche Gewandtheit. Man muß einen gewissen Fonds von technischem Wissen und Geschäftsroutine sich selbst sammeln lassen. Kunst der Menschenbehandlung und des zivilen Verkehrs erwächst einem jeden aus seiner Erziehung und Begabung. (Es wird immer Männer geben, die dazu neigen, eine Frau wie eine öffentliche Versammlung zu behandeln. Solche Leute sind für die diplomatische Laufbahn ungeeignet.)

Die in Frage stehende politische Akademie kann nicht mit Unmöglichkeiten belastet werden, denn eine politische Pädagogik enthält nicht Regeln über den Umgang mit Damen oder über die Gründe der Inopportunität, Erbsen mit dem Messer zu essen. Ihr Arbeitsgebiet fällt aber auch nicht mit den Äußerlichkeiten des innen- und außenpolitischen Geschäftsganges zusammen. Die diplomatischen Gepflogenheiten, vom Agrément bis zum Abbruch der Beziehungen, sind gewiß eine umständliche Wissenschaft für sich. Doch sind sie nur das Skelett, nicht der Geist diplomatischen Lebens, notwendig wie dieses, den Leib zu stützen.

Das hauptsächliche Material politischen Studiums bilden die Entschließungen, Reden, Memoiren und sonstigen Manifestationen der großen Staatsmänner und Diplomaten aller Zeiten, die politischen Klassiker, ferner die Bewegungen der gesamten zeitgenössischen Politik. Methode und Gesichtspunkt folgen aus dem Zweck einer Schulung politischen Sinnes, einer Beherrschung der Prinzipien und Beachtung der natürlichen Gesetze staatsmännischen Vorgehens. Auch der Friede hat seine Schlachtfelder, auch der Friede braucht seine Wissenschaft. Die Aufrechterhaltung des friedlichen Verkehrs wird nicht nur in diesem Zeitalter souveräner Nationalstaaten, welche sich mit militärischen Machtmitteln nicht weniger als mit zivilen in Schranken zu halten suchen, sondern für alle Zeiten, auch bei völlig anderer Organisation der Völker, eine eigentümliche und nur schwer zu erlernende Kunst bedeuten, deren Strategie und Taktik erst noch geschrieben und zu sorgfältiger Entwickelung gebracht werden muß. Wie überall, wo Parteien, Interessen, Macht- und Willenskomplexe, mögen es nun Armeen oder Völker oder Geschäftshäuser oder Vereine sein, einander gegenüberstehen und sich befehden, mit dem Zweck, günstige Abkommen zu treffen, bestehen Situationen, Chancen der kompliziertesten Art wie etwa beim Schach. Angriff und Verteidigung, Aufmarsch und Rückzug, Ablenkung und Irreführung, Überraschung und Bedrohung, Erregung und Hemmung: all das sind Kategorien jeder kämpfenden Gegenseitigkeit auf welchem Schlachtfeld auch immer. Nur der bloße Phantast glaubt den Verkehr zwischen interessierten Personen, Instituten und Staaten regellos und nach den Eingebungen von Herz und Gewissen abwickeln zu können Er unterliegt der gröblichsten Täuschung, denn nicht einmal uns selbst gegenüber, nicht einmal im engsten häuslichen Kreise, nicht in den Verhältnissen der Liebe und Freundschaft, geschweige denn in der unpersönlichen Sphäre der Öffentlichkeit ist Überzeugung die einzige Macht oder gar der Maßstab menschlichen Zusammenschlusses, menschlicher Verträglichkeit. Woran das liegt, sei hier nicht untersucht; das gehört in die Philosophie der Gesellschaft. Das eine ist sicher: Kein moderner Staat überträgt ungeschulten Offizieren die taktische und strategische Führung über seine Armee; nur Inkonsequenz kann dann Ungeschulten die politische Führung zutrauen, die in der Disposition der gesellschaftlichen und volkswirtschaftlichen Machtmittel der Nation, als da sind Geld, Industrie, Wissenschaft, Presse, öffentliche Meinung, Sympathien und Antipathien, die kulturelle Produktivität als Kolonisations- und Werbekraft, eine der militärischen vergleichbare Führeraufgabe vor sich haben.

Will man Anknüpfungspunkte für diese fundamentalen Probleme der politischen Pädagogik, so wird man wohl am ehesten an die alte, halb vergessene Universitätsdisziplin der Rhetorik zu denken haben, nicht im Sinn ihrer modernen Betriebe, der Stimmbildung, Sprechtechnik und Vortragskunst bezweckt, sondern im humanistischen Sinn einer Wissenschaft und Kunstlehre der Rede und Unterredung nach ihrer geistigen Möglichkeit, Grenze und Wirksamkeit betrachtet und psychologisch begründet. Arten und Formen der Gesprächsführung, Methoden der Unterhandlung (Feilschen ist ja nur eine von vielen), Führung einer Diskussion, Polemik und Verteidigung: Das sind Beispiele, die sich leicht vermehren und konkretisieren lassen, Beispiele aus taktischem Gebiet. Aus der Strategie: Begründung und Ausbau der Entente Cordiale unter französischem und englischem Gesichtspunkt, Vorbereitung von Bündnissen, moralische Propaganda, welche eine psychische Atmosphäre zum Abschluß von Verträgen bilden soll, Verhütung von Kriegen und so weiter. Ferner bietet uns die moderne Psychologie der Kulturkreise, Nationen und politischen Gruppen Ansätze zu einer speziell den auswärtigen Dienst im einzelnen unterstützenden Psychologie. Die Gesetze der internationalen Psychologie, Massen- und Gruppenpsychologie harren nach wie vor genauerer Erforschung und Präzision.

Eine Arbeitsstätte dieses Stils hat Deutschland bis jetzt nicht, obwohl sich alle dafür verantwortlichen Stellen über die Notwendigkeit sorgsamer politischer Erziehung klar sind. Wie soll man die Erziehung organisieren, ohne wieder in die alten Fehler zu verfallen und zu viel Zwang zu schaffen? Wenn den Wünschen nach einem besseren geographischen Unterricht in Volks- und Mittelschulen mehr entgegengekommen wird, kann man die Grundlegung der Erziehung zu politischem Denken ruhig von der Selbsterziehung in den politischen Parteien, Gewerkschaften, Genossenschaften, Vereinen und so weiter erwarten. Die Hochschulen geben zwar nur einem Teil des Volkes die historischen, juristischen und philosophischen Kenntnisse, welche der Stand der Regierenden nicht entbehren kann; aber die Wege der Akademie der Arbeit in Frankfurt werden weiter gangbar sein und dahin führen, daß geeignete Arbeiter und Angestellte die nötigen gründlichen historischen, volkswirtschaftlichen, sprachlichen Kenntnisse sich verschaffen. Als Abschluß wäre wohl für alle ein Lehrgang an der Hochschule für Politik in Berlin zu denken. Erst nach Vollendung dieses Bildungsganges ist die Zulassung zu dem von uns empfohlenen Institut für Politik und Diplomatie angängig, so daß dieses Institut die Krönung des Systems der politischen Erziehung bilden muß.

Über die genauere Organisation des Institutes Vorschläge zu machen, ehe man es mit dem Gegenstande versucht und aus der praktischen Forschungs- und Unterrichtserfahrung konkrete Vorstellungen über das Erreichbare gewonnen hat, ist zwecklos. Es sagt nichts über Wert und Unwert eines Projektes, dessen Notwendigkeit gefühlt wird, dessen Richtlinien deutlich angebbar sind, daß man nicht auch vom Inhalt, da er erst zu erarbeiten ist, umfassend berichten kann. Es gilt, Neues zu schaffen. Also entscheidet der Versuch.

Die Methode kann nur sein die des seminaristischen Betriebes, des Kolloquiums und der Arbeitsgemeinschaft, nicht nur zwischen Hörern und Dozent, sondern gerade auch zwischen den Dozenten. Geringe Anzahl der Teilnehmer bürgt allein für Intensivierung der Arbeit. Präzise Fassung des Themas, vielleicht im Anschluß an Vorlesungen der Hochschule für Politik (zum Beispiel „Die Politik Lloyd Georges in seinen Reden als Erster Minister", „Hauptargumente und Methoden der französischen Agitation gegen Deutschland", „Die amerikanische Mentalität auf Grund der Reden Wilsons während des Krieges", „Die Wirkung von Bethmanns Erklärung über den Einmarsch in Belgien auf die europäischen Neutralen"), auf Grund vergleichenden Pressestudiums, unterstützt durch Interpretation von Fachleuten, den Psychologen nie zu vergessen, und Analyse solcher Themen unter sehr verschiedenen Gesichtspunkten („Formen und Mittel der Parlamentsberedsamkeit", „Wahlrhetorik im Verhältnis zur Mentalität des Volkes, Berufes und Standes", „Affektwerte der Ideen bei den verschiedenen Nationen", „Charakterkonstanten in der Diplomatie" und so weiter) können die Voraussetzung für ordentliche Arbeit und Stetigkeit schaffen.

Man sieht: ein Vorlesungswesen ist das Institut nicht, sondern ein Seminar, bei dem der Schwerpunkt in der praktischen Übung liegt. Von wesentlicher Bedeutung ist die Auswahl der Mitarbeiter, welche zunächst von den Berliner Hochschulen, aus den Ämtern, aus dem Parlament zu holen sein werden. Ebenso wesentlich ist die Innehaltung eines ordentlichen Niveaus bei den Hörern; und wenn man auch nicht daran denken kann, Partei- und Gewerkschaftsbeamte, Generalsekretäre und Journalisten, Juristen und Volkswirtschaftler aus dem „politischen Garnisonsdienst" an diese „Kriegsakademie der friedlichen Mittel" zu kommandieren, muß man doch auf die Qualität der Seminaristen großes Gewicht legen. Auch eine parlamentarische Demokratie darf die Führerauslese nicht dem bloßen Kampf ums Abgeordnetendasein überlassen.

Es wird auf den Versuch ankommen. Mit einigen Kursen wird man zweckmäßig, billig und ohne Risiko den Anfang machen können. In kleinem Kreis, nicht in dem Format von Volkshochschulvorträgen oder -arbeitsgemeinschaften, deren Niveau eben doch ein ganz anderes ist. Vielleicht arbeitet man auch schon in dieser Richtung (Diplomatenschule unter Professor Saenger im Auswärtigen Amt?) und es liegen Erfahrungen vor. Daß man nichts gehört hat, wäre nur dankbar anzuerkennen und als erster Erfolg politischer Erziehung zu betrachten. Große Worte, Einberufung eines Kongresses für politische Pädagogik wirken hier ruinös. (Es gibt auch eine volksfreundliche Exklusivität.)

Wiedergeburt der Form im technischen Zeitalter

Hochansehnliche Versammlung!
Meine Damen und Herren!

„Form" heißt Bindung, heißt Maß, heißt Gleichgewicht. Wenn es der Zweck meines heutigen Vortrages sein soll, die Wiedergeburt eines solchen neuen Gleichgewichts in der raumgestaltenden Arbeit Ihnen hier zu begründen, so muß ich diesen Gedanken an den Anfang meiner Ausführungen stellen. Aber jedes neue Gleichgewicht kann nur wiedergeboren werden und neu errungen werden aus dem Verlust eines früheren Gleichgewichts, kann nur wiederkommen gegen eine andrängende anarchische Macht. Und diese anarchische Macht, gegen die zunächst das neue Verpflichtungsgefühl einer Form und eines Formbewußtseins wiedererrungen worden ist, das ist die Technik, das ist diejenige dämonische Macht, die wir erst heute – vielleicht aber auch heute noch nicht – ganz in ihrem unheimlichen und großartigen Sinne zu verstehen vermögen.

Die Wiedergeburt der Form im Zeitalter dieser dämonischen Macht, die berufen ist, das Antlitz nicht nur der Länder, sondern das Antlitz dieses Planeten umzugestalten, die, über alle die Vorstellungen von einer sozialen Verantwortung, über alle die Vorstellungen, die wir aus der Geschichte und aus der Tradition überkommen haben hinausgreifend, berufen ist, einen ganz ungeahnten Lebensraum des Menschen zu gestalten!

Die Technik ist eingebrochen in den ersten Dezennien des neunzehnten Jahrhunderts. Und da beobachten wir nun die erste große Reaktion der raumgestaltenden Arbeit und des künstlerischen Bewußtseins gegen diese eigenartige Macht, die man zunächst nicht versteht, indem man sich gegen sie dadurch wehrt, daß man sie eben in ihren depravierenden, in ihren nivellierenden Formen zu bekämpfen versucht durch eine Wendung in die Geschichte.

Aber zunächst ist klar zu machen, als was Technik zunächst wirkt. Sie wirkt zunächst als eine werkzeugrevolutionierende Kraft und als eine sozial revolutionierende Kraft. Das ist ihre unmittelbare Front, ihr unmittelbares Angreifen in die überkommene Welt frühbürgerlicher traditionaler Gesittung und Formung und Organisation.

Zunächst bedeutet die Technik die Verdrängung des Handwerks durch die Maschine, durch die fabrikationsmäßige Herstellung und damit also durch die Ermöglichung einer Serienproduktion. Typisierung, Normalisierung, Standardisierung des Produktes ist die unweigerliche Folge. Die Individualität des Arbeitsproduktes wird zerstört; das eigentümliche Vertrauensverhältnis des Handwerkers zu seinem eigenen Produkt und des Bestellers zu seinem Produkt wird irgendwie zerschnitten; das Intime und Private dieses Verhältnisses wird aufgelöst und einer kalten und neutral-sachlichen Öffentlichkeit überantwortet. Die Fabrik arbeitet für alle und keinen! So entsteht zunächst durch den Einbruch der Maschine etwas in der Geschichte noch nie Dagewesenes: eine ganz eigenartige neue Welt von unpersönlichen Massengütern.

Sodann die Technik als eine sozial revolutionierende Macht. Sie steht zunächst da als etwas, was eine vollkommene Zerstörung der bisherigen menschlichen Bindungen, des bisherigen sozialen Aufbaus herbeiführt. Erzeugt wird der Arbeiter. Erzeugt wird das Bedürfnis, das dem Arbeiter konform ist – dem Arbeiter und dem Abnehmer. Die Erzeugung eines Proletariats und die Erzeugung eines Massenproduktes, gestützt auf Massenbedürfnisse von der Seite der Unternehmer wie von seiten der Abnehmer, ist das Charakteristische.

Hier müssen wir sofort, meine Damen und Herren, noch einen Punkt unterstreichen, der für den ganzen Fortgang des Gedankenganges wichtig werden wird: die Auflösung der privaten Bindung durch die technische Welt, die Einengung des privaten Existenzraumes des Menschen, die Entwurzelung des einzelnen Menschen und anstelle dieser entwurzelten privaten Beziehungen die allmähliche Heraufkunft einer Öffentlichkeit. Wir leben ja schon so sehr in diesen öffentlichen Bezügen, wir sind als Städter schon so weit Nomaden geworden, wir sind schon so in unseren ganzen Lebensfundamenten auf ein Provisorium eingestellt in allen unseren Existenzbezügen, daß wir uns immer erst wieder gewaltsam durch die Versenkung in frühere Zeiten ein anderes Leben, einen anderen Lebenshorizont vorstellen können. Das aber ist ungeheuer wichtig. Denn das bedeutet eben letzten Endes die Entwurzelung der ganzen alten traditionellen Formenwelt. Nicht nur der Formenwelt des Biedermeier und des Spätbiedermeier, nicht nur der Formenwelt, die diesem Biedermeier vorhergeht – sondern letzten Endes die Entwurzelung aller früheren Formen. Das hat man denn auch in den fünfziger Jahren des neunzehnten Jahrhunderts – ich erinnere an Sem-

Wiedergeburt der Form im technischen Zeitalter

per – sehr deutlich gespürt, als zum ersten Male der Ruf laut wurde, sich zu besinnen und gegenüber dieser andrängenden revolutionierenden Macht der Technik eine neue Bindung zu gewinnen, und zwar war diese erste Bindung gedacht als eine Orientierung an den jeder Diskussion entzogenen geschichtlichen Maßstäben, wie sie eben in dem überlieferten Formenschatz der römisch-griechischen, der klassischen Formenwelt und in dem Formenschatz der Gotik zur Verfügung standen. Was daraus geworden ist, das brauche ich an dieser Stelle hier nicht zu erörtern: diese Formen waren Vorbilder, ja Muster – Schnittmuster könnte man sagen –, und so wurde ihr ursprünglicher, vielleicht *der* ursprüngliche Sinn, der mit der Bindung der menschlichen Arbeit in der Mitte des neunzehnten Jahrhunderts mit diesen Formen verbunden war, sehr leicht unterhöhlt.

Der zweite Versuch, der anarchischen und unübersehbar chaotisch auflösenden Wirkung der modernen Technik von seiten des künstlerischen Bewußtseins und von seiten der werkgestaltenden Arbeit zu begegnen, lag in der bewußten Bindung an einen eigenen Stil. Das ist dasjenige, was für uns schlagwortartig verbunden ist mit dem Gedanken des „Jugendstiles". Man hat es heute sehr leicht, über diese Dinge zu spotten, was aber damit gemeint war, das ist dem Ziel dieses Bundes auf das innerste verwandt. Nur war die Verwirklichung dieses Zieles, man könnte sagen, noch nicht tief genug; sie war noch zu oberflächlich, und sie unterschied sich von der ersten Etappe der Gegenwehr gegen die Technik nur insofern, als sie die alten Stile, die traditionellen Stile überwinden wollte und an die Stelle alter Stile einen neuen Stil setzen wollte.

Dieser neue Stil aber wurde sofort, eben unter der Herrschaft der alten Denkweisen, der alten Haltung und Gesinnung doch wieder so verstanden, wie auch die alten Stile verstanden wurden: nämlich als Vorlage, als Schnittmuster für das passive Auge. So antizipierte man, genau wie man im historischen Bauen und Gestalten römische und Renaissance- und gotische Formen antizipierte und danach arbeitete, damals hier den neuen Stil, die neue Form – und schon entstand ein neuer Stil, schon entstand ein ganzes Inventar neuer Stilformen, neuer Ornamente, jene teilweise etwas blassen, kränklichen ornamentalen Schlangenlinien, die wir heute belächeln, die aber für die damalige Zeit doch etwas bedeuteten: eine neue „Schönheit".

Warum ist nun dieser Versuch gescheitert? Warum konnte auf diesem Wege nicht weitergegangen werden? Warum verfärbten sich gewissermaßen die Produkte wieder unter der Hand und wurden kränklich, bleich und starben, ehe sie die Hand ihres Schöpfers verlassen hatten?

Ich glaube, das ist etwas sehr Wichtiges, meine Damen und Herren. Der Grund lag darin, daß man gegenüber der neuen Gewalt der technischen Produktion nicht die entsprechend tiefe Position schon gefunden hatte, um zu einer neuen Raumgestaltung zu kommen. Es war noch im wesentlichen eine passive – wenn Sie mich recht verstehen wollen –, eine „malerische" Blickhaltung, die an falscher Stelle eingesetzt war. Die Bauten des neunzehnten Jahrhunderts zeigen das sehr deutlich; es sind Bauten zum Anschauen primär, nicht zum Drinwohnen; es sind Bauten, die zunächst einmal „aussehen" wollen – und das gilt nicht nur von den Bauten, sondern von all dem Hausrat, der darin ist. Bis zu jenem Aschenbecher hin will das Ding irgend etwas darstellen und für sich irgendwie ausschauen. Und eben weil man von diesem Gedanken des Aussehens, des Ausschauens und Ansehens ausging und nicht primär von der Benutzung, von dem Darinwohnen, von dem Darinzutunhaben, von dem sich darin irgendwie lebendig Betätigen – darum war die Form kränklich und von diesem blassen Gehalt, ganz in der Art, wie es der soeben zitierte hohe Verwaltungsgerichtshof auch noch für heute empfiehlt: eine hinzugetane, eine passive, hinzugesehene Gestalt, die schön aussehen soll.

Sie wissen, meine Damen und Herren, daß es im wesentlichen, wenn auch vielleicht nicht ausschließlich das Verdienst dieses Bundes ist, dessen erstes Vierteljahrhundert wir heute feiern, daß an diesem Punkt eingesetzt worden ist und man gesehen hat, daß es sich um einen inneren Gesinnungs- und inneren Einstellungswandel handeln müßte, wenn man von diesen Dingen loskommen wollte. Darum ist eben auch der große Ansatz des Jugendstiles, in dessen Anfängen sich schon so viele wesentliche Gedanken finden, die dann später von der Werkbundbewegung und von dem ganzen neuen Bauen und Gestalten übernommen und erneuert worden sind, sehr rasch dahingegangen. Diese beiden Epochen liegen hinter uns oder sollten wenigstens hinter uns liegen.

Und nun fragt es sich: Wie ist man eigentlich weitergegangen, und besteht in dem Weitergehen, in dem wir ja heute selbst mitten drin stehen, eine ernsthafte Chance, zu einer neuen Form zu kommen? Einer Form in dem Sinne, den ich an den Anfang meiner Ausführungen gestellt habe, im Sinne eines neuen Maßes, einer neuen Bindung und zugleich eines neuen Gleichgewichtes – eines Gleichgewichtes, das den dauernden Anstößen dieser anarchischen Macht der Technik nicht nur für den Tag und die Stunde, sondern für größere Zeiten gewachsen ist.

Diese Frage kann ich am besten so durchführen, daß ich zunächst auf die treibende Diskrepanz hinweise, welche entstand in der Zeit nach dem Jugendstile, den das Verpflichtungsgefühl gegenüber einer neuen Schönheit, gegenüber einer neuen Form erweckte. Diese Diskrepanz besteht zwischen der ästhetischen Haltung, die sich in allem Stilwollen – ob es nun historische Stile sind oder ein neuer Stil, das macht keinen Unterschied – verkörpert, in einem Stilwollen also auf der einen Seite und der Realität, der sozialen, politischen und ökonomischen Realität, in der wir mitten innestehen, offenbart. Es geht nunmehr, wie Sie sehen, um eine Diskrepanz, die nicht mehr bestimmte Inhalte betrifft, oder wenn Sie wollen bestimmte Formen, etwa um das Reich der Renaissanceformen gegenüber der gotischen Form, der romanischen oder der Biedermeierform bzw. des Barocks – denken wir an die unmittelbare Vorkriegszeit, wo doch grade sehr wesentliche große Leistungen noch immer in leichter, aber fühlbarer Anlehnung an den barocken biedermeierlichen Formenschatz geschaffen worden sind – nicht darum geht es mehr; sondern es geht einfach darum, daß die ästhetische Haltung nicht mehr wahr ist, sie ist in einem ganz bestimmten Sinne Privatbindung geworden. Sie ist die Angelegenheit von genießenden Menschen, die Zeit, Geld und Bildung besitzen, um sich an den schönen Dingen zu erfreuen und mit ihnen umzugehen; es ist aber nicht mehr die Angelegenheit der Öffentlichkeit, nicht mehr die Angelegenheit jener anspruchslosen Subjektivität der Massen, an denen wir alle teilhaben, ob wir wollen oder nicht.

Diese Diskrepanz zwischen ästhetischer Haltung und ökonomischer, sozialer, politischer Realität war der Punkt, an dem die Bewegung einsetzt. Man empfindet jedes Stilwollen – das ist die eigentümliche Lage so um 1907 herum – als unwahr oder genauer gesagt, als „Ideologie", das heißt als nicht mehr entsprechend den inneren Bedürfnissen der Zeit, als einen schönen Überbau, den sich manche noch leisten können und in den man sich vielleicht, um in der rauhen Wirklichkeit eine Zuflucht zu haben, wieder zurückziehen kann, die aber doch eben allein jener privaten Sphäre angehört, die dauernd von den neuen Anstößen der Technik eingeengt wird.

Da sind es besonders zwei Momente, welche der Zeit das Bewußtsein allmählich vermitteln, daß diese Diskrepanz wirklich besteht. Zwei Momente!

Einmal die falsche Haltung, die sich in allem Stilgefühl oder allem Stilwollen – historischem Stil oder eignem Stil – offenbart, die falsche Haltung zunächst auf dem Gebiet der Raumgestaltung und zur Werkgestaltung. Das ist das eine. Zweitens die Orientierung überhaupt an einem überlebten Ideal – einem Ideal, das allen Zeiten der Geistesgeschichte und der menschlichen Geschichte vielleicht gemeinsam war, das aber in dieser Zeit jedenfalls ohne Boden und ohne Leben ist. Von diesen beiden Dingen möchte ich kurz sprechen.

Die falsche Haltung zur Raumgestaltung und Werkgestaltung! Man sieht in dem Stilwollen irgend etwas Kränkliches, etwas nicht mehr ganz Wahres, etwas, was ausweicht, was all den freiheitlichen Tendenzen der Zeit, die sich hinter allen technischen Notwendigkeiten manifestieren, irgendwie nicht mehr gerecht wird. Und das ist das, was ich hier schon kurz behandelt habe, ist die malerische Blickhaltung, die rezeptive Blickhaltung, die ja jedes Stilwollen von der geschilderten Art auszeichnet. Das Fragen zunächst: Wie soll das Ding wirken? Wie soll es auf mich oder auf den oder jenen wirken? Wie soll es ausschauen?

Es soll schön sein!

Diese malerische Blickhaltung wird irgendwie als überwunden empfunden. Man sagt, an die Stelle dieser Haltung muß eine ganz andere treten, eine aktive, nicht mehr eine passiv-hinnehmende, eine eingreifende, eine mitgehende, eine praktische Haltung treten! Ein Raum ist zum Wohnen da. Ein Stuhl ist zum Sitzen da. Also nicht mehr immer diese typische, gewissermaßen objektivierende Einstellung, sondern eine mitgehende, nicht mehr primär objektivierende.

Und das Zweite: Die Orientierung an einem überlebten Ideal. Das ist vielleicht auf die Dauer des ganzen Vorganges gesehen, den ich hier nur kurz vor Ihnen skizzieren will, das noch Wesentlichere – das Ideal aller vorindustriellen Epochen, nämlich das Ideal der „geschlossenen Form", wie ich es nennen möchte. Man empfindet, kurz gesagt, die Orientierung der werkgestaltenden Arbeit an einem Stil als etwas, was ja dem eigentlichen Sinn der neuen Arbeitsnotwendigkeiten gar nicht mehr gerecht wird, und aus einem ganz richtigen Instinkt heraus, wie wir gleich sehen werden.

Nehmen Sie eine antike Form, eine gotische Form, oder eine barocke Form – ich spreche natürlich von den Stilen im wesentlichen unseres abendländischen Kulturkreises, obwohl es ein leichtes wäre, diese Betrachtung zu stützen durch eine Erweiterung auch auf außereuropäische Stile –, bei all den Verschiedenheiten, die sich in den historisch überlieferten Stilen zeigten, haben Sie immer das Ideal einer geschlossenen Form. Das geht so weit, daß für uns „Form" mit „Geschlossenheit" gradezu identisch geworden ist. Das Wesentliche aber jeder technischen Arbeit besteht in der Unbekümmertheit um die formale Geschlossenheit ihres Produkts. Eine Maschine erweckt vielleicht noch den Eindruck einer Geschlossenheit, und man tut sich ja immer gern etwas darauf zugute, von dem „echt organischen Charakter" einer guten Maschine zu sprechen. Das ist nur sehr bedingt richtig, es ist sehr

Wiedergeburt der Form im technischen Zeitalter

verführerisch und mißverständlich. Denn das Eigentümliche aller technischen Produktion wie aller technischen Produkte besteht, ich könnte es so nennen, in der beliebigen Erweiterungsfähigkeit und Umbildungsfähigkeit. Eine Maschine will ja nichts Dauerndes sein, sondern eine anständige Maschine ist gut dann, wenn sie einen bestimmten Arbeitsvorgang leistet, ein bestimmtes Produkt herstellt. Aber die Maschine ist – das gehört zu ihrem Wesen – an sich verbesserungsfähig, umbildungsfähig. Sie stellt im Sinne ihres Erfinders, im Sinne ihres Herstellers und ihrer Benutzung nur eine Etappe, den Übergang zu einer noch besseren und vielleicht ganz andersartigen Maschine dar. Da werden Verbesserungen angebracht, und plötzlich wird etwas ganz anderes daraus! Die technische Welt – und das ist jetzt der Punkt, auf den ich besonders aufmerksam machen möchte – unterscheidet sich ja dadurch von all den Welten, welche der Mensch in seiner Geschichte bisher durchmessen hat, grade durch den wesenhaft unabgeschlossenen und offenen Charakter gegenüber den Produkten, mit denen er sich umgibt und gegenüber dem Raum, in die er die Produkte einfügt und gegenüber der Zeit, in denen die Produkte wirksam werden sollen. Der Einbruch dieses ganz neuen Bewußtseins charakterisiert die Technik, der Einbruch eines Geöffnetseins gegenüber dieser Endlosigkeit des Raumes und der Zeit.

Das ist keine schlechte Unendlichkeit in dem Sinne, wie es Hegel etwa empfand, wenn er diese schon in seiner Zeit beginnende Anarchie des endlosen Fortschreitens gegen die edle Geschlossenheit der griechischen Klassik setzte; sondern sie offenbart ideell ihren tiefen Sinn in einer völligen Revolutionierung des Denkens und Fühlens. Darum kann aber auch alle technische Arbeit, wenn sie als werkgestaltende Arbeit wirklich erfaßt werden soll, nicht mehr an einem Ideal der geschlossenen Form orientiert werden.

Sie sehen, das ist das zweite Moment, das ich dem Moment der malerischen, der „inadäquaten" Blickhaltung hier koordiniere. Darum also der entschlossene Versuch, auf jedes Stilwollen zu verzichten – nicht nur in dem Sinne, daß es abzulehnen sei, in irgendeiner verkrampften Art die Form zu erzwingen, sondern überhaupt in dem Sinne, daß eine bestimmte Form, ein bestimmtes Formideal vorweggenommen wird. So haben wir es erlebt, daß man in steigender Radikalität das Programm formuliert – und nicht nur formuliert, sondern durchgeführt hat –, die neue Form zu gewinnen durch einen Abbau aller ästhetischen Rücksichten hinsichtlich des Produktes und seiner Gestaltung, durch einen Abbau aller ästhetischen Rücksichten auf die rein zweckrationalen Rücksichten des herzustellenden Produktes. Ob es sich nun um ein

Haus oder eine Fabrik, um einen Becher oder eine Gabel handelt, ist völlig einerlei – es ist der Gedanke der Zweckform, die ja schon in den Anfängen, welche dann schließlich zum „Jugendstil" hinführte, eine ganz wesentliche Rolle gespielt hatte. Es ist die natürliche Form, die Form, die gewachsen ist, und zwar gewachsen ist aus den unmittelbaren Notwendigkeiten der technischen Herstellung. Damit verbindet sich dann auch der Ruf nach einer neuen Materialgesinnung, nach einer neuen Handwerklichkeit, nach einer neuen Ehrlichkeit in puncto des Stoffes und der Konstruktion, der Wunsch nicht mehr zu verbergen, was zu den Konstruktions- und Materialnotwendigkeiten gehört und die Sachen in ihrem eignen Wesen zu zeigen und zu lassen.

Wozu hat dies nun geführt? Es hat geführt, meine Damen und Herren, zu einer erstaunlichen Reduktion aller ästhetischen Rücksichten, wirklich auf die rational-technische Rücksicht. So erleben wir – wir stehen noch mitten in diesem Prozeß – einen erstaunlichen Puritanismus der technischen Gesetze, hinter dem nun alles verschwinden soll, was bisherige Zeitalter als schön, als behaglich, als wohnlich angesprochen haben.

Ist dieser Vorgang der äußersten Reduktion nun der Punkt, an dem tatsächlich die Form schon wiedergeboren ist? Die neue Form? So hat es ausgesehen, und so hat man es uns auch gesagt; so hat es auch die Zeit vielfach empfunden mit all den Gegensätzen, die dazu gehören. Man hat gesagt, durch Weglassen, durch Verzicht auf jedes Ornament, durch äußerste Unterstellung aller raumgestaltenden Arbeit unter die zweckrationalen Gesetze dieser Konstruktions- und technischen Ziele kämen wir allein zu der eigentlich neuen Form. Ja, das ist schon die neue Form! –

Eine Monumentalität, könnte man sagen, des Verzichtes; eine Monumentalität der Resignation; eine Monumentalität der rationalen Praxis.

Ich glaube, meine Damen und Herren, daß wir heute schon über diesen Punkt hinübergekommen sind und daß die Opposition gegen diese radikalen Tendenzen schon etwas offene Türen einrennt. Sie, meine Herren vom Bauen, sind ja natürlich in diesen Dingen schon weiter, aber das Publikum, die Öffentlichkeit geht langsamer nach. Es ist wichtig, das zu betonen, denn dies genau ist ja auch der Punkt, an dem bestimmte politische Ideologien eingesetzt haben – der Gefahrenpunkt, welcher das neue Formwollen und Formschaffen identifiziert mit einer ganz bestimmten politischen Richtung, so daß das Formenschaffen oft von dort her bekämpft und verdächtigt wird. Man hat gesagt, das ist eben der berühmte „Kulturbolschewismus", das ist das „Undeutsche", das ist das „Internationalistische", das ist das „rassisch Fremde" usw., was sich hier austobt; wir müssen zurück zu den alten Formen deutscher Baukunst; wir müssen zurück in die in irgendeinem Sinne überlieferte Schönheit, denn nur so können wir wieder zu einem eigenwüchsigen schönen Schaffen gelangen. – Also das ist der Punkt, an dem sich nun in der Tat auch im politischen Sinne die Revolution gegen die Reaktion stellt.

Warum ist dieses neue Formschaffen politisch verdächtigt worden? Es ist, glaube ich, sehr wichtig, dies einmal klarzustellen, denn das hängt nicht ohne weiteres damit zusammen, daß viele derjenigen, die an der neuen Form mitgearbeitet haben und für sie mitverantwortlich sind, ihre Sympathie für bestimmte Parteien haben oder einer Partei angehören, sondern das hat sachliche Tiefe und sachliches Gewicht. Man will die neue Form schaffen durch Abbau jedes ästhetischen Überbaus; ob das nun im eigentlichen Sinne Ornament oder nicht Ornament ist, das spielt hierbei nicht mit. Man will den Stil überwinden, man will alles Stilwollen, alle ästhetischen Rücksichten überwinden; es sollen rein die rationalen, die ökonomisch-sachlichen Rücksichten sprechen.

Diese Tendenz ist aber genau die Tendenz, welche in der „proletarischen Revolution" herrscht, und zwar jetzt gegenüber der ganzen gegenwärtigen Gesellschaft, ihrem geistigen Überbau und ihrer geistigen Verfassung. Es ist der Grundgedanke des Marxismus, daß durch die proletarische Revolution es gelingen kann, die sogenannten „geistigen Gehalte" in endliche und endgültige Übereinstimmung mit den technisch-materiellen und politischen Grundlagen dieser Gesellschaft zu bringen. Es ist die These des Marxismus, daß alles bisherige geschichtliche und geistige Leben beruhte auf dieser Diskrepanz zwischen dem Bewußtsein, das die Welt, das die Gesellschaft von sich hatte und ihrer materiellen, realen, technisch-ökonomischen Basis, das heißt der wirklichen Verfassung, in der sich dieses Bewußtsein eigentlich befand. So glaubt der Marxismus dadurch – auf das einzelne brauche ich hier nicht einzugehen –, daß zum ersten Male in der Geschichte eine „klassenlose Gesellschaft" durch den Sozialismus verwirklicht werden kann, gewissermaßen hinter das Bewußtsein greifen zu können – zum ersten Male und endgültig greifen zu können hinter alle diese sogenannten „Ideologien" wie Religion, wie Kunst, wie Wissenschaft, wie politisches und Staatsleben, wie Gesittung und Recht, alle diese sogenannten „Ideologien", die ja nach dem Marxismus doch nichts anderes sind als eben bestimmte Bewußtseinsszenerien, die vor der eigentlichen Wirklichkeit dahergeschoben werden; und er glaubt nun diese Szenarien ein für allemal wegräumen zu können, so daß der Übergang möglich ist vom Parkett auf die Bühne, der Übergang zu einer neuen Form des Zusammengehens von Bewußtsein und sozialer Realität.

Sie sehen das Gemeinsame zwischen diesem marxistischen Zukunftsbild und diesem eigentümlichen Programm der neuen Formung, das in der neuen Form besteht, in der Hoffnung, ein für allemal einen Zustand erreichen zu können, der ohne jede Ideologie, und wie wir noch weiter sagen müssen, ohne jede Rücksicht auf außerzweckmäßige Werte ist – in der Hoffnung, daß die Menschheit sozusagen einmal nur durch Zwecke und die den Zwecken entsprechenden rationalen Bedürfnisse organisiert werden kann. Dieser Gedanke herrscht bestimmt auch in den Hoffnungen derjenigen Richtung, die bis in die Gegenwart hinein das neue Formen, das neue Raumgestalten, das neue Werkgestalten beherrscht hat. Darum sollte man nicht ohne weiteres nun einfach sagen, daß diese beiden Bewegungen identisch sind. Aber es ist klar, aus dieser inneren Affinität der beiden Gedankengänge hat sich sehr leicht eine Identifizierung ergeben, und damit haben wir das Verständnis auch dafür gefunden, daß besonders in Deutschland, aber auch in anderen Ländern sich das neue Formwollen verbunden hat mit sozialistischen Hoffnungen. Man ist so weit gegangen, einfach zu sagen, daß die neue Form nur durchgesetzt werden kann, wenn die Gesellschaft revolutioniert wird; und man hat geglaubt, daß eigentlich alle neuen Ideale in der Gestaltung nur verwirklicht werden können, wenn eine neue Gesellschaft da ist; eine Gesellschaft, die nicht mehr auf der Familie aufgebaut ist, die nicht mehr eine klassenmäßige oder herrschaftsmäßige Schichtung zeigt, also eine sozialistische Gesellschaft ist.

Aber die Dinge, um die es uns hier geht, meine Damen und Herren, sind größer als die Dinge der Politik und der politischen Ideologie. Wir haben nicht nur den festen Glauben, sondern wir wissen bereits, daß das neue Formschaffen und die Suche nach einer neuen Form nicht an den sozialistischen Gedankengängen hängt. Die Hoffnung, daß nur durch eine proletarische Revolution tatsächlich diese neue Formenwelt vollkommen durchgesetzt werden kann – diese Hoffnung, meine Damen und Herren, brauchen wir nicht mehr hegen. Schon zeigt sich, daß das neue Formwollen politisch indifferent ist wie alles echt Geistige, das wohl etwas, nämlich einen unersetzlichen Wert, einen Kampfwert für die Politik darstellen kann, aber nicht selbst auf Gedeih und Verderb mit den Schicksalen politischer Programme und politischer Ideen verbunden ist.

Nun müßte ich Ihnen eigentlich zeigen, wie nun diejenige Epoche oder derjenige Zustand aussieht, der sich jetzt herauszubilden beginnt und in dem wir augenblicklich drinstehen. Ich habe von drei Etappen hier gesprochen, von drei Etappen der Auseinandersetzung des künstlerischen Bewußtseins, des gestaltenden Bewußtseins, der Werkgestaltung mit der Technik. Die erste Epoche eine Epoche der Flucht in vergangene Formenwerte; die zweite Epoche eine Epoche der Flucht in eine neue Formenwelt, in eine neue Stilwelt; die dritte Epoche die entschlossene Umkehr und Unterstellung aller raumgestaltenden Rücksichten unter die Zwecke der Technik.

Ist damit bereits die Stunde der Wiedergeburt der Form gekommen? Mir scheint nicht! Mir scheint, daß das nur die wesentlich notwendige Vorbereitung war, aus der heraus tatsächlich diejenige Freiheit für den Menschen gekommen ist, die zu jeder echten, großen Formproduktion gehört. Diese Freiheit ist eine doppelte.

Wir haben zunächst einmal gehandelt. Wir haben durch Dezennien hindurch es uns abgewöhnt, die Dinge nur malerisch zu sehen oder nur an überkommenen, traditionellen Formidealen zu messen. Wir haben uns allmählich gewöhnt, Materialien und Formen als gefühlsgeladen zu empfinden, die mit dem Gefühl an sich gar nichts zu tun haben. Wir haben durch eine harte Schule hindurch uns gewöhnt, Formen zu sehen, die wir bisher überhaupt nicht gesehen haben. Die Entdeckung der Schönheit der Industrie – das ist nicht das Entscheidende. Die Entdeckung der Schönheit einer Maschine oder eines Flugzeuges oder eines Dampfers – das ist nicht das Entscheidende dabei, aber es spielt mit. Wir haben uns jedenfalls zunächst einmal durch diese harte Kur daran gewöhnt, die alten Maßstäbe und die alten Bindungen an diese Maßstäbe loszuwerden – und das ist von der ungeheuerlichsten Bedeutung.

Aber es gehört noch etwas anderes dazu, um zu einer neuen Form wirklich hinzufinden. Es gehört dazu auch eine gewisse Freiheit des „Mitspielens" mit dem Arbeitsprodukt. Es hat noch niemals auf der Welt eine echte Form gegeben, die nicht, ich möchte sagen, in dem heiteren Zwischenspiel zwischen dem Betrachter und dem Produkt tatsächlich sich entzündet hat.

Sie sehen vielleicht, meine Damen und Herren, worauf es mir jetzt ankommt: wir mußten die Bindung an ein malerisches Sehen gegenüber architektonischen Aufgaben, gegenüber gewerblichen raumschaffenden Aufgaben aufgeben und überwinden; wir mußten infolgedessen zu der äußersten Gegenposition hinfinden, die eben damit bezeichnet ist, daß man in seinem Hause nur wohnen soll, daß ein Haus nur von innen nach außen gebaut werden solle, daß ein Stuhl nur zum Sitzen da ist usw. Aber das ist nur die Gegenposition zu der alten Position, es ist nur der äußerste Gegenschlag und noch nicht der Punkt damit bezeichnet, wo wirklich die echte neue Freiheit, die die Form eigentlich dann prägt und schafft, gewonnen wird.

Man hat früher das technische Arbeitsprodukt zu binden versucht an einen überkommenen Stil oder an einen neuen Stil; man hat dann jede Bindung abgelehnt und das Produkt gewissermaßen nur in sich selber binden wollen, nur an seine Zwecke; man hat geglaubt, daß, wenn der Bleistift oder die Fruchtschale eben anständig gemacht worden ist, so daß der wirkliche Zweck erreicht wurde, er sowieso schön ist. Das ist nur bis zu einem gewissen Grade richtig, und noch fehlt etwas. Wir müssen wieder mit den Dingen in ein Spielverhältnis kommen können, und diese Souveränität hat sich der Mensch wohl vielleicht noch nicht ganz errungen oder wenigstens nur bei den großen Meistern des „Neuen Stils", die eben teilweise schon sehr früh diese Freiheit selbst errungen haben. Man könnte so sagen, für uns waren die Dinge bisher teilweise unsichtbar. Man hat eigentlich gar nicht gesehen, daß so ein Ding, das man nur benutzt, das eigentlich nur zum Zwecke da ist und nur seinem Zwecke lebt, auch noch eine Membran, eine Physiognomie, ein Aussehen, ein Gesicht hat! Der ungewollte Anblickswert der technischen Dinge wird jetzt für uns auf einmal bedeutsam. Und das ist der eigentliche Punkt der beginnenden Umkehr, noch nicht zu einer ästhetischen Blickhaltung, noch nicht zu einer passiv-inneren Blickhaltung – wohl aber der Punkt der Umkehr, bei dem wir hoffen können, daß hier das neue Formbewußtsein tatsächlich einsetzt.

Ich zeige Ihnen das ganz kurz, meine Damen und Herren, an einer Gefahr, die hier nachdrücklich auszusprechen der rechte Augenblick und der rechte Ort ist. Es ist ja schon von mehreren Rednern bereits darauf hingewiesen worden, daß es jetzt scheint, als ob wir im Grunde genommen von einem alten Kitsch in die Gefahr eines neuen Kitsches geraten, das heißt, als ob wir anfangen, mit diesen neuen Formen eben wieder als Gebrauchsmuster, als Vorlagen zu schalten und zu walten – und das, was für eine Fabrik vielleicht sinnvoll ist, auf das Einzelhaus übertragen oder, was viel schlimmer ist, nun irgendwie die unerhörten neuen konstruktiven Möglichkeiten, die uns durch das Eisenbauen und Eisenbetonbauen gegeben sind, in einem bestimmten romantischen Sinne einsetzen, indem man von einer sogenannten alpinen Architektur oder von einer Schreibtischarchitektur ausgeht und in ein vollkommen malerisches Verhältnis wieder zu den neuen konstruktiven Möglichkeiten zurückverfällt. Das geht so weit – es sind natürlich immer die kleinen Leute, die das machen –, daß man heute ein Haus baut im Sinne eines Dampfers oder im Sinne eines Flugzeuges und damit nun glaubt, „modern" zu sein; das heißt diese Formen, die in der Tat aufregend genug im lenkbaren Luftschiff, im Flugzeug, im Dampfer usw. usw., in vielen Werkzeugen und Kraftmaschinen tatsächlich irgendwie gewinnen, wirken und unsere Phantasie beflügeln – diese Formen werden nun einfach übernommen, und genau so, wie man früher einen neuen Stil gemacht hat in Anlehnung an die Klassik oder Gotik, oder einen Stil gemacht hat durch Erfindung eines neuen Stils, so sucht man jetzt die neuen Formen dadurch zu erschaffen, daß man sie anlehnt an technische Formen und sie genau wie in älteren Zeiten frisch-fröhlich, als Vorbilder gewissermaßen, übernimmt. Das ist die ungeheure Gefahr, die auf diesem neuen Wege besteht, daß die neue Form mit sich zu spielen beginnt und durch eine neue Verspieltheit wieder alles das verloren wird, was die letzten Generationen errungen haben.

Das, meine Damen und Herren, ist in der Tat die Gefahr. Aber weil alles echt Geistige in seinem Wesen Gefahr ist, darf man sich vor ihr nicht fürchten und darf sie nicht umgehen wollen. Es ist eine große Aufgabe, der sich die letzten Generationen nicht nur bei uns, aber im wesentlichen gerade und führend in Deutschland unterzogen haben, die neue Aufgabe einer Wiedergewinnung eines neuen Formgefühls. Wenn diese Aufgabe wirklich verwirklicht werden soll, dann darf man diese Gefahr nicht fürchten. Man muß sie bestehen.

Um diese Gefahr zu bannen, gibt es aber keine irgendwelchen rationalen Kriterien und Garantien. Das ist die Angelegenheit weder einer sozialen Verantwortung noch einer Wirtschaft, der Ästhetik oder wie man sie nennen will, oder irgendwelcher neuen pädagogischen Disziplinen, sondern das ist die Angelegenheit eben der Phantasie des Künstlers, der meisterlichen Könnerschaft, des Geschmacks in irgendeinem Sinne, den man niemals ersetzen kann. Die Gefahren also einer neuen romantischen Verspieltheit müssen mit aufgenommen werden, wenn man zu einer neuen Form aus den neuen konstruktiven Möglichkeiten kommen will.

Meine Damen und Herren, es scheint so zu sein, als ob damit nun gesagt werden sollte, daß das, was bisher geleistet worden ist in der Architektur, im Gewerbe, im Kunstgewerbe, überhaupt in der Raumgestaltung, irgendwie noch nicht das Neue enthielte. Ich möchte nicht so mißverstanden werden. Im Gegenteil, ich bin sogar überzeugt, daß in diesen Werken der letzten Dezennien unerhört viel Großartiges und Unsterbliches geleistet worden ist, was maßgebend bleiben wird für kommende Zeiten. Ich glaube noch mehr. Ich glaube, daß damit sogar etwas geleistet worden ist, was wirklich in dieser Art noch niemals eine Zeit geschaffen hat, etwas, was dadurch ein neuer Stil geworden ist, daß seine Schöpfer ihn nicht gewollt haben. „Nur im Sichverlieren kann man sich gewinnen, nur wenn man auf alles verzichtet, wird einem alles zufallen." Dieses Wort gilt im ausgesprochenen Sinne für die Meister des „Neuen Stils", die eben die Entsagung gegenüber allen ästhetischen Rücksichten auf sich genommen haben, um in diesem Tiefpunkt des vollkommenen Verlustes jener ästhetischen Kategorien gerade die Gewalt der ästhetischen Größe wieder zu erfahren.

Aber das setzt, das möchte ich sagen, doch etwas Neues noch voraus: das, was die Meister eben schon gehabt haben – das Spielen, die Auseinandersetzung mit den neuen Formen, also das eigentümlich spielend genießende Verhältnis zu den neuen sachlichen Formen, die aus dem Konstruktiven, aus der konstruktiven Logik des Materials der neuen konstruktiven Möglichkeiten tatsächlich gewachsen sind.

Ich möchte, da ich noch nicht meine Redezeit überschritten habe, Sie bitten, mir noch einen Augenblick Gehör zu schenken, um darüber hinaus etwas über diese neue Form zu sagen, deren Wiedergeburt ich an dieser Stelle glaube bestimmen zu können.

Ich sagte, „Form" ist „Gleichgewicht", und der Sinn für dieses äquilibre neue In-Einklang-Sein für das neue Maß hat es doppelt schwer. Denn, wie ich schon sagte, die Technik und die neuen technischen Möglichkeiten sind ihrem eigentlichen Sinn und Geist nach nicht darauf eingestellt, geschlossene Produkte zu liefern, sondern sie sind ihrem ganzen Sinn und Geist nach darauf abgestellt, etwas Offenes, neue Möglichkeiten, die überbietbar sind, zu schaffen. So wird also die „Neue Form" aus dem Geiste der Technik in Einklang mit ihr, nicht in romantischer Opposition, ästhetischer Opposition oder Resignation gegen sie, sondern im Einklang mit ihren positiven Möglichkeiten niemals orientiert sein an einem Ideal der geschlossenen Form, sondern immer nur orientiert sein an einem *neuen Ideal,* einem Ideal, das, soweit ich glaube, noch niemals in der geistigen Geschichte Fuß und Boden gefaßt hat: an dem Ideal einer *offenen* Form!

Wenn man im Schlagwort sagt „Die wachsende Wohnung" oder man sich irgendwie daran stößt, daß diese Dinge nicht mehr symmetrisch sind; daß das „Kisten" sind, die scheinbar regellos aufeinandergesetzt werden; daß die Wände sich plötzlich öffnen bei der Überschreitung; daß das Ding keinen richtigen Abschluß hat; daß unendliche Weiten sich öffnen; wenn man sich an dem hohen Dache stößt, weil das flache Dach ja nicht, wie in [...] einen eigentlichen Abschluß bildet, sondern grade einen *Nicht*abschluß, ein Offenhalten nach oben – dann sagt man und hat es leicht, das zu sagen: „Das ist doch ein Gegenteil von jeder Form, ist keine Form, ist Formlosigkeit, Anarchie, Chaos, Auflösung, Bolschewismus!" –

Wiedergeburt der Form im technischen Zeitalter

Sie sehen, meine Damen und Herren, wie falsch das ist. Es ist eine *neue* Form, eine *unsichtbare* Form, die in ihrer Sichtbarkeit geöffnet sein will! Eine Form der unendlichen Möglichkeiten! Und um diese Formgewinnung geht es in der Tat. Wir haben sie schon zu einem großen Teil gewonnen. Wir haben auch das neue Material dazu, und wir können infolgedessen jetzt im Einklang mit dem inneren Geist und Sinn dieses technischen Zeitalters arbeiten. Wer einmal mit unvoreingenommenem Blick durch neue Städte, durch neue Stadtviertel gegangen ist (ich denke etwa an Dessau, wo diese meisterlichen Siedlungen geschaffen sind, oder ich denke an Rotterdam oder Amsterdam), wer einmal durch diese neue Welt geht, der wird – und ich glaube, es geht sehr vielen so wie mir persönlich – erinnert an gewisse utopische Romane von Marsmenschen, von einem Leben auf einem Planeten, das weiter ist als unser Leben auf dieser Erde. Es ist eine Welt, in der sich die Schwerkraft irgendwie zu überwinden beginnt, nicht indem man sich aus dieser schweren Welt herauslügt, nicht indem man irgendwie romantisch nach innen flüchtet, in ein Märchen, in irgendwelche arglose Welt; es ist eine Welt der innerweltlichen Bejahung der Welt, aber eine Welt, die unerhört heroisch, die unerhört aktiv, die unerhört neuen Möglichkeiten freudig zu ganz neuen Zielen geöffnet ist. Und diese utopisch-planetarische Stimmung, wenn ich so sagen darf, liegt schon wie eine ungewollte Weihe auf diesen neuen Formen, ob es sich um ein Haus handelt oder um ein neues Gerät. Diese Leichtigkeit, diese Überwindung der Schwerkraft, die irgendwie in der Logik der Technik selbst vorgezeichnet ist! Denn die Märchen dieses Lebens, die bisher nur von den Dichtern formuliert worden sind – diese Märchen werden wir nicht nur in Büchern erleben, sondern wir werden sie selbst tun! Und dabei haben uns die neuen Meister den eigenartigen neuen Raum, die neue Haltung zum Leben ungewollt vorgezeichnet.

Darin sehe ich die Garantie, daß wir wirklich in dem Augenblick einer Wiedergeburt der Form und des Formgefühls leben – einer Wiedergeburt nicht im Sinne des Wiederheraufkommens einer alten Form (denn das ist keine „Wiedergeburt", es ist eine äußerliche Wiederholung), sondern im Sinne eines neuen Verpflichtungsgefühls und einer neuen Möglichkeit eines neuen Gleichgewichts mit unserer Umwelt, und zwar einer Umwelt, die wirklich vollkommen neuwertig ist, so daß kein Schicksal es uns verübeln kann, daß wir einfach noch ohne Maßstäbe sind – eines Gleichgewichts mit dem essentiell Gleichgewichtslosen, mit dem Dämon dieser ewig sich überbietenden technisch-industriellen Welt.

Dies, meine Damen und Herren, möchte ich gegen jede romantische

Verengung der neuen Möglichkeiten sagen, gegen jede, letzten Endes aus unüberwundenen traditionellen Vorstellungen kommenden Vorurteile der neuen Gestaltungen und neuen Formen.

Wenn bei dieser Vierteljahrhundertfeier des Deutschen Werkbundes dies Wort recht verstanden ist als ein Wort des Dankes für das Geleistete, des Dankes eines Außenseiters für das Geleistete und zugleich als ein Wort der Hoffnung für das Kommende, für das, was kommen soll und kommen muß, so würde ich glauben, darin am besten verstanden zu sein.

Das Problem der Klassizität für unsere Zeit[1]

Wenn es sich bei der Frage nach dem Sinn des Klassischen um die Analyse eines ästhetischen Begriffs handelte – und das war er in seinen Anfängen, ein Wertprädikat für Schriftsteller und Künstler –, dann bedürfte es der geschichtsphilosophischen Überlegungen kaum, die wir im folgenden anstellen. Aber der Begriff hat eine gewichtigere Bedeutung angenommen. Zuerst ein Wort für Autoren, welche besonderer Beachtung und Nachahmung empfohlen werden, konzentriert er sich allmählich auf die besonderen Eigenschaften einer Prosa, eines Verses, eines Bildwerks, welche die fragliche Auszeichnung rechtfertigen. Er wird ein Wertprädikat für das, was sich im eigentlichen Sinne gehört und in seiner Weise vorbildlich ist. Daraus hat sich dann, unter dem Einfluß der griechischen Philosophie, die, man könnte sagen, polemische Idee des Klassischen, der Klassizität als einer Vorstellung von Ausdruck und Komposition eines Werkes entwickelt, für welche Begriffe der Symmetrie, Harmonie, des πρεπόν, des μέσον entsprechende Erläuterungen und Umschreibungen sind. Diese Art Klassizität hat einen deutlich pädagogischen Charakter. Sie deutet auf etwas, das der Schriftsteller und Künstler ständig zu beachten hat, und grenzt den Bereich des Unklassischen als des Maßlosen, Überladenen, Sensationellen von sich ab. In dieser Bedeutung einer Idee, die sich zwar nicht in einem Kanon von Regeln erschöpft, aber immer wieder auf einen derartigen Kanon hindrängt, ist der Begriff des Klassischen in die Spätantike und in die gesamtabendländische Tradition eingegangen. Er wurde zum Leitbegriff für das Verhältnis der nachgeborenen Geschlechter zum griechisch-römischen Altertum überhaupt, in ihm sah man, wenn nicht gar das goldene Zeitalter, doch die Epoche endgültiger Prägungen in Wissenschaft, Recht, Kunst.

Diese Entwicklung ist mit dem Ende des Klassizismus der Goethezeit abgeschlossen. Aus einem Erziehungs- und Glaubensbegriff wird

---

[1] Etwas erweiterte Fassung des Vortrags *Die Idee der Klassizität* auf der Studienkonferenz der Internationale School voor Wijsbegeerte te Amersfoort. (26.–30. 8. 1936).

wieder ein Stilbegriff. Ernüchtert kehrt der Begriff des Klassischen zu seiner begrenzten ästhetischen Verwendung zurück. Seine Ernüchterung hinterläßt ein großes Problem: unser Verhältnis zur klassischen Antike als Ausgang, Richtpunkt und beständig zu erneuernde Garantie der europäischen Kultur. Hat uns das neunzehnte Jahrhundert mit seinem Wirklichkeitsblick von der Antike, deren Klassizität es relativiert und ihres religiösen Nimbus entkleidet hat, nicht nur befreit, sondern getrennt? Bedeutet aber nicht den Zusammenhang mit ihr als einer klassischen Epoche verlieren für Christen und Antichristen sich selbst aufgeben? Oder erweist sich das klassische Altertum selbst der desillusionierenden Kritik des neunzehnten Jahrhunderts in einem noch unerprobten Sinne überlegen?

Wir wissen, daß die seit langem hin und her gehende Diskussion über Wert und Unwert des klassischen Altertums und der klassischen Studien für die gegenwärtige Welt durch die Entwicklung der Nachkriegszeit eine über die Fragen der Erziehung, des Unterrichts und der Bildung hinausgehende Aktualität erhalten hat. Die Bedrohung nicht nur der demokratischen Staatsverfassungen, sondern der Ideale, welche ihnen zugrunde liegen, der Ideale der Humanität, hat unser Verhältnis zum klassischen Altertum, dem wir diese Ideale schließlich verdanken, in dessen Zeichen wir jedenfalls sie zu begründen erzogen sind, kritisch gemacht. Was in der zweiten Hälfte des neunzehnten Jahrhunderts die Philosophen, die Gelehrten, die Theoretiker mit steigender Sorge erfüllte, die schleichend wachsende Entfremdung zwischen den großen Massen und den Idealen sowohl des Christentums als auch der Aufklärung, die Abkehr von den Ideen der Universalität, der ökumenischen Solidarität, Menschlichkeit und Internationalität und die zunehmende Vergötterung des Nationalgedankens, ist durch den Krieg und die Nachkriegszeit zum offenen Ausbruch gekommen. Sie hat ideologische Formen angenommen, welche unserer abendländischen Kultur gefährlich werden müssen. Denn die Idee, um nicht zu sagen: die Illusion dieser Kultur, welche der Einheit eines politisch und sozial schon sehr zersplitterten Europas einen Rechtsboden gibt und die auseinanderstrebenden, mit außereuropäischen Mächten alle möglichen Bündnisse eingehenden Nationen Europas wenigstens im Postulat noch zusammenhält, diese Kultur, deren profane Komponente, die klassische Antike, um so wichtiger wird, als ihre religiöse Komponente, das Christentum, an Überzeugungskraft einbüßt, steht und fällt mit dem Bekenntnis zur Klassizität ihrer klassischen Ursprünge.

Darum sind wir vor die Frage gestellt, ob wir das klassisch genannte Altertum für uns – und das heißt hier immer auch: an sich – als klassisch anerkennen oder nicht; ob es sich überlebt und seine Mission erfüllt hat oder ob es aus seinem Wesen heraus die Kraft, mehr noch, das *Recht* besitzt, als Richtschnur, als Muster, Vorbild und Beispiel zu dienen.

Nun ist diese Frage, so allgemein gestellt, weder der besonderen Lage unserer Zeit noch den begrenzten Möglichkeiten eines Vortrags angepaßt. Mit Recht kann man darauf hinweisen, daß diese Frage das Fortleben der Antike in der abendländischen Geschichte bis heute begleitet hat. Daß außerdem eine Fülle von Fragen mit angeschnitten sind, die zur Kompetenz der Archäologie, der alten Geschichte, der Philologie gehören, Fragen wie die nach der Entstehung des Klassischen im Altertum selbst und nach den Wandlungen, welche der Begriff (wie auch die Klassizität selber) des klassischen Altertums in der Geschichte durchgemacht hat. Und die Frage, was eigentlich unter dem klassischen Altertum zu verstehen sei, ob Aischylos oder die Skulpturen Olympias, ob Heraklit oder Aristoteles zu ihm gehören, wie und wo die Grenzen zum Archaischen, Vor- und Nachklassischen und Klassizistischen verlaufen, haben gewiß die Altertumswissenschaftler mit zu entscheiden.

Genug, daß die Gelehrten, indem sie sich darüber streiten, die Hoffnung nicht aufgeben, sich zu einigen, weil sie dabei von einer Idee der Klassizität geleitet sind, die – mehr oder weniger deutlich – das Ausleseprinzip ihrer Urteile, ihrer Abgrenzungen und Wertungen bildet. Die Verdeutlichung dieser Idee ist in unserem Zusammenhang wichtig. Ich sehe zwei Wege.

Entweder man gibt geeignete, der Diskussion enthobene „klassische" Beispiele griechischer und römischer Klassik und sucht sie analytisch zergliedernd nach den sozusagen kritischen und typischen Momenten zu interpretieren, welche ihre Klassizität verbürgen. Man stützt sich auf Anerkennung, wohl auch auf eine zur Tradition gewordene Begründung für diese Anerkennung, und man sucht sie immanent zu verstehen. In der Form: was hatten die Alten, was haben wir eigentlich im Blick, wenn wir diese Statue, diesen Tempel, diesen Vers, diese Gedankenführung klassisch nennen? Was meint der Ausdruck und in welchen Zügen eines Werkes rechtfertigt sich die Anwendung des Ausdrucks? Diesen Weg könnte man den phänomenologischen nennen. Sein Nachteil ist, daß er die Seite der Bedeutung der antiken Klassik gerade für unsere Zeit nicht berührt.

Oder man geht von dieser letzten Frage aus und sucht die Schwierigkeiten auf, welche der Anerkennung der Klassizität der klassischen Antike durch unsere gegenwärtige europäische Welt entgegenstehen. In der Form: was stellt das höhere Recht des klassischen Altertums heute in Frage, was nimmt ihm seinen besonderen Vorbildwert, welche Kräfte und Argumente problematisieren es? Diese Frage hat zu unterscheiden zwischen den Einwänden und Widerständen gegen das griechisch-römische Altertum als klassischer Zeit und solchen gegen die Klassizität überhaupt als einer noch möglichen Form menschlicher Bindung. Dieser geschichtsphilosophische Weg hat den Nachteil jeden indirekten Vorgehens: die Gegenargumente, um die er sich bemüht, können die Idee selbst verdunkeln. Gleichwohl scheint er mir der angezeigte, da die Freunde des klassischen Altertums dazu neigen, die Gegeninstanzen und Gegenkräfte zu unterschätzen und die Erneuerung humanistischer Bildung in dieser Welt für leichter halten, als sie ist. Dann aber auch darum, daß er seltener begangen wird. In der Naumburger Diskussion vom Jahre 1930, die im folgenden Jahre unter dem Titel *Das Problem des Klassischen und die Antike* in Buchform[2] veröffentlicht worden ist, habe ich kaum eine Andeutung von ihm gefunden.

Beginnen wir mit der Frage nach den Lebensbedingungen von Klassizität überhaupt. Welche Bedingungen allgemeiner Art müssen erfüllt sein, damit die Idee der Klassizität wirksam werden kann? Und wodurch sind diese Bedingungen in unserer Epoche aufgehoben worden? Dann wenden wir uns unter dem Gesichtspunkt dieser spezifischen Klassizitätsfeindschaft, die unter manchen Masken allerdings verdeckt ist, der Distanzierung des klassischen Altertums zu, seiner Zersetzung und Nivellierung im gegenwärtigen Bewußtsein. Schließlich versuchen wir anzudeuten, auf Grund welcher Besonderheiten die griechische Klassik Möglichkeiten der Erneuerung hat, die dem Verhängnis der Erstarrung im Klassizismus nicht unterworfen sind. Wodurch sie also im Rahmen von Klassizität überhaupt, als ein Sonderfall von Klassik, gleichwohl Eigenschaften zu entwickeln vermag, durch welche sie dem Wandel der Zeiten nicht nur äußerlich Widerstand bietet, sondern ihm innerlich überlegen ist. Eine Überlegenheit, die der Europäer jedenfalls als Vorzug und Rechtsgrundlage seiner geistigen Existenz ansieht, während es anderen unbenommen bleibt, in ihrer Offenheit eine Gefahr und Schwäche zu erkennen.

Klassizität als eine besondere Form von Mustergültigkeit und Vorbildlichkeit, die Werken und Taten, wohl auch Personen und in übertragenen Sinne menschlichen Zuständen zugesprochen wird, bedeutet eine eigentümliche, durch nichts anderes ersetzbare Gebundenheit an etwas Vergangenes. Diese Gebundenheit ist nicht einfach die

---

[2] Bei Teubner 1931.

der Tradition und Pietät. Primitiven Kulturen ist die Idee der Klassizität fremd. Sie mögen Phänomene zeigen, die dem Ethnologen klassische Zeugnisse darstellen, klassische Belege etwa des Mutterrechts, des Nomadentums, der Ackerbauerkultur, klassische Produkte der Keramik, des Schmiedehandwerks, der Teppichweberei. Das heißt: klassisch für ihn, für sein Bild von der Entwicklung der Menschheit, klassisch als reine und insofern zu Musterbeispielen besonders geschickte Ausprägungen von Typen und Stadien menschlichen Seins. Den Angehörigen solcher Kulturen kommt dies nicht zum Bewußtsein. Sie leben darin und bleiben mit ihrer Vergangenheit wie mit einer beständigen Gegenwart verbunden. Die alten Heldenlieder und Märchen werden der Absicht nach getreu weitergegeben so wie die alten Bräuche und Kunstformen.

Erst da, wo die Menschen ein anderes Verhältnis zu sich und zu ihrer Vergangenheit entwickelt haben, wo die Vergangenheit als vergangene Zeit erlebt wird, das Ehrwürdige des Dahingegangenen nicht mehr nur als eine fortwirkende Macht betrachtet, sondern zugleich im Abstand zur eigenen Zeit und zu eigenen Möglichkeiten gesehen wird, ist Raum für die Idee der Klassizität geschaffen. Die Alten werden zu Mustern, nach denen man sich in der eigenen *„Produktion"* zu richten sucht. Sie erhalten exemplarische Geltung. Man soll sie nachahmen, eben weil man die Möglichkeit sieht, eigene Wege zu gehen. Diese Lockerung im Verband mit der eigenen Tradition ist eine den Hochkulturen eigentümliche Voraussetzung der Idee der Klassizität. Für eine verlorene primitive Kontinuität mit der Zeit der Vorväter entsteht diese vermittelte Art der Bindung an die Vergangenheit, und gegen die erkannte Gefahr des Abweichens von ihr, des Absinkens von der alten Höhe und Größe, der Entartung und Erschlaffung bildet sich das Gegenmittel der Bindung an ihre Klassik. Den Kulturen des Ostens, China, Japan, Indien, Persien und des Islams ist deshalb die Idee der Klassizität nicht fremd.

Neben diese Voraussetzung der Distanz zur eigenen Vergangenheit tritt aber eine zweite, wenn man will, neben eine formale eine materiale Bedingung. Soweit das menschliche Leben religiös, das heißt außerweltlich und absolut gebunden ist, soweit gottesdienstliche Ordnung und sakrale Institutionen es durchdringen, bietet es für die Entfaltung des Klassischen keinen Raum. Das Heilige ist nicht klassisch, seine Dokumente sind es nicht, seine Zeugen sind es nicht. Die Reden Buddhas, der Koran, die Bibel sind keine klassischen Werke. Sie verkünden etwas, das befolgt sein will, aber den Menschen keine Freiheit läßt, ein ihnen Ähnliches hervorzubringen. Hinter ihnen steht eine außerweltlich-übermenschliche Erleuchtung und Offenbarung, die an den Einen, den

Stifter, ergangen ist und ihn zum Gefäß der Mitteilung erwählt hat. Dieses einzigartige Verhältnis des Absoluten zum Menschen kann nicht zum Vorbild und Beispiel genommen werden. Zugleich hebt es die Distanz zwischen Vergangenheit und Gegenwart auf. Es schafft eine neue Kontinuität, eine neue Unmittelbarkeit zwischen Jetzt und Damals, gegen welche die Modi der Zeit zu Schatten werden.

Klassizität gilt stets nur im Hinblick auf das, was man auf ähnliche oder gleiche Weise hervorbringen kann und für dessen Gestaltung man verantwortlich ist. Sie ist deshalb eine weltliche Kategorie, auch da, wo das Göttliche und Heilige den Stoff hergibt. Der Mythus, die Legende, der Hymnus, die Kulthandlung können sehr wohl Stoffe, Themen eines klassischen Epos, Liedes, Bildwerks, Buches sein, aber sie sind es eben als Vorwurf und Substrat einer Gestaltung, nicht als religiös wirkende Handlungen. Die sakrale Erzählung, die Beschwörung, das Gebet, das sakrale Bildwerk als Bestandteile des Kultes selbst dulden nur starre zeremoniöse Wiederholung, keine freie Nachahmung. Deshalb darf man sagen, daß im Bereich der Hochkulturen sich eine Klassik insoweit entwickeln konnte, als neben dem religiösen ein profanes geistiges Leben literarisch-künstlerisch-wissenschaftlicher und wohl auch politischer Art entstand.

Beide Bedingungen für eine Klassik, sagen wir genauer für die Art der Bindung menschlichen Lebens an vergangenes Leben und seinen Ausdruck, die im Begriff des Klassischen gefordert und befolgt wird, treten jedoch nur ins Spiel, solange es dem Menschen von *Bedeutung* sein kann, sich an das Alte zu binden und es immer wieder zu erneuern. Das Mustergültige ist das Vollkommene und insofern nicht Überbietbare. Es enthält Ewigkeit und hebt sich damit aus dem einfachen Abfluß der Zeit heraus. Kraft seiner Ewigkeit ermöglicht es ein neues Werk von gleicher Art. Diese merkwürdige Doppel-Blickrichtung, im Hinblick auf das Vergangene ein Neues zu schaffen, hat nur da Sinn, wo die Menschen ihre eigene zeitliche Existenz nicht im Bilde der Zukunft (und korrelativ dazu im Bilde einer „Geschichte" gewordenen Vergangenheit), sondern im Bilde einer durch die Zeit hindurch währenden Dauer sehen, in der sich Geburt, Tod und Wiedergeburt zum Kreise schließen.

Es gehört zum Wesen schon der ganzen nachmittelalterlichen und in ausgesprochenem Sinne der nachgoethischen Welt, daß ihr dieses Vertrauen in die Dauer verlorengegangen ist und damit der Glaube an die Vollkommenheit. Je mehr der Schwerpunkt des Lebens in die Zukunft verlagert ist, desto vorläufiger wird die Gegenwart. Die Vollkommenheit wird durch Vervollkommnung, diese durch den Fortschritt ersetzt.

Der lineare Aspekt, in dem sich alles im Hinblick auf eine immer unbestimmter werdende Zukunft relativiert, hat über den zyklischen Aspekt der alten Kulturen des Orients und des Mittelmeers, in dem es nichts Neues unter Sonne gibt, den Sieg davongetragen.

Somit: Klassik überhaupt ist nur unter drei Bedingungen möglich:
– auf dem Boden eines Glaubens an das Vollkommene, das heißt an eine ewige und zugleich dem Menschen erreichbare Ordnung, auf dem Boden eines Vertrauens in die Dauer in aller Zeitlichkeit und damit in die Erfüllbarkeit der Gegenwart;
– im Gebiet weltlichen Schaffens, das nicht kultisch-zeremoniöser Starrheit unterworfen ist und sich im Verhältnis zum Heiligen in irgendeinem Sinne Freiheit und Selbständigkeit bewahrt;
– für ein Bewußtsein, welches das Vergangene als Vergangenes im Abstand zur eigenen Gegenwart und ihren Möglichkeiten empfindet, die immer auch Möglichkeiten des Entartens, des Absinkens, der Übersteigerung sind.

Die erste und die letzte Bedingung brauchen sich nicht zu widersprechen, können es aber vor allem in Zeiten des Zerfalls, der politischen und sozialen Unruhe, der wirklichen oder nur gefürchteten Auflösung, die dann reaktiv eine verschärfte Rückwendung zu den Vorbildern zur Folge haben und besonders für eine klassizistische Produktion die beste Voraussetzung bieten. Das Bewußtsein des Abstandes der eigenen Zeit von der Vergangenheit, der eigenen Schaffensmöglichkeiten von den vergangenen darf nur nicht so stark werden, daß der Glaube an Dauer und Vollkommenheit daran zerbricht. Wie sich dieser Glaube ausspricht, wie er sich erhält, wollen wir hier nicht weiter erörtern. Im alten China des Ahnenkults sind andere Kräfte dafür verantwortlich zu machen als im Indien der starren Kastenordnung oder gar im vorperikleischen Athen. Der Antagonismus zwischen Stabilität in Lebensverfassung und Weltansicht und Aufgelockertheit des Selbstbewußtseins darf jedenfalls ein gewisses Optimum nicht überschreiten, ohne die Möglichkeit klassischer Bindung zu gefährden.

Eins läßt sich jetzt schon aus dieser allgemeinen Betrachtung der Lebensbedingungen für Klassizität überhaupt erkennen: die moderne abendländische Zivilisation muß aus ihrem eigensten Wesen heraus ihr den größten Widerstand entgegensetzen. Ihre Dominante ist der Gedanke an die Zukunft. Für sie gibt es nur Neues unter der Sonne. Das Unerhörte, noch nie Dagewesene bindet alle ihre Kräfte. Und nicht in dem gewissermaßen barocken Sinne einer bis ins Unüberbietbare gesteigerten Darstellung des Vollkommenen, sondern im dem Sinne einer Überbietung des Erreichten im Hinblick auf *unbegrenzte Möglichkei-*

ten. Sie kennt keine Grenzen, weil ihre Leitkategorien Vervollkommnung, Entwicklung, Fortschritt die Loslösung von den Maßen und Maßstäben des Vergangenen mit wachsender Schärfe – nicht nur mit sich bringen, sondern bewußt proklamieren. Sie widerlegt in jeder Lebensäußerung die tragende Grundidee aller Klassik, weil ihre Leitgebiete: Industrie, Technik, Wirtschaft die seit Menschengedenken gültig gewesene Daseinsordnung des Menschen, seine Naturverbundenheit, seine bäuerlich-handwerkerliche Existenzversorgung und Arbeitsweise entwurzelt hat und durch eine künstliche, maschinelle, wissenschaftliche Arbeitsform umbildet.

Gewiß, mit dieser schlechten Prognose geben sich die Freunde des klassischen Altertums nicht leicht zufrieden. Denn sie können mit Recht darauf hinweisen, daß die Wurzeln und zum Teil auch die Antriebsmomente dieser modernen Welt bis in die griechische Antike zurückreichen. Ohne die griechische Konzeption von Vernunft und Vernunftmächtigkeit des Menschen, von Vernünftigkeit eines seinen inneren Wesensanlagen folgenden Seins, ohne die spezifisch griechische, spezifisch klassische Idee einer in sich gegründeten Welt ist die moderne Weltoffenheit, die Basis ihres Aktivismus, gewiß nicht zu verstehen. Und so schöpfen sie gerade aus dem Abstand der modernen Unrast und Maßlosigkeit zur Ruhe und Ausgewogenheit der griechisch-römischen Klassik die Hoffnung auf eine Rückkehr zu den Idealen des Ursprungs.

Gehören aber diese Ideale noch zum Gewissen der modernen Zeit? Zum *Gewissen* wohlverstanden, und nicht nur zum Gedächtnis und zur unbewußten Triebrichtung des gegenwärtigen Europa? Denn die Gewalt der geschichtlichen Überlieferung sorgt zweifellos dafür, daß die klassische und wie oft als klassisch erneute Antike unserem Blick und Gefühl nicht entschwindet. Sie hat unser Denken, unseren Geschmack geformt. Sie übt in Bauwerken, Skulpturen, Büchern und Bildern einen beständigen Einfluß aus. Immer wieder gehen neue Generationen durch die Schule Homers, Vergils, Horaz', des Parthenon, der griechischen Tragiker und Philosophen. In diesem geschichtlichen Zusammenhang, den Europa und seine Tochterkulturen beständig tradieren, wird es immer schwerer zu unterscheiden, was aus Macht der Gewohnheit und was aus Überzeugung geschieht, was dem Trägheitsmoment des Gedächtnisses und einer stets bekräftigten Triebrichtung anzurechnen ist und was der Einsicht und dem Gewissen entspringt.

Wenn also gegenüber den Widerständen der gegenwärtigen Welt die Freunde des klassischen Altertums auf seine faktisch immer wieder hervorbrechende Macht über sie hinweisen, so fragen wir, was daran Gewohnheit (bzw. Opposition und Reaktion) und was Erkenntnis ist. *Die*

Idee der Klassizität verlangt von uns, daß wir gerade diese Unterscheidung machen. Hat die griechische Klassik – wir wissen, ihre Abgrenzung macht Schwierigkeiten – ein Recht auf uns trotz aller Widerstände heute? Hat sie auch ein Recht auf diejenigen, welche nicht im geschichtlichen und auch nicht im blutmäßigen Verband mit ihr stehen? Lebt in ihr eine Forderung an alle im Zeichen der Menschheit?

Die Industrialisierung der modernen Gesellschaft hat Bedingungen geschaffen, welche im Widerspruch zu den Lebensvoraussetzungen der Klassizität stehen. Sie hat das Dasein des Einzelnen durch die fortschreitende Mechanisierung der Arbeit der Möglichkeiten beraubt, die noch im Biedermeier da waren, Möglichkeiten für den Einzelnen, ein persönliches Verhältnis zu seiner Arbeit zu finden. Die Verdrängung der Handarbeit durch die Maschine und die damit parallel laufende Anhäufung großer Kapitalien an wenigen Punkten, die Organisation direkter und indirekter Systeme von Abhängigkeit, die Bürokratisierung haben die Gesellschaft dermaßen in das Joch von Arbeitsfunktionen eingespannt, daß der „Funktionär", der mit irgendeiner Arbeit Betraute, das gegenwärtige Bild mehr und mehr bestimmt.

Nicht weniger als diese Anonymisierung und Funktionalisierung beeinflußt das ständige Überholen von Lebensgewohnheiten durch technische, medizinische und sogar politische Neuerungen das Lebensgefühl. In dieser Hinsicht haben kaum hundert Jahre die antike Klassizitätsidee unwirksamer gemacht als viele hundert Jahre christlicher Kulturentwicklung vorher. In ihnen ist die Form der Existenzversorgung verlorengegangen, die wir heute nur aus primitiven Verhältnissen kennen und die gerade in den kleinen Dingen des Daseins noch die Menschen der Goethezeit vielfach in dieselben Nöte brachte, wie sie die Antike kannte. Dann kamen Eisenbahn, Petroleum, Gas und Elektrizität, die Anwendung der Physik und Chemie in Technik und Medizin und verdrängten jahrtausendalte Hilfsmittel und Lebensgewohnheiten des Daseins, die praktisch für zeitlos gegolten und den natürlichen Rahmen des Menschen gebildet hatten. Gerade der Umstand, daß die Intellektuellen in diese Entwicklung am stärksten verstrickt sind, ist von Bedeutung. Denn die Verdrängung der Natur aus dem Gesichtskreis des Städters hat neben der praktischen eine sehr wesentliche theoretische Seite. Unser heutiges Denken wird unter den Anstößen der Praxis ständig dazu angetrieben, die Bahnen des Aristoteles zu verlassen und den Bahnen Galileis zu folgen. Zwar läßt sich seit ein, zwei Jahrzehnten wohl eine Reaktion auf den Positivismus und Formalismus beobachten, die bestrebt ist, in Biologie und Medizin vor allen Dingen organisches Denken, Verständnis für Ganzheit und Ursprünglichkeit im Sinne der

Griechen wieder zu Ehren zu bringen. Aber der allgemein akzeptierte Fortschritt folgt trotz allem den Methoden Galileis.

Der moderne Naturbegriff des neunzehnten und zwanzigsten Jahrhunderts treibt in die Richtung einer Auflösung des antiken Kosmosgedankens. Überall ist es das Streben der Wissenschaftler, Wesensbegriffe und Wesensgesetze durch Quantitätsbegriffe und Ablaufgesetze zu ersetzen, mit denen sich etwas „anfangen" läßt. Das Sein interessiert nicht mehr, sondern nur die Erscheinung im Hinblick auf andere im Zusammenhang mit ihr stehenden Erscheinungen. Und das Prinzip der Genauigkeit der Messung in Verbindung mit dem Prinzip möglichst präziser Voraussagen zwingt schließlich dazu, die starren Ablaufgesetze der klassischen Mechanik zugunsten von statistisch zu erfassenden Häufigkeiten aufzugeben.

In der uns derart zur Gewohnheit gewordenen Fortschrittshaltung dominiert die Zukunft. Es gibt eigentlich keine Gegenwart mehr. Alle leben über sie hinaus, ihr selbst (und sich selbst) vorweg, ohne in ihr die angewiesene Mitte des Lebens noch zu erkennen. Unter dieser Relativierung und „Dynamisierung" erfährt das Verhältnis zur Vergangenheit einen dem Klassizismus feindlichen Wandel. Das Vergangene wird zum eo ipso Überholten. Es gibt vielleicht noch eine Ehrfurcht vor dem Alten und gewiß starkes historisches Interesse an ihm. Aber dieses Interesse treibt eher dazu an, die klassische Zeit zu distanzieren und sie als eine Welt für sich zu betrachten, als sie unhistorisch zum Vorbild zu nehmen.

Solche Verlagerung der Fundamente des Menschen hat die Klassizitätsidee der Antike entwurzelt, weil der Traditionsboden des klassischen Gedankens selber in Bewegung geraten ist. Europa sieht sich und seine Tradition heute dreifach in Frage gestellt
– durch den Verlust seiner Vormacht in politischer und wirtschaftlicher Hinsicht (in Verbindung mit der zunehmenden inneren Entfremdung seiner Nationen);
– durch den Verlust des Vertrauens in das Vorrecht seiner Kultur unter dem Einfluß eines immens ausgedehnten Geschichtsaspekts;
– durch den Verlust des Glaubens an die Wahrheit der christlichen Offenbarung unter dem Einfluß einer totalen Kritik.

Was das erste angeht, die verlorengegangene Monopolstellung Europas als Mittelpunkt der modernen Zivilisation, so ist sie das vom expansiven und revolutionären Geist Europas selbst zuwege gebrachte Werk der Zivilisierung und Industrialisierung der Erde. Krieg und Nachkriegszeit haben diesen Prozeß der Emanzipation Außereuropas nur noch beschleunigt. Die Rückschläge auf ökonomischem und politischem Gebiet fallen dabei aber vielleicht nicht einmal so schwer ins Gewicht wie die ideellen Folgen. Der traditionelle Geschichtsraum des Abendlandes ist durchbrochen. Neue Meere der Entscheidung, neue Kontinente erweitern und verlagern den Horizont. Mittelmeer, Nord- und Ostsee sind sozusagen provinzialisiert worden und aus ihrer früheren Zentralstellung verdrängt.

Dieser Entmachtung des europäischen Monopols entspricht zweitens die Auflösung des traditionellen Geschichtsaspekts, der durch das Zweistromland, Persien, Ägypten begrenzt war und über das Heilige Land, Griechenland, Italien nach Norden und Westen führte. Man sieht nicht nur diesen Geschichtsstrom mehr, man verfolgt ihn auch nicht nur in weiter zurückliegende Quellen, man sieht eine ganze Reihe Geschichtsströme, die sich zum Teil gar nicht berühren. Man bemüht sich, sie einer Deutung zu unterwerfen, die ihren eigenen Maßstäben und Zielsetzungen entspricht und sucht sie von europäischen Kategorien freizuhalten. Das heißt, man strebt einer relativierenden Betrachtung zu, die eine Mehrzahl untereinander nicht (oder nur äußerlich) zusammenhängender Kultur- oder Geschichtskreise gelten läßt. Ein jeder Kreis hat die Möglichkeit seiner eigenen Mitte, seines eigenen Wertsystems, Wahrheits-, Schönheits-, Gerechtigkeitsideals, also einer ihm gemäßen Klassik.

Auch diese gedankliche Sprengung des traditionellen Geschichtsraums ist das Werk europäischer Begriffe, die ohne die Griechen nicht denkbar sind. Aber sie können sich gegen ihre Relativierung nicht schützen und geraten unvermeidlich aus ihrer bisher nie angezweifelten Vorrechtstellung. Das Bewußtsein des Europäers, als Schüler der Griechen gegenüber Exoten und Barbaren bevorrechtigt zu sein, ist dadurch erschüttert worden.

Daß schließlich in der nachklassischen Geschichte Europas, teils unter dem Einfluß des Christentums, teils gegen ihn, Östliches und Nordisches in Konkurrenz mit dem klassischen Erbe steht, ließ seine Klassizität unangetastet. Denn sie war ein wesentlicher Bestandteil des christlichen Geschichtsbildes. So wie das Alte Testament im Heilsplan seine Stelle hatte, so war für die Geschichtsphilosophie der Kirche die römisch-griechische Welt eine wesentliche Epoche der Vorbereitung der Menschheit auf die Erlösung. An der unvergleichlichen Synthese zwischen jüdischem Messianismus, orientalischem, vornehmlich persischem Dualismus, griechischem Gedankengut und römischem Reichs- und Rechtsdenken, welche der Kirche gelang, ist von der Patristik über Augustin bis zu Thomas von Aquin gearbeitet worden, und erst Renaissance und Reformation haben sie geschwächt, indem sie teils antichristliche, teils antirömische Gegenpositionen schufen und das Bild der Heilsgeschichte eigenen Deutungen unterwarfen. Aus ihr entwickelten sich eine neue Wertung der griechischen Quellen, des Evangeliums und der klassischen Kultur, eine neue Wertung der Welt und des Menschen diesseits der Offenbarung, ein Zwiespalt schließlich zwischen Vernunft und Glaube, der für die moderne Aufklärung entscheidende Folgen gehabt hat. Quellenkritik, moderne Naturforschung, Emanzipation der Nationalsprachen problematisierten die kirchliche Autorität und schufen entsprechend neue Perspektiven für das geschichtliche Bewußtsein. Es verlor mehr und mehr seine feste Mitte in der christlichen Offenbarung. Neben die offizielle Deutung des Geschichtsverlaufs unter Führung der Theologie, die europäistisch war, weil die Menschwerdung Gottes im europäischen Kulturkreis sich vollzogen hatte, traten neue innerweltliche Deutungen, ebenfalls europäistisch, aber orientiert an der natürlichen Offenbarung des klassischen Geistes der Griechen. So gibt es für Voltaire eine klassizistische Periodisierung der Geschichte nach den vier Blütezeiten des Perikles, des Augustus, der italienischen Renaissance und Ludwigs XIV. So wurde für Winckelmann Griechenland das Heilige Land. Der Klassizismus der Goethezeit, der bis ins späte neunzehnte Jahrhundert das Durchschnittsbewußtsein des aufgeklärten Gebildeten bestimmt hat, entsprach diesem Bedürfnis nach einer rein weltlichen Heilsgeschichte.

Nur langsam setzte sich die Kritik auch gegen diese Dramatisierung und Periodisierung durch. Nur langsam erkannte man, daß hier noch vom Christentum her anerzogene Erwartungen die Triebfeder bilden, die im Geschichtsverlauf einen Sinn, eine Ordnung, eine Offenbarungsmitte erkennen wollen. Und daß an die Stelle Jerusalems Athen, an die Stelle der Verkündigung das philosophische Evangelium des Menschentums getreten waren. Was Herder bereits gegen den Gräzismus Lessings und Winckelmanns gefordert hatte, aus dem Geist der Zeit heraus die geschichtlichen Leistungen zu beurteilen und „Machtsprüchen Lobes und Tadels", die von einem „Lieblingsvolk" genommen sind, die Anerkennung zu verweigern, ist schließlich das oberste Gebot aller geschichtlichen Betrachtung geworden.

Der Klassizismus mußte so an der Geschichte sterben. Wenn das Christentum ihrer auflösenden Gewalt Widerstand leistet, so nur deshalb, weil es sich auf einen Akt der Überwirklichkeit begründet. Die Leistungen des Altertums dagegen sind im Vergleich mit dieser Position ungeschützt. Sie erheben geringere Ansprüche. Ihre Offenbarungen appellieren an die Vernunft, an den Willen zur Redlichkeit und gegenseitigen Achtung. Die kanonische Bedeutung, die man ihnen gab und zuletzt noch mit einem religiösen Nimbus umgab, widerstreitet dem Eigenwert und der Begrenztheit des Geschichtlichen. Sie muß es dulden, auf ihre ursprünglichen Maße und Absichten zurückgeführt zu werden. Ihre Leistung ist durch die Umwertung des Griechentums von Schlegel bis Nietzsche und Bachofen gewiß nicht geschmälert worden. Aber ihre Geltung ist auf die Erde zurückgeholt.

In dieser Nüchternheit, welche auf die Epoche der Vergötterung der klassischen Antike folgt, liegt die wirkliche Befreiung zu ihr. Versuchen wir nicht, diese Freiheit einem neuen Klassizismus und Humanismus, der doch nicht mehr wahr sein kann, zu opfern. Unser Verhältnis zur Antike nähert sich genau in dem Maße, in welchem es nüchtern bleibt und jede religiöse Übersteigerung von sich abhält, dem klassischen Geist. Mit ihm sind wir nur so lange verbunden, als unser Denken und Planen entbunden und gelöst ist. Was kann uns die Bindung an *Resultate* griechisch-römischen Schaffens hierfür bedeuten? Was sind Heiterkeit, Gelöstheit, Freiheit, wenn sie nicht aus Eigenem gewonnen sind? Und was ist ein Maß, das nicht dem Unmäßigen und den Gefahren der Radikalität abgerungen wird? Wo von vornherein der Weg ins Unbetretene abgewehrt und der Horizont des Lebens mit den unvergänglichen Bildern einer klassischen Vergangenheit umstellt ist, können wir die Sprache dieser Bilder nicht mehr verstehen. Die Unvergänglichkeit der von den Griechen geschaffenen Klassizität bewährt sich bedeutsamerweise darin, daß ihre Kultur nicht in Ergebnissen sich totgelaufen, sondern Beispiele einer Haltung zur Welt, einer Bewegung des Gedankens und der Formung geschaffen hat, die darum wußten, daß sie Beispiele waren und daher den kommenden Generationen die Möglichkeit einer *produktiven* Mimesis offen ließen. Und wenn eine Zeit daraus den Mut schöpft, die Griechen anders (und vielleicht besser) „nachzuahmen", als die noch nicht durch die geschichtliche Skepsis hindurchgegangenen Zeiten, wird dieser Versuch aufrichtiger vom Geist ihrer Klassik zeugen als irgend ein unlebendiger Klassizismus.

Zur Genesis moderner Malerei

Es kann kein Zufall sein, daß die nicht gerade seltenen Bemühungen um ein Verständnis der modernen Malerei sie als das Ergebnis eines Abbaues deuten. Georg Schmidt z. B. formuliert ihn in seiner *Kleinen Geschichte der modernen Malerei* (Basel 1955) folgendermaßen: „Nach dem letzten Rückschlag in den Naturalismus in der Zeit Napoleons, dem sogen. Klassizismus ..., tritt eine merkwürdige Umkehrung ein. Schritt für Schritt werden alle sechs Elemente der naturalistischen Gegenstandsdarstellung, die von Giotto bis Raffael Schritt für Schritt erobert worden waren, abgebaut: die Stofflichkeitsillusion, die Körperillusion, die Raumillusion, das zeichnerische Detail, die anatomische Richtigkeit und die Gegenstandsfarbe. Das führt geradenwegs in die vierte Phase, in der wir heute noch mitten drin stehen." Als die drei vorangehenden Phasen zeichnen sich für die Geschichte der Malerei ab: das frühe Mittelalter bis zum Beginn des vierzehnten Jahrhunderts, das Spätmittelalter bis ins frühe sechzehnte Jahrhundert und schließlich die Phase der tonigen, das heißt der bewußt auf die Erscheinung und ihre Variabilität abzielenden Malerei von der Mitte des sechzehnten bis zur Mitte des neunzehnten Jahrhunderts.

Das Gefälle dieser Phasenfolge fügt sich in das Bild von der geschichtlichen Entwicklung, die die Welt- und Selbstauffassung der Europäer durchgemacht hat. Ihre gängigen Kategorien sind Säkularisierung, Entdeckung der Natur und des Menschen, Rationalisierung, Verinnerlichung, Subjektivierung und Individualisierung. Das Monopol des kirchlichen und des dynastischen Auftraggebers weicht dem erstarkenden Bürgertum mit seinen privaten Wünschen, die im neunzehnten Jahrhundert der sich verbrauchenden Tradition entlaufen und jene undeutliche Nachfrage am Ende erzeugen, der ein entsprechend undeutliches Angebot an Malerei gegenübertritt. Je nach Standort läßt sich dieser geschichtliche Fortgang negativ oder positiv werten. Da die große Masse des Publikums dem Angebot seit dem Spätimpressionismus aus übrigens leicht durchschaubaren Gründen nicht mehr folgen kann, überwiegt die negative Wertung. Für den Durchschnitt bedeutet die „merkwürdige Umkehrung" zum Abbau der naturalistischen Errungenschaften Entartung, Verlust der Mitte, volksfremdes l'art pour l'art. Die positiven Möglichkeiten, die ein derartiger Revisionsprozeß des Sehens geboten hat und bietet, überzeugen nur noch den Künstler und zufällig von ihm sich angesprochen fühlende Einzelne.

Seltener als dieser in Antithesen sich erschöpfenden Deutung der Malerei der letzten hundert Jahre begegnet man der Frage nach den Ursachen jener „merkwürdigen Umkehrung", als die sich zunächst zwar die industrielle Revolution mit ihren sattsam bekannten Auswirkungen auf die bürgerliche Gesellschaft anbietet, von denen aber die Brücke zur malerischen Produktion zu schlagen offenbar Schwierigkeiten macht. Wie hängt – wenn überhaupt – die Entstehung einer esoterischen Bildgestaltung, die Zunahme der Schwerverständlichkeit, um nicht zu sagen: gewollten Schwerzugänglichkeit gemalter Bilder mit der Entstehung der Industriearbeiterschaft, ihrer Proletarisierung und den zu ihr gegenläufigen Tendenzen in der Gesellschaft zusammen? Wie verträgt sich die fundamentale Demokratisierung, welche größtmögliche Verbreiterung der Bildungsansprüche, das Bewußtmachen des Rechts eines jeden auf Mitsprache, die Anerkennung der Bedürfnisse aller nach einer steigenden Art ihrer Befriedigung, wie verträgt sich dies alles mit jenem seltsamen Radikalisierungsvorgang einer doch ans Auge, ans Gesehenwerden sich wendenden Kunst; einem Vorgang, dem immer weniger Menschen noch folgen können? Bilde Künstler, rede nicht, hieß es im Klassizismus. Es dauerte nicht lang, und es überstürzten sich die Richtungen und Ismen, deren Programme als Kommentare, von den Malern zum Teil selbst in aller Abstraktion formuliert, dem Beschauer als Vehikel richtigen Sehens angeboten wurden, ja angeboten werden mußten, sollte überhaupt zwischen ihm und dem Werk ein Kontakt zustande kommen.

Richtig ist zunächst das zeitliche Zusammenfallen der Wendung zum Impressionismus einmal mit dem Aufschwung der Industrie in den vierziger, fünfziger Jahren (Eisenbahnen!), zum andern mit der Erfindung der Photographie. In ihren Anfängen erscheinen bereits echte Künstler, welche die impressionistische Sehweise im Lichtbild festzuhalten wissen, doch bleiben sie vereinzelt. Mit der Verdrängung der Daguerreotypie durch andere Verfahren wird diese schüchtern sich meldende Konkurrenzmöglichkeit zur Malerei vorerst unterdrückt. Der Lichtbildner des zwanzigsten Jahrhunderts ist technisch noch nicht möglich. Er ist es auch noch nicht moralisch. Das heißt, der Photograph wagt nicht und das Publikum konzediert ihm auch nicht die Stellung des Porträtisten oder Landschaftsmalers. Das Element Farbe fehlt ihm. Das Pleinair bleibt ihm noch lange verschlossen. Das

Atelier mit spärlichen Kulissen und sehr begrenzter Beleuchtung hält seine Tätigkeit vorerst in engen Schranken. Auf der Seite des Publikums ist in den Schichten, die es sich leisten können (und die mit dem Aufschwung des Industrialismus verhältnismäßig raschen Zuwachs bekommen), der Traditionalismus noch ungebrochen. Man pflegt die bürgerliche Wohnkultur, zum Teil nach den opulenten Vorbildern Hollands, mit Familienporträts, Landschaften, Stilleben und Genreszenen. Der Historismus dieser Epoche, wie er sich in den großformatigen Galeriestücken auswirkt, ist nur die öffentliche Seite der gleichen großbürgerlichen Haltung, deren Fortschrittsglaube aus dem Vergangenen sich versteht und nährt.

Der sensible Künstler aber spürte, daß die Erfindung der Photographie ihm – in der Formulierung Georg Schmidts – „die Befriedigung des Bedürfnisses nach naturgetreu abgebildeter Natur abnahm, was während Jahrhunderten seine Hauptaufgabe gewesen war". Wenn sich die imitative Komponente in künstlerischer Wiedergabe, zunächst gewiß nur unvollkommen, in einem technischen Verfahren von der persönlichen Leistung ablösen ließ, fühlte der Künstler sich dazu gedrängt, seinen Ehrgeiz in anderer Richtung zu befriedigen und das Persönlich-Unvertretbare seiner *Auffassung vom* Gegenstand zur eigentlichen Aufgabe der Darstellung, auch der darstellenden Wiedergabe, zu machen.

Sein subjektiv-schöpferischer Anteil in der Wahl der Darstellungsmittel schob sich auf diese Weise in den Vordergrund und durfte vernehmlicher und rücksichtsloser seinen Anspruch auf Beachtung anmelden, im Bewußtsein der Artisten wie des Betrachters. Konnte das tiefeingewurzelte Bedürfnis der Menschen, von seinesgleichen und der Umwelt Wiedergaben zu bekommen, auf technisch-neutrale Weise befriedigt werden, so war dem Künstler ein Stück seines Geheimnisses entwunden, das Verschwindende, Abwesende, Einmalige im Wege illusionären Hervorbringens auf Holz und Leinwand zu bannen. War ihm das Monopol der Abbildfunktion, wenn auch nur im Prinzip, durch die Kamera genommen, das ihm – wir können ruhig sagen: seit der Eiszeit – von niemandem bestritten gewesen, so mußte die Bildfunktion für ihn und seinen gesellschaftlichen Auftrag entscheidend werden.

Nun traf ihn diese Wendung nicht unvorbereitet. Ihr Appell an seine schöpferische Individualität fand bei ihm und seinem Publikum ein um so bereitwilligeres Echo, als ihr gegenseitiges Verhältnis vom Begriff des *Genies* beherrscht war. Als eine rational nicht faßbare Größe, wie die Natur, aber nach verborgenen Gesetzen wirkend, sah sich der Künstler und sahen ihn die Leute als einen respektheischenden Demiurgen in Menschengestalt, dem man viel nachsehen mußte und dessen ursprünglicher Begnadung und Eingebung nur er selber zu gehorchen oder zu befehlen hatte. Dieser Irrationalismus als Magna Charta und Freibrief des Künstlers hat seine volle Auswirkung erst dann erreichen können, als 1. seine Emanzipation gegen das Handwerk ins allgemeine Bewußtsein gedrungen war und 2. das Kunstwerk selbst sich berufen wußte, das „Gefühl" anzusprechen. Die doppelte Legitimation erwarb der Künstler daher in der entfalteten bürgerlichen Welt, die dem Individuum eine optimale Privatheit und Innerlichkeit für eben die Zonen seines Daseins einräumte, welche von der Zone der allgemeinen Rationalität im öffentlichen Leben freigelassen waren.

Verbürgerlichung, Aufklärung, Privatisierung des religiösen Lebens und seine Metamorphose in Weltfrömmigkeit haben zwei Wissenschaften ins Leben gerufen, die Psychologie und die Ästhetik. Die seit dem sechzehnten Jahrhundert wachsende Selbstmacht des Subjekts, die ihre Anerkennung in einem noch weitgehend an Überlieferung gebundenen Weltbild durchsetzte, ein in vielen Facetten faßbarer Vorgang, fand schließlich in diesen beiden Wissenschaften einen zunächst noch dürftigen, bedeutsamerweise aber rein innerweltlichen Ausdruck. Sie verfestigten eine bis dahin verdeckt gebliebene, wenn auch lange wirksam gewesene Erfahrungsweise der Menschen von sich zu Gegenstandsbereichen eigener Art. Sie setzten frei und machten bewußt, was die Porträtisten, Genremaler, die Maler von Landschaft und Stilleben als verschwiegenes und könnendes Wissen beherrschten, ohne das Bedürfnis zu empfinden, als Psychologen oder Ästheten zu malen. Auf dem Rücken der gegenständlich gesättigten und gefesselten Intention ihres Darstellens gelangte jenes um Erscheinung und Untergründigkeit wissende Können auf die Leinwand, dessen ästhetisch-psychologisches Raffinement die Spätlinge des neunzehnten und zwanzigsten Jahrhunderts dann auch theoretisch entzückte.

Die Freisetzung der Psychologie und der Ästhetik als Wissenschaften vom Inneren, vom Erleben, insonderheit vom Fühlen, unterminierte die Verbindung von Kunsttheorie und -praxis, deren handwerklich-technische Pflege durch Jahrhunderte der uralten Überzeugung entsprochen hatten, daß die Gesetze der Schönheit und der Wahrheit verwandt sind. Beide – so war die aus der Antike stammende und bis tief in die Neuzeit herrschende Überzeugung – hatten ihre Wurzeln in der Ratio des Kosmos. Von daher stellte sich dem Künstler die Aufgabe, ihre Regeln kanonisch zu fassen und zu befolgen, was ihm freilich ohne Rücksicht auf mathematische und kosmologische Wahrheiten nicht gelingen konnte. Darum versteht man, daß die Entwicklung der Naturwissenschaft über Galilei und Newton hinaus zu einer gegen Gott und

Mensch indifferenten Mechanisierung des Weltbildes, in dem es keine natürlichen Zwecke mehr gibt, dem Anblick der Dinge im Umkreis ihres Erscheinens eine besondere Nachdrücklichkeit verleihen mußte. Denn die Erscheinung als solche, in all ihrer subjektiven Mitbedingtheit, widersteht der Analyse, die ihr den Sinn nimmt. So wie nur dem Städter die Landschaft als Phänomen aufgeht, nicht aber dem Bauern und Jäger, so gewinnen die erscheinenden Qualitäten, die Fläche der Welt, an Sichtbarkeit und Sprachkraft, wenn die Dinge im Ganzen verstummen. Mit der endgültigen Zersetzung der kosmischen Gewißheit in der Aufklärung und vorangetrieben durch die Naturwissenschaft, der weder die ihr weit entgegenkommende kritische Philosophie noch der spekulative Idealismus bis zu Schopenhauer, Fechner und Ed. von Hartmann Einhalt gebieten konnten, zerfiel auch das Fundament der Verbindung von Wissenschaft und Praxis in der Kunst. Der Künstler wurde frei, als genialer Produzent und Dolmetscher der gefühlten Erscheinung, des gefühlten Gefühls.

Er wurde zum zweiten Male und nun im eigentlichen und verhängnisvollen Sinne frei, denn es ging nicht mehr nur wie in der Renaissance um seine Emanzipation vom Handwerker (anch' io sono pittore, hier bin ich ein König ...), um die Entdeckung der Wiedergabewürdigkeit der weltlichen Dinge, um die Freiheit in der Objektwahl. Es betraf nunmehr die zwar vorbereitete, durch Reformation und Gegenreformation ebenso entfesselte wie gebremste und schließlich durch Aufklärung vollends ermöglichte, für den seelischen Haushalt des Menschen erzwungene Übernahme des Wächteramtes priesterlicher Funktionen. In einer rational sich verstehenden und verhandelnden Welt fällt dem Genie die Rolle des Hüters der Geheimnisse zu, die Aufgabe des Widerparts zur Ratio. Ein Schott war damit hochgezogen, und der Strom von Möglichkeiten unsagbarer, unvoraussagbarer Begegnungen mit sich und der Welt trug den Künstler. Denn die Mittel seiner Darstellung wurden mit zunehmender Unverbindlichkeit ihrer Gegenstände, mit ihrem unvermeidlichen Abgleiten aus der anfänglich noch festgehaltenen und gewohnheitsmäßigen Rolle von Vorbildern in die Rolle von Anlässen abgedrängt, auf die schließlich ganz verzichtet werden kann, zu Zwecken ungegenständlicher Mitteilung freier Rhythmen in Farben und Linien. Im Abbau aller auf dinghafte Gegenständlichkeit zielenden illusionären Mittel, in der radikalen Entfremdung der vertrauten Weltansichten wandelte sich der Maler in den Musiker aus dem Geist des Gesichts[1], in den Entdecker freilich einer Musik ohne das Interesse an

---

[1] Vgl. meine Arbeit *Zur Geschichtsphilosophie der bildenden Kunst seit Renaissance*

allgemeiner Verbindlichkeit, in den Visionär eines verborgenen Diesseits.

*

Wie haben die bisher genannten Fakten, Fakten sehr verschiedener Rangordnung, das Spannungsfeld für die moderne malerische Bewegung geschaffen, genauer gesagt: schaffen können? Worin beruht ihr genetischer Wert?
Wenn zunächst die inneren, das heißt die mit der Entwicklung der Darstellungsmittel selbst gegebenen Antriebsmomente einmal außer Betracht bleiben, so nimmt unter den äußeren Antriebsmomenten der Epoche die Zunahme der Bildreproduktion durch die Entwicklung technischer Verfahren und des Illustriertenwesens eine wichtige Stelle ein. Sie fällt vermutlich im neunzehnten Jahrhundert als visueller Sättigungsfaktor für das Schaubedürfnis stärker ins Gewicht als die damals in ihrer Reichweite noch recht beschränkte Photographie. Holzschnitte und Kupferstiche vergangener Jahrhunderte waren in einer verkehrs- und publikumsarmen Zeit, ganz abgesehen davon, daß sie, wenn auch auf Märkten feilgeboten, verhältnismäßig nur wenige erreichten, überwiegend das Werk von Künstlern. Mit der Lithographie ändert sich das. Die Massenproduktion setzt ein. Das visuelle Angebot in Journalen und Nietenblättern wächst im letzten Drittel des Jahrhunderts rasch an und wandert nicht in die Mappen, sondern unter Glas und Rahmen an die Wände der gutbürgerlichen Wohnungen. Dazu kommen die photographischen Reproduktionsverfahren, der Kupfertiefdruck. Farbige Reproduktionen werden möglich und erreichen in unserer Zeit eine kaum mehr zu überbietende Ähnlichkeit mit dem Original. Photographieren, schließlich in Farben, Filmen werden Volkssport und übernehmen allmählich auch beim Durchschnittstouristen, und gerade bei ihm, die Leistung einprägenden Sehens; nach dem Grundsatz: Trinke Kamera, was die Linse hält. Nimmt man Kino, Litfaßsäule, Schaufenster und Fernsehen hinzu, so ergibt sich eine optische Überdrucksituation, die durch die Motorisierung und den damit gegebenen Wechsel der Gesichtseindrücke nur noch gesteigert ist. Abnutzung und Verflachung des gegenständlichen Sehens ist die Folge. Wer sehen will, muß erst einmal die Augen schließen, muß es sich schwierig machen und eine Di-

---

und Reformation (Festschrift für G. v. Bezold, Mitteilungen aus dem Germanischen Nationalmuseum, Nürnberg 1918); jetzt in: Gesammelte Schriften VII, S. 7–49.

stanz zwischen sich und den Gegenstand legen. Diese Distanz erreicht er nur im Wege der Verfremdung des Objekts.

Verfremdend wirkt zweitens, nur in anderem Sinne als das visuelle Überangebot einer industriellen Verkehrsgesellschaft, die wachsende Vertrautheit mit der Aufsprengung und Relativierung des natürlichen Gesichtskreises durch die naturwissenschaftliche Erschließung des Unsichtbaren und durch das Fliegen. Dabei ist der Appell an die Phantasie, ob aus Erfahrung gewonnen oder imaginiert, entscheidend. Nicht die Bilder selbst, welche Wahrnehmungen oder Vorstellungen entstammen mögen, sondern die unmittelbar damit verknüpfte Umwertung der traditionellen Bildwelt unserer Umgebung wirkt sich auf das Sehen und seinen Anspruch aus. Natürlich schlagen sich Abbildungen aus histologischen, chemischen, astronomischen Büchern genau so gut im Vorstellungsraum des Künstlers nieder wie Eindrücke aus dem Flugzeug, sie sprechen ihn nicht weniger an als den Leser der Illustrierten, aber sie haben bei ihm eine weitertragende Wirkung durch die Befreiung von den traditionell verfestigten Strukturen und Daten des vital nun einmal gegebenen Gesichts- und Bewegungsraumes. Die künstliche Überwindung des angestammten sensomotorischen Spielraums des Menschen im Lauf von hundert Jahren mußte den Bann naturalistischer Sicht und der Zentralperspektive brechen, mußten ihm Sehweisen von einer Weite und Variabilität plausibel machen, die dem Kommenden nicht weniger gewachsen sind wie sie der lange für überwunden gehaltenen Bildkunst des Mittelalters neues Verständnis erschlossen haben. Daß wir uns heute von der Erde lösen können und nicht mehr nur mit dem Gedanken einer Überwindung der Schwerkraft spielen, sondern ernsthaft den Weltraum als Aktionsraum in Rechnung stellen, übersetzt sich natürlich nicht direkt in künstlerische Bildsprache. Was sich übersetzt, ist der Verlust der Scheu vor der Vertikalen, ihre Einbeziehung als Aktionsrichtung und damit ihre Relativierung, die Entfaltung einer nicht mehr stand-ortgebundenen und insoweit horizontlosen „Um"-Welt ohne Oben und Unten.

Gelegentlich begegnet man in den Interpretationen moderner Kunst auch diesem Gedanken, und manches surrealistische Bild wirkt geradezu wie sein Beleg. Warum auch nicht? Wenn die Kunstgeschichte bei Grünewald Einwirkungen der nachmittelalterlichen Lichtmetaphysik nachspürt, sollte es nicht überraschen, daß Vorstellungen von Atommodellen und Schwerefeldern Maler dazu reizen, sie andeutend ins Bild zu bringen. Wem wäre im übrigen nicht aufgefallen, daß die prinzipielle Unanschaulichkeit der modernen Physik der gegenstandslosen Malerei entgegenkommt, obwohl beide Dinge nichts miteinander zu tun haben, aus verschiedenen Quellen stammen, verschiedenen Zielen zustreben und doch in rätselhafter Gleichzeitigkeit den Menschen heute vor die gleiche Schwierigkeit bringen, etwas verstehen zu müssen, was er auf keine Weise sich anschaulich machen kann. Aber diese direkten Anspielungen und Übereinstimmungen konnten nur deshalb ästhetisch relevant werden, weil die Voraussetzungen für die Bildgestaltung von denselben Veränderungen gedanklicher und sozialer Art in Mitleidenschaft gezogen sind, denen die wissenschaftliche Naturerklärung ebenso Rechnung zu tragen hat wie sie zum nicht geringen Teil für sie verantwortlich ist.

Deshalb gehört in den Kreis anschauungsverfremdender Faktoren das uns zunehmend vertrauter Werden mit einem Leben auf Ebenen verschiedener Abstraktion. Wir sehen denselben Menschen als Gesprächspartner und als Gegenstand der Ökonomie, der Verwaltung, der Psychologie, als klinischen Fall, als Bündel physiologischer Prozesse. Nur noch künstlich durch hierarchisches Denken und ständische Vorstellungen in angeblich organischen Ordnungen verschiedener Werthöhe dagegen abgeschirmt und respektiert, büßt seine Subjektnatur unaufhaltsam die alten Schranken gegen ihre Objektivierung ein und droht die Person immer leichter, immer zwingender in eine Sache umzuschlagen. Die Manipulierbarkeit des Menschen durch Staat, Wirtschaft, Wissenschaft wächst, ohne daß wir angeben könnten, wo diese Expansion der Verfügbarkeit enden kann. So verrätselt sich uns die altgewohnte, die Achtung gebietende Erscheinung, wie man richtig sagt, unter der Hand. Eine nicht zu bremsende Verdinglichung und Funktionalisierung macht weder vor dem Menschen und seiner geschichtlichen Überlieferung noch vor den Dingen der Natur halt. Immer durchsichtiger werdend auf Kräfte, die sie lenken, aber ohne Sinn, verwandeln sich die einstmals von einer Schöpfungsordnung geprägten Gestalten in bloße und vereinsamte Gebilde.

*

Hier liegen die Ansatzmöglichkeiten für die Verselbständigung der Darstellungsmittel vom ursprünglich festgehaltenen Darstellungszweck naturalistischer Malerei. Hier finden die rationalen und die gefühlsmäßigen, die inneren Antriebe das Feld ihrer Entfaltung: zunächst im Sinne einer Reinigung des gegenständlichen Sehens von allen verdeckenden und ablenkenden Zutaten poetischer oder rationaler Mitteilung. Mit dieser purifizierenden Rückwendung des Malers unter der Idee einer größtmöglichen Ehrlichkeit gegenüber dem bloßen Eindruck wird die Richtung auf Wiedergabe immerhin noch beibehalten, ihr Gegenstand nur nach vorn verlegt, sozusagen den effektiven Möglichkeiten des Auges unter Verzicht auf die darüber hinausweisende gegenständliche Intention angenähert. Die Erscheinung malen, wie man sie wirklich sieht, nicht wie man sie konventionell zu sehen gewohnt oder gezwungen ist, indem man sie überspringt, bewegt den Impressionisten und bringt den Beschauer dazu, auf dieser ersten Stufe der Verfremdung von neuem und mit gesteigerter Sensibilität zu sehen. Das gebotene Bild erlaubt ihm nicht ohne weiteres wie bisher, sich an die Illusion von Landschaft, Begebenheit oder Alltäglichkeit zu verlieren, versetzt ihn nicht sozusagen ohne Aufenthalt und malerische Rechenschaft in imaginäre Realitäten. Es öffnet sich ihm nicht, es verschließt ihm eher den Durchgang. Es bietet sich ihm mehr und mehr dar als das, was es ist: Erscheinung in Fläche.

Nun kommt kein Maler um die Aufgabe herum, Erscheinung in Fläche zu bannen und zu erzeugen, diese Inkarnation ist sein Metier, doch bedingte die illusionäre Lösung, die Aufgabe selber dem Betrachter zu verheimlichen. In dem Maße seiner technischen Mitwisserschaft und ästhetischen Gewitztheit wußte der Betrachter sich zwar der Illusion in der intentio recta zu entziehen und auf die Mittel ihrer Erzeugung zu reflektieren. Er konnte immer mit schrägem Blick den Zauberbann aus Farbe und Form auf die Art ihrer Tönung, Anordnung und Balance in der von ihnen eingenommenen Fläche reduzieren; machte immer sein Urteil über den Grad der Meisterschaft von dem Verhältnis abhängig, in dem die verzaubernden Mittel flächengerecht und flächenehrlich bleiben, Rücksicht also auf die Dimension genommen haben, in der sie sich entfalten und gesehen werden wollen, um sich imaginativ unsichtbar zu machen. Diese Beachtung der Transparenz bleibt für die gegenständliche Malerei in Geltung, ob sie nun impressionistischer, expressionistischer, kubistischer oder surrealistischer Art sein will, nur lokkert sich die malerisch gemeinte Erscheinung von dem, das in und mit ihr erscheint. Sie, die der Maler immer und zu allen Zeiten zu produzieren hatte, aber doch im reproduktiven Sinne als das Bild *von* der Erscheinung, verselbständigt sich und genügt ihm *als* Phänomen. Im Rückzug auf das bloß Gesehene als solches trieb sich der Naturalismus auf die Spitze und schlug im Effekt in sein Gegenteil um. Das „sowieso" flächig-ebene Gemalte mußte mit der rein zum Phänomen gewordenen Erscheinung zusammenfallen.

Um so freier wurde der Maler in der Wahl der Mittel. Bei Pissarro ist sie schon spürbar und der Pointillismus von Seurat und Signac eine ihrer Konsequenzen. Cézanne geht einen entscheidenden Schritt weiter, erhebt den Ausgleich von ebener Erscheinung und Malfläche unter Opferung der Zentralperspektive zum bewußten Thema der Darstellung und schafft damit die Grundlagen kubistischer „Interpretation". Von der kompositorischen, wie farbigen, wie zeichnerischen Freiheit des „Deutens" macht in wieder anderer Richtung der Expressionismus Gebrauch. Die Erscheinung wird Anlaß und Gleichnis ihres Wesens. Man soll sie nicht mehr für bare Münze nehmen. Das gemalte Rot oder Blau ist nicht auf ein damit suggeriertes Braun hin zu verstehen, sondern ein Mittel zur Brechung der sensuellen Befangenheit überhaupt, anders, doch ähnlich dem kubistischen Brechungsverfahren. Die in der gemalten Fläche dargebotene Materie geformter Farben, ihres gegenständlichen Rückhalts mehr und mehr beraubt, wird zur Vokabel einer unaussagbaren Sprache, und wenn es auch noch eine gewisse Zeit brauchte, bis die letzten gegenständlichen Suggestionen fallen gelassen waren, diese entfesselten Daten waren bereits fügsam genug, um den Malern den Vorstoß ins Gegenstandslose, Traumhafte, Kindliche freizugeben.

Je ungebundener der Künstler in seinen Kompositionen damit wurde, desto strenger hatte er zunächst nach immanenten Gesetzen des malerischen Aufbaus, nach einer dem Musizieren analogen Bindung, einer optischen Harmonielehre und Kontrapunktik zu suchen. Desto näher lagen anderen die Wege zu einer der durchschnittlichen Tagesansicht fremden Welt in verdrängter, verschütteter Nachtansicht aus Traum und archetypischer Erinnerung: Rousseau, Chagall, Max Ernst. Brücken schlugen zwischen hier und dort Kandinsky und Klee. Die verwirrende Vielfalt, in dem phasenreichsten Werk Picassos durchlaufen und überspielt, ernst genommen und ironisiert, bezeugt im Grunde die allen malerischen Bemühungen heute gemeinsame Abkehr von der gebräuchlichen Realität, die so, wie sie ist, schon nicht zu sehen, geschweige denn wiederzugeben sei. Klee: „Kunst gibt nicht das Sichtbare wieder, sondern macht sichtbar", wobei weder das Machen noch die Sichtbarkeit an vorgegebene Daten fixierbar sind und keinem anderen Zwang als dem der malerischen Manipulation, das heißt der Auseinandersetzung mit der von Linien und Farben zu bedeckenden Malfläche unterliegen. Verselbständigung und Umwertung der Darstellungsmittel zu frei verfügbaren Elementen einer neuen Bildwelt sind das Ergebnis eines Prozesses, dessen impressionistische Anfänge noch wenig davon ahnen ließen, obwohl sie das Fundament zu ihm legten und ihn, unter anfänglich anderen Vorzeichen, in Gang brachten. Leitmotiv blieb jedoch von Anfang an die Erneuerung des malerischen Sehens durch eine immer weiter nach seinen inneren Gesetzen rückfragende Kritik der Wahrnehmung und schließlich des Gesichtssinnes. Ausgelöst und getragen von einer geistig-gesellschaftlichen Konstellation, in welcher Naturalismus und Realismus unter dem verstärkten Druck der Industrialisierung die Preisgabe traditioneller Kunstideale erzwangen, Skepsis und geschärfte Beobachtung gegen klassisch-romantische Verklärungstendenzen vordrangen, setzte dieser Prozeß sehr bald Dinge in Freiheit, denen das konventionelle Gegenstandssehen nicht mehr oder nur unter Anstrengung zu folgen vermochte.

Diese revolutionären Zumutungen konnten freilich nur darum auf ein Entgegenkommen, zumindest aber auf ein Gewährenlassen von seiten der Öffentlichkeit rechnen, weil der Künstler nicht mehr wie bisher von einer selbstsicheren und festgefügten Gesellschaft unter Kontrolle gehalten war. Er konnte, er mußte sich seine Abnehmer suchen und damit von den Möglichkeiten des freien Markts profitieren. Wo aber die Nachfrage ihrer traditionellen Leitbilder überdrüssig geworden und im Ganzen einem visuellen Überdruck ausgesetzt war, mußten die Maler die Bedürfnisse nach ihren Produkten erst wecken, unterstützt von einem Kunsthandel, der eine immer wieder neue, überraschende und schockierende Produktion braucht. Tempo des Wechsels und Vielfalt der Richtungen, die schon aus markttechnischen Gründen begriffliche Etiketten tragen, spiegeln die Lage des sich selbst überlassenen Malers ohne Auftrag, der für alle und keinen schafft.

*

Il faut être de son temps. Die Kunst ist immer nach Brot gegangen, man darf ihr nicht ankreiden, wenn sie es auch heute tut. Vieles zahlt sie der Zeit zurück, was diese ihr vorgeschossen oder verweigert hat. Vieles zahlt ihr die Zeit zurück, verleibt es, und nicht einmal als gesunkenes Kulturgut, sondern zum industrial design umfunktionalisiert ihrem Formenschatz von Autos, Möbeln und Textilien ein. Es nimmt Matisse oder Juan Gris nichts von ihrer Größe, wenn ihre Einfälle auf Krawatten weiterleben, und macht Dufy nicht zum Reklamemaler, weil diese von ihm lernen. Die Evozierung neuer Farb- und Formenwelten, die Vorstöße an die Grenzen der Sichtbarkeit sind ebensosehr Fluchtversuche aus den abgegrasten Augenweiden wie Erziehungsversuche, den Augen das Sehen wieder schmackhaft zu machen. Aus den schützenden Ordnungen von Überlieferungen und Institutionen herausgedrängt und einer ungewissen Zukunft, einer akosmisch gewordenen Welt preisgegeben, braucht diese Art Mensch Antwortmöglichkeiten und Schutzwehren, die ihr die alte Kunst, die alte Malerei nicht mehr, es sei denn historisierend, vermittelt.

Man hat unsere Situation mit der des sechzehnten Jahrhunderts und des Manierismus verglichen,² der Malerei einer desorientierten Wendezeit, welche die Rückwirkungen einer weltweiten Auflösung unter den Anstößen noch unverarbeiteter Erfahrungen zum ersten Male ausgesetzt war. Religiöse, philosophische, wissenschaftliche Unsicherheit auf fragwürdig gewordener politischer und sozialer Basis dort wie hier. Uns stellen sich die Machtverlagerungen, die gesellschaftlichen Umschichtungen, die wissenschaftlichen und technischen Entdeckungen von heute unvergleichlich drohender dar, aber jede Gegenwart hat ihr eigenes Maß, nach dem sie sich in Frage gestellt sieht, ihre Horizonte von Selbstverständlichkeit und Sicherheit, und man darf die Analogien nur nicht zu direkt durchführen, um echte Übereinstimmungen in den die Lage bestimmenden Faktoren und den geistigen Ereignissen zu finden. Uns kommt der Weltraum näher, im sechzehnten Jahrhundert geschah das Gleiche mit der Rückseite der Erde. Wir erleben die Abwanderung des politischen und wirtschaftlichen Weltzentrums aus Europa und seine beginnende Provinzialisierung, im sechzehnten Jahrhundert liegen die Anfänge der gleichen Schwerpunktverlagerung aus dem Mittelmeerraum und der Abwertung der alten Handelswege. Die Epoche, in welche Reformation und Tridentinum fallen, entdeckte neue Ausdrucksmöglichkeiten der Musik, in unsere Zeit fällt der Abschluß einer säkularen musikalischen Entwicklung und die Wendung zu neuen Dimensionen des Musizierens. Wir plagen uns mit einem philosophischen Erbe und überbieten uns in Liquidationsversuchen. Damals traten Denker ans Licht, welche nach herkömmlichen Begriffen kaum als Philosophen gelten konnten, deren Einordnung in die von Platon und Aristoteles bestimmte Richtung an ihrem Wesentlichsten vorbeisieht und deren Ertrag bis heute problematisch geblieben ist. Und das vielleicht aufschlußreichste Symptom: in jenen Tagen entstand die neue literarische Gattung der Utopie, die erst in der zweiten Hälfte des neunzehnten Jahrhunderts, nun aber als wissenschaftliche Prophetie und science fiction, ihre Blüte erlebt und der sozialen wie technischen Entwicklung die Zukunft weissagt. Wie die Freilegung der Zukunftsdimension im Schwinden des eschatologischen Haltes den Menschen der Höllenangst vor dem endlosen Nichts auslieferte – diese Freilegung war im Prinzip bereits mit der Zentralperspektive gegeben, denn was dem Raum und seiner Wahrnehmungsweise recht ist, muß der Zeit billig sein –, so tat

---

2 Wir hoffen auf eine Behandlung des Manierismusproblems durch D. Frey. Einen wichtigen Beitrag zum angeschnittenen Fragenkomplex bietet W. Kayser: Das Groteske. Seine Gestaltung in Malerei und Dichtung (Oldenburg 1957).

es die erste Begegnung mit dem unendlichen Raum. Auch darin hat unsere Epoche zum sechzehnten Jahrhundert eine besondere Nähe, daß sie, und nunmehr durch die technischen Möglichkeiten direkt, nicht bloß vorstellungsmäßig und im Gedanken den Druck des horror vacui aufs neue aushalten muß. Zu solchen Extremsituationen gehört eine Kunst der Extreme. Denn, um ein Wort von Jean Bazaine zu zitieren: man macht nicht die Malerei, die man will, sondern es handelt sich darum, aufs äußerste die Malerei zu wollen, welche die Epoche kann.

II. Philosophische Anthropologie und Soziologie

Hören und Vernehmen

Was die Wirkung musikalischer Werke im Vergleich mit künstlerischen Gebilden der Sprache oder des Gesichtssinnes so rätselhaft erscheinen läßt, ist die unbeschreibbare Tatsache, daß sie lediglich aus Empfindungen hervorgeht. Bildende Kunst und Dichtkunst haben auf jeden Fall, wie es auch mit dem Stil beschaffen sein mag, eine notwendige, über die Empfindungsschicht hinausgehende Bindung an Sachverhalte, von denen sie handeln und die sie verklären wollen. Irgend ein Sujet ist ihnen wesentlich, welchen Stil wir auch betrachten. Selbst die radikalen Expressionisten bewiesen mit ihrer Empörung die Unverbrüchlichkeit dieses Gesetzes. Das Auge will nicht nur sehen, sondern etwas sehen, die Auffassung will nicht nur vernehmen, sondern verstehen, erst dann sind wir befriedigt.

An dieser sehr einfachen Feststellung nehmen viele Menschen Ärgernis. Sie sehen darin eine Apologie kleinbürgerlicher Kunstauffassung, eine Verleugnung der Phantasie und den Versuch, eine national temperierte Art des Kunstverlangens zu verewigen.

Mit Unrecht. Niemand ist so kurzsichtig, zu bestreiten, daß einfache Gesichtsempfindungen ohne jeden Darstellungswert, als bloße Farben und Muster unser Entzücken und unsere Anerkennung für die Kunstfertigkeit, die sich in ihrer Komposition äußert, hervorrufen können und daß schon eine einzige Farbe außerhalb jedes Zusammenhangs der Bewunderung würdig ist. Hier handelt es sich nur noch um die schließliche sehr schwierige Bewertung. Es ist deshalb ratsam, zunächst eine

Differentialdiagnose der Wesensmöglichkeiten von Auge und Ohr in Angriff zu nehmen.

Dekorative Farbenzusammenstellungen an einem Textilprodukt z. B. können mit einer Fülle ästhetischer Wertprädikate ausgezeichnet werden, die stillschweigende Voraussetzung dabei ist aber die Auffassung der Ornamentik und der Farben *als bloßer* optischer Daten: Formen und Farben. Wenn der Mensch sich dem Zug der Schauung und der produktiven Einbildungskraft überläßt, so wird ihm das Tapetenmuster eine Geschichte erzählen, wird ihm die krause Liniatur des Teppichs Eingangspforte zu einer Märchenwelt werden. Er lebt dann ekstatisch, wie häufig Kinder, *in* dem Muster und seiner Formfarbensphäre. Der Anschauungs*gegen*stand ist Schauungsmilieu, Vehikel der Phantasie geworden. Der Blick ruht nicht mehr auf Tapete und Teppich, sondern tritt in sie hinein, um auf neuen Gegenständen (der Phantasie) zu verweilen. Erst wenn sich der Blick auf die sinnliche Unterlage, in die er sich versehen hat, wieder zurückzieht, entdeckt er jene Sphäre, die zwischen Traum und Wirklichkeit gelegen *in sich* genommen werden muß, damit die gezeigte Komposition als Komposition eine Rolle spielen kann. Dann treten die Freuden an Farbe, Ornament, Verwebung, Flächenverteilung, die Form- und Anmutungswerte in ihre Rechte.

In reiner Anschauung werden also optische Daten Objekte des Genusses. Um darüber hinaus verstehend genossen zu werden, müssen optische Gebilde „*Erscheinung*" und damit in einem weitesten Sinne Darstellung eines Sachverhalts sein. Das Gesehene ist jetzt Bild und für das Bewußtsein gespalten in einen rein sinnlichen Vordergrund und den von ihm aus als Hintergrund mitgegebenen Bildsinn. Als einfachster Fall dient *jedes einfache Wahrnehmungsding*. Das Tintenfaß vor mir ist ein Sehding, ein Tastding, unter Umständen ein Hörding, zugleich aber das Plus an substanzieller Einheit, durch das die erstgenannten Inhalte der einzelnen Sinnesbezirke als Eigenschaften dieses Tintenfasses erscheinen. Dieses Plus ist nicht selbst sinnlich-modal gegeben, sondern nur mitgegeben als Charakter, der das geschlossene Bild bedingt. Als geschlossene Dingbilder hängen die Inhalte unserer Empfindungen nach bestimmten Ordnungsformen miteinander zusammen. Sie gehören einer Sphäre von Sachverhalten an, deren Artikulation die Sprache halb erzeugt, halb abbildet. Darum ist die Bilderwelt unserer Anschauungen nicht mehr ganz und gar stumme Sinnlichkeit, sondern sie „besagt" schon, indem sie ist. Sie erlaubt den Ansatz zu Verknüpfungen im Hin und Her von Bewegungen. Von *dieser* Basis aus entfaltet sich die bildende Kunst, die über den ornamentalen Werten eine Welt des Geistigen unmittelbar im sinnlichen Genuß erreichen will. Wie ist das möglich? Damit ist das zentrale Problem für eine Differentialdiagnose optischer und akustischer Sinnlichkeit angerührt. Kann „Geistiges" unmittelbar durch „Sinnliches" kundgegeben werden? Im optischen Bereich ist diese Kundgabe deshalb begreiflich, da hier nicht die bloßen Empfindungen, sondern die Bilder als Träger der Kundgabe fungieren. Für den akustischen Bereich, das heißt also im Hinblick auf die sujetfreie, „absolute" Musik, scheint jedoch die Erklärung weit schwieriger, weil die Kundgabe unmittelbar an den Tonempfindungen und ihrer Verknüpfung, die keine Sachverhaltsbedeutung haben, hängt.

Geist sei im Folgenden ein äquivalenter Begriff für das Phänomen der Verständlichkeit. Drei Klassen oder Typen der Verständlichkeit sind zu unterscheiden, die des Ausdrucks, die der Bedeutung und die des Begriffes. Begriffe bestimmen etwas in eindeutiger, kontrollierbarer Form. Wortbedeutungen besagen etwas ohne die Fähigkeit der Begriffe, einen Tatbestand in eindeutiger, kontrollierbarer Weise zu bestimmen. Die Elementarklasse der Verständlichkeit, die des schlichten unmittelbaren Ausdrucks, bestimmt weder etwas, noch sagt sie etwas aus. Der verständliche Sinn erscheint hier vielmehr und wird in der Erscheinung erfaßt.

Symbolische Kundgabe und symbolische Sinnerfassung kennen wir am reinsten im zwischenmenschlichen Verkehr an Mienenspiel und Geste. Die bestimmte Gestalt der Mimik und Gestik hat neben natürlichen zweifellos starke konventionelle Wurzeln. Aber wo und wie immer sie auftritt, hat sie den spezifischen Sinncharakter des symbolischen Ausdrucks, nie den der Bedeutung, des Besagens, der Bezeichnung.

Wir wissen, daß der optische Sinneskreis einschließlich seiner Symbolisierungsfunktion dadurch von dem akustischen Sinneskreis unterschieden ist, daß nicht seine Elementardaten, die Empfindungen, sondern die Sehdinge, die „Bilder", die Erscheinungen als Symbolträger fungieren. Nicht der einfache Faltenverlauf, sondern der Faltenverlauf auf dem Untergrund z. B. eines Antlitzes kann erst symbolisieren. Die Farbe Rot hat gewiß bestimmte Empfindungswerte. Um Symbolwerte zu erlangen, muß sie einer Bildlichkeit eingegliedert sein (Schamröte, Zornröte eines Gesichts). Optische Daten und Gestaltcharaktere sind nur unter *der* Bedingung Ausdrucksträger, daß sie einer Bildeinheit angehören. Das hängt natürlich mit der vielfach übersehenen primären Richtung des Sehens auf Bilder zusammen, die sich in dem anatomisch-physiologischen Bau des Auges spiegelt. Optische Empfindungen sind an der Intention des Sehens gemessen stets unselbständige Teile des Bildganzen. Deshalb ist bildende Kunst, insofern sie den sinnlichen Anschauungsbestand sinnhaft durchsichtig und unmittelbar verständlich machen will, gebunden an Sachverhalte, an Dinge, an eine bedeutungsahnende Schicht des Bildes. Sie steht und fällt mit dem Sujet. Demgegenüber geht die Intention des Hörens auf Empfindungen, Töne und Klänge. Ein Analogon zu Bildern besteht hier nicht. Der Akkord ist zwar keine Summe, sondern eine Ganzheit eignen Stils, aber er ist nicht wie das Bild im optischen Bewußtsein jedem Hörinhalt *notwendig vorgegeben*. Überraschenderweise wird gerade dadurch der akustische Modus unmittelbarer Symbolträger. Die Möglichkeit der Musik, ohne jedes Sujet sich zu entfalten, das heißt frei von jeder Bedeutung und jedem Hinweis zu sein, wurzelt darin.

Das Verständnis dieser Tatsache hat man sich durch eine sensualistische Einstellung gegenüber den Sinnesempfindungen unnötig erschwert. Erstens charakterisierte man die Empfindungen aller Klassen nach einem Schema (Quantität, Intensität, Deutlichkeit), zweitens machte man sie zu gänzlich sinnfremden Grenzinhalten des Bewußtseins, die, in ihrer Eigenart nicht zu charakterisieren, nur zu erleben seien. Beides tat man aus einer Überschätzung der psychophysischen Methodik heraus. Die Folge dieser Verstofflichung der Sinnesempfindungen für die Interpretation der Musik war die hermeneutische Methode mit ihrem Rückgriff auf ein Sujet oder auf die psychische Dynamik. Das an und für sich total geistfremde Tonsubstrat muß von anderswoher, aus dem Bereich der Phantasie oder der Affekte seine Ordnungsformen empfangen haben, wenn es auf Phantasie und Affekt soll wirken können. Auf diese Weise suchte man nach dem akustischen Analogon des Bildes, der Erscheinung. Ein einfacher Vergleich der Bewußtseinsstruktur des Tones bzw. Klanges mit der Bewußtseinsstruktur der optischen Empfindung zeigt, wie unnötig dies Beginnen ist. Man braucht gar nicht die Empfindungssphäre zu verlassen und nach einer Sphäre gemeinter Inhalte zu suchen. Denn es liegt schon im Wesen des gehörten Tönens bzw. Klingens, mehr als nur hörbar zu sein.

Geht man nämlich von der Bewußtseinsstruktur eines optischen Datums aus, so kann man die Eigennatur des Akustischen unabhängig von physiologischen und psychologischen Maßgesichtspunkten folgendermaßen bestimmen. Ein optisches Datum ist für sich genommen, abgelöst von jeder Bindung an dingliche Komplexe und Prozesse, ein „ebenes Quale", wie Hering, sagte, und notwendig „in Ausbreitung" gegeben, wie Stumpf formulierte. Optischen Daten, rein als Empfindungen erfaßt, ist statische Struktur spezifisch. Akustische Daten hingegen sind primär von dynamischer Struktur, der Ton dehnt sich, er ist notwendig „in Dauer" gegeben und „nimmt" nicht zu oder ab, sondern schwillt an oder ab. Er ist kein „ebenes", sondern ein voluminöses Quale.

Hören und Vernehmen

Deutlich zeigt sich dieser Strukturunterschied bei Farben „akkorden" und Tonakkorden. Die ersten sind keine echten Akkorde. Ihre harmonischen oder disharmonischen Komplexe konsonieren nicht, das heißt, sie bilden keine neuen Ganzheiten. Die bestimmte Disharmonie ruft nicht von sich aus nach einer positiv *weiter*führenden Auflösung, sondern verlangt nur Beseitigung einer Störung. Nur im Akustischen kann durch eine bestimmte Gruppierung von Tönen ein Entwicklungsgang, eine Folge erzwungen werden. Nur im Akustischen können pure Empfindungen motivieren.

Nimmt man diese Tatsache der Motivierungsfähigkeit der akustischen Empfindungen zusammen mit ihrer Voluminosität, dann begreift man, wie durch Verteilung der Gewichte und Verschlingung der Fäden im tönenden Nacheinander unwillkürlich mehr als nur Hörbares gegeben wird. Von sich aus drängen die Klänge zu weiteren Verknüpfungen und Klangfarben, aus sich treibt eine Färbung, eine Spannungs- und Dehnungsgestalt andere und immer wieder andere mit einer gewissen Notwendigkeit hervor. Von sich aus werden die Gewichtsverschiedenheiten zu Verschiedenheiten der Nachdrücklichkeit, die auf Rhythmus und Tempo Einfluß nehmen. Sinngemäß wird hier aus dem einen das andere. Infolgedessen decken sich die Formen, in welchen sich das tönende Nacheinander und Miteinander als ein durch sich selbst motivierendes Geschehen für das Bewußtsein konstituiert, ungewollt mit den Formen des auffassenden, verstehenden Bewußtseins.

Wohlgemerkt, die Formen decken sich, nicht, wie die Hermeneutik beispielsweise meinte, die Inhalte. Darum verstehen wir im eigentlichen Sinne als reine Hörer der Musik nicht irgend etwas, wie derjenige, welcher den Ausdruck einer Gemütsbewegung, eine Wortbedeutung oder einen Begriff versteht, sondern wir vernehmen im Gehörten die sich aus sich hervordrängende, zu ihrem Ende hindrängende Folgeordnung. Wir vernehmen das Gehörte, ohne es wie der Unmusikalische bloß hinzunehmen oder es für etwas zu nehmen, als etwas zu verstehen, auf etwas zu beziehen und damit etwas zu meinen. Eine Hermeneutik, die durch Rückgriff auf poetische Bilder, Naturschilderungen usw. die Verständlichkeit des Gehörten plausibel machen will, ist deshalb genau so unnötig und verfehlt wie irgend eine Art von Ausdruckshermeneutik, arbeite sie mit Affekten oder mit etwas anderem. Musik ist weder Ausdruck noch Aussage noch Malerei, sondern ein Geschehen, das die Tatsache und Richtung der Abfolge einschließlich seiner Farb- und Dehnungswerte aus sich selbst „motivieren", das heißt einsichtig machen kann. Eben gerade deshalb haben auch die Formalisten unrecht, weil es im Akustischen eine ganz und gar sinn*unbelastete* Ornamentik, wie sie im Optischen möglich ist, für das Bewußtsein nicht geben kann. Die musikalische Kundgabe ist dank ihrer „offenen" Sinngebung, ihrer vorsymbolischen Struktur gerade fähig, sich zum Ausdruck, zur Aussage, zur Schilderung und Nachahmung zu schließen, ohne ihren Charakter darum einzubüßen.

Das mit der Struktur der Tonempfindung, des Schallens und Zusammenklangs gegebene „Vernehmen" ist eben diejenige Aktart des Bewußtseins, welche mit dem Verstehen übereinstimmt bis auf die Gegenständlichkeit, die dem Vernehmen fehlt. Man versteht *etwas*, aber man vernimmt – Akustisches und darin ungegenständlich den unausdrückbaren, unsagbaren, unbeweisbaren musikalischen Sinn. Und nur das Hörbare ist das Vernehmbare, wodurch es sich von allem Sichtbaren, das erst als Bild für die Empfindung und am primitivsten zunächst ausdruckshaft-symbolisch verständlich wird. Davon ist die akustische Sphäre frei, darum ist die Musik rein: ihren Sinn gibt sie in einer noch vorsymbolischen Weise in und mit der Klangmaterie, in und mit den Sinnesempfindungen kund.

Sinnlichkeit und Verstand
Zugleich ein Beitrag zur Philosophie der Musik

I. Die Frage nach dem Grund der Vielheit der Sinne und das Prinzip ihrer Beantwortung

Wir Menschen verfügen über eine ganz bestimmte Mannigfaltigkeit von Typen oder Modalitäten sinnlichen Empfindens. Wir sehen, hören, tasten, empfinden Kälte und Wärme, Schmerz, riechen, schmecken, haben Lageempfindungen und Organempfindungen. Vielleicht ist die Liste damit noch nicht einmal abgeschlossen. Vielleicht gelingt es der Physiologie, noch andere Sinnesfunktionen zu isolieren, und der Anatomie, die zu ihnen gehörenden Organe zu entdecken. Vielleicht auch, die eine und andere miteinander zu verbinden und als Teilfunktionen einer umfassenden (wiewohl spezifischen) Funktion zu erkennen. Die Fülle der Mannigfaltigkeit, die Zahl der selbständigen Modalitäten, welche sie bilden, darf offen bleiben. Aber der Tatbestand einer bestimmten Mannigfaltigkeit sinnlicher Modalitäten selbst? Die Frage, eine sehr direkte und simple Frage erhebt sich, was dieser Tatbestand zu bedeuten hat.

Sollte das „zu bedeuten haben" vom *Zweck* der Organe mitsamt ihren Funktionen her zu beantworten sein? Daß der Zweck des Auges darin liegt, Gesichtsempfindungen und weiterhin ein richtiges Sehen zu ermöglichen, der Zweck des Ohres, Töne und Tonverbindungen zu vermitteln, ist selbstverständlich. Wir machen uns darüber keine Gedanken, nicht nur weil es zum Begriff des normalen Menschen gehört, daß er sehen, hören usw. kann, sondern weil diese Funktionen als normgerecht im Hinblick auf eine Welt gelten, welche gesehen, gehört usw. werden will, weil sie sichtbar, hörbar usw. ist.

Gegen diese „objektive Begründung" der Sinne in Sichtbarkeit, Tastbarkeit, Hörbarkeit des Wirklichen kann vom Standpunkt des einzelnen Menschen auch nichts eingewendet werden. Der Augenarzt, der Ohrenarzt prüft die normale Sehtüchtigkeit, Sehschärfe, Farbenunterscheidungsvermögen, Hörschärfe, Trennschärfe für Intervalle usw.

nach Normen, die natürlich nicht willkürlich festgelegt sind. Die durchschnittlichen Leistungsgrenzen des Auges, Ohres und der anderen Sinnesorgane des Menschen müssen objektiv ausreichen und ihren Zweck erfüllen, sonst gäbe es eben keine Augen und Ohren. Was gesehen, gehört, getastet wird, erschöpft sich auch nicht in seiner Qualitätstönung von Farbigkeit, Klanghaftigkeit, Glätte. Es ist immer ein Bestimmtes, diese Grünnuance, dieser Akkord, diese Samtweiche. Der Modus eines Organs versteht sich ebenso gut aus einem Modus des Wirklichen (und umgekehrt), wie die Hörbarkeit gerade dieser Schwingung, die Sichtbarkeit gerade dieser Wellenlänge aus wirklichen Gegebenheiten (und umgekehrt).

Aus diesem Zirkel gibt es keinen Ausweg, solange das Verhältnis zwischen dem Sinnesorgan und seinem Bezugsobjekt allein in Rede steht. Die Frage: wozu überhaupt Sehen und Hören, was hat es zu bedeuten, daß ein Organismus auf diese Weisen richtig funktionieren kann – diese Frage stellt sich von vornherein auf einen Standpunkt außerhalb des Zirkels. *Für* das Sehen, *für* das Hören selbst gibt es dagegen nur die Antwort von dem her, was zu sehen und zu hören ist. Ihr Wozu beantwortet sich aus dem, woraufhin sie angelegt sind. Sie wären eben nicht Organfunktionen, wenn sie nicht von einer petitio principii lebten. Sie verstehen sich nur unter der Voraussetzung der Erreichbarkeit ihres Ziels. Darum ist auch jeder Versuch schon im Ansatz verkehrt, der den genauen Anteil des Organs gegen den Anteil des (von ihm erfaßten) Wirklichen abgrenzen und ermitteln wollte, was an dem Gesichtseindruck, Gehörseindruck zu Lasten der Sinne und was zu Lasten des die Sinne erregenden Agens geht. Birkenrinde ist weiß. Veilchen sind violett. Holz klingt anders als Eisen. Wieweit Birken, Holz und Eisen dafür in ihrer materiellen Struktur die zureichenden Gründe bilden und wieweit das Seh- und Hörorgan, läßt sich nicht bis zu einer letzten Grenze ermitteln, weil es diese Grenze nicht gibt. Diese Grenze darf es gar nicht geben, wenn echter „Kontakt" zwischen dem Agens und dem Organ stattfinden soll. Zu Unrecht hält man es hier mit Locke, schreibt die sinnlichen (sekundären) Qualitäten auf Konto des Subjekts und die zahlenmäßig ausdrückbaren (primären) Qualitäten auf Konto des Objekts und macht sich keine Gedanken darüber, wie und wo Molekularstrukturen und Schwingungen zu Farben und Klängen werden.

So kommt man niemals dahinter, was die Sinne in ihrer Mannigfaltigkeit zu bedeuten haben. Die Frage verlangt eine andere Antwort, als sie die Sinne selber in dem Zirkelverhältnis zwischen Sinnesorgan und seinem Bezugsobjekt geben. Da jeder Sinn, insofern als er Empfindungen vermittelt, sich als ein Zugang, als eine Öffnung gewissermaßen zu er-

Sinnlichkeit und Verstand 121

kennen gibt, begründet er sich in dem Empfundenen. Wie er es aber fertigbringt, daß mit Hilfe des Organs ein Stück Welt durch Haut und Knochen „in den Kopf" spaziert, und warum es gerade dieses Stück ist, das auf seine Weise sichtbar, hörbar, tastbar zur Erscheinung kommt, erläutert er selbst nicht mehr. Ein gewisser elektrischer Wellenbereich wird von der Grenze gegen Ultrarot bis zur Grenze gegen Ultraviolett in Farben gesehen, ein angrenzender Bereich als Wärme empfunden. Unermeßliche andere Bereiche der strahlenden Energie haben überhaupt keine sinnliche Repräsentation. Warum?

Irgendein Plan, irgendein innerer Zusammenhang zwischen den Sinnen sollte der Mannigfaltigkeit der Modi bzw. der Sinnesorgane schon aus biologischen Bedürfnissen des Organismus zugrunde liegen. Der Körper ist es, der sie braucht und von ihnen Nutzen hat, der tierische über Selbstbeweglichkeit und meistens über Ortsbewegung verfügende Körper. Als Träger des Lebens muß er in einer gewissen Umwelt zuhause sein. In das Zusammenspiel von Körper und Umwelt sind die Sinne als Meldeorgane oder Signalapparate einfügt. Sie sprechen nur an in den für das in Frage kommende organische System erforderlichen Grenzen und auf die Weise, die dem Verhältnis zwischen Umwelt und Körper entspricht: ein System von Lebensvorgängen, von Kreisprozessen der Zirkulation, Ernährung und Verdauung, der Fortpflanzung, der Bewegung, vor allem der Selbst- und Fortbewegung.

Ein freibewegliches organisches System mit begrenzten Lebensmöglichkeiten muß sich orientieren können. Überall in der Tierwelt verlangt die Beweglichkeit der Organe und besonders des ganzen Körpers im Ergreifen der Nahrung und des Geschlechtspartners, in der Abwehr von Gegnern und im sich Einrichten in einer bestimmten Umwelt die Reizbarkeit. Beweglichkeitsart und -umfang und Reizbarkeitsart und -umfang entsprechen einander, weil sich in ihnen die Auseinandersetzung zwischen Lebewesen und Umwelt abspielt, beide aber nur Seiten eben dieses Austauschs und Wechselverkehrs sind, der tierisches Leben kennzeichnet. So entwickelt sich das Auge zweifellos als Organ der Richtungsvorwegnahme, als typischer Fernsinn, der Riech- und Schmeckapparat teils als Fern-, teils als Nahsinn in Verbindung mit der Nahrungssuche und den Sexualprozessen, der statische Apparat mit den Anforderungen an die räumliche Orientierung des eigenen Leibes und der Tendenz zur Stabilisierung und Kontrolle einer Normallage. An zoologischen Belegen fehlt es nicht.

Das System der Reagibilität[1] oder der Modi der Sinnlichkeit erläu-

---
[1] *Darüber geschrieben:* Irritabilität.

tert sich also durch das System der Beweglichkeit. Die Weisen, auf welche ein Organismus die Umwelt erfaßt, entsprechen den Weisen, auf welche er sie bearbeitet: fressend-verdauend, jagend und fliehend, springend und schleichend, fliegend und schwimmend. Kein Empfinden ohne Bewegen, kein Modus des Empfindens ohne den Bewegungsmodus eines Organs, einer Organgruppe oder des ganzen Leibes, aus dem er verständlich ist. Anatomie und Physiologie dürfen die sensorischen Apparate von den motorischen Apparaten getrennt behandeln. Die Pflicht der Biologie ist es, die sensomotorische Einheit ihres aufeinander Angewiesenseins dabei im Auge zu behalten. Denn ein Organismus spielt stets als ganzer seine Rolle in der Umwelt.

Genügt diese Erklärung auch für die Sinne des Menschen? Hat die Mannigfaltigkeit ihrer Modi bei ihm nichts anderes zu bedeuten? Liegt ihr kein anderes Organisationsprinzip, kein anderer Plan als eben das System der Aktionsweisen des menschlichen Körpers zugrunde?

Wir dürfen nicht übersehen, welche Konsequenzen das hätte. Die These besagt, daß der Modus eines Sinnes sich aus dem aktiven Verhältnis des Körpers zur Umwelt erklärt, etwa das Richtungssehen aus der Möglichkeit der Ortsbewegung, das Riechen aus der Möglichkeit der Nahrungs- und Sexualpartnersuche, das Tasten aus dem Greifen. Alles, was in einem Modus zur Erscheinung kommt, die Qualitäten und Tönungen der bunten Farben, des Hellen und Dunklen der Graureihe, des Rauhen und Glatten, Eckigen und Runden, Harten und Weichen, Süßen und Sauren, Salzigen und Bittren, käme – der These folgend – nicht aus Gründen des erscheinenden Seins, sondern aus dem Grunde der Motorik des empfindenden Lebewesens so und nicht anders zur Erscheinung. Die Motorik wäre das brechende Medium, in welchem sich „die Welt" für ein Lebewesen sinngemäß, das heißt aktionsgemäß darstellte. Die Motorik schriebe der Welt ihr Erscheinen vor und versperrte damit den „direkten" Zugang zu ihr, welchen die in sich und für sich selbst hinnehmend-untätige Anschauung durch die Sinne zu haben glaubt.

Eine derartige Verzerrung braucht die Tiere nicht zu bekümmern, wenn wir voraussetzen, daß ihnen an Erkenntnis des Wirklichen nichts gelegen ist. Im Gegenteil setzt die Abgestimmtheit der Erscheinungsweisen der Welt auf die möglichen Bedürfnisrichtungen des Organismus die Chance seiner Fehlhandlungen auf ein Minimum herab. Wir Menschen aber erheben den Anspruch auf Wirklichkeitserkenntnis und wollen nicht mit einem Gegenbild unserer Motorik und möglichen Bedürfnisrichtungen in des Wortes verdächtigstem Sinne abgespeist werden, wenn wir mit allen Sinnen die Dinge in uns aufnehmen. Hätte die Mannigfaltigkeit der Modalitäten nicht mehr zu bedeuten, so müßte sich der Mensch als Gefangener seiner Motorik betrachten. Er wäre nicht besser daran als nach der alten Theorie von den spezifischen Sinnesenergien der Sinnesnerven, mit denen sie in der ihnen spezifischen Modalität antworten müssen, unabhängig davon, ob der jeweilige Reiz adäquat oder inadäquat ist.

Gewiß: Im Vergleich mit der Subjektivierung der Sinnesqualitäten und Modalitäten nach dem Schema der älteren physiologischen und psychologischen Theorien liegt ein Fortschritt der neueren Auffassung in der Wendung vom psychologischen Subjekt eines Bewußtseins zum realen Subjekt von Bewegungen. Der für den Menschen mögliche psychologische Aspekt, der für Tiere mehr als problematisch ist, wird durch den biologischen, für Mensch und Tier gleich annehmbaren Aspekt ersetzt. Und die Abschwächung des Unabhängigkeitscharakters der sinnlichen Erscheinungsweisen durch ihre Verknüpfung mit den Aktionsmöglichkeiten eines Vitalsubjekts gleicht sich insofern wenigstens aus, als Empfindung und Bewegung hier in dieselbe Schicht der Auseinandersetzung des Lebewesens mit dem Milieu fallen. Während sie nach den älteren Theorien auf zwei voneinander scharf geschiedene und ineinander nicht überführbare Schichten, auf das Bewußtsein und auf das Bewegungsfeld, verteilt waren.

Die psychophysiologische „Zurückführung" der Sinnesmodi auf die okkulten Qualitäten der sogenannten spezifischen Sinnesenergien bleibt unbefriedigend. Soll die biologische Relativierung auf die Aktionsrichtungen an ihre Stelle treten? Jedenfalls, die Frage ist, ob diese Erklärung der Mannigfaltigkeit der Sinne für den Menschen ausreicht, der „als geistiges Wesen" den Anspruch auf eine auch im Sinnlichen objektive Welt erhebt, die nicht nur Widerspiel seiner Bedürfnisse und Motorik, nicht nur Umwelt und Gegenbild seiner Existenz sein soll, sondern noch im Schein Erscheinung, in der Erscheinung sichtbar, hörbar, riechbar, greifbar sich zeigende Wirklichkeit. Anerkennung einer offenbar werdenden Wirklichkeit ist einer der Züge, in denen sich der Mensch vom Tier unterscheidet, Anerkennung einer Objektivität, die in etwas anderem als er selbst verankert ist. Wie soll ihm die noch möglich sein, wenn seine letzten Zugangsweisen zum Wirklichen davon ausgeschlossen sind?

Eine Möglichkeit gibt es: der „*Verstand*" macht aus dieser Not eine Tugend. Derart, daß dem Menschen sowohl durch die innere Zugehörigkeit der Sinne zu den motorischen Möglichkeiten des Leibes *als auch durch eine innere Zugehörigkeit dieser motorischen Möglichkeiten zu den Möglichkeiten des Verstehens* der sinnliche Zugang zur Wirklichkeit „objektiv" eröffnet wird.

Von diesem „Eröffnen" eine genauere Vorstellung zu geben ist vor der Analyse der Modalitäten nicht möglich. Denn die Zugänglichkeitsweise etwa der Sichtbarkeit kann nur nach dem ihr entsprechenden Maßstab beurteilt werden, der wieder nicht für die Hörbarkeit oder Tastbarkeit paßt. Von diesem „Eröffnen" läßt sich aber auch keine Vorstellung gewinnen, wenn nicht die spezifisch *menschlichen* Möglichkeiten der Motorik Berücksichtigung finden, die sich von denen der Tiere nicht nur anatomisch bzw. dem Grade nach, sondern grundsätzlich unterscheiden. Den grundsätzlichen Unterschied zwischen tierischer und menschlicher Motorik spiegelt die Verschiedenheit des Verhaltens beider Lebenstypen zu ihrem eigenen Leibe. Es wird an dieser Stelle der Hinweis auf gewisse menschliche Reservate genügen: die Betontheit des Gesichts (im Zusammenhang mit dem aufrechten Gang), eigentümliche Ausdrucksbewegungen wie Lachen und Weinen, Fähigkeit, sich in Mimik und Gestik zu verstellen, besonders aber das Sprechen, das nur dort möglich wird, wo der eigene Leib nicht mehr nur Ausdrucksmedium ist, sondern zugleich als Ausdrucksmaterial gegenständlich zur Darstellung kommt. Und schließlich gewinnt dieses „Eröffnen" seinen klaren Sinn erst im Hinblick auf den Verstand, wenn er nicht als starrer Apparat mit so und so viel festen Formen der Logik, sondern als Möglichkeit eines abwandlungsfähigen Verstehens aufgefaßt wird, welches das spezifisch logische Denken in den Schranken sprachlicher oder mathematischer Formulierbarkeit als eine besondere Art in sich einschließt.

Mit diesem Vorbehalt, daß

1. Verstand und Eindeutigkeit sich nicht decken, sondern das Verstehen reicher an Möglichkeiten und die Exaktheit nur eine unter diesen Möglichkeiten ist,

2. daß menschliche Motorik Möglichkeiten hat, die der tierischen Motorik aus Gründen eben der Tierheit versagt sind,

3. daß zwischen den Möglichkeiten des Verstehens, des sinnlichen Empfindens und der Motorik besondere Entsprechungen bestehen,

wird das Erklärungsprinzip für die Mannigfaltigkeit der Sinne auch für den Menschen annehmbar. Der Mensch braucht sich dann nicht von vornherein zum Gefangenen seiner Motorik zu erklären. Die Abschwächung des Unabhängigkeitscharakters der sinnlichen Erscheinungsweisen durch ihr Abgestimmtsein auf die Aktionsmöglichkeiten seines Leibes wird dann durch das dem Verstehen vorbehaltene, in ihm zum Ausdruck kommende gegenständliche Verhältnis zur Welt und zum Leibe wieder ausgeglichen. Auch der Mensch kann nicht das Zirkelverhältnis zwischen Sinnesorgan und seinem Bezugsobjekt in Richtung auf das Bezugsobjekt, auf die farbige, tönende Wirklichkeit aufbrechen und frontal ins eigentliche An sich dahinter vorstoßen. Wohl aber kann er umgekehrt sich zu ihr und zu seinem Leibe distanzieren und den Zirkel dadurch unwirksam machen, daß er sie versteht.

II. Traditionelle und moderne Widerstände gegen diese Frage

Trotz ihrer Einfachheit und Aufdringlichkeit findet sich unsere Frage in der philosophischen Literatur nur selten erörtert. Sie liegt weder in der klassischen noch in der modernen Richtung von Radikalität. Nach den Maßstäben der Tradition überschreitet sie die Grenzen der Beantwortbarkeit. Den Neuerern von heute dagegen ist sie nicht radikal und zentral genug. Beide Richtungen, die traditionelle im wesentlichen durch Positivismus und Kantianismus vertreten, die moderne von der sogenannten Existenzphilosophie geführt, haben das gleiche Interesse daran, sie aus der Philosophie zu verbannen. Da sie nach ihren Prinzipien keine Möglichkeit sehen, mit ihr etwas anzufangen, müssen sie die Frage (deren Verständlichkeit sie nicht leugnen können) in die Biologie und Psychologie abschieben. So scharf die genannten Richtungen sich untereinander bekämpfen, so einmütig sind sie in der Ablehnung unserer Frage als einer philosophischen. Darin liegt denn auch der Grund dafür, daß das klassische Problem des Verhältnisses von Sinnlichkeit und Verstand keine entscheidenden Fortschritte machen, das heißt mit der Entwicklung der Wissenschaften gleichen Schritt halten konnte.

a) Die traditionellen Widerstände von seiten des *Positivismus* und des *Kantianischen Kritizismus* beruhen auf einigen wenigen Prinzipien, in der Hauptsache auf der Bewertung des Erkennens nach dem Vorbild der mathematischen Naturwissenschaften und auf der Innehaltung des Immanenzprinzips, gleichbedeutend mit einer Problementwicklung unter dem Aspekt des Bewußtseins, das von Dasein und Handeln getrennt ist.

Für die Beobachtung, in der alle Naturwissenschaft wurzelt und auf die sie auch immer wieder zurückführen muß, um sich von der Richtigkeit ihrer Voraussagen zu überzeugen, hat das Zeugnis der Sinne entscheidenden Wert. Keine automatische Registrierung kann den Beobachter überflüssig machen und die auf nicht weiter auflösbare sinnliche Daten zurückgehenden Aussagen eines Bewußtseins ersetzen. Sie verschiebt nur gewissermaßen den Eingriffspunkt der Beobachtung, sie vereinfacht ihre Situation, aber am Ende läuft sie auf eine Ablesung, die

Wahrnehmung einer Verfärbung, eines Geräuschs usw. hinaus. Unersetzlichkeit des Beobachters, seine Angewiesenheit auf die Selbstkontrolle im eigenen Bewußtsein und die Gleichwertigkeit aller Sinne als Zugangsquellen zur Wirklichkeit sind Grundlagen und Grenzen der naturwissenschaftlichen Arbeit. Solange also die Sinne unter dem Gesichtspunkt ihrer Bedeutung als naturwissenschaftliche Erkenntnismittel bzw. -quellen angesehen werden, sind sie Quellen für ein Bewußtsein, ihre Empfindungsphänomene nicht weiter zurückführbare Gegebenheiten und vor allen Dingen unbeschadet ihrer modalen Verschiedenheiten einander streng gleichwertig im Hinblick auf eine objektive Wirklichkeit. Die Mannigfaltigkeit der sinnlichen Modi, als solche hinzunehmen und nicht weiter zu verstehen, ist dann nur eine von unserer Erkenntnisorganisation unserem Bewußtsein gebotene Chance, die Wirklichkeit unter verschiedenen Aspekten oder in verschiedenen Facetten zu erfassen bzw. zu rekonstruieren.

Ist damit der Wert der Mannigfaltigkeit als solcher schon einseitig geschätzt und die Idee eines in ihr zum Ausdruck kommenden Organisationsplans zugunsten der allen sinnlichen Modis als Sinnen gemeinsamen Funktion des Empfindens von vornherein vernachlässigt, so erfährt das erkenntnistheoretische Interesse an der Vielfalt der Sinne eine weitere entscheidende Schwächung durch seine Bindung an Ziel und Methode der exakten Wissenschaften, das exakte Verstehen.

Ihr Ziel, die objektive, allgemein verbindliche Charakteristik der Wirklichkeit, verlangt als Methode das Operieren mit mathematischen Symbolen. Denn der Generalnenner, auf welchen die modal und qualitativ miteinander nicht vergleichbaren optischen, akustischen usw. Phänomene sich bringen lassen, kann nur jenes Raum-Zeitganze sein, das im Laufe der Wissenschaftsgeschichte jede Anschaulichkeit, das heißt Sinnengebundenheit, von sich abgestoßen hat. Solange die Widersprüche zwischen dem Anschauungsraum und dem wirklichen Raum nicht akut geworden waren, durfte die Philosophie glauben, die Zahl- und Maßbestimmungen bezögen sich auf eine zwar selbst nicht mehr tast- und sichtbare, aber im Schema der Tast- und Sehwirklichkeit entsprechende Kleinkörperwelt von diskreter Verteilung, von Kräften bewegt. Das farblose Einerlei sich verkoppelnder Atome war immer noch zu tasten und zu sehen, wenn es gelang, das menschliche Seh- und Tastvermögen durch ein viel feineres zu ersetzen. Erst die offenbare Unmöglichkeit, die Anforderungen der Berechnung mit den Anforderungen der (wiewohl auf ein Minimum herabgeminderten) Anschaulichkeit in Einklang zu bringen, hat das Zeugnis der Sinne hinsichtlich ihrer Modi endgültig entwertet.

Bindung an die exakte Allgemeingültigkeit als Bedingung der Objektivität und Formalisierbarkeit mit Hilfe mathematischer Symbole haben das Weltbild der Sinne in einem noch radikaleren Maße als etwa in Lockes Rettungsversuch der primären Qualitäten subjektiviert. Zwar lassen die Sinne sich nicht entbehren, müssen vielmehr ständig als Indikatoren dienen, aber ihr Bezugsobjekt und ihre Weise von Beziehung haben jeden Abbild- bzw. Offenbarungscharakter, jeden Verständlichkeitswert gegenüber der Wirklichkeit verloren. Sie sind zu Zeichen für ein vollkommen inkommensurables Geschehen geworden.

Da ihnen so der Weg einer Erklärung aus der Wirklichkeit, soweit solche dem empfindend-wahrnehmenden Bewußtsein zugänglich wird, abgeschnitten ist, bleibt natürlich nur der andere Weg, sie entweder aus spezifischen Sinnesenergien der Nerven oder aus den Aktionsrichtungen des Leibes herzuleiten. Mit beiden Lösungen ist die traditionelle positivistisch-krititistische Philosophie einverstanden, denn dieser andere Weg ist für die Erfahrung (und ihre Wissenschaften) reserviert, und sie ist die Verantwortung los. Der Leib hat gegenüber dem Bewußtsein, welches für sie die eigentliche Domäne der Philosophie ist, keine Sonderstellung, sondern ist Gegenstand bzw. Bewußtseinsinhalt wie andere Dinge der Erfahrung auch.

Man weiß, welche Schwierigkeiten es dem Positivismus und Idealismus gemacht hat, die perspektivische Ordnung „meines" Bewußtseins mit der meines Leibes (meiner Sinne) und meines Handelns so in Einklang zu bringen, daß die natürliche, naive Auslegung der Situation nicht immer wieder über die kritisch-reflektierte Auslegung den Sieg davonträgt.

Für die „ursprüngliche" Ansicht umgreift die Ichperspektive meines leiblichen Seins und meines leibvermittelten Handelns als Bereich meines Daseins den Bereich meines Bewußtseins. Dieses gibt sich als Reflex aus jenem. Im gewöhnlichen Vollzug des Lebens nehmen wir es als selbstverständlich hin, daß wir mit unserem Bewußtsein spazierengehen, daß unsere Wahrnehmungen, Gedanken, Sorgen in unserem Kopf und unserem Herzen wohnen. Erst die Frage, woher wir das wissen und wodurch wir imstande sind, den Bereich des Daseins als den umfassenden zu behaupten, wirft uns in das Bewußtsein zurück und kehrt die ursprünglichen Verhältnisse um. Nun gehen wir im Bewußtsein spazieren, sein Bereich umfaßt den Bereich des Daseins, des leiblichen Seins und des leibvermittelten Handelns als Bewußtseinsinhalt und die berühmte Problematik ist geschaffen, wie es dem Subjekt möglich ist, sich gegen sich und eine Welt von Dingen abzugrenzen.

Von dieser Umkehrung der natürlichen Verhältnisse werden die Sinne insofern am stärksten betroffen, als sie gerade durch die Umkehrung zu denjenigen Funktionen unseres Leibes werden, welche in *letzter* Instanz am Aufbau des Bewußtseins beteiligt sind. Der Schnitt, den das Verfahren der kritischen Umdrehung zwischen dem Bereich des Daseins und Handelns und dem Bereich des Bewußtseins führt, verläuft mitten durch die Sinne hindurch und trennt die physiologischen Vorgänge im Sinnesorgan samt nervösem Apparat grundsätzlich von den ihnen gleichwohl zugeordneten Empfindungen. Er macht sie zu Grenzfunktionen. Er kann zwar nicht verbieten zu sagen: das Ohr hört, das Auge sieht, oder ich höre durch meine Ohren, sehe durch meine Augen, aber er muß darauf bestehen, daß hier Zauberei im Spiel ist und ein Übergang oder eine Umkehr geschieht, von der sich keine Vorstellung geben läßt. Während die Schwierigkeit beim Tun mit Armen und Beinen nicht darin liegt, daß ich mit meinen Armen *rudere* oder mit meinen Beinen *laufe*, sondern, daß *ich* es bin, der das zuwege bringt und seine Bewußtseinsinhalte derart beeinflussen kann, liegt die Schwierigkeit bei den Sinnen darin, daß das Sinnesorgan den Zusammenhang mit dem Ergebnis seiner Funktion, der Empfindung, verliert.

Positivismus und Idealismus beruhen auf den Prinzipien des Cartesianismus, der Entgegensetzung der Bereiche extensiv und cogitativ, denen sie nur im Gegensatz zu ihrer ursprünglich ontologischen eine methodologische Bedeutung geben. Die getrennte Behandlung der Körperwelt durch die mathematische Naturwissenschaft und der Bewußtseinswelt durch die Philosophie, ihr Werk, rechtfertigen sie erkenntnistheoretisch aus der Immanenz des Bewußtseins und der formalistischen Entwicklung der Physik. Wie der Cartesianismus können deshalb auch sie mit dem Problem des coniunctum von Körper und Bewußtsein, Bewußtsein und Handlung nicht fertig werden und müssen es in den Bereich der Unerkennbarkeit oder an die Peripherie des bloß empirisch Wichtigen verbannen.

b) Ganz anders geartet und schwerer zu durchschauen sind die Widerstände gegen unsere Frage von seiten der Moderne. An sich wäre das Gegenteil zu erwarten. Denn die Opposition gegen Positivismus und kritischen Idealismus richtet sich gerade gegen die Lebensfremdheit und wissenschaftliche Einseitigkeit der Tradition, in die sie unter Vernachlässigung

1. der Biologie und historischen Geisteswissenschaften,
2. der biologisch und historisch motivierten Problematisierung der Zivilisation im Ganzen des menschlichen Daseins geraten ist.

1) Das neunzehnte Jahrhundert denkt eminent genetisch. Es hat die exakten Wissenschaften und ihren mathematisch-physikalischen Erklä-

rungstyp um ganz neue Anwendungsmöglichkeiten auf Lebewesen und den Menschen, zugleich aber auch um den Typus der historisch-genetischen Erklärung bereichert. Die Ausbreitung der kausalen Methoden, insbesondere die Entwicklung der organischen Chemie, unterwirft die Phänomene des Lebens einer experimentellen Analyse. Zoologie, Botanik, Physiologie, Vererbungslehre, Pathologie streben über die bloße Deskription und Systematik hinaus und werden zu kausalen Wissenschaften, welche die Genese der biologischen Phänomene zum Ziel haben. In einem nie gekannten Maße findet sich seitdem der Mensch als Lebewesen, Gesellschaftswesen und Träger der Zivilisation auf Naturnotwendigkeiten zurückgeführt. Die Entdeckungen der Geologie und Paläontologie, die Auflösung des klassisch-statischen Artbegriffs durch Lamarck und Darwin ersetzen den Glauben an die übernatürliche Schöpfungsgeschichte und die Sonderstellung des Menschen. Wissenschaftliche Stammbaum-Konstruktionen schaffen die Basis für ein rein naturwissenschaftliches Verständnis des Lebens und der menschlichen Welt.

Bezeichnenderweise ist das genetische Verständnis über diesen Naturalismus hinausgewachsen. Die Vordergründigkeit einer solchen Reduktion des Lebens (und wie erst des menschlichen Lebens) auf physische Prozesse zieht der naturwissenschaftlichen Begriffsbildung Grenzen. Eine nicht mehr theologisch gelenkte, nicht mehr metaphysisch von einem Weltplan gehaltene Geschichtsschreibung wendet unter anwachsendem Mißtrauen gegen etwa noch den Blick einengende Vorurteile das Prinzip der modernen Wissenschaft: die Dinge aus sich selber zu verstehen, auf den Menschen an. Sie erkennt ihn als das einzige unter allen Objekten, das sich selbst erläutert, das die Anweisungen zur Erklärung seiner Taten in Sprache und Schrift, in Dokumenten und Monumenten (geschichtlich) produziert. Rückgang auf die Quellen, kritische Interpretation auf den Geist ihrer Urheber im Horizont ihrer Zeit, immanentes Verstehen werden die methodischen Prinzipien der neuen historischen Geisteswissenschaften.

Zunächst versuchte die Philosophie im Rahmen positivistischer oder idealistischer Voraussetzungen der veränderten wissenschaftlichen Lage Rechnung zu tragen. Sie glaubte, mit einer Logik und Erkenntnistheorie der Biologie und Geschichtswissenschaft den neuen Erkenntnissen ihre Grundlage zu sichern, und sah nicht, daß ihr (ursprünglich auf das Verhältnis des naturwissenschaftlichen Beobachters und Berechners zu seinen Objekten zugeschnittenes) Instrumentarium den neuen Erkenntnissen gegenüber versagen mußte. Ihr Operieren vom Bewußtsein aus mit starren Formen eines exakten Verstandes und mit den Sinnesempfindungen als irreduziblen Wahrnehmungsquellen ist schon gegenüber den Lebensphänomenen künstlich und unzureichend, weil es keine empfindungsmäßigen Kriterien der Lebendigkeit gibt. Gegenüber der unwahrnehmbaren Welt des Vergangenen, des Geistes, der Werte und Güter aber wird es völlig deplaciert. Die Verständlichkeit des Menschen, seiner Taten und Werke ist eine eigentümliche Zugangsweise seiner Erfahrung, mit welcher die Klassiker des siebzehnten und achtzehnten Jahrhunderts nicht rechneten, weil ihr Verstandesideal ein anderes war. Lesen, Sprach- und Ausdrucksverstehen sind elementare Möglichkeiten des Eindringens in objektive Dimensionen, aber weder empfindungsgegründete Wahrnehmungen noch Ergebnisse von Schlußprozessen. Dilthey hat recht, wenn er in solchem Verstehen eine besondere Art von Erfahrung sieht, welche der Interpretation nach dem positivistisch-idealistischen Schema von Sinnlichkeit und Verstand spottet.

Die Veränderung der innerwissenschaftlichen Lage durch Biologie und historische Geisteswissenschaften hat also dem Problem der Sinne in den Augen einer modern gerichteten Philosophie viel von seiner traditionellen Bedeutung genommen. Sie überläßt es den Biologen und Psychologen sowie der Erkenntnistheorie der Naturwissenschaften.

2) Ausschlaggebend für die Entwertung unseres Problems im heutigen philosophischen Bewußtsein sind aber nicht diese noch stark traditionsgebundenen Wissenschaftsbedenken gewesen, sondern war die Erschütterung des Vertrauens auf die Werte, welche diesen Bedenken zugrunde liegen. Wissenschaftsfragen können nur so lange das Philosophieren bestimmen, als die Menschen von der Wissenschaft wirkliche Aufschlüsse der großen Rätsel ihres Daseins erwarten. Diese Erwartung ist gerade durch die stürmische Entwicklung der Forschung im neunzehnten Jahrhundert enttäuscht worden und nicht zuletzt durch Biologie und historische Geisteswissenschaften. Wenn je die Menschheit Hoffnungen moralischer und religiöser Art auf das Erkennen gesetzt hat, mußten seine schrankenlose Ausdehnung und Vertiefung ins Grenzenlose sie grausam enttäuschen. Statt zu einem wirklichen Durchbruch in das Ruhe gewährende Gebiet der Wahrheit hat der Fortschritt der Wissenschaften und insbesondere der Wissenschaften vom Leben und des Menschen zu einer permanenten Verschiebung dieser Durchbruchsgrenzen und damit zu einer Umwertung des wissenschaftlichen Forschens selber geführt. Ihr positiver Sinn, wenn auch nicht ihr beabsichtigter Zweck, liegt im Praktischen einer ständigen Ausbreitung menschlichen Könnens und einer zunehmenden Rationalisierung menschlicher Arbeit. Die desillusionierten Generationen des

zwanzigsten Jahrhunderts sehen in der Wissenschaft das Prinzip der Industrie und der technischen Revolutionierung der Gesellschaft.

Sowenig die Entschränkung unserer geistigen Horizonte und die wissenschaftliche Unterwerfung aller Daseinsbereiche ohne ein Vertrauen in den Wert reiner Theorie und reiner Objektivität möglich gewesen wäre, so rettungslos ist dieses Vertrauen von seinen Früchten aufgezehrt worden. Die Entzauberung der Welt, die Verweltlichung des Menschen, die Relativierung jeder Unbedingtheit und jedes traditionellen Rückhalts, Problematisierung auf der ganzen Linie der Zivilisation und wachsende Bereitschaft zur permanenten Revolution hat der wissenschaftliche Fortschritt auf diesem Wege zurückgelassen und damit auch die Quellen des Glaubens an ihn und die Zivilisation, der er dient, zum Versiegen gebracht. Ein enthemmter ökonomisch-industrieller Apparat, entwurzelte, in ihrem Sinn bedrohte Kulturen, kraftlos gewordene religiöse Offenbarung und zur Phrase ausgehöhlte Moral bezeichnen den Raum einer unanwendbar gewordenen Überlieferung, aber auch ebensoviel Antriebe zur Erneuerung der menschlichen Gesellschaft. Eine zu jeder Vernichtung bereite (weil an Vernichtung gewöhnte), zur Erneuerung entschlossene Jugend ist nicht mehr daran interessiert, die alten Maßstäbe sittlicher und intellektueller Objektivität aus ihrer Unanwendbarkeit zu retten. Und mit ihnen opfert sie eine unanwendbar gewordene philosophische Maßstabsproblematik dem Geiste der Zukunft.

Mit dem Recht der Radikalität haben diejenigen Erneuerungsversuche in der gegenwärtigen Philosophie das höchste Interesse erregt, welche ihre Herkunft aus den Erschütterungen der Zeit am unmittelbarsten zur Schau tragen, indem sie sich in ihrer Begriffsbildung am weitesten von der Tradition entfernen. Infolgedessen steht die *Existenzphilosophie* Heideggers und Jaspers' für die Nachkriegsgeneration im Vordergrund. Sie hat den Marxismus, die lebensphilosophische Problematik eines Bergson und Klages, den Pragmatismus und Behaviorismus zunächst überholt, denn in ihr spricht die Sorge um den bloßen, den hüllenlosen Menschen ohne Rücksicht auf Zivilisation und Natur. Die rigorose Vernachlässigung der kulturellen und der physischen Zwischenschichten, die das Dasein des Menschen von sich und seiner Todgeweihtheit auf irgendwelche bergenden Seinsdimensionen ablenken, es einer Vielfalt von Gesichtspunkten, Verpflichtungen, Rücksichten und Deutungen ausliefern und mit der Unentscheidbarkeit von biologischen, psychologischen, historischen, moralischen und theologischen Perspektiven belasten, das heißt eben jener unerträglich gewordenen Unentscheidbarkeit des allzu bürgerlichen späten neunzehnten Jahrhunderts – diese ihre rigorose Vernachlässigung spricht sich nur in einer bewußt antitraditionellen Begriffsbildung aus. Ihr geht es nicht mehr um das Verhältnis von Körper und Seele, Bewußtsein und Handeln, Sein und Sollen, Natur und Geist und wie alle die belasteten Und-Verbindungen heißen mögen. Ihr geht es um den ganzen Menschen und seine Konzeption aus einem Guß, in einer Sphäre, auf eine so oder so lösbare Frage seiner Existenz hin.

Die Existenzphilosophie sucht den Menschen gegen jede Fixierung in Seinsarten, die ihm mit anderen Dingen dieser Welt gemeinsam sind oder ihm eine außerweltliche Sicherheit verbürgen könnten, auf seine Art von Ursprünglichkeit zurückzuführen. Ihre Bemühungen bleiben deshalb darauf gerichtet, empirische und metaphysische, theoretische und praktisch-dogmatische Auslegungen der menschlichen Natur abzuwehren. Nur die Ursprünglichkeit des Daseins, aus der sich ein jeder insoweit versteht, als er sich auf sie verstehen muß, um mit sich und der Welt fertig zu werden, gilt und lenkt die „existenzialistische" Begriffsbildung. Von dieser Ursprünglichkeit her werden allerdings die Unterscheidungen in Körper und Bewußtsein, Geist und Seele usw. sekundär und erscheinen als nachträgliche, abgeleitete Deutungen auf Grund irgendwelcher Vorurteile. Mit einem Schlage verschwinden die lästigen Grenz- und Verbindungsprobleme einer alten Tradition. Die unleugbare Anziehungskraft dieses Verfahrens, der Schwierigkeit ihrer Lösung dadurch auszuweichen, daß man es gar nicht erst zu den Problemen kommen läßt, auf eine traditionsmüde, enttäuschte, bedrohte und darum revoltierende Jugend, eine Jugend, die nichts hat als ihre Zukunft, ist allzu begreiflich. Sie lehnt jedes Theoretisieren, dem nicht die Anweisung zum Handeln eingeprägt ist, im Grunde ihres Herzens ab. Sie leistet Widerstand gegen alles Fragen, das einfach aus dem Staunen über das So und Nicht Anders dieser Welt aufsteigt und sich aus keinem revolutionären Entwurf rechtfertigt. Sie hat über ihrer Not das Verlangen nach gewaltloser Betrachtung und Versenkung, die Freude am Seltsamen des bloßen Seins verlernen müssen.

Ohne diese zeitgeschichtlichen Widerstände zu überschätzen – die Dialektik der Generationenfolge sorgt schon für ihre Überwindung –, verdient die Wirkung des Existenzialismus auf die gegenwärtig beliebte Einstellung zu unserer Frage gleichwohl Aufmerksamkeit. Daß sie in der Philosophie eine Rolle spielt, wird man nach dem Gesagten nicht erwarten. Ihre traditionelle Gebundenheit an die Leib-Seele- und Bewußtseins- bzw. Realitätsproblematik mußte ihr verhängnisvoll werden. Ganz dagegen ist sie von der Bildfläche nicht verschwunden. Es gibt Wissenschaften, Physiologie, Psychologie und eine Reihe klinischer Fächer, die ex officio mit ihr befaßt sind, Wissenschaften, welche durch die existenzialistischen Einflüsse der Gefahr des Problemverlustes ausgesetzt sind. Ihre Frontnahme gegen Cartesianismus und fälschliche Verbannung der Sinne in den Gesichtskreis eines von Leben und Bewegung des Leibes abgesperrten Bewußtseins verführt sie zum Gegenextrem. Ihr lebensphilosophischer Elan kennt keine Grenzen mehr. Statt der mit Möglichkeitsbedenken belasteten Seinsbezirke begegnet ihnen von vornherein „die vitale Person", zu deren Wesen es gehört, durch ihre Sinne in existenzieller Kommunikation mit der Welt zu sein.[2] Diese Kommunikation, eben ein zum menschlichen Dasein immer schon gehörendes In der Welt Sein, hat ihre Weisen, in denen der Gestaltkreis von Empfinden und Bewegen zum Ausdruck kommt. Im Sehen, Hören, Tasten usw. lebt der Mensch „mit" der Welt, nie ganz betrachtend und unbeteiligt noch ganz hingegeben und tätig, sondern beides in einem. Kein Empfinden „ohne" Bewegung, keine Bewegung „ohne" Empfindung.

Mit derselben Leichtigkeit, mit welcher hier Empfindung und Bewegung zueinander gebracht sind, Körper und Bewußtsein, als seien in dem Ansatz eines derart quer zu allen diesen Sphären liegenden Da- und In der Welt Seins die Geheimnisse ihres Zusammenwirkens enträtselt (in Wirklichkeit sind sie nur umgangen), vollzieht sich auch die Einheit in der Vielfalt der sinnlichen Modi; wohlverstanden: Einheit im Sinne von Einerleiheit. Warum sich noch Gedanken über ihr inneres Organisationsprinzip machen, wenn die Faktoren der Synästhesie und der heteromodalen Beeinflussungen die Bedeutung der Gegensätzlichkeit der Modi gegenüber dieser „Einheit" der Sinne bagatellisieren? Qualität, Intensität, Sättigung, Lebhaftigkeit und Eindringlichkeit hat man schon seit langem als unspezifische Attribute aller Empfindungen erkannt. Seit den Untersuchungen Hornbostels über Geruchshelligkeit, Schillers über Rauhigkeit als intermodale Erscheinung, Werners und seiner Schüler über wechselweise Beinflussungsmöglichkeiten der einzelnen Sinne vergrößert sich ihre Zahl in ungefähr demselben Verhältnis, in welchem das Interesse an der Sondernatur der Modi abnimmt.

Lag bisher das größte Hindernis für eine Erkenntnis des Grundes der sinnlichen Differenzierung in der Ausschließlichkeit, mit der die Sinne als Erkenntnisfunktionen und Wahrnehmungsquellen eines auf Exaktheit gerichteten Verstandes interessierten, so droht von ihrer ex-

---

[2] Statt vieler Zitate: Erwin Straus: Vom Sinne der Sinne (Berlin 1935), im Guten wie im Bösen besonders symptomatisch für das hier Gesagte.

tremen Gegenbewertung als Vitalfunktion und Kommunikationsweisen die gleiche Gefahr. Dort werden sie intellektualisiert, hier emotionalisiert, dort vom tätig bewegten körperlichen Leben abgesperrt, hier von ihm aufgesogen. Der Grundfehler ist in beiden Fällen der gleiche: statt ihre modalen Eigentümlichkeiten sprechen zu lassen, formalisiert man sie „als Sinne" auf eine übermodale Gemeinsamkeit hin und nivelliert ihre Unterschiede zugunsten eines allgemeinen Prinzips, aus dem die Differenzen nicht mehr verständlich werden.

Wieder einmal hat die Ironie des Schicksals dafür gesorgt, daß eine revolutionäre Wendung den alten Mächten, wenn auch in neuer Gestalt, zur Auferstehung verhilft. Die Fronten haben andere Namen bekommen, aber die Widerstände sind die gleichen geblieben. Nach wie vor beschränkt sich die Philosophie auf den Menschen im Aspekt seiner Innerlichkeit. Nach wie vor bleibt die physische Daseinsschicht ausgeschlossen und den empirischen Wissenschaften Biologie, Medizin und Psychologie allein überlassen. Die Ausschaltung der materiellen Gegebenheiten, die Formalisierung der sinnlichen Natur, der Rückzug aus der Empirie etabliert neue Möglichkeiten für positivistische und idealistische Vorurteile.

Keine Umwälzung in der Philosophie kann von Dauer sein, welche gestützt auf das Widerspiel von Apriorität und Erfahrung, Formalität und Inhaltlichkeit den Problemen des konkreten körperlich-sinnlichen Daseins ausweicht. Sie trägt den Veränderungen der Wissenschaften, der Erschütterung und Problematisierung der Zivilisation durch diese Veränderungen und der Entzauberung von Vernunft und Menschlichkeit in ihrem Gefolge so lange nicht Rechnung, als sie nicht Mut und Kraft findet, das Geheimnis der menschlichen Natur bis in ihre leibliche Organisation zu verfolgen. Anthropologie in derart revolutionärer Absicht darf dann freilich auch nicht davor zurückschrecken, den Kampf mit den Prinzipien des Cartesianismus, einer der traditionsbildenden Hauptmächte der modernen Welt, aufzunehmen. Von dieser Zielsetzung her rechtfertigt sich denn auch unsere spezielle Frage nach der Bedeutung der Sinne und gewinnt den Anschluß an die große Philosophie.

III. Wahrnehmungsfunktion und Vermittlungsfunktion der Sinne

Von den sogenannten höheren Sinnen hat in der philosophischen Literatur das Gehör die geringste Beachtung gefunden. Merkwürdigerweise, wenn man bedenkt, daß Ausdruck und Mitteilung des Denkens durch das Sprechen laut werden und an das Hören appellieren, Vernehmen und Verstehen so eng miteinander verbunden sind, daß viele Sprachen sie nicht scharf unterscheiden und für Begriff, Gedanke, Wort die gleichen Ausdrücke verwenden. Die Vermutung, daß zwischen der Natur der Intelligenz und der Verfassung der akustischen Modalität nicht zufällige und äußerliche, sondern notwendige, innerliche Beziehungen herrschen, könnte nicht näher liegen. Aber die Philosophie war umgekehrt an der Selbständigkeit des Gedankens, seiner Logik und Wahrheit von jeher viel zu stark interessiert, um auf die Merkwürdigkeiten seiner Verkörperung zu achten. Die Gegenstände stehen im Vordergrunde, das heißt für die einseitige exakte Blickrichtung auf Mathematik und Naturwissenschaften: die Gegenstände im Raum. Das Orientierungs- und Bewegungsfeld des Raums wendet sich, wiederum nicht zufällig, an Augen und Tastsinn, deren Zusammenspiel in erster Linie die gerichtete Bewegung über Abstände hin möglich macht. Infolgedessen ist in der Philosophie, vor allem in der neueren, die unter dem Einfluß der naturwissenschaftlichen Erfahrung steht, in der Hauptsache vom Sehen und Tasten die Rede, nicht vom Hören.

Man kann in dieser Neigung, das Optische und Taktile bevorzugt zu behandeln, eine alte Tradition erkennen, die bis auf die Griechen zurückreicht. Das Erkennen, das Verhältnis seines Gegenstandes zu ihm, erscheint schon bei Platon im Bilde der Verhältnisse, die dem Sehen entnommen sind. Ausdrücke wie Idee, Abbild, Schau tragen die Herkunft aus dem optischen Sinnesbereich an sich. Der spezifischen Fernstellung und Abgerücktheit des Wahren korrespondiert aber auf der anderen Seite die Nahestellung, die sich im Greifen und Begreifen erfüllt.

In seinen originellen *Naturphilosophischen Vorlesungen über die Grundprobleme des Bewußtseins und des Lebens*, die Klages durch ihre Neuauflage [Leipzig] 1924 unverdienter Vergessenheit entrissen hat, enthüllt Melchior Palágyi ein wichtiges Motiv für die Vorzugsbehandlung des Optischen und Taktilen. Wissenschaftliche Optik ist nur möglich, wenn wir das optische Originalbild vom Abbild unterscheiden, das heißt festlegen können. Auf Grundlage der Gesichtsempfindungen verlegen wir das optische Originalbild eines Körpers an jenen Ort, wo wir ihn auch vermöge unserer Tastwahrnehmung auffinden. Diese führt. Die Haptik schreibt der Optik ihr Gesetz vor. (Wobei wir im Hinblick auf Hermann Friedmanns Buch *Die Welt der Formen* ([München] 1926), das einzige, wenn auch im Banne der exakten Wissenschaft bleibende, Dokument einer Philosophie der Sinne außer unserer „Ästhesiologie des Geistes", hinzusetzen müssen: in der klassischen Physik. Friedmann sucht gerade die Überwindung der haptischen durch die optischen Maßstäbe, den Triumph des Auges über die Hand in der modernen Wissenschaftsentwicklung seit Einstein und Planck zu beweisen.) Die Verlegung der Gesichtswahrnehmung in den von der Tastwahrnehmung vorgeschriebenen Raumteil ist aber nur dadurch möglich, daß wir einen und denselben Punkt nicht in demselben Augenblick berührt und besichtigt haben können. „Wenn wir durch die aktive Berührung eines Punktes P mit dem Finger diesen Punkt P nicht verdecken würden, so wäre unsere Gesichtswahrnehmung nicht fähig, den Gesichtseindruck des Punktes P eben dorthin zu verlegen, wo ihn auch die Tastwahrnehmung vorfand."[3] Wäre unser Leib ganz durchsichtig, stände ein Teil desselben dem anderen nicht im Licht, so könnte zwischen Tast- und Gesichtswahrnehmung keine Konkordanz stattfinden und die Möglichkeit einer Gesichtswahrnehmung wäre aufgehoben. Völlig durchsichtige Wesen können also keine Gesichtswahrnehmung haben.

Aus dieser Überlegung Palágyis läßt sich jedenfalls lernen, daß das Vorurteil der Gleichsetzung des Erkennens mit dem physikalischen Erkennen das Interesse der Philosophie an den Sinnen einseitig bestimmt. Die Betrachtung der Empfindungsart steht im Lichte der Wahrnehmungsfunktion. Nur ihr Beitrag zum Aufbau einer objektiven Welt räumlich-zeitlicher Dinge interessiert. Deshalb bewegt sich auch die Diskussion hauptsächlich zwischen den zur Lokalisation und Orientierung bestimmten Sinnen des Gesichts und des Tastens, einerlei wie schließlich die Akzente verteilt werden. Wundt z. B. vertritt die strenge Koordination der beiden Sinne. Palágyi lehrt den Primat des Tastens, für ihn der eigentliche Vollsinn und von exzeptioneller Stellung, weil in ihm allein Fremd- und Selbstempfindung sich gegenseitig bedingen, so daß er für sich schon die vitale Grundlage für eine Wahrnehmungstätigkeit bilden kann. Friedmann wieder zeigt die Emanzipation des Verstandes vom Weltbild des Tastens und seine Befreiung zum Welt-

---

[3] [Hrsg.] Melchior Palágyi: Naturphilosophische Vorlesungen über die Grundprobleme des Bewußtseins und des Lebens, 2., wenig veränderte Aufl. Leipzig 1924, S. 175.

bild des Auges bzw. des Lichtes, die also nicht den Verlust jeder Anschaulichkeit, sondern nur eine Metamorphose der Anschaulichkeit bedeutet.

Lassen wir die Frage unerörtert, ob die Vorzugsstellung von Auge und Hand im Gesichtskreis der Philosophie durch die aufs Praktische angelegte Natur des Menschen oder durch den geschichtlichen Einfluß der Griechen und des Augenmenschentums ihrer Klassik oder durch den neuzeitlichen Physikalismus bedingt war. Jedenfalls läßt sie sich im Hinblick auf die Vernachlässigung des Gehörs nicht rechtfertigen, dessen Rolle im Aufbau der Wahrnehmungswelt geringfügiger erscheint, solange wir an dem „Gesichts"punkt der Naturwissenschaften und Mathematik festhalten. Und dieser Gesichtspunkt ist in die Praxis des rationalen Menschen eingebaut. Sicherung seines Handelns, Steigerung seines Wirkungsgrades ist ohne Herrschaft über die Naturkräfte nicht denkbar.

Berechnung und Zielstrebigkeit beanspruchen in der Tat den ganzen Menschen und dominieren, heute mehr denn je, über die anderen Formen des Lebens. Auch darf man sich ihr „Abgestimmtsein auf Auge und Hand" nicht so äußerlich und apparatenhaft vorstellen, als seien die anderen Sinne, die anderen Typen der menschlichen Motorik und des Verstehens davon unberührt gelassen. Das Prinzip der rationalen Praxis ist universal und intolerant. Es stellt alle Sinne als Wahrnehmungsquellen, alle Formen des Verstehens als Zugangswege zur Wirklichkeit, alle Arten der Motorik als Ansatzpunkte, Hilfsmittel und Gebiete der Naturbeherrschung in seinen Dienst. In dieser Ausschließlichkeit wurzelt gerade jene nivellierende Behandlung der sinnlichen Modi, ihre Vereinheitlichung unter dem Titel „Sinnesempfindungen und Wahrnehmungsquellen", das Vorurteil ihrer Gleichwertigkeit für den Maßstab des exakten Denkens und die Uniformierung des Verstandes. Und doch gründet diese Uniformierung, Nivellierung, Intoleranz in einer einseitigen Abstimmung des Verstehens auf taktile und optische Anschaulichkeitsweisen (vielleicht hat Friedmann recht und die zweite verdrängt die erste), die in der Ersetzung des Weltbildes der sinnlichen Qualitäten durch das Bewegungsbild der Mechanik, Korpuskeln und Wellen (Gerüste, um der mathematischen Symbolik eine Stütze zu schaffen) zum Vorschein kommt.

Sobald aber die Philosophie diese Enge ihrer üblichen Einstellung überwunden hat, ändert sich der Aspekt der menschlichen Existenz. Wahrnehmen und Handeln ordnen sich, wenn auch als vital besonders wichtige Funktionen, in das Zusammenspiel anderer Funktionen ein, und neben den auf Gesichts- und Tastfeld abgestimmten Typ rationalen Verstehens, der der Berechnung und Zielstrebigkeit dient, gewinnen die anderen Möglichkeiten des Verstehens und der leiblichen Existenz Raum.

Im durchschnittlich alltäglichen Leben, in den Kollisionen der Öffentlichkeit, in den Bezirken der Gemeinschaft, in der Vielfalt kultureller Betätigungen zeigt sich der Mensch, sogar der Mensch der Industrie, von sehr viel anderen Seiten. Nur weil hier andere Werte als naturwissenschaftliche Wahrheit und Erkenntnis im Spiel sind, weil es um Menschenkenntnis, einfühlendes Verstehen und Mitleben, Einverständnis, um künstlerische Empfänglichkeit, Sinn für Größe, Menschlichkeit usw. geht, hat die Philosophie sich üblicherweise für berechtigt gehalten, dieses außerrationale Verstehen der Ethik, Ästhetik, Religionsphilosophie, Rechtsphilosophie zuzuweisen. Nur scheinbar schafft diese differentielle Behandlung der Sinne, der Motorik und des Verstehens in einzelnen Fächern, die den Wertgruppen der Kultur entsprechen, einen Ausgleich für das Monopol der Exaktheit auf die Erkenntnistheorie. In Wirklichkeit hat sie sich als seine Stütze erwiesen. Denn sie hat den Blick gerade von der wichtigen Einsicht abgehalten, daß das unlogische Verstehen im moralischen, religiösen, rechtlichen, künstlerischen, ja vor allem im umgeformten Lebensverband des alltäglichen Miteinander auch ein Verstehen ist, das in seiner Eigenart *und in seiner Weise von Abgestimmtheit auf Sinnlichkeit und Motorik* nicht weniger bedeutet und nicht weniger aufschlußreich für das Wesen des Menschen und seines Verstandes ist als die rational exakte Methode.

Erst das Interesse der historischen Geisteswissenschaften an Begründung ihrer Erkenntnisweise und ihres Gegenstandsbereichs hat der gelegentlichen Opposition gegen den Physikalismus und Mathematizismus einen Rechtsanspruch und die Richtung auf eine Revolution der Erkenntnistheorie gegeben. Die Entschränkung des Blicks von den Vorurteilen der Exaktheit und weiterhin des Europäismus überhaupt rehabilitierte das Archaische, Exotische und scheinbar Primitive, die Welten des Gefühls, des Mythos und Glaubens und erhöhte ihre Bedeutsamkeit in den Augen einer Philosophie, der nichts Menschliches fremd sein soll. Aber wie schwer es ist, in der Theorie die von einer derartigen Problematik geforderten Folgerungen zu ziehen, das sieht man an den bisherigen Ergebnissen der sogenannten philosophischen Anthropologie. Noch ein im Inhalt so weit gespanntes Werk wie Cassirers *Philosophie der symbolischen Formen* [3 Bände, Berlin 1923–1929] behält die Sinnlichkeitsschematik des Kantischen Kritizismus, Raum und Zeit, bei, ohne die gewaltige Erweiterung und perspektivische Verschiebung der klassischen Kategorien, die es selbst vornimmt, mit einer entsprechenden Revision der Lehren der transzendentalen Ästhetik zu beantworten.

Wo und wie soll aber die Theorie einsetzen? In ihrem Mittelpunkt muß der Mensch in der Fülle seiner produktiven Möglichkeiten stehen, wie sie seine Geschichte, seine ethnologisch dokumentierten Kulturen bezeugen. Die Unsicherheit ihrer Bewertung nach einem allgemeingültigen Maßstab, einer Vorstellung von Fortschritt, Entwicklung und Humanität drängt auf Vertiefung des Ansatzes, auf Schmiegsamkeit und Unmittelbarkeit der lebensphilosophischen, der anthropologischen Begriffsbildung. Man spürt sie in den Arbeiten Diltheys, Simmels, Schelers. Aber den Übergang zu einem wirklich tragfähigen Ansatz vollziehen sie nicht. Sie und ihre Schüler gelangen nicht zu einer Theorie der menschlichen Natur unter dem Aspekt der Geschichtlichkeit, Scheler nicht, weil er die Macht historischer Relativierung und historischen Verstehens durch die Reste einer christlichen Anthropologie zu bändigen glaubt, Heidegger nicht, weil er in der Sphäre der Existenz ansetzt, die das Problem von vornherein ausschaltet.

Wohl haben schon früh Dilthey und Husserl darauf hingewiesen, daß jede Analyse des Verstandes, die sich von den Vorurteilen der mathematischen Exaktheit befreien und Zugang zu seinen anderen, in gewissem Sinne ursprünglichen Möglichkeiten gewinnen will, das Verhältnis von *Ausdruck und Bedeutung* zum Ausgang wählen muß. Verständnis, Bedeutung (Sinn) und Ausdruck sind notwendig aufeinander bezogen. Keine Kundgabe ohne die Möglichkeit einer Kundnahme, keine Kundgabe aber auch ohne Verkörperung des Bekundeten in irgendeiner Art Zeichen und Zeichenverkehr. Diese Verkörperung, Materialisierung und Objektivierung vollzieht der Mensch in den gesteigerten Formen wissenschaftlicher, künstlerischer, religiöser, politischer Art wie in den alltäglichen Formen der Sprache, werktätiger Arbeit und selbst dem stummen Spiel seiner leiblichen Motorik. Eine Radikalanalyse des „Verstandes" ist also nur *als Radikalanalyse des Ausdrucks möglich*. Diese Ausdrucksanalyse aber führt, wenn sie sich von der falschen Bevorzugung der exakten Symbolik wie auch der Sprache im weiteren Sinne freihält, von selbst auf eine Analyse der Verkörperungsmöglichkeiten. Und damit ist der Anschluß an das Problem der Mannigfaltigkeit der Sinne gefunden.

Unsere anfängliche Vermutung, daß die Artenfülle der Modalitäten der Artenfülle der menschlichen Motorik entspricht, unter der Voraussetzung einer entsprechenden Vielfalt des Verstehens, kann jetzt *am Leitfaden des Ausdrucks* nachgeprüft werden. In dem Kreislauf von Kundgabe einer Intention und ihrer Kundnahme finden sich Verkörperung in irgendeiner Art von Zeichen und Zeichenverkehr, Motorik und Verständnis zusammen. Verstand, das ist die Möglichkeit zu verstehen zu geben und zu verstehen, bleibt auf Sinnlichkeit als Medium eines Ausdrucks angewiesen. Ausdruck wiederum vollzieht sich nur in leiblichen Bewegungen vom Typus der Haltung, der Sprache und der Handlung. Den Sinnen ist die Aufgabe anvertraut, zwischen Verstehen und Bewegen zu vermitteln, ihrer modalen Verschiedenheit gemäß. Ihre Mannigfaltigkeit erklärt sich aus dieser ihrer *Vermittlungsfunktion zwischen Verstehen und Bewegen*, aus der Mannigfaltigkeit an Möglichkeiten, über welche der Verstand und der menschliche Leib verfügen. Trotz ihrer jeweiligen Modalität könnten die Sinne die Aufgabe der Vermittlung aber nicht erfüllen, wenn sie nicht auch Wahrnehmungsquellen bzw. Empfindungsquellen wären. Sie haben in einer Welt getrennter Körper zwischen Subjekten, die durch ihre Leiber voneinander isoliert sind, die Verbindung herzustellen. Die Verbindung geschieht durch Zeichen, aber zur Zeichenfunktion gehört die Wahrnehmbarkeit des Zeichens für den Anderen, an den sich das Zeichen richtet.

Wahrnehmungsfunktion und Vermittlungsfunktion müssen bei den Sinnen auseinandergehalten werden. Da man bisher aber nie an die Vermittlungsfunktion gedacht hat (in Kants *Kritik der reinen Vernunft* tritt zwar der Gedanke des „Schemas" auf, aber das Schema, ein „Monogramm der Einbildungskraft", „ist die Vorstellung von einer Methode, wonach Bilder (!) allererst möglich werden"[4]), glaubte die Philosophie die Sinne nur unter der Alternative Wahrnehmung oder Empfindung betrachten zu sollen. Nun liegt an und für sich kein Grund vor, warum Zeichen wie Laute, Buchstaben, Figuren in Stein, Holz, Metall oder auf Leinwand, Werkzeuge, Körpergesten usw. bestimmte Sinne bevorzugen sollten, um wahrnehmbar zu sein und dadurch ihre Zeichenbedeutung erfüllen zu können. Dokumentiert nicht z. B. die Sprache die Beliebigkeit des Ausdrucksmittels gegenüber dem auszudrückenden Inhalt? Kann man nicht einen Gedanken so oder so ausdrücken, in vielen Sprachen, durch Laute, Schriftzeichen (und auch hier auf die verschiedenste Weise) und sogar Gesten? Beweist nicht die Vielfalt der Künste die strenge Gleichwertigkeit der Sinne und ihres Materials für den souveränen Ausdruckswillen? Bewundert die Menschheit nicht von jeher ihre Genien, Feldherren, Staatenlenker, Künstler, Erfinder und Erzieher, weil sie ihrem Willen und ihrer Vision die Welt unterwer-

---

[4] *[Hrsg.]* Immanuel Kant: Kritik der reinen Vernunft, A 142/B 181.

fen, so daß die Intention nicht nur in der Verkörperung, sondern auch über sie zu triumphieren scheint? Wenn Menschen wie Steine, Töne wie Farben, physische Kräfte wie Regungen des Herzens Ausdrucksmaterial sein können und letztlich der gleiche Geist einer Epoche, eines Glaubens, einer Persönlichkeit gegen die Verschiedenheit des Stoffs faßbar sich durchsetzt, so scheint sie von untergeordneter Bedeutung zu sein. Und das erkenntnistheoretische Vorurteil von der Gleichwertigkeit der Sinne erhält im Gedanken an die Freiheit des Ausdrucks neuen Auftrieb.

Diese Argumentation in Bausch und Bogen überdehnt jedoch nicht allein den Gedanken des Ausdrucks, sie überdeckt auch den jeweiligen Ausdruckssinn und seine ihm nicht zufällige Art, sich zu verkörpern, mit dem bei vernünftigen Wesen eben nie fehlenden Zweck, dem das Werk dient. Eine Schlacht kann ein wahres Kunstwerk sein; umgekehrt ist das Kunstwerk eine Schlacht des Autors gegen Material und Publikum. Nur wenn man auf die ursprüngliche, dem Werk innerlich zugehörende Intention zurückgeht, zeigt sich die Wahl der verkörpernden Materie im Zeichenverkehr als begründet und dann auch als durch eine andere Materie nicht ersetzbar. Sowenig es möglich ist, etwa ein musikalisches gegen ein architektonisches oder dichterisches Kunstwerk unter dem Gesichtspunkt ihrer Ausdrucksart zurückzusetzen (als bliebe etwa musikalische hinter dichterischer Vollkommenheit zurück), so wenig geht es an, das reine Klingen gegen Farbe und Form oder Sprache auszuspielen. In dieser Hinsicht sind die Sinne in ihrer Verschiedenheit einander gleichberechtigt. Ihre Gleichwertigkeit darf nur nicht als formale Gleichartigkeit oder gegenseitige Vertretbarkeit gedeutet werden.

Aber mit dieser Erkenntnis ist die Schwierigkeit, welche die Nachprüfung unserer These hemmt, noch nicht überwunden. Liegen die Dinge offenbar nicht so, daß etwa der Typ des künstlerischen Ausdrucks und Zu Verstehen Gebens ebensogut in akustischer wie in optischer Materie möglich ist, musikalisch und malerisch? Bietet nicht andererseits die Sprache, die sich an Auge und Ohr wendet, für den künstlerischen, den wissenschaftlichen, aber auch den politischen oder den einfach kommunikativen Ausdruckssinn gleiche Ausdrucksmöglichkeiten? Wie soll demgegenüber der Nachweis gelingen, daß zu jedem Typus von Verständnis bzw. Kundgabe ein besonderer sinnlicher Modus gehört, wenn die Tatsachen des Lebens und der Kultur derart dagegen sprechen?

Voraussetzung ist, daß über die Bedeutung der Zueinandergehörigkeit von Sinnesmodus und Verständnismodus Klarheit herrscht. *Hier-*

für gibt allein die Vermittlungsfunktion der sinnlichen Modalität die rechte Anweisung, nicht ihre Wahrnehmungsfunktion. Da in der Welt der zu Tatsachen gewordenen Werke beide Funktionen ungetrennt in Erscheinung treten, hat eine Analyse, die allein die Werke vor Augen sieht, kein Mittel, um zu entscheiden, welche von beiden bei einer sinnlichen Verkörperung den Ausschlag gegeben hat. Der Mensch, der Werke schafft, packt jedes Material, um ihm den Stempel seines Geistes aufzudrücken. Er beobachtet dabei Gesetze, über deren verborgene Quellen er nicht nachgrübeln darf, wenn er schaffen will. Jedes Material hat seine Widerstände, aber auch seine besonderen Reize und Chancen, die der geistige Wille zu nutzen weiß, vor allem, wenn mehrere Sinne dabei zusammenwirken.

Um die Vermittlungsfunktion des sinnlichen Modus rein zu erhalten, muß man von ihm selbst ausgehen und ihn daraufhin befragen, welche spezifische Möglichkeit von Verstehen bzw. Kundgabe ihm als Modus kraft seiner Struktur bereits zugehört. Daß diese Möglichkeit vom schöpferischen Leben schon entdeckt ist und ausgebeutet wird, daß sie ihre Geschichte hat, kann nicht überraschen. Nur sieht man es ihr für gewöhnlich im geistigen Leben nicht an. Erst für das Problem gewinnt sie diese merkwürdige Bedeutung.

Der euklidischen Geometrie, die heute für die Physik im Vergleich zu früheren Zeiten an Wert eingebüßt hat, sieht man es nicht an, daß sie die spezifische Möglichkeit des optischen Modus für den Typ des exakten Verstehens entdeckt und ausgebeutet hat. Ihre eigentümliche Anschaulichkeit, die nicht mit den Eigenschaften des sogenannten Anschauungsraumes übereinstimmt (dieser folgt nichteuklidischen Gesetzen!), stammt nicht aus der Erfahrung, den Wahrnehmungen und Empfindungen, also den Inhalten, sondern aus der Weise des Sehens. Die merkwürdige Tatsache, daß exaktes Erklären und zielbezogenes Handeln der Axiomatik seines Modus folgen, beruht auf einer inneren Übereinstimmung zwischen Erklären, Handeln und Sehen. Sie wird weder davon berührt, daß auch Blindgeborene durch den Tastsinn oder durch Bewegungen sich die Bedeutung von gerade, krumm, parallel etc. klarmachen können, noch davon, daß die Geometrie über die Axiome Euklids hinausgegangen ist und der Spielraum der Exaktheit weit mehr enthält als nur die Formen geometrischen Denkens.

Ebensowenig aber sieht man es der Musik an, daß sie die spezifische Möglichkeit des akustischen Modus für den Typ des Verstehens und der Kundgabe durch Gebärde, Mimus und Gestus, entdeckt und ausgebeutet hat. An ihr läßt sich zeigen, daß das Gehör durch seine Art zwischen einem Verstehen und einem leiblichen Bewegen vermittelt, welche für gewöhnlich mit demselben Wort „Ausdruck" bezeichnet werden, weil sie in der Schicht des Verhaltens zusammenfallen. Für den Menschen bleibt diese leibgebundene Schicht seines Benehmens, seines Zutunhabens mit der Welt, seines Im Leibe Seins eine Schicht des Ausdrucks, „hinter" der er als innerliches und willentliches „Ich" seine Mitte hat und durch die hindurch er mit Gebärden oder mit Hilfe der Stimme bzw. Sprache sich Luft macht und anderen mitteilt. Wir verständigen uns durch Gebärde und Haltung. Die stumme Allegorie der Ausdrucksbewegungen unseres Gemüts, die seltsamen Ausbrüche des Lachens, Weinens, Errötens und Erblassens bilden eine ursprünglich zwingende Bildersprache zwischen den Menschen und zum Teil zwischen ihnen und den Tieren. Eben weil diese Bildersprache des Leibes auf die Stimme verzichten kann und sich rein ans Auge wendet, hat man ihre Strukturverwandtschaft mit der akustischen Modalität, die in der Musik zum Vorschein kommt, nicht beachtet. Und weil sie in der Musik, also einer sogenannten Kunst, der Domäne der Ästhetik, greifbar wird, sind die Philosophen nicht auf den Gedanken verfallen, aus ihrer Tatsache etwas für das Problem Sinnlichkeit und Verstand und die Theorie der menschlichen Natur zu lernen.

Gewiß, die Vermittlungsfunktion des akustischen Modus besteht nicht darin, daß er das Verstehen leiblichen Ausdrucks in der Schicht der Haltung und des Verhaltens zwischen den Menschen vermittelt; obwohl die Stimme, der Ausruf und nicht zum wenigsten die Sprache die wichtigsten Verbindungsmittel im verstehenden Verkehr sind. Sondern die Vermittlungsfunktion des akustischen Modus besteht darin, daß das Gehör eine innere Übereinstimmung zwischen Ausdrucksintention und Ausdruckshaltung, zwischen Motivation und Motorik in sich birgt, eine Art von Zusammenhang zwischen Körper und Geist, die anderen Spielregeln gehorcht als die Zusammenhangsart zwischen Handeln und Rationalität.

Tier und Mensch

Es bleibt ein erstaunliches Phänomen, dessen versteckte Logik uns noch kaum zum Bewußtsein gekommen ist, daß das gegenwärtige grenzenlose Vertrauen zu den menschlichen Fähigkeiten mit der üblich gewordenen Einschätzung menschlichen Wesens in Widerspruch steht. Soweit wir die Geschichte übersehen, hat es keine Zeit gegeben, die dem Menschen so viel zumutete, ihn so unbeschränkt zum Herrn über seinesgleichen und die ganze Natur proklamierte, so hemmungslos auf seine Einsicht und Voraussicht baute wie die unsrige. Und diese selbe Zeit arbeitet mit der gleichen Radikalität ihrem eigenen Vertrauen entgegen, indem sie die Vertrauenswürdigkeit des Menschen untergräbt. Vertrauenswürdig ist der Mensch in diesem exaltierten Sinne nur als freies, geistiges und gottebenbildliches Wesen, das bei aller Naturgebundenheit in seinem eigentlichen Sein der Natur weder entstammt noch verpflichtet ist.

Wenn die Emanzipation des Menschen, in der wir das Kennzeichen einer mehrhundertjährigen Entwicklung bis zur modernen Industriegesellschaft abendländischer Prägung sehen, nur möglich gewesen ist, weil in ihr die Bindung an kirchliche Autorität Stück für Stück preisgegeben wurde, so begreifen wir heute, wenn auch erst dunkel, daß diese Emanzipation des Menschen sich damit selbst in Gefahr bringt, weil sie die Idee des Menschen um ihren Sinn gebracht hat.

Die Entgötterung des Lebens, im Zeichen der Erhöhung des Menschen begonnen, rächt sich an ihm, da sie im Zeichen seiner Erniedrigung endet. Längst hat sie den Bezirk der Theorie hinter sich gelassen und ist Praxis geworden, Praxis der Technik und Medizin, der wirtschaftlichen, staatlichen und gesellschaftlichen Organisation nach rationalen Prinzipien und zu rationalen Zwecken. An dieser Tatsache ändern die Frömmigkeit des einzelnen, die Existenz religiöser Anstalten christlichen oder nichtchristlichen Bekenntnisses praktisch so gut wie nichts. Sie regulieren den Strom des Lebens nicht mehr. Er fließt an ihnen vorüber, er umspült sie, und sie müssen Dämme bauen, damit sie in Zeiten der Hochflut nicht von ihm fortgeschwemmt werden.

Diesen Strom einer rein innerweltlichen Lebensauffassung und Lebensgestaltung haben sehr verschiedene Zuflüsse gespeist, Gesinnungen und Mächte: Freiheitsliebe und Zweifelsucht, Arbeitsethos und Gewinntrieb, Geldwirtschaft und Maschinentechnik. Aber seine letzte Quelle, aus der er auch heute noch fließt und seine einheitliche Richtung empfängt, ist das eine große revolutionäre Faktum der modernen Welt, die experimentelle Naturwissenschaft.

Als Methode der Beherrschung der Erscheinungen durch Analyse ist sie von Anfang an ein Können und keine abgeschlossene Lehre gewesen. Ihr Können erwies sich wenigstens von größerer Lebensdauer als die Theorien, die diesem Können eine bestimmte Deutung der Natur zugrunde legen wollten. Damit konnte sich ein sehr ausgeprägtes Könnensbewußtsein in der Gesellschaft entwickeln, die von ihren Entdeckungen und Erfindungen profitierte: das Bewußtsein, die Dinge aus ihnen selber erklären und durch sie selber lenken und verwandeln zu können. Theorien theologisch-metaphysischer Provenienz, die zu diesem Können in Widerspruch stehen, verloren Ansehen und Interesse. Je weiter das naturwissenschaftliche Denken ausgriff, je mehr es sich die Welt der belebten Dinge und den Menschen unterwarf, desto blasser wurde das christliche Bild der Schöpfungsordnung, desto leichter fand man sich mit dem Paradox ab, daß der Mensch ein Tier ist.

Ist er es wirklich? Unsere Einbildungskraft unterliegt dem Naturalismus des Zeitgeistes und hat längst in den breiten Massen ein aufgeklärtes Bewußtsein erzeugt, das zu der Einordnung des Menschen unter die Tiere ja und amen sagt. Die Praxis der Zeit bedroht dadurch die Würde des Menschen und erstickt sein Verantwortungsgefühl, sein Freiheitsbewußtsein. So wurde das Problem des Verhältnisses von Mensch und Tier zu einer Lebensfrage.

Eine Auseinandersetzung mit dem Naturalismus sieht sich heute nicht nur den Argumenten der Wissenschaft, sondern darüber hinaus des praktischen Daseins gegenüber. Aus der optimistischen Fortschrittslehre, die ihre besten Kräfte der Gesinnung bürgerlicher Wohlanständigkeit verdankt, ist allmählich eine Theorie von der Vergeblichkeit aller Anstrengungen geworden, die der Mensch macht, um sein geistiges Wesen gegen die Natur zu behaupten. Diese dämonische Abwertung der Menschidee zugunsten der untermenschlichen Kräfte muß in ihrem ganzen Umfang erkannt werden, bevor man sich daran macht, das Verhältnis von Tier und Mensch von neuem zu bestimmen.

1. Darwinismus: der Mensch ein Zuchtwahlprodukt

Ein Tier: das kann ein Hund, eine Katze, ein Floh, ein Hirsch, mit einem Wort der generelle Ausdruck für die Fülle der Wesen sein, die in Stämme, Arten, Gattungen und Familien zerfallen; die oberste Bezeichnung für ein Lebewesen, das durch Ernährung, Stoffwechsel, Fortpflanzung, Ortsbewegung, in Organisation und Lebensweise nun einmal – keine Pflanze ist; ein Begriff jedenfalls von großem Umfang und entsprechender Blässe des Inhalts. Ein Mensch: das kann ein Mongole, ein Neger, ein Indianer, ein Weißer sein, die nun wieder in feineren Nuancen zu Unterrassen und Völkern sich zusammenschließen, mit einem Wort der generelle Ausdruck für eine Gruppe von Lebewesen, die weit enger zueinander stehen als Bulldoggen, Bernhardiner und Foxterriers. Der Allgemeinheitsgrad des Begriffes Mensch ist viel geringer als der des Begriffes Tier. Er umfaßt nicht Arten, sondern höchstens Rassenvarietäten unter sich, über deren Herkunft, Konstanz und natürliche Stabilität wir noch so gut wie nichts wissen.

Der Vergleich zwischen den Allgemeinheitsgraden der Begriffe hat allerdings nur so lange seine Richtigkeit, als er eine Einschränkung an der Idee des Menschen vornimmt, die scheinbar jederzeit mögliche, tatsächlich jedoch fragwürdige und verhängnisvolle Einschränkung auf seine körperliche Erscheinung. Mit dieser Einengung erst rücken Tiere und Menschen in die gleiche Perspektive belebter körperlicher Gestalten. Als Körper wird der Mensch nach Form und Funktion zur Spezies, zur Art oder Unterart einer umfassenden Einheit, die – wohlgemerkt – nicht den Unterschied zwischen Tier und Mensch respektiert, nicht neutral zwischen ihnen vermittelt, sondern ihn zu einem Spezialunterschied innerhalb des Umkreises der Tiere, der Wirbeltiere, der Säugetiere und schließlich der Anthropoiden, macht. Als Körper wird der Mensch zur Tierspezies Homo sapiens, zu einem Fall von anthropoider Gestaltung, ein Verwandter des Schimpansen, Orang, Gibbon, zwar mit besonderen Eigenschaften, zum Beispiel weitgehender Haarlosigkeit, Gesichts- und Stirnentwicklung, aufrechtem Gang, ausgeprägter Differenzierung von Fuß und Hand, Sprache und so weiter, aber klassifikatorisch den anderen Gruppen der Anthropoiden gleichgestellt.

Als Körper wird der Mensch Tier. Es ist wichtig, von vornherein im Auge zu behalten, daß hier eine logische Prozedur vorliegt, die von der tatsächlich unwidersprechlichen Verwandtschaft des menschlichen und des tierischen Körpers ausgelöst und gelenkt wird, die aber in sich das Verhängnis einer Verfälschung trägt, wenn unvermerkt die Idee des Menschen mit der Idee des menschlichen Körpers zusammenfällt. Für

Tier und Mensch

die Geschichte der Auffassung des Menschen, vor allem in den letzten Jahrhunderten religiöser Unsicherheit, ist diese Einordnung des menschlichen Körpers unter die Tiere entscheidend gewesen. Sie hat das menschliche Selbstgefühl erschüttert, weil sie das Bewußtsein von der Sonder- und Spitzenstellung des Menschen (wie es sich noch im Linnéschen System spiegelt) untergraben mußte.

Logisch wäre es natürlich möglich gewesen, an jener uralten dualistischen Konzeption festzuhalten, die den Menschen in zwei Wirklichkeiten aufspaltet, die seelisch-geistige (durch die er sich von den Tieren als ein Wesen anderer und höherer Ordnung unterscheidet) und die körperliche (durch die er „auch" Tier ist). Solch ein Dualismus, im Seelenwanderungsglauben vieler Völker angelegt, ist griechisches Mysterienerbe, Platon hat ihm die philosophische Form gegeben, und in der Gegenströmung zum Aristotelismus hat es auch an christlichen Befürwortern dieser „Kerkertheorie" des Leibes nicht gefehlt. Die moderne Zutat wäre hier nur die genauere Bestimmung der tierischen Natur des menschlichen Leibes. Aber die Entwicklung hat sich am Sinnenfälligen der körperlichen Erscheinung orientiert und sie zum Maß des Menschen, das heißt den Menschen zur Tierart gemacht.

Mit der Eingliederung des Homo sapiens als Spezies – ob nun unter die Anthropoiden oder neben sie, ist schließlich nicht entscheidend – ist der erste Schritt zur Aufhebung des Wesensunterschiedes von Tier und Mensch getan. Die Idee des spezifisch menschlichen Körpers, des Körpers als notwendiger Erscheinungs- und Ausdrucksform menschlichen Wesens als Organs von Seele und Geist, ist nicht direkt unmöglich gemacht, nur zweideutig geworden. Noch verträgt sich mit der bedingten Einordnung des menschlichen Körpers unter den Artenaufbau der Tiere die christliche Schöpfungsordnung. Der Systematiker im Sinne Linnés spürt der natürlichen Gliederung der Geschöpfe nach, ihren Verwandtschaftsgraden nach formalen und funktionellen Merkmalen, wie sie Gott in der Unergründlichkeit seines spielenden Logos geschaffen hat. Mehr will er nicht, denn er ist von der Unveränderlichkeit der Arten nicht weniger überzeugt als von der Sonderstellung des Menschen.

Fiel die Überzeugung von der Unveränderlichkeit der Arten, so war auch die Sonderstellung des Homo sapiens bedroht, und man weiß, daß der Entwicklungsgedanke diesen zweiten und entscheidenden Schritt zur Aufhebung des Wesensunterschiedes zwischen Tier und Mensch bedeutete. Das Erklärungsbedürfnis der Naturwissenschaft konnte bei der natürlichen Systematik nicht haltmachen. Es suchte nach einem Grund für die Differenzierung in gerade diese Formen der heute lebenden (und der ausgestorbenen) Tiere.

Vielleicht hätte der Gedanke einer allmählichen Umbildung von Form zu Form in Verbindung mit der Idee einer in ihr sich vollziehenden Entwicklung von niedrigen zu höheren, von primitiven zu komplizierten, von unvollkommenen zu vollkommeneren Organismen – wie sie etwa Leibniz und Goethe vorschwebte – mit der Lehre von der Gottebenbildlichkeit des Menschen sich vereinen lassen. Tatsächlich hat das Programm der natürlichen Schöpfungsgeschichte diesen metaphysischen und idealistischen Sinn im Zuge seiner wissenschaftlichen Durchbildung verloren. Darwins Gedanke von der natürlichen Zuchtwahl als dem artschaffenden Faktor, von der Allmacht der Naturzüchtung im Kampf ums Dasein besaß jene Sinnfälligkeit, die den Naturwissenschaftler beruhigt und ihm den Rahmen zu seinen kausalen Konstruktionen liefert. Erst im Zeichen des Darwinismus konnte der Entwicklungsgedanke die Biologie und darüber hinaus die ganze Wissenschaft faszinieren und vom ausgehenden neunzehnten Jahrhundert an in den Köpfen die Überzeugung festigen, daß wie alle Arten auch die Spezies Mensch ein natürliches Entwicklungsprodukt der Stammesgeschichte darstellt.

Ein natürliches Produkt, auf rein kausale Weise zustande gebracht, ohne irgendeine verborgene übernatürliche Macht oder Zweckursache, ohne Eingriff eines außerweltlichen Prinzips, ohne geheimnisvolle Regie einer planenden Vorsehung zu irgendwelchen Zwecken: das war es, was dem positivistischen Zug der Zeit entgegenkam und dem Geist der Physik endlich auch die Herrschaft über die Erscheinungen des Lebens zu sichern schien. Denn der Darwinismus blieb bei Abstraktionen nicht stehen. Mit dem großartig-einfachen Gedanken der natürlichen Zuchtwahl konnte er ihn der erfahrungsmäßigen Nachprüfung zuführen.

Wir haben es heute, da so gut wie alle Stützen und Argumente des Darwinismus als brüchig erkannt sind, leicht, über ihn den Stab zu brechen. Aber es wäre verblendet, über der Undurchführbarkeit die Größe des Einfalls und seine wissenschaftliche Fruchtbarkeit zu vergessen. Darwinismus ist ja nicht gleich Darwin. Was Spencer und Haeckel aus einem Gedanken entworfen haben, ein ganzes positivistisch-romantisches Panorama der Welt, steckt in seinen Büchern hinter einer Fülle einzelner Beobachtungen und Berichte als große Hypothese: die Natur als Züchter. Was der Züchter kann, sollte die Natur nicht können? Gegeben sind kleinste Varietäten, Schwankungen in der Körperform irgendeines Typus, Schwankungen in Schwäche und Stärke seiner Funktionen. Gegeben sind außerdem zuviel Individuen dieses Typus im Verhältnis zu seinem Nahrungsspielraum, das heißt Kampf aller gegen alle. Unter dem chernen Gesetz der Konkurrenz werden die Schwachen ausgemerzt und die Starken, die am besten Angepaßten, ausgelesen. Durch die Überfülle ihrer eigenen Produktionen schafft die Natur eine Not, die selektiv auf ihre Produktionen zurückwirkt und das Gleichgewicht zwischen Angebot und Nachfrage, Nahrungsmöglichkeiten und hungrigen Mäulern wieder herstellt.

In dieser Wiederherstellung liegt das Geheimnis des züchterischen Einflusses der Natur auf ihre Geschöpfe. Sie benutzt – wie der menschliche Züchter – die Spielbreite der kleinen Schwankungen in Form und Funktion, um die zweckmäßigste Möglichkeit, die konkurrenzfähigste Anlage zu erhalten, die unzweckmäßige zu vernichten. Durch das Mittel der Vererbung erworbener lebensfördernder Eigenschaften in Körperbau und Funktion schafft sie Arten. Ändert sich das Milieu in Klima, Bodenbeschaffenheit, Vegetation, so muß das Leben ihm folgen. Neue Arten entstehen – gewissermaßen wie neue Industrien.

Für Darwin steht fest, daß der Kampf um die bestmögliche Anpassung nicht nur nach dem Prinzip der höchstmöglichen Zweckmäßigkeit der körperlichen Organisation verläuft, sondern darüber hinaus auch nur mehr oder weniger zweckmäßig ausgefochten wird. An sich könnten ja mehrere Zweckmäßigkeitsstile, mehrere einander gleichwertige Planmäßigkeiten nebeneinander in der Welt der Organismen existieren: der Schmetterling folgt einer anderen Weise des Daseins als die Spinne oder der Vogel.

Man versteht, daß mit einer derartigen Konzession an die schöpferische Spielfreiheit des Lebens die Zuchtwahltheorie ihre Stoßkraft eingebüßt hätte. Die Arten sollen als Lösungsversuche auf ein und dieselbe Aufgabe begriffen werden. Wohl gibt es die Grundverschiedenheiten des Milieus, Wasser, Luft, Erde, aber sie werden überbrückt von einer einzigen Welt, und je mehr ein Lebewesen versteht, den Anforderungen aller Milieus und aller Milieuschwankungen zu genügen, das heißt die Chancen aller Nahrungsräume auszunützen, desto besser ist es nach Darwinscher Lehre angepaßt, desto höher steht es in der Entwicklung.

Der heimliche Maßstab dieser mehr oder weniger erreichten Zweckmäßigkeit ist also der Mensch, dessen Sapientia als technische Intelligenz verstanden wird, als Gabe, mit dieser Welt praktisch fertig zu werden. Darwin hält bei aller Überzeugung von dem natürlichen Hervorgang auch dieser Spezies Homo sapiens an der Spitzenstellung des Menschen fest, so sehr fest, daß er gar nicht wagt, die Intelligenz in Frage zu ziehen und sie vor dem breiten Hintergrund des Lebens als eine merkwürdige, aber nicht bindende Ausdrucksform des Daseinskampfes darzustellen. Sie ist ihm die gewiß steigerungsfähige, aber fraglos einzig mögliche und notwendige und jedenfalls am weitesten vorgedrungene Auseinandersetzungsweise des Lebens mit der Welt.

Der Mensch ist das Spitzenprodukt des natürlichen Ausleseprozesses. In ihm hat die Natur die relativ richtigste Antwort bisher gefunden. Eine aufsteigende Reihe von Arten führt durch die Tierreihe, und je näher sie dem Menschen kommt, desto höher, desto vollkommener, desto richtiger wird der Ausgleich zwischen den Dingen der Natur und dem Leben. In dieser Enge des Blickpunktes, in diesem unbekümmerten Anthropozentrismus des technisch-intellektuell verstandenen Menschen lag die Stärke Darwins. Ohne sich Gedanken darüber zu machen, daß es eine ungeheuerliche Zumutung ist, den Menschen zum Entwicklungsmaß der ganzen Tierwelt zu nehmen, ordnete er den geschichtlichen Ausleseprozeß nach denselben Forderungen der Zweckmäßigkeit, die für den Menschen nur gelten können, weil sie für seine technische Intelligenz Sinn haben.

Eben dies durchschaut Darwin und der Darwinismus nicht. Darum wirkt er auf unkritische Köpfe so überzeugend. Nach der Theorie von der automatischen Zuchtwahl erklärt er zugleich mit der menschlichen Körperform die Entstehung der menschlichen Intelligenz. Ausgehend von affenähnlichen Vorfahren – die Orangtheorie ist verlassen, die Gibbontheorie umstritten, die Schimpansentheorie neuerdings im Vordergrund –, wird der Übergang zur aufrechten Haltung als Anfang der eigentlichen Menschwerdung angesehen. Dauernde Aufrichtung macht die Hand frei, disponiert sie zum Werkzeuggebrauch. Die damit gleichzeitig gegebene Ausbildung des Fußes als Schreit-, Stand- und Stützorgan ermöglicht – durch die andere Lastenverteilung der Körperorgane – eine Ausbildung des Kopfes, insbesondere des Gehirns. Zumal die Entwicklung des Stirnhirns, des „Sitzes" der eigentlichen Intelligenz, entspricht der vertikalen Orientierung des ganzen Körpers zur Standfläche, die sich in der Ausbildung von Stirn, Kinn und Nase, in der Rückbildung der schnauzenförmigen Prognathie ausprägt.

Über die Ursachen der Aufrichtung, die baumbewohnenden Anthropoiden an sich naheliegt, kann man sich viele Gedanken machen. Die Hypothesenfreudigkeit schreckt hier vor den kühnsten Konstruktionen nicht zurück. So hat man den Übergang zum permanenten aufrechten Gang mit den klimatischen Revolutionen der ersten Eiszeit in Verbindung gebracht: der tropische Wald wich in die äquatorialen Zonen zurück; wer nicht zugrunde gehen wollte, mußte vom Baumbewohner zum Steppenläufer werden, vom Affen zum Menschen ...

2. Darwinismus: die Intelligenz ein Reflexautomat

An der Tatsache einer vieltausendjährigen Vorgeschichte des Menschen wird auch der überzeugte Anhänger des unüberbrückbaren Wesensunterschiedes zwischen Tier und Mensch nicht zweifeln dürfen. Die Paläontologie spricht eine deutliche Sprache. Die zahlreichen Reste, deren Deutung auf Zugehörigkeit zu noch tierischen oder schon menschlichen Formen Schwierigkeiten macht (Funde auf Java, im Neandertal, bei Heidelberg, Peking, in Südafrika usw.), bedeutsamerweise übrigens ausschließlich auf dem Boden der alten Welt, die denn auch allein noch heute Anthropoide besitzt, machen die Abspaltung der Homo-Form (vielleicht noch im Ausgang des Tertiär) wahrscheinlich. Aber über die Gründe sagt die Paläontologie nichts.

Das haben Einsichtsvolle dem Darwinismus sofort eingewandt. Aber er hatte einen mächtigen Bundesgenossen an der zeitgenössischen mechanistischen Psychologie, die wiederum ganz auf eine Theorie der Zweckintelligenz abgestimmt war und die Fülle der seelischen Wirklichkeit ebenso verkannte wie die Zwecküberlegenheit des Geistes. In das Schema des einlinigen Fortschrittes mit einer Skala von niedrig-einfach und hoch–kompliziert paßte das Schema der Assoziationen und Reflexe, mit dem die naturwissenschaftliche Psychologie der Vorgänge der Empfindung, Wahrnehmung, Erfahrungs- und Urteilsbildung und des praktischen Verhaltens Herr werden wollte. Denn dieses Schema läßt sich sowohl auf das einzelne Individuum als auch auf die Kette ganzer Generationen von Lebewesen anwenden und ist formal so gehalten, daß es auf Tiere wie auf Menschen paßt. Es vermeidet nämlich die Crux jedes psychologischen Vergleichs zwischen den Organismen: das Bewußtsein, den Innenaspekt, über den, streng genommen, nur der einzelne Aussagen machen kann.

Warum entwickelt sich im Ausleseprozeß der Artentwicklung mit einer bestimmten Körperform auch etwas Unkörperliches, die Intelligenz? Warum spiegeln sich die Etappen des Fortschritts zugleich in der leiblichen und in der seelischen Verfassung der Organismen? Warum findet dieser Fortschritt, der automatisch reguliert ist, überhaupt so etwas wie eine innere Rechtfertigung als Fortgang vom Niederen zum Höheren, vom Unbeholfenen, Wehrlosen, Dummen zum Geschickten, Mächtigen, Klugen?

Weil die Intelligenz angeblich ein Reaktionssystem, nichts anderes ist, summenhaft aufgebaut aus einer mehr oder weniger großen Zahl richtiger Reaktionen auf Umweltreize, die in ihren letzten Elementen Reflexe darstellen sollen, zwangsmäßig ablaufende Bewegungen von festgelegter Art und Richtung. Reflexe kennen wir bei Mensch und Tier in großer Zahl: die Verengung der Pupille bei Lichteinfall, das Niesen bei Reizung der Nasenschleimhaut, das Husten bei Reizung der Rachenschleimhaut, den Kniesehnenreflex bei Reizung der Sehne der Kniescheibe sind nur wenige bekannte Beispiele. Stehreflexe spielen ihre Rolle bei der Registrierung der Körperhaltung. Atmung, Wärmeausgleich, Stoffwechsel, Orientierung im Raum, Aufrechterhaltung des Gleichgewichts werden vielfach reflektorisch, das heißt ohne Einbeziehung des Bewußtseins, ohne Appell an willkürliche Entscheidungen „von selbst" in Gang gehalten. Immer trifft irgendein Reiz das sensible Organ, bewirkt eine Erregung im zuführenden Nerven, die ins Zentrum fließt, dort auf einen motorischen Nerv umgeschaltet wird und schließlich eine Bewegung an einem entsprechenden Organ zur Folge hat, die den Reiz beseitigt beziehungsweise irgendwie verarbeitet.

In diesem berückend simplen Schema eines Reizes, der vom Organismus als Bewegung „zurückgeworfen" wird (als handelte es sich um einen Lichtstrahl, der auf eine Spiegelfläche trifft), glaubt man den Schlüssel zur mechanisch-kausalen Analyse des lebendigen Verhaltens zu besitzen, zu einer Psychologie, die Tier und Mensch gleichermaßen umfaßt, weil sie auf die unfaßbare Realität einer Psyche verzichten kann. Zwangsmäßige Reaktionen bei Pflanzen und niederen Tieren auf Licht, Schwerkraft, chemische Stoffe, mechanische Berührung, sogenannte Taxien oder Tropismen dachte man sich als unterste Schicht des Verhaltens. Der Organismus erhält sich in seinem Lebensmilieu auf automatische Weise. Der Grad an Möglichkeiten ist minimal, die Variationsbreite des Verhaltens beschränkt, der Spielraum des Daseins auf konstante Verhältnisse eingeengt.

Sobald sich „Zentren" gebildet haben, nimmt die Variationsbreite des Verhaltens zu. Der an bestimmten empfindlichen Stellen einwirkende Reiz reflektiert sich mittels des Zentrums in eine Bewegung irgendeines Ausführungsorgans. Nicht der ganze Organismus ist, wie bei den Taxien und Tropismen, dem Reizeinfluß ausgeliefert und in Mitleidenschaft gezogen, sondern nur einige seiner Organe. Die lebensfördernde Zuordnung zwischen Reiz und Reaktion ist durch den über das Zentrum laufenden Reflexbogen sichergestellt. Die Bildung derartiger Reflexbogen hat die Natur einem besonderen Gewebe anvertraut, den Nerven. Je komplizierter das Nervengewebe, desto größer die Mannigfaltigkeit reflektorischer Kombinationen. In der Zunahme der zur Körpergröße relativen Hirngröße und des relativen Hirngewichts, vor allem in der wachsenden Differenzierung des Hirnaufbaues ist ein sichtbares Maß für den Entwicklungsgrad der Intelligenz gegeben.

Instinkt, Gewohnheitsbildung und schließlich auch die höheren Formen des Verhaltens hat man aus Reflexen ableiten wollen. Tatsächlich steht nichts im Wege, daß ein Reflex einen zweiten, dritten, und so weiter, hervorruft. Eine zwangsmäßig ausgelöste Bewegung kann wie ein Reiz wirken, der eine neue Bewegung auslöst. Solche Reflexketten könnten die einfachste Erklärung für jene wunderbaren, komplizierten und trotzdem mit schlafwandlerischer Sicherheit ablaufenden Handlungen sein, die wir instinktive nennen. Neben den angeborenen Reflexen, die ein Organismus mit auf die Welt bringt, kann es aber natürlich auch erworbene Reflexe geben, die von irgendeiner besonderen Konstellation bedingt sind. Zeigt man einem hungrigen Hund Fleisch, so fängt seine Speicheldrüse zu sezernieren an, das Wasser läuft ihm im Maul zusammen. Verbindet man nun die Demonstration des Fleisches etwa mit einem Klingelzeichen, so wirkt nach einiger Zeit das Klingelzeichen allein auf die Speicheldrüse wie das Tischgong auf die Hotelgäste. Pawlow hat in diesen bedingten Reflexen die Essenz dessen gesehen, was wir Erfahrung und Gewohnheitsbildung nennen, und glaubte, mit ihnen der Mechanik der sogenannten Assoziation (auf der ein gut Teil unseres Gedächtnisses beruht) nahegekommen zu sein: die Verknüpfung von Eindrücken, das Spiel der Vorstellungen im Verband, Abstraktion und Urteil werden zu Produktionen bedingter Reflexe.

Zu schön, um wahr zu sein – aber das ist der Eindruck jeder universalen Theorie, die eine einzige Formel für das Leben findet. Die Reflextheorie jedoch hat in der Verbindung mit der darwinistischen Abstammungslehre tiefere Spuren hinterlassen. Noch heute ist sie das trotz aller Kritik und alles bewußten Widerspruchs wirksamste Modell für die biologische Auffassung des Verhaltens der Tiere und des Menschen. Wirksamer noch als die materialistische Auffassung der Intelligenz als einer Funktion des Gehirns, die, im Kampf ums Dasein entstanden, das Milieu kontrolliert, um den Kampf ums Dasein zu bestehen. Für sich allein, so wie die großen Mechanisten des siebzehnten und achtzehnten Jahrhunderts sie entworfen hatten, wäre sie der Auffassung des Menschen nicht verhängnisvoll geworden. Im Bunde mit der natürlichen Schöpfungsgeschichte aber und als Forschungsprogramm der Physiologie, deren Experimente durch sie eine geradezu ideale Anleitung empfingen, mußte sie aus dem Homo sapiens einen Homo faber machen, das erfinderische mächtige Tier, dessen Sapientia in der Produktion von Kultur, dessen Kultur in der Schöpfung von Werkzeugen sich erfüllt; ein Wesen, das die Reize der Umwelt reflektiert, weil es nichts Höheres kennt, als auf das Angebot ihrer Reize – zu reflektieren.

In der Theorie sind Zuchtwahlgedanke und Reflexlehre überwunden, in der Praxis der Forschung nicht. Man braucht nicht nur auf die nach Pawlows Programm eingerichteten zahlreichen sowjetrussischen Laboratorien und auf die amerikanische Behavioristik zu verweisen. Das naturalistische Bild des Menschen ist bis auf die christlich gesonnenen Kreise und einige philosophische Schulen die Durchschnittsüberzeugung der durchschnittsgebildeten Welt von heute. Aus dem ursprünglichen Wesensprädikat des Menschen, seiner an Gott orientierten und von Gott verliehenen Geistigkeit und Weisheit, ist im Laufe der Zeit ein Annex seines Gehirns und seiner Körperform geworden, eine Eigenschaft von demselben Rang wie Zweibeinigkeit und aufrechter Gang. Die Unterordnung des Homo unter die Tiere (mit allen Konsequenzen, die auch die alten Kulturvölker am eigenen Leibe zu spüren bekommen) ist vollkommen und damit allerdings zu dem Punkte vorgetrieben, an dem sie sich selber fragwürdig zu werden beginnt.

3. Das Leben wider die Ratio
(Bergson, Klages, Uexküll)

Die Opposition gegen die darwinistische Einebnung des Rang- und Wesensunterschiedes zwischen Tier und Mensch verfügt über die besten Argumente aus der Naturwissenschaft selbst. Man weiß heute die Tragfähigkeit des Zuchtwahlgedankens für die Erklärung der Formbildung recht genau abzuschätzen: sie ist sehr gering. An einer Anordnung aller Tierformen von der Amöbe bis zum Menschen in einer aufsteigenden Reihe halten die kühnsten Stammbaumkonstruktionen nicht mehr fest. So haben zum Beispiel, um nur ein wichtiges Argument zu nennen, neuere Untersuchungen gezeigt, daß auch unmittelbar nicht verwandte Tiere die gleichen Organformen besitzen können. Auffallend bei diesen sogenannten Parallelentwicklungen ist die Wiederkehr eines bestimmten Bauprinzips, zum Beispiel bei einem Auge, Gehörorgan, einem Flügel oder einer Flosse der vergleichend anatomisch und entwicklungsgeschichtlich weit auseinanderliegenden Stämme und Arten. Das Auge des Tintenfisches und das der höheren Wirbeltiere stimmen weitgehend überein.

Solche Parallelentwicklungen machen natürlich den Schluß aus der anatomischen Ähnlichkeit auf den Verwandtschaftsgrad noch fragwürdiger, als er bei der Lückenhaftigkeit des paläontologischen Materials an sich schon ist, und machen den Nachweis einer einlinigen Entwicklung unmöglich.

Auch der Widerstand gegen das reflexmechanistische Dogma ist ständig im Wachsen. Man weiß seit längerem, daß die Reflexe nicht elementare Bausteine des Lebensvorganges darstellen, sondern gewissermaßen Absprengungen, Artefakte und zum Teil durch die künstlichen Umstände der eingeengten Beobachtung selbst erst erzeugte Zwangsmäßigkeiten, die nur da auftreten, wo es Sinn hat. Der Pupillenmechanismus zum Beispiel spielt deshalb, weil er nach Anlage des Auges seine die eintretende Lichtmenge regulierende Funktion auf keine andere Weise erfüllen kann. Und ähnliches gilt von sehr vielen Reflexen. Der Organismus muß unter Umständen eben auch auf Stichworte antworten können, wenn ihm die Situation elastischere Antwortmöglichkeiten verwehrt. Deshalb hat die Physiologie mit dem mechanistischen Erklärungsideal einer Analyse in letzte Elemente ebenso brechen müssen wie die Psychologie, die auch die Lebensfremdheit des Mechanismus assoziierter Empfindungen und Vorstellungen begriff und die komplexe Größe, die übergreifende Gestalteinheit, die Tendenz als Wirklichkeit unauflöslichen Wesens in ihre Rechte einsetzte.

Wenn man nun von dieser Opposition gegen den Naturalismus darwinistischer Prägung eine Absage an den Naturalismus überhaupt erwarten wollte, eine entschiedene Rückwendung zur alten klassischen Theorie des Wesensunterschiedes von Tier und Mensch, sähe man sich bitter enttäuscht. Statt sich der antiken und christlichen Auffassung wieder zu nähern, die sich am Begriff des Geistes orientiert und die Unableitbarkeit des Geistes aus der Materie und dem Leben zu ihrem Angelpunkt macht, ist die Entwicklung der letzten Dezennien unseres Jahrhunderts genau den entgegengesetzten Weg gegangen. Sie hat den Darwinismus überholt, aber nicht, um gegen ihn die alte Wahrheit wiederzugewinnen, sondern um die letzten in ihm noch steckenden geheimen Reste des antik-christlichen Respekts vor dem menschlichen Geist und der Spitzenstellung des Menschen in der Reihe der Organismen abzustoßen.

Gefiel sich das ausgehende neunzehnte Jahrhundert in einer Nivellierung der Stellung des Menschen zugunsten seiner tierischen Natur, so hielt es dafür wie zum Ausgleich am Gedanken des Fortschritts vom Unbewußten zum Bewußtsein, von Reflex und Instinkt zur Intelligenz unbedingt fest. Die Intelligenz aber war ein Axiom, an ihr wagte die Zeit nicht zu zweifeln.

Diese Intelligenzfrömmigkeit durchschaut die neue Generation als Fessel und Vorurteil einer zivilisationsfreudigen, entwicklungsgläubigen Epoche. Sie wirft die Fessel ab und verhilft damit, ungläubig, antichristlich wie sie ist, einem entfesselten, intelligenzfeindlichen Naturalismus des blinden Lebens ans Licht. Der Darwinismus lebte noch im Geist der Aufklärung, er glaubte an Vernunft und Wissenschaft als an des Menschen allerhöchste Kraft, und wenn er auch alles dazu getan hat, die Sapientia zur Prudentia, zum technisch-rechnerischen Verstande zu verarmen, so hielt er doch an diesem Verstande wie an einem unbedingten Maßstabe fest und setzte alle Erwartungen auf seine Vervollkommnungsfähigkeit. Mit dem Zweifel an der Zivilisation, dem zunehmenden Mißbehagen an der Kultur wird der Fortschrittsglaube an sich unsicher. Die innere Bereitschaft zum Darwinismus schwindet, und zum Teil alte geist- und verstandesfeindliche Tendenzen der Romantik finden – besonders natürlich in der Stimmung der Nachkriegszeit – einen fruchtbaren Boden.

Derartige Tendenzen finden im Sinne des ungebrochenen Naturalismus ihre stoßkräftigsten Argumente in der Biologie, auch wenn sie vielfach auf philosophische Überlegungen zurückgreifen. Bergson und Klages sind nicht denkbar ohne Schopenhauer, ja Schelling; Uexküll wird es sich höchstwahrscheinlich verbitten, in dieser Linie genannt zu werden und will gewiß nichts mit geistfeindlicher Romantik zu tun haben. Seine Biologie ist nicht denkbar ohne Kant, ja Leibniz; nur im Effekt bildet sie eine ungewollte Hilfe im Kampf gegen den Entwicklungsgedanken und den klassischen Begriff von Mensch und Welt, da er beide in seiner Umwelttheorie relativiert. In der Tat wird man gegen die Auswahl dieser Namen als Träger des antidarwinistischen Lebensirrationalismus einwenden können, daß sie lückenhaft ist und zu wenig die Gesichtskreise voneinander abhebt, in denen jedes ihrer Werke steht. Mögen sie daher als Beispiele einer Bewegung auftreten, welche – gewollt oder ungewollt – gegen die letzten Positionen einer Sonderstellung des Menschen in der Natur gerichtet ist, weil sie die Idee des Geistes und der Welt dem schöpferischen Leben zum Opfer bringt.

Um mit Bergson zu beginnen, der auch innerlich dem Entwicklungsoptimismus der Darwinzeit am nächsten steht: seine Tat war es, diesen Optimismus der schöpferischen Entwicklung von den intellektualistischen Vorurteilen des Zuchtwahlgedankens zu befreien. Es gibt den Homo faber, der mit seinem dem Raum verbundenen Verstand sich die Dinge unterwirft. Aber dieser rechnende Verstand dient nur der Praxis, ist nur ein Orientierungsmittel, nicht dagegen ein Organ für die Wirklichkeit wie die der Zeit (la durée) als realer Essenz alles Lebens verbundene Intuition. Der Verstand hat mit dem Geist als der rational, intellektuell nicht faßbaren, nicht zergliederbaren, eigentümlichen Schwungkraft des Lebens nichts zu tun. Er folgt ihr so wenig, wie er der simpelsten Bewegung folgen kann, die vor unseren Augen anschaulichunbegreiflich abläuft. Als Körper muß der Mensch, eine Schöpfung des Lebens wie jede Pflanze, jedes Tier, dieses Opfer des Verstandes, diese Konzession der Indirektheit bringen, wenn er nicht zugrunde gehen will. Als Leben dagegen, innerlich und der reinen Dauer ursprünglich verbunden, ist er frei von dieser Fessel und vermag der schöpferischen Ungebundenheit neue Kräfte abzugewinnen.

Zweifellos liegen in der scharfen Trennung zwischen Geist und Verstand, der Abwertung des Verstandes und der Annäherung des Geistes an das Leben manche Anknüpfungsmöglichkeiten an die klassische Auffassung des Menschen. Und doch verbieten sie sich, weil die ganze Konzeption unter dem Primat eben des Lebens steht, das keinem höchsten Ziel mehr zustrebt, weder dem der Vergeistigung oder der Steigerung rationaler Fähigkeiten noch dem der Selbstüberwindung und Vernichtung wie etwa der erlösungshungrige Weltwille Schopenhauers. Bei Bergson gibt es keine eindeutige Welt und Weltorientierung mehr, keinen die Entwicklung lenkenden Sinn. Das Leben (und des Lebens Leben: Geist) ist sein eigener Sinn ohne Rückhalt an einem wirklichkeitsüberlegenen Prinzip.

Der Mensch ist eine Möglichkeit, nicht die höchste Möglichkeit des Lebens. Die Entwicklung hat mehrere Steigerungs- und Verzweigungstendenzen: der eine Ast kulminiert in den Wirbeltieren, der andere in den Insekten. Eine Kulmination prägt sich in der Steigerung der Intelligenz aus, zu der die Bildung offener Gemeinschaften, der société ouverte, gehört; die andere in der Steigerung des Instinkts, und die sogenannten Staatenbildungen der Bienen, Ameisen und Termiten, geschlossene Gemeinschaften, folgen seinem Gesetz.

Es bedarf nur geringer Akzentverschiebungen, um von hier aus den Boden der Lebensphilosophie von Klages zu gewinnen, die im ganzen Entwurf so diametral der Bergsonschen Lehre entgegengesetzt ist und im Prinzip ihr doch so nahe steht. Der Antagonismus von Intellekt und Leben kehrt hier, zivilisationsfeindlich und antiwestlerisch im höchsten Grad, antichristlich, antigriechisch, antiapollinisch – also eminent unfranzösisch – als Feindschaft zwischen Geist und Seele wieder. Seele und Leben sind eins, und solange der Mensch (in vorgeschichtlicher Zeit) diese mütterliche Einheit in sich und mit den Mächten der Erde und des Blutes zu wahren wußte, war er mit allen Organen und durch das urtümliche Schauvermögen der Sinne intuitiv dem Wesen der Dinge verbunden. Durch den Einbruch des Geistes, der Macht der Objektivierung, die Distanz zwischen „Subjekte" und „Objekte" legt, abstrahiert, rechnet und damit dem Trieb zur Macht eine universale Ausdehnung verschafft, verliert der Mensch seine Ursprünglichkeit. Er gerät in die geschichtliche Existenz, an der er bis heute krankt, unter das Verhängnis des Bewußtseins, ein dem Willen zur Macht verfallenes erkranktes Tier.

„Untergang der Erde am Geist" (Lessing), „Bewußtsein als Verhängnis" (Seidel) – eine Klages nahestehende Literatur hätte die eine große These vom Menschen als dem kranken Tier auf so vielfältige Weise nicht variieren können, wenn ihr nicht Zivilisationsmüdigkeit und allgemeine Ratlosigkeit im Nachkriegseuropa, besonders im Nachkriegsdeutschland, entgegengekommen wären. Nicht nur der Darwinismus, auch der Marxismus mußte daran glauben, der dieser Skepsis – entgegen seinem eigenen Zukunftsvertrauen – durch die Entwertung des Geistes als eines bloßen ideologischen Überbaues über dem ökonomisch bestimmten Dasein – in die Hände gearbeitet hatte.

Aus einem animal ideologicum mit der Möglichkeit, ein freier Mensch zu werden, wird leicht ein Tier, das seine Triebe und seinen Triebüberschuß in Fiktionen sublimiert, hinter denen nichts steckt als – die Scham darüber, daß es ein Tier ist und nichts weiter. Ein Tier, das sich schämt, wäre aber kein Tier mehr, das wäre im Kern eben Mensch. Also lautet die letzte Forderung des entfesselten Naturalismus: gewöhnen wir dem Menschen diese Scham ab, das Überbleibsel seines Irrwegs auf dieser Erde zum Geist. Er opfere den Geist, um das wieder zu werden, was er im Wesen ist: Leben, Blut, Erde, Tier.

Die Relativierung des Menschen im Sinne der Lebensphilosophie ergibt sich aus der Abtragung des Geistes, seiner vornehmsten metaphysischen Qualität, in die Schicht des Lebens, mit der er entweder zusammenfällt oder der er als lebenszerstörende Macht und Entartungserscheinung koordiniert wird. Die Sonderstellung des Menschen läßt sich aber noch auf einem anderen Wege erschüttern: durch Relativierung der menschlichen Welt, durch Auflösung einer allgemein für alle Wesen gültigen Daseinsordnung und ihre Ersetzung durch lebensgebundene Umwelten.

Mit dem Vorbild der Leibnizschen Monadologie hat dieser Pluralismus nur wenig gemeinsam. Die Monaden des Leibniz sind zwar fensterlos und können direkt aufeinander nicht wirken. Aber sie fügen sich trotzdem einer umfassenden Ordnung, sie bilden einen hierarchischen Aufbau, gehalten von der Zentralmonade, sie stimmen, eine jede Stimme für sich, zu einer Harmonie. Der Pluralismus tierischer Daseinsräume und Umwelten, wie ihn Uexküll lehrt, ist primitiver und radikaler zugleich: er ist chaotisch.

Hinter ihm steht ein vereinfachter kantischer Agnostizismus. Was die Welt an sich ist, wissen wir nicht, wir kennen sie nur in ihren Erscheinungen. Uns stellt sie sich dar in Dingen, die, im Raum verstreut, in der Zeit entstehen und vergehen, farbig, geformt und auf mannigfache Weise unsere Sinne erregend. Warum? Weil unsere Sinne die Erregungen eines unbekannten Agens mit Licht, Schall, Geruch und Getast beantworten, weil unsere Anschauungsformen eine räumlich-zeitliche Ordnung im Chaos der Empfindungen stiften, weil unser Verstand mit seinen Kategorien ein sinnvolles Gefüge in die schweigende Materie hineinmodelliert.

Uexküll geht nur einen Schritt weiter: er macht das weltschöpferische Bewußtsein des Menschen zu einem Sonderfall, neben dem andere weltschöpferische Lebensformen der Tiere Platz finden. Warum sollte das, was dem Menschen recht ist, den Tieren nicht billig sein? Jeder Organismus ist ein Lebenszentrum von umweltgestaltender Kraft. Er hat seine Sinnesorgane, die seiner, nur seiner Wahrnehmungs- oder „Merkwelt" entsprechen, er hat Bewegungs-, Ernährungs-, Angriffs- und Verteidigungsorgane, die zu seiner „Wirkwelt" passen. Diese Umwelten mögen sich zum Teil überschneiden, zum Teil kongruieren oder auch ganz auseinanderliegen. Sie sind gewiß in eine einzige Realität eingebettet, die aber keinem Wesen, auch dem Menschen nicht bekannt ist.

Wir haben nach Uexküll ein Mittel, diese unsichtbaren Welten zu rekonstruieren: das Studium des Bauplanes der Tierform. Die Baupläne enthüllen sich der anatomischen und physiologischen Analyse. Sie sind mannigfaltig wie Baustile und lassen sich ebensowenig wie diese in irgendeiner Stufenordnung unterbringen. Ein Infusor ist nicht weniger als ein Seestern oder ein Elefant, weil es kleiner oder unkomplizierter auf den Beschauer wirkt. Jeder Organismus hat diejenige Komplikation, die er verdient. Er ist mit seiner Umwelt verwachsen und mit ihr im Gleichgewicht, in ihr gibt es die ihm angemessenen Dinge, Freunde, Feinde, Lockungen und Gefahren. Libellendinge sind nicht Ameisendinge, Hundedinge keine Menschendinge.

Daß der Mensch ein Bilderbuch dieser unsichtbaren Welten schreiben kann, daß er darzustellen versucht, wie die Fliege, die Spinne, der Hund etwa unsere Zimmereinrichtung sehen, ist allerdings eine unerlaubte Konzession Uexkülls an den menschlichen Weltbegriff. Er kann immer nur schildern, wie *er* durch Fliegen-, Spinnen- oder Hundeaugen und mit Fliegen-, Spinnen- oder Hundeinteressen sieht. Über diese Maskerade ist nicht hinauszukommen, die menschliche Welt gibt den konstanten Hintergrund ab. Zur wahrhaft abgründigen Phantastik der außermenschlichen Welten führt kein Weg. Wir müßten uns ganz und gar aufgeben, müßten Fliegen, Spinnen oder Hunde werden, um zu wissen, wie ihre Welten aussehen. Aber dann hätten wir keine Möglichkeit mehr, davon zu erzählen und über die Anmaßung des Menschen zu lächeln.

4. Intelligenz ohne Geist

Offenbar ist hier eine äußerste Grenze für die Selbstentwertung der menschlichen Position in der Natur gegeben. Man kann nicht über seinen eigenen Schatten springen, selbst dann nicht, wenn man ihn, wie Peter Schlemihl, verloren hat. Es bleibt Münchhausen vorbehalten, sich an seinem eigenen Zopf aus dem Sumpf zu ziehen. Der Umweltbegriff kann den Weltbegriff nicht verdrängen, sondern – wie radikal er auch gefaßt sein mag – er behält seinen Sinn immer nur auf dem Grunde des Weltbegriffs.

Mit dieser Einschränkung, die dem Menschen das Dasein in objektiven, unter Umständen mit seinen Lebensinteressen und Instinkten, seinen Neigungen und Bequemlichkeiten kollidierenden Sachbezügen zur Welt vorbehält, können wir Uexkülls Umweltidee annehmen. Für das richtige Verständnis der Tiere bildet sie den Schlüssel. Tierisches Leben geht in der Umwelt auf. Die Verbundenheit eines Tieres mit seiner Umgebung ist fast so innig wie die Einheit seines Körpers. Es kennt sein „Milieu" wie eine Hand die andere. Es ist mit und für seine Umwelt geboren, seine Sinnesorgane und Motorik bilden mit ihr eine zwar nicht starre, wohl aber lückenlose Einheit ohne Abstand zwischen Subjekt und Objekt.

Subjekt (in der Sprache Uexkülls die „Gegenwelt") und Umwelt bestimmen sich gegenseitig, das heißt, ein Tier lebt nicht in dem Milieu, wie es sich als ein Teil der physischen Welt unserer Wahrnehmung und Analyse darstellt, sondern in dem auf *seine* Wahrnehmungs- und Aktionsmöglichkeiten, auf seine Triebe und Instinkte abgestimmten Milieu. Deshalb darf man nicht aus der anatomischen Verwandtschaft der Tiere und der „objektiven" Ähnlichkeit physischer Milieus auf ihre Umwelten schließen. Tiere derselben zoologischen Gruppe wie etwa die so nahe verwandten Frösche und Kröten haben verschiedene Umwelten. Der Frosch ist ein Lauertier, das wartet, die Kröte ein Jagdtier, das seine Beute sucht.

Gerade für die richtige Beurteilung der tierischen Intelligenz ist diese Einsicht entscheidend, mit der von jeher die Frage der Abgrenzung zwischen Tier und Mensch verknüpft wird. Die darwinistische Auffassung, daß die Zunahme der Intelligenz in der Tierreihe parallel der zoologischen Entwicklung geht, um im Menschen zu kulminieren, läßt sich

Tier und Mensch

von hier aus widerlegen. Ein Maß für die Intelligenz bildet die Lernfähigkeit. Diese Lernfähigkeit nimmt aber keineswegs graduell durch die Tierreihe zu. Sie hängt vielmehr von der jeweiligen Umweltweise ab, die durch entsprechende Veranlagungen der Tiere und ihre Instinkte bestimmt ist. Instinktspezialisten wie Insekten können daher nicht lernen. Nur da, wo keine speziell differenzierten Instinkte, sondern „allgemeine" herrschen, vielförmige, modulationsfähige und von der Wahrnehmung fortwährend kontrollierte, wie zum Beispiel Flüchten, Greifen, Verteidigen, ist der Eingriff der Erfahrung und damit die Möglichkeit des Lernens gegeben. Die Intelligenz als Lernvermögen, als Fähigkeit der Erfahrungsbildung und -verwertung ist also biologisch bedingt und eine umweltgebundene Art des Verhaltens.

Deshalb findet sich leichte Gewohnheitsbildung bei drei Tiergruppen, bei Jagdtieren, Herdentieren und Baumtieren, ganz unabhängig davon, zu welchen zoologischen Gruppen die Tiere gehören. Jagdtiere, ob es Insekten, Krebse, Vögel, Säuger oder Einzeller sind, haben dieselben Allgemeininstinkte. Denn auch die Umstände wie etwa das Auflauern, das Verfolgen der Beute im Felde sind in gewissen Zügen gleichartig. Baumtiere wie Affen und Eichhörnchen – Papageien nicht zu vergessen – haben in vielem gleiche Gewohnheiten und zeigen dieselben hochentwickelten Lernmöglichkeiten. Eichhörnchen zum Beispiel finden ihre aufbewahrten Nüsse nach rein optischen Erinnerungsdaten. Diese merkwürdige Eigenschaft, wie übrigens auch die Verwendung von Umwegen zum Erreichen eines Ziels, gehört aber nach Wolfgang Köhler gerade zu den Höchstleistungen der höheren Affen!

Richtig an der antiintellektualistischen Kritik ist also die Tatsache, daß der Intellekt, die Intelligenz weder ein Monopol des Menschen noch einen Gradmesser für die Entwicklungshöhe eines Tieres darstellt. Falsch an ihr ist, daß sie die Intelligenz mit dem Geist identifiziert oder vom Geist bedingt sein läßt. Intelligenz und Geist sind wesensverschieden. Intelligenz ist eine biologische Kategorie, eine Art des Verhaltens, das für Korrekturen durch Erfahrung offen ist. Geist dagegen ist eine transbiologische Größe und ist unter allen Lebewesen dem Menschen vorbehalten. Intelligenz ist umweltbezogen, ihr Wirkungsfeld ist eine bestimmte Umwelt, in deren innere Bezüge und Konstellationen sie Einblick, Einsicht gewährt. Diese Einsicht ins Feld hat keinen logischen, rationalen, abstrakten Charakter, wie ihn die menschliche Einsicht nach Maßgabe ihrer Geistigkeit besitzt. Geist ist weltbezogen und tritt da ins Spiel, wo zwischen Subjekt und Objekt echte Distanz herrscht und ihm die Möglichkeit sachlicher Forderungen aufleuchtet, die über die jeweilige Konstellation der Umwelt hinaus eine objektive Wirklichkeit gewährleisten.

Wenn das Tier auf Grund seiner Lebensverfassung mit einem „Ausschnitt" der wirklichen Welt in Kontakt ist, wahrnehmend und tätig in einem, so folgt es zwei Tendenzen (gegen die der Mensch in seinem Milieu übrigens auch beständig ankämpfen muß): es geht immer den bequemsten Weg, sucht sich nach den einfachsten Merkmalen seiner Umwelt zu orientieren – Tendenz zur Faulheit; es nimmt nur das auf, womit es etwas anfangen kann – Tendenz zur Aktivität. Das für uns Kompliziertere kann dabei das für das Tier Einfachere sein: Mäuse erlernen komplizierte Labyrinthe leichter als „einfache" gerade Wege, weil diese in ihrem natürlichen Leben keine Rolle spielen. Differenzierte Formwahrnehmung wird sich überhaupt nur da einstellen, wo dank besonderer Umstände die Orientierung nach einfachen Signalen unmöglich gemacht ist. Und sie kann sich weiterhin immer nur dann einstellen, wenn das Tier in seiner Bewegungsfreiheit ungehindert ist. Die Zuordnung der Bewegungen zum Sinneseindruck bildet den aktivierenden Faktor der Wahrnehmung.

In diesen Tendenzen zur Vereinfachung und zur Aktivierung liegt der Grund dafür, daß Tiere nicht, wie man früher so gern annahm, auf das Einzelne eingestellt sind (während der Mensch die Gabe der Verallgemeinerung besitzt), sondern daß sie im Umkreis von Empfindung und Tätigkeit einen Sinn fürs Allgemeine entwickeln, der ihrem Verhalten oft einen überraschend intelligenten Zug verleiht. Dieser Sinn fürs Allgemeine hat aber nichts mit Abstraktion und Begriffsbildung zu tun. Er bleibt feldgebunden und zeigt nur, daß sich das Tier auf irgendeine Schwierigkeit, eine Chance, eine Gefahr versteht, indem es ihrer Herr wird. Denn es kann funktionelle Zusammenhänge sehen, sie in ähnlich erfaßten Situationen verwenden und Regeln befolgen, auch ohne um den Regelcharakter seines Benehmens zu wissen.

Das gilt von allen Tieren, deren Veranlagung und Instinkte variable Gewohnheitsbildung unter Erfahrungskontrolle möglich machen. Sie ist keineswegs auf die Wirbeltiere oder gar nur auf die Affen beschränkt. In Hinsicht auf Intelligenz nehmen sie keine Sonderstellung ein. Trotzdem sprechen viele anatomische und biologische Gründe dafür, sie als enge Verwandte des Menschen anzuerkennen und ihre äußere Ähnlichkeit mit der menschlichen Körperform nicht als ein entwicklungsgeschichtliches Zufallsprodukt zu bagatellisieren.

5. Der Sinn der menschlichen Körperform und die Wesensgrenze zwischen Tier und Mensch

Um die wahre Sonderstellung der Anthropoiden und in eins damit die Notwendigkeit der menschlichen Körperform für den Menschen zu begreifen, muß man an einen Gedanken der neueren Anthropologie anknüpfen, der im menschlichen Körper merkwürdige Primitivitäten erkennt. Schon Klaatsch wies auf das entwicklungsgeschichtlich hohe Alter der Fünfzahl der Finger und Zehen hin. Aber erst der holländische Anatom Bolk wagte eine Theorie, die sich von stammesgeschichtlichen Spekulationen weitgehend frei machte.

Nach ihm unterscheidet sich der menschliche Körperbau von dem der Anthropoiden durch eine bleibende Ähnlichkeit mit dem Körperbau im fötalen Stadium. Während bei den Affen die individuelle Entwicklung in einer starken Umbildung des Körpers fortschreitet, bleibt beim Menschen das Jugendstadium mehr erhalten. Anthropoide, welche bis kurz vor der Geburt dem menschlichen Embryo sehr ähnlich sind, verlieren diese Ähnlichkeit in ihrer weiteren Entwicklung. Im Vergleich zum Affen hat der Mensch eine viel längere Jugend, und die höheren Menschenrassen zeigen die stärkste Verzögerung. Während das Tier schon für eine bestimmte Umwelt spezialisiert ins Leben tritt und nur die dem Menschen verwandtesten Tiere eine, allerdings möglichst abgekürzte, außermütterliche Jugend haben, bleibt der Mensch lange in dem zwar hilfsbedürftigen, aber bildsamen Stadium, das auf keine bestimmte Umwelt eingestellt ist.

Der schon erwähnte Gegensatz, den Bergson zwischen Insekten und Wirbeltieren macht, wirft auf dieses Problem ein überraschendes Licht. Insekten sind Tiere mit äußerem Skelett, buchstäblich also jeder individuellen Anpassung unfähig und, wie wir wissen, ausgeprägte Instinktspezialisten. Sie haben keine „Jugend" und kommen im wesentlichen fertig auf die Welt. Einer geringen Bildsamkeit ihrer Instinkte sind die engsten Grenzen gezogen. Wirbeltiere, mit innerem Skelett, also elastisch, sind dagegen gewissermaßen auf mögliche Umformungen und Anpassungen in ihrem Lebenslauf angelegt. Mit dem Erscheinen der Warmblüter in der Wirbeltierreihe ist wiederum etwas Wichtiges gewonnen: Stabilisierung der Funktionen gegen äußere Einflüsse, Emanzipation von Klimaschwankungen, Verselbständigung gegen eine bestimmte Umwelt. Das Säugetier schließlich erwirbt darüber hinaus eine Jugendphase, das heißt eine Zeit des selbständigen geborenen Daseins, das in prinzipiell anderer Beziehung zur Umwelt steht als das erwachsene Tier.

Was aber bedeutet die anthropoide Körperform? Darauf gibt, wenn auch nicht direkt, eine Betrachtung der Jugendlichkeit die Antwort. In meinem Buch über *Wesen und Sinn des Spiels*[1] habe ich sie zu analysieren versucht. Mit der Geburt sind für das junge Geschöpf zwei Tendenzen gegeben, der Drang nach Selbständigkeit und der Drang nach Vereinigung. Primär ist der Vereinigungsdrang auf Wiederaufhebung der mit der Geburt gegebenen Trennung vom Muttertier gerichtet. Sekundär resultiert aus der Unmöglichkeit, diesen Drang zu befriedigen, ein Drang zu Bindungen an die Umwelt: das junge Tier wendet sich den Gegenständen zu, ohne einen Zweck damit zu verfolgen. Wesentlich ist hierfür die Unfertigkeit, Ungerichtetheit und Tappigkeit des jugendlichen Verhaltens. In dieser Lage bildet sich ein Triebüberschuß, der nach Abfuhr drängt, aber eine unfertige Motorik und Sexualität vorfindet. Daraus resultiert das Spiel, jene zweckfreie Bindung an Umweltdinge, die eine ungewollte reine, von Hunger, Furcht und Gier unbelastete, in sich selbst erfüllte Beziehung zwischen einem Subjekt und einem Objekt, bindend und lösend zugleich, stiftet: Vorschein, Vorahnung, Vorform, Vorbedingung des Erkennens, Aufdämmern einer Welt der Bilder, Keimform der Liebe. Und tatsächlich spielen in der Natur fast nur die jungen Säugetiere.

Für die Besonderheit der menschlichen Entwicklung ist die Tatsache von größter Wichtigkeit, daß die Triebenergie auf längere Zeit objektlos bleibt, jedenfalls sich nicht in der Beziehung zu bestimmten Zielen erschöpft. Langes Jugendstadium bedeutet späte Geschlechtsreife, das heißt einen Triebüberschuß, der noch nicht „abgefangen" werden kann. In der Tierwelt wirkt er sich im Spieltrieb aus, beim Menschen bildet er das Kraftreservoir für jenen Elan, den die Welt von einem Wesen fordert, das an ihr nicht zerbrechen, sondern geistig ihrer Herr werden will.

Grundbedingung dieser Haltung ist Distanzierung zur Umwelt, die nicht im Wege der Intelligenz, sondern allein der Entbindung überschüssiger, biologisch überflüssiger Triebenergie – ermöglicht durch eine längere Jugend – durchbrechen kann. Verbindet sich nun mit einer längeren Jugendzeit und einer besonderen Intensität der überschüssigen Triebenergie die Intelligenz eines hochkonstruierten Milieus und einer differenzierten, auf dem Antagonismus von Hand und Fuß ruhenden Motorik, dann sind diejenigen Bedingungen von der biologischen Seite her erfüllt, welche der Geist braucht, um ein Naturwesen auf die

---

[1] *[Hrsg.]* F. J. J. Buytendijk: Wesen und Sinn des Spiels. Berlin 1933

Stufe des Menschen zu erheben. Faktisch hat die Natur diese Voraussetzungen in den baumlebenden, sich von Früchten nährenden Anthropoiden geschaffen.

Mit dem Baumleben eines Säugetiers ist eine Differenzierung von Hand und Fuß vor allem dann gegeben, wenn bei Zunahme der Körpergröße das Tier gezwungen ist, sich mehr am Stamm der Bäume zu bewegen. Eine tief eingreifende Änderung des Verhaltens muß die Folge sein, wenn es zur aufrechten Haltung übergeht. Frontales Gerichtetsein der Augen, größeres Blickfeld bei Kopfwendungen, Freiheit der Armbewegungen schaffen eine Vergrößerung des Lebensraumes, Zusammenarbeit von Auge und Hand. Unabhängigkeit, Aufgewecktheit und Gespanntheit disponieren ein aufrechtes Wesen zu Stellungnahmen, wie sie sonst nur bei gelegentlichem und vorübergehendem Sichaufrichten – auch der niederen Wirbeltiere – etwa gegen einen Feind oder in Schreckstellung notwendig werden: frontale Abgesetztheit gegen die Umwelt, Distanz. Eine rein biologisch bedingte Änderung der Körperhaltung induziert eine Abänderung des Verhaltens, die weit über die ursprünglich notwendige Beziehung zur Umwelt hinausgreift. Überdies verlangt die Suche nach Baumfrüchten und das Leben im verzweigten Geäst eine feinere optische und taktile Analyse, eine Überschau vielfältiger Kombinationen isolierter Dinge und Gestalten.

Keine Lebensweise führt mehr zu einem Triebüberschuß als das Suchen nach Fruchtnahrung. Sie steht auf eigentümliche Art zwischen der Lebensweise des Jagdtieres und der des pflanzenfressenden Weidetieres. Das Jagdtier lebt in intensiver Spannung, bis es die Beute hat. Dann tritt ein Zustand der Befriedigung ein, der nur durch neuen Hunger unterbrochen wird. Der Pflanzenfresser richtet seine Aktivität nicht auf ein bestimmtes Ziel, sondern auf ein Feld, das ihm Nahrung bringt. Ein eigentliches Suchen der Nahrung ist dabei Ausnahme. Normal weidet das Tier, solange es Hunger hat. Die Triebwelle ist niedrig, es herrscht ein gleichmäßiger Zustand, der sich im ganzen Verhalten spiegelt.

Der Affe dagegen ist gezwungen, im Geäst die Früchte zu suchen. Wie ein Jagdtier ist er auf konkrete Einzeldinge gerichtet. Während das Raubtier aber eine flüchtende, eventuell sich verteidigende Beute jagt und darauf das ganze Triebleben abgestimmt ist, fehlt beim Affen ein derartiger Affekt und eine entsprechende Triebentladung. Es bleibt ein Triebüberschuß, der sich in einer Fülle von Ersatzhandlungen und Spielformen äußert – Handlungen, die durch ihren Funktionswert allein befriedigen, Handlungen von ungewollter (und unbewußter) Symbolik. In ihr liegt jene seltsame Menschenähnlichkeit begründet, an der auch der Antidarwinist nicht vorbeisehen kann, weil sie von keiner Entscheidung über die stammesgeschichtliche Verwandtschaft zwischen Mensch und Anthropoiden berührt wird. Sicher ist nur, daß von allen Tieren die Affen rein biologisch (durch die Umwelt bedingt) dazu vorbestimmt sind, menschenähnlich zu sein.

Der Mensch konnte nicht, wie Dacqué behauptet, die verschiedensten Körperformen im Laufe der Entwicklung gehabt haben, Fisch, Reptil und schließlich Anthropoide. Solcher Metamorphose sind Grenzen gesetzt. Und wenn wir auch nicht glauben, daß er sich aus Anthropoiden entwickelt hat – die herrschende Ansicht heute nimmt eine für Mensch und Affe gemeinsame Ausgangsform an –, so konnte die seltsame Umkehr in der sonst für die organische Entwicklung bezeichnenden Richtung, die zum Menschen führt, nur in dem Formenkreis der höheren Affen stattfinden. Wirbeltier, Warmblüter, Säuger mit außermütterlicher Jugendzeit, baumlebender, früchtefressender Anthropoide mit Triebüberschuß, Spielneigung, die zugleich bindende und distanzierende Kräfte weckt, mit Ersatzhandlungen und hochstrukturiertem Feld – das sind die natürlichen Voraussetzungen für die biologische Erscheinung des Menschen.

Voraussetzungen, nicht mehr. Die Tendenz zur Beibehaltung der Jugendform statt zur frühzeitigen Spezialisierung, zur „Ausschaltung der Organe" (wie Alsberg das Prinzip der Übernahme spezieller Funktionen durch künstliche Werkzeuge, vor allem aber durch die Sprache genannt hat), zur Distanz und Bindung an die Bildhaftigkeit der Dinge, wie sie im Spielen erscheint – sie macht noch nicht den Menschen, sie bereitet ihm nur die Basis. Wo aber alles zusammenwirkt – und ein kleiner Stoß läßt die übersättigte Lösung auskristallisieren –, da fährt der Blitz in die Kreatur, da entlädt sich die Spannung, und das Neue ist da. Hier wirkt das Natürliche zugleich übernatürlich und erfährt eine Verwandlung, für die es selbst nichts mehr kann. An ihr hat jede natürliche Schöpfungsgeschichte ihre Grenze. *Wie* der Abgrund übersprungen werden konnte, der Tier und Mensch trennt, werden wir nie wissen. Nur wo er ist und was er tatsächlich in aller Schärfe scheidet, vermögen wir zu begreifen.

Die klassische und die christliche Anthropologie begnügten sich mit dem Wesensprädikat des Geistes und der Vernunft zur Charakteristik des Menschen; für die christliche Anthropologie ist sie in der Gottesebenbildlichkeit des Geschöpfes verankert. Im neuzeitlichen Naturalismus wurde aus diesem Prädikat die Gabe der Intelligenz, die man den Tieren vorenthalten zu müssen glaubte. Erst Biologie und Tierpsychologie haben den Irrtum dieser These nachgewiesen. Der Wesensunterschied zeigt sich an dem Gegensatz umweltgebundenen und weltoffenen Daseins, der sich zugleich spiegelt in dem Gegensatz von Intelligenz und Geist. Im Tier herrscht als Grundprinzip die Geborgenheit in der Umwelt. Im Menschen öffnet sich die Geschlossenheit des vitalen Kreises – dem Anderen als dem Anderen. Mit dieser Aufspaltung und Bindung in Einem von Subjekt und Objekt entdeckt sich ihm die Welt und wird er sich seiner bewußt als eines liebend-geliebten Ichs, einer Gabe, eines Quellgrundes der Freiheit, einer unersetzbaren Individualität.

Eine damit grundsätzlich andere Daseinslage läßt Sprache, Kunst, Wissenschaft, Religion, Recht, Lachen und Weinen, die Leidenschaften und die Liebe aus sich hervorgehen (wie es in seiner Analyse der exzentrischen Seinsform am umfassendsten wohl zuerst Plessner gezeigt hat). Aber dieser Hervorgang ist von einer Schwungkraft getragen, die in der Natur als Erscheinung des Spielens so etwas wie ihren Schatten bereits unter die Tiere wirft und die für den Menschen selbst am durchsichtigsten und erfülltesten in jener zugleich bindenden und distanzierenden Beziehung zum Vorschein kommt, die er Liebe nennt. Sie ist der Elan und die Essenz des menschlichen Wesens, die Erwecktheit und Offenheit, welche den Bindungen von Mensch zu Mensch, von Mensch und Ding ihre Innigkeit, Echtheit, aber auch ihre Brüchigkeit und Wandelbarkeit verleiht.

Um dieser Liebe willen, die alles Geistige vom umweltgebundenen Intellekt abhebt, bleibt der Mensch von sich aus und für seinesgleichen gefährdet. So wie es Zeiten gibt, in denen sich ihm sein eigener Begriff verdunkelt und von zoologischen Allgemeinheiten verdrängen läßt, muß er sich der Liebeskraft als des Fundamentes seines geistigen Daseins immer wieder von neuem erinnern und versichern: damit er nicht zur klingenden Schelle und zum tönenden Erz einer Spezies erstarre, sondern als einzelner noch Mensch bleibe, der über alle mehr oder weniger naturgegebenen Unterschiede hinweg auch dem Fremden als seinem Bruder in die Augen zu blicken wagt.

Das Problem der menschlichen Umwelt

Meine Damen und Herren!

Der Umweltbegriff, so wie wir ihn im allgemeinen gebrauchen, legt ja in erster Linie den Schwerpunkt auf das soziale Milieu. Wir sprechen von Umwelt in sehr verschiedenem Sinne, und die naive Auffassung geht eigentlich davon aus, daß die Umwelt gewissermaßen in konzentrischen Kreisen aufgebaut ist, in engsten Kreisen, das ist das einfache Zuhauseseins des Menschen. Und nun geht um diesen engsten Zirkel des Zuhauseseins des Menschen, des In-einem-Heim-Seins innerhalb einer Familie oder irgendeiner engen menschlichen Konstellation von befriedetem Geborgensein, gehen die Kreise der Umwelt, sich mählich erweiternd, der eine den anderen umfassend, über in die großen Umgebungsformen, wie wir sie kennen als Stadt und Land, als das Land, in dem man wohnt, als das Volk, unter dem man sich aufhält, dessen Sprache man spricht, dessen Sitten und Gewohnheiten man kennt und befolgt, dessen Kultur man lebt, aus der Tradition übernimmt und weiterentwickelt als die Landschaft, in der man sich aufhält, und schließlich – man könnte sagen, dies alles umgreifend – auf eine unsichtbare und zugleich eminent konkrete Weise die Zeit, in der man lebt.

Dies alles sind Aspekte der einen großen Umwelt des Menschen, und sie erweitert sich nun und verliert sich als konzentrisches Gebilde, schließlich öffnet sie sich in die Welt. Die Welt, die uns als Natur, aber auch in einem weiteren Sinn als Geschichte offen durchdringt, trägt, zugleich schützt und gefährdet als das, was wir eben mit dem bezeichnen, das über alle Horizonte hinaus als das Letzte sich ankündet. Und so gegen diesen offenen Hintergrund von Welt zeigen sich die Umwelten, so wie ich sie eben hier angedeutet habe, als Hüllen, die den Menschen, den einzelnen und seinen Mitmenschen umgeben und schützen. Das ist die naive Sicht, die wir alle haben, wenn wir von Umwelt sprechen. Fällt der Akzent mehr auf das Soziale, dann sprechen wir gern von Milieu, denken wir mehr an die nicht ausgesprochenen sozialen Beziehungen und Größen, fällt der Akzent mehr auf das Kulturelle, auf das Historische, dann gebraucht man lieber das andere Wort

Umwelt. Aber immer bleibt da entscheidend, daß alle diese Umweltkreise relativ sind auf die Menschen, die in ihnen leben. Die Umwelt hat also im scharfen Unterschied zur Welt in erster naiver Sicht den Charakter der Bezogenheit, der Rückbezogenheit auf den Menschen. Jede Umwelt, so klein oder so groß sie sein mag, ist relativ auf das menschliche Dasein.

Und daraus ergibt sich die Problematik, die von den einzelnen Wissenschaften immer wieder entwickelt wird, von all den Wissenschaften, die es mit dem Menschen als Ganzem zu tun haben, die Geschichtswissenschaft, die Soziologie, die verschiedenen Geisteswissenschaften, die Ökonomie usw., sie alle sehen in dieser Daseinsrelativität der Umwelt die Wechselbezüglichkeit. Der Mensch ist nicht nur ein Geborgener in einer aus der Tradition, aus der Herkunft, aus dem mehr oder weniger Zufälliggeborensein, Hergekommenen und Gebundensein in einer bestimmten Umwelt, er ist nicht nur der Geborgene, der Passive, der die Wirkungen aus der Umwelt erlebt, er ist zugleich der Schöpfer seiner Umwelt. Er ist derjenige, der Häuser baut, der sein Heim schafft, der sein Heim verlieren kann und es wieder schaffen muß, der Instrumente, Werkzeuge nötig hat, um sich zu schützen, um den Umkreis jeweils zu gestalten, zu beherrschen, zu verändern.

Und so in allen diesen Beziehungen, die ich eben hier kurz andeutete, in all den verschiedenen Niveaus oder Zonen der Umwelt, städtisch, ländlich, dann wieder in den Sphären des Geistes, der Kultur, der Sprache, in den Sphären schließlich des Volkstums und in den umfassendsten geistigen Sphären ist er Objekt und Subjekt zugleich, Schöpfer und Geschöpf dieser Umweltbeziehungen.

Hieran nun, an dieser mehr oder weniger naiven Sicht müssen wir gewisse Korrekturen philosophischer Art anbringen, die uns auch in der Gegenwart dringlich erscheinen. Wir in Deutschland haben zwei radikal falsche Interpretationen der Umweltgebundenheit des Menschen erlebt. Die eine haben wir – hoffentlich – hinter uns, die andere haben wir noch nicht hinter uns. Es ist das Thema der Rassengebundenheit des Menschen, das uns eingebleut worden ist von einer unverantwortlichen politischen Bewegung und das schließlich aufgebaut ist auf einem sehr simplen naturalistischen Mißverständnis des Menschen. Das andere ist das Dogma des dialektischen Materialismus, und zwar in der Form der Klassengebundenheit des Menschen, worin also an gewissen Beziehungen der Umweltgebundenheit des Menschen ganz bestimmte einseitige Akzente angebracht werden, die dadurch das menschliche Wesen in seiner Freiheit, seiner eigentlichen Menschlichkeit karikieren und nicht nur theoretisch, sondern eben auch praktisch deformieren. Alle diese Fragen sind ja zugleich von theoretischer und praktischer Bedeutung. Sie sind unmittelbare Politika auf der einen Seite, sie sind auf der anderen Seite rein theoretische Fragen.

Wenn ich eben nun zurückgehen darf auf eine glücklichere Zeit, auf die Zeit des neunzehnten Jahrhunderts, so stand der Umweltbegriff damals durchaus noch nicht in der Weise im Mittelpunkt der Diskussion, und zwar darum, weil die Philosophie damals von ihrem eigentümlich idealistischen Standpunkte aus, der vor allen Dingen bei uns in Deutschland damals der maßgebende war, überhaupt für den Menschen noch eine besondere Situation, eine besondere Position reservierte, die kannte neben der Daseinsrelativität des Menschen, die sie zugab, auch die Bewußtseinsrelativität der Welt und damit eingeschlossen all der Umweltsphären, die ich hier eben kurz genannt habe. Durch diese eigentümliche Reservatposition des Menschen, daß alles nun wiederum auf das Bewußtseinssubjekt bezogen wurde, ergab sich, möchte ich sagen, eine Unangreifbarkeit des Menschen gegenüber den daseinsrelativen Beziehungen.

Es ist nun nach meiner Überzeugung von größter Bedeutung, daß diese Grundthese von der Bewußtseinsrelativität des Menschen gegenüber der Daseinsrelativität seiner Umwelt, daß diese These eigentlich in der ersten Hälfte unseres Jahrhunderts fragwürdig geworden ist und schließlich in den zentralen philosophischen Diskussionen keine eigentliche Rolle mehr spielt. Nun ist es nicht meine Absicht, hier als Philosoph auf diese Probleme selbst einzugehen. Ich zeige Ihnen nur und möchte nur Sie daran erinnern, warum damit, das heißt in dem Augenblick, in dem der Gedanke der Bewußtseinsrelativität des Menschen sozusagen eine rein akademische Angelegenheit geworden ist, über die man sich weiter nicht mehr den Kopf zerbricht, warum dadurch das andere Problem an Dringlichkeit gewonnen hat. Das ist es, wovon ich ausgehen möchte in meiner Betrachtung des Umweltbegriffes.

Sie wissen, daß nämlich durch die Entwicklung der Geschichtswissenschaften und der Geisteswissenschaften und durch die Entwicklung der Soziologie die Relativierung der menschlichen Wirklichkeit in Vergangenheit und in Gegenwart enorme Fortschritte gemacht hat. Erst gegen die Warnung der Philosophie, die immer wieder gesagt hat, alle diese möglichen Relativierungen, die wir aus historischer oder aus soziologischer Erkenntnis an den menschlichen Werten, an den menschlichen Einsichten, an den menschlichen Überlieferungen anbringen, alle diese Relativierungen haben ja nur eine begrenzte Bedeutung. Denn sie alle sind in dem großen Kosmos des vernünftigen Bewußtseins irgendwie plaziert. Also die ewigen Werte der Vernunft, die ewigen apriorischen Gesetze und Normen, sie können in keiner Weise eigentlich tangiert werden. Dieser Gedanke, diese, ich möchte sagen idealistische Neutralisierung der Daseinsrelativität des Menschen hat an Kraft eingebüßt. Sie ist mehr oder weniger fiktiv geworden. Und dadurch bedroht uns das Problem der Daseinsrelativierung des Menschen, bedroht die Selbstsicherheit des Menschen, die Selbstgewißheit des Menschen, seine Erkenntnis, seine ethische, seine religiöse Stellung viel stärker als noch im neunzehnten Jahrhundert.

Was bedeutet eigentlich Umwelt? Den Terminus, den Begriff in dieser Weise geprägt zu haben ist das Verdienst des Biologen Jakob von Uexküll, der angesprochen werden kann als der Begründer der experimentellen Biologie, und zwar der Biologie als der Wissenschaft vom Verhalten der lebendigen Wesen. Und er hat zum ersten Mal radikal gebrochen mit dem Gedanken, daß man die tierischen Umwelten ohne weiteres menschlich interpretieren dürfe. Jede Tierform hat ihre Weise von Weltbeziehung, das heißt ihre Weise von Daseinsrelativität. Sie ist gleichsam wie die Schnecke im Haus umgeben in einem unsichtbaren Gehäuse, das sie mit sich trägt, ihre Umwelt. Wir müssen sie studieren (in ihrer) in ihrem Weltaspekt, in ihrer Daseinsrelativität. Und so geht er hier mit einem sehr einfachen Schema daran, nun die Bewegungen der Tiere und ihre Wahrnehmungen in ihrem jeweiligen Aufeinander-Abgestimmt-Sein, in ihrer jeweiligen Harmonie zu studieren.

Eine Stubenfliege sieht die Welt der Stube durchaus anders, mit anderen Augen an als wir. Nicht nur, weil sie Facettenaugen hat im Unterschied zu unserem Auge, das wäre nicht entscheidend. Man hat ja selbst sehr hübsch durch Mikrophotographien das Bild, das ein Facettenauge entwirft auf der Retina, auf der lichtempfindlichen Schicht des Auges, selbst wieder photographieren können. Also da zeigt sich durchaus, wenn auch auf eine etwas andere Weise, dasselbe Bild, das wir, sagen wir einmal von einem Stuhl oder von einer elektrischen Birne haben. Aber die Frage ist, wird die als dieses Bild wahrgenommen, was zeigt sich? Es zeigt sich bei allen diesen immer und immer wieder sehr hübsch variierten Untersuchungen, daß die Wahrnehmungsbilder der Tiere in keiner Weise so identisch sind mit unserem Wahrnehmungsbild, das heißt, daß die Tiere offensichtlich etwas anderes daraus herausnehmen, herausselegieren, herausfiltrieren. Das Empfindungsbild, das Wahrnehmungsbild für eine bestimmte Tierart ist durchaus abgestimmt auf das, was es damit machen kann, auf sein Aktionssystem, auf seine Aktionsmöglichkeiten, auf seine biologischen Bedürfnisse, auf seine Triebe und Instinkte. Und so zeigt sich das höchst Erstaunliche, daß offensichtlich die Tierformen, die verschiedenen organischen Formen gleichsam Filter darstellen, die die Welt auf eine jeweils andere Weise selegieren und filtrieren, auf eine dabei für sie selbst höchst sinnvolle und nützliche Weise. Sie blenden das ab, womit sie nichts anfangen können. Man kann also beinahe das Tier als dasjenige Wesen definieren, das in seiner Umwelt vollkommen aufgeht und das durchaus in einer geschlossenen Umwelt lebt. Gewiß, diese Umwelten überdecken einander vielfach, das eine Tier wird die Beute des anderen, die Tiere brauchen einander. Diese Überdeckungen, Überschneidungen stören diesen Grundgedanken in keiner Weise. Wir als Menschen können diese Überdeckungen und Überschneidungen wohl sehen, aber die Tiere können das nicht sehen. Sie können sie nicht erleben, sie können damit nichts tun. Dies ist der exakte Umweltbegriff, so wie ihn Uexküll geprägt hat, ein daseinsrelatives Harmoniesystem.

Demgegenüber zeigt sich der Mensch – ja, vielleicht ist das nur eine Ambition von ihm, aber er beweist sich als nicht tierisch. Für ihn ist charakteristisch die Reizüberflutung. Er wird überströmt mit Dingen, mit denen er nichts anfangen kann. Er ist nicht in einer geschlossenen, sondern in einer offenen Beziehung zur Welt. Er ist, so wie man sich in der heutigen Fachsprache dann gewissermaßen schon eines Terminus bedient, er ist weltoffen. Was diese Weltoffenheit nun mit sich bringt, ist keinesfalls nur positiv, sondern ebensosehr negativ. Es ist das eine merkwürdig ambivalente Situation, woran sich diese nichtumweltmäßige Gebundenheit des Menschen ständig wieder zeigt. Er muß nämlich, um diese Überflutung der Reize irgendwie abzublenden und abzubremsen, ständig schützende Hüllen, schützende Funktionen ersinnen und damit immer wieder dasjenige erst von neuem gestalten, was ihm die Natur als von sich aus versagt hat. Er bringt nicht mit sich, das hat schon Herder gesehen, ein natürliches Verteidigungs- und Aktionssystem, das auf die Bewältigung der Welt von vornherein angelegt ist, sondern er bringt Möglichkeiten mit sich.

Ich kann das noch in einer anderen Weise illustrieren. Die Tiere können auch lernen, das heißt aus gewissen Erfahrungen, aus gewissen Eindrücken Erfahrungen machen. Aber dieses Lernen bleibt bei Tieren rein auf den Sektor der Wahrnehmungen, der Empfindungen beschränkt. Ihre Bewegungen sind ihnen erbmäßig mitgegeben. Der Mensch dagegen kann nicht nur sensorisch im Gebiete der Wahrnehmungen, der Eindrücke, sondern er kann auch motorisch lernen. Die Tiere haben eine Erbmotorik, der Mensch, so drückt es ein österreichischer Zoologe aus, hat eine Erwerbmotorik. Aus dieser Erwerbmotorik, nun aus dieser Möglichkeit ergibt sich, man könnte sagen, das ist der große Vorteil, aber auch der Zwang, ständig sich an neue Situationen mit neuen Möglichkeiten aktiver Art anzupassen. Es ist typisch, und es ist sehr merkwürdig zugleich, daß diese Fähigkeit der Erwerbmotorik bei den Tieren auch auftaucht, aber von ihnen gewissermaßen biologisch nicht verwendet wird.

Die Weltoffenheit des Menschen und die Umweltgebundenheit beim Menschen liegen nicht nebeneinander oder übereinander. Das beliebte Schema „unten sind wir Tiere, und oben sind wir Geist und Mensch", das läßt sich eben leider in dieser einfachen Etagenform nicht halten. Dieses Schichtenmodell mit dieser sauberen Einteilung von unten und oben gibt ein verkehrtes und verzeichnetes Bild. Wir können die Sache auch so, anders sehen. Wenn der Mensch weltoffen wäre, radikal weltoffen wäre, dann wäre er ein Engel, aber kein Mensch, dann wäre er leiblos, dann wäre er überhaupt nicht mehr ein Wesen, das mit den Tieren verwandt ist. Das Schwierige gerade ist, und das eigentliche Problem der Umwelt beim Menschen ist, daß er eine Zwischenfigur darstellt, ein Zwischenwesen zwischen Engel und Tier. Und ich glaube, daß die moderne Anthropologie das zu sehr vereinfacht hat. Der Mensch ist weltoffen. Zweifellos, daran ist nicht zu zweifeln. Aber die Offenheit ist auf eine eigentümliche Weise verschränkt in die Umweltgebundenheit bei ihm.

Und darüber, über diese Zwischenkonfiguration des Verschränktseins von Welt und Umwelt beim Menschen muß ich jetzt noch einiges sagen. Ich glaube nämlich, daß man von daher spezifisch menschliche Dinge geradezu verstehen kann: Alles nämlich, was man über die Gebundenheit des Menschen sagt an soziale oder an vitale Gegebenheiten wie Klasse, wie Rasse, Volkstum, Nation, die Neigung, ihn immer zu verstehen als ein Animalideologikum, alle diese Neigungen, die so eminent modern sind und so eminent gefährlich, weil sie unser politisches Leben immer wieder in einer ideologischen Richtung vergiften, sie haben und sie lassen sich korrigieren, wenn man an diesem Punkte schärfer sich zu sehen erzieht.

Erich Rothacker hat in einer kleinen Schrift *Kulturanthropologie* den Begriff Uexkülls von der Umwelt auf sehr geistvolle Weise ausgedent auf alle die Sphären, die in der Tat auch der naive Mensch gern als Umwelt oder als Milieu, als Medium, Kulturmedium bezeichnet. Und er hat nun hier in der Tat ganz nach dem Prinzip des biologischen Umweltbegriffs versucht, den Menschen auch geistig durchaus zu sehen als ein Animalideologikum oder, wenn Sie wollen, als ein Animalspirituale. Merkwürdig, aber wir sehen hier den Versuch, mit einer biologischen Kategorie auch das geistige Sein des Menschen selbst noch zu fassen.

Nehmen Sie eine Epochenbezeichnung, die Epochenbezeichnung

des Barock. Im Barock, würde man sagen, im Barock gestaltet der Mensch nicht nur nach einem bestimmten ästhetischen Stilprinzip, sondern er putzt sich die Zähne auf barocke Manier (er wird es wahrscheinlich damals nicht getan haben), er parfümiert sich auf barocke Manier, er treibt Musik auf barocke Manier, er geht auf barocke Manier, die Art der Fußstellung, die Art des Sichverbeugens, die Umgangssitten, sie alle sind geprägt von diesem einen großen einheitlichen Stilentwurf. Sie sehen, das kann man wunderbar, auf allen möglichen Zonen immer wieder diesen Gedanken variieren, und er liegt uns so ungeheuer nah. Die ganze moderne Lebensphilosophie hat uns eigentlich in dieser Richtung des Denkens erzogen, ja, von Herder an, wenn Sie wollen, vielleicht noch von früher. Dieser Gedanke, einheitliche Kulturen zu sehen als einheitliche Umwelten. Denken Sie an Spengler, denken Sie an all das, was in dieser Hinsicht vor allen Dingen durch uns, durch die Deutschen gedacht ist. Denken Sie an Hegel, diese große Suggestion, die davon ausgeht, von dem Gedanken eines geschlossenen Kulturgeistes, eines Volksgeistes, eines Nationalgeistes, eines Sprachgeistes usw. Ein herrlicher, aber ein äußerst gefährlicher Gedanke, wenn man ihm die biologische Pointe gibt, die ihm Rothacker in seiner Schrift über Kulturanthropologie gibt. Dann ist der Mensch nämlich wirklich ein Animalspirituale, dann kann man sich darüber nicht beklagen, daß er eben doch, wenn auch trotz aller seiner großen geistigen Fähigkeiten im Letzten nun gesehen wird als Tier, als Lebewesen. Man kann dann sehr einfach mit einer kleinen Handbewegung des Geistes die Sache umdrehen und sagen: „Bitte schön, dies ist ein Naturwesen, ein Lebewesen mit seinen Ausdrucksformen in seiner Umwelt, wir setzen eine andere Umwelt dagegen, die dasselbe Recht und dieselbe Geschlossenheit und Konsequenz in sich zeigt." Der Verlust der Mitte, der Verlust der Verantwortung, der Verlust der Verantwortung vor einer großen Wirklichkeit ist hiermit suggeriert. So kann es also nicht sein.

Ich möchte Ihnen das an einem Phänomen nur zeigen, das Phänomen von Lachen und Weinen, das Auftreten des Phänomens des Doppelsinns. Das ist etwas, was wiederum die eigentümliche Begrenztheit der Umwelt durchbricht. Wir können auch sagen, ein Beweis für die Möglichkeit des Transzendierens, die Möglichkeit des Durchbrechens oder der Transparenz der jeweiligen Umwelt. Hier scheint etwas anderes hinein, und dieses eigentümliche Scheinen, dieses Sichüberkreuzen von Sinnzusammenhängen, der Doppeldeutigkeit, des Doppelsinns, das zeigt sich und ist nur da möglich, wo sowohl das eine als das andere ist: Gebundenheit und Ungebundenheit, Geschlossenheit und Offenheit. Nicht dialektisch in der Form, daß das eine in das andere umschlägt, sondern in der Form der Verschränkung, worein das eine und das andere ineinander gebunden sind. Und das paßt genau zu der Zwischenposition des Menschen, zwischen den Tieren als Tier und als Nichttier, das, was wir im Symbole des Engels andeuten.

Das Problem der menschlichen Umwelt, meine Damen und Herren, ist hiermit wenigstens angeschlagen. Wir können es nur lösen, indem wir es scharf sehen in seiner Begrenztheit. Die Umweltlichkeit ist in der Tat etwas, was wir in all den Daseinsbereichen des Menschen immer wieder als Daseinsrelativität anerkennen müssen. Wir können hinter die Einsichten der Biologie, der Soziologie, der Geschichtswissenschaft nicht zurück. Aber die Gefahr ist, daß wir unter der Suggestion der Biologie falsche Konsequenzen ziehen und dasjenige an dieser Gebundenheit des Menschen vergessen, was die Offenheit des Menschen zugleich charakterisiert: Offenheit in Gebundenheit, bedingte Weltoffenheit. Das erlegt uns genau die Schwierigkeiten auf, die wir als kulturelle geistige Wesen zu lösen haben.

Nachwort zu Ferdinand Tönnies

Fünfundzwanzig Jahre hat *Gemeinschaft und Gesellschaft* bis zur zweiten Auflage 1912 gebraucht. Um diese Zeit allerdings konnte man als Student in Berlin oder Heidelberg Tönnies' Namen schon bewundernd nennen hören. Max Weber, Sombart, Simmel waren der Sache der Soziologie inzwischen zu Hilfe gekommen, der man in der akademischen Welt, übrigens nicht nur Deutschlands, damals noch mit großem, aus vielen Quellen gespeistem Mißtrauen begegnete. Wer außerdem die Überzeugungskraft des Amtes als Beschleunigungsfaktor bei der Durchsetzung von Ideen nicht außer acht läßt, wird die langsame Aufnahme von Tönnies' Werk mit der Schattenexistenz seines Autors als eines aus politischen Gründen hoffnungslosen Privatdozenten erklären wollen. Wobei sich bezweifeln läßt, ob er es von einer anerkannten Position aus mit diesem Werk beim gelehrten Publikum leichter gehabt hätte. Las und liest es sich doch in seiner eigenwillig-schwerfälligen Diktion und Konstruktivität eher wie ein Text des siebzehnten Jahrhunderts aus der Schule von Spinoza und Hobbes. Die historische Erfahrung auf den Gebieten der Wirtschaft, des Rechts und der Sitte erscheint da so in das System der Willensgefüge des Menschen hineingearbeitet, daß darüber die Erfahrung der Geschichtlichkeit, die dem späten neunzehnten Jahrhundert und besonders seiner deutschen Geistes-, Rechts- und Wirtschaftswissenschaft teuer war, verlorenzugehen droht. In dem damals übermächtigen Widerstand gegen jeden Glauben an Naturrecht, in der kaum geringeren Skepsis gegen eine nicht experimentell vorgehende Psychologie wie gegen eine um Entwicklungsgeschichte offensichtlich unbekümmerte Analyse der menschlichen Natur (von Spencer und sozialem Darwinismus ist nicht die Rede) darf man wohl die hauptsächlichen Hemmnisse sehen, welche die Aufnahme von *Gemeinschaft und Gesellschaft* verzögert haben.

Als es dann aber so weit war, daß man begriff, was seine „reine Soziologie" wollte, bemächtigten sich sehr bald außertheoretische Tendenzen einer aufgewühlten Zeit der Antithese und machten aus dem Buch eine Apologie der Gemeinschaft gegen die vergesellschaftenden Tendenzen von Staat und Wirtschaft. Die eingängige Prägung bot sich nicht nur als bequemes Einteilungsschema einer der Systematik entbehrenden Wissenschaft an, sondern als eine Art Gegenideologie der industriellen Gesellschaft. Eine derart doppelte Verwendbarkeit war jedoch der wissenschaftlichen Verarbeitung von Tönnies' Entdeckung, besser vielleicht gesagt: anthropologischem Versuch, wiederum hinderlich. Denn sie gerade lenkte von der Einsicht in diesen ihren wesentlichen Charakter ab. Dafür waren Ausdrucksweise und konstruktive Anlage des Buches wieder zu „archaisch", zu sehr im Stil der klassischen Aufklärung gehalten, als daß die durch Dilthey und Husserl zu Subtilität der Unterscheidungen im verstehend-beschreibenden Sinne erzogene jüngere Generation von Psychologen und Soziologen wesentliche Anknüpfungspunkte für eine anthropologische Begründung ihrer Wissenschaften in ihm hätten finden können.

Bezeichnend für die überwiegend flächenhafte Auffassung des Werkes in der Zeit seiner größten Popularität war Schmalenbachs Ergänzungsversuch des Zweikategorientheorems von Gemeinschaft und Gesellschaft durch die Kategorie des „Bundes", worüber sich Tönnies in der Vorrede zur 6. und 7. Auflage (1926) aufschlußreich geäußert hat. Das Interesse am Einteilungswert der Begriffe überwog das an ihrem Ursprung, verriet aber darüber hinaus in der Wahl der angeblich gleichursprünglichen Kategorie – ob echte Kategorie oder Normal-(Ideal-)typ bleibt offen – eine Parteinahme für die Rolle des Bundes, die aus Schmalenbachs Bekenntnis zum Georgekreis wie aus der Faszinationskraft der Idee bündischen Lebens in jener Zeit verständlich wird. Bot schon dieser Vorschlag für die Ideologiekritik bequeme Angriffsflächen, um wieviel näher lag es, die ganze Dichotomie von Tönnies aufs Korn zu nehmen und den affektgeladenen Mißbrauch, den die um Sozialismus verlegenen deutschen Intellektuellen nach 1918 mit ihm trieben, einer Kritik zu unterziehen. Das habe ich dann auch 1924 in meinen *Grenzen der Gemeinschaft. Eine Kritik des sozialen Radikalismus* versucht, polemisierend, weshalb nicht ohne gefährliche Schlagseite zum Machiavellismus, gegen die bereits zur Phraseologie gewordene, bald international, bald völkisch getönte Verklärung der Schrankenlosigkeit im Miteinander. In dem richtigen Vorgefühl, daß hier die Lügen von morgen herangezüchtet wurden, deren Kulturboden nicht so sehr das zerfallende Gesellschaftsgefüge des deutschen Staates nach dem verlorenen Kriege als vielmehr der mangelnde Sinn für Gesellschaftlichkeit im deutschen Bürgertum, sein Mangel an Gesellschaftstradition war: Flucht ins Grenzenlose aus Unfähigkeit. Mir ging es um die unverbrüchliche dialektische Verbindung von Gemeinschaft und Gesellschaft als Verwirklichungsweisen sozialen Daseins, um die Bestreitung möglicher Vereinseitigung des Gemeinschaftsideals, den Nachweis also der Unaufhebbarkeit der Öffentlichkeit, der Distanzen, der Diplomatie, von Gewalt und Macht im zwischenmenschlichen Verkehr. „Öffentlichkeit ... der Inbegriff von Möglichkeitsbeziehungen zwischen einer unbestimmten Zahl und Art von Personen als ewig unausschreitbarer, offener Horizont, der eine Gemeinschaft umgibt, ... ist gerade in dieser Negativität eine sozialformende Macht ersten Ranges ... Gemeinschaft ohne diese Grenze ist keine Gemeinschaft mehr. Paradox gesagt: wäre auch nur einen Augenblick das urchristliche Ideal, der ekstatische Gefühlskommunismus allverbindender Liebe zwischen allen Menschen verwirklicht, so hätte die Menschheit den äußersten Gegenpol dessen erreicht, was sie wollte. Ohne Öffentlichkeitshintergrund, gegen den sie sich absetzt, gibt es keine abgeschlossene Gemeinschaft. Licht braucht Finsternis, um zu sein" (51). Wobei der Teufel bisweilen besser wegkam, als selbst er es verdient.

In einer liebenswürdig anerkennenden Rezension meiner Schrift in Band V dieser Zeitschrift aus dem Jahre 1926 konnte denn auch Tönnies seine Verlegenheit nicht verbergen. Wozu der ganze Aufwand an Geist und Gründen, wenn er nur dazu dienen sollte, den sozialen Radikalismus zu bestreiten? „Die Widerlegung bringt den Gegensatz des gemeinschaftlichen gegen das gesellschaftliche Wesen in ein helles Licht, würdigt aber, wie mir scheint, nicht in zureichender Weise das störende Hineinspielen feindseliger Beweggründe in den einen wie in den anderen Typus." Ich will nach über dreißig Jahren, deren Katastrophen meinem Abwehrversuch recht gegeben haben, meine Schrift nicht besser machen, als sie ist. Sie hat ihre Absicht einer Ideologiekritik am Gemeinschaftsradikalismus unmittelbar mit einer, in der Fassung noch unzureichenden, anthropologischen Theorie verknüpft und als solche vorgetragen, was sie wiederum in das fatale Zwielicht mehr ethischpädagogischer als soziologischer Aussage rücken mußte und ihr den Charakter einer Streitschrift mit zu viel philosophischem Aufwand gab. Immerhin, sie hat hinter der gefährlichen Ausspielbarkeit der beiden Sozialkategorien gegeneinander das spezifisch anthropologische Problem erkannt, welches das bloße Einteilungsinteresse der reinen Soziologie verdeckt. Hier stellten sich Fragen nach einer Überprüfung des Gegensatzes voll Wesenswillen und Kürwillen wie der ganzen von Tönnies gegebenen Grundlegung des Naturrechts, die man bisher, als handle es sich nur um eine Konstruktion im Stil der Anthropologie des siebzehnten oder achtzehnten Jahrhunderts, lieber sich selbst überlassen hat. Während im Gegenteil ihr altertümlicher Charakter in heutiger philosophischer Lage den Anreiz zu erneuter Beschäftigung mit den

Voraussetzungen seiner reinen Soziologie bilden sollte. In dieser Richtung war ich damals vorgegangen, ich gebe zu, mit untauglichen Mitteln, an deren Verbesserung ich seitdem gearbeitet habe, denn was dort über den „Kampf ums wahre Gesicht" und das „Risiko der Lächerlichkeit", über „Zeremoniell und Prestige", über „Logik der Diplomatie und die Hygiene des Taktes" gesagt ist, müßte anthropologisch besser fundiert sein, als ich es damals vermocht hatte. Die Rechtfertigung der Gewalt und der Macht bedarf überdies einer sorgfältigeren Differenzierung in Ebenen verschiedener Höhe sozialen Verkehrs, der genaueren Berücksichtigung der Skalen von Intimität, Vertrautheit und Privatheit bis zur institutionalisierten Öffentlichkeit, damit aus dem Nachweis der Grenzen der Gemeinschaft nicht falsche Kurzschlüsse auf die Grenzenlosigkeit der Gesellschaft gezogen werden können, wie denn – wir haben es schaudernd erlebt (und Millionen scheinen noch immer nicht genug davon zu haben) – die ideologische Verklärung der ersteren dazu dient, die Verwirklichung der letzteren zu decken.

Wie immer es auch um diese Seite der Sache bestellt sein mag, das unbestreitbare Verdienst, welches Tönnies sich mit seiner Antithese für die Typen- und Formenlehre sozialen Daseins erworben hat, wird weder durch den Hinweis auf die mit ihr konkurrierende Prägung von *primary* und *secondary groups* noch durch Betonung ihres wertneutralen Charakters gegenüber dem Versuch, sie gesellschaftskritisch auszubeuten, im mindesten geschmälert. Mit einem prägnanten Begriffspaar hat er strukturelle Verschiedenheiten aufgedeckt, undialektisch den einen dem anderen Typus gegenübergestellt, wiewohl nicht unter Verzicht auf ihre geschichtliche Herkunft und gegenseitige Angewiesenheit, und damit einer systematischen oder, wie manche wollen, einer formalen Soziologie den Weg bereitet. Doch kann die Bewunderung für diese Tat sich sehr wohl mit Bedenken gegen die Faktoren vertragen, die dem Buch nach längerer Nichtbeachtung zur Popularität verholfen haben. Kam diese Breitenwirkung auch verhältnismäßig spät und deckte sie sich gewiß nicht mit den Beweggründen des Autors, so sagt sie doch auch etwas über die heimliche Wertung aus, die mit seinem wertneutral gemeinten Typengegensatz greifbar wurde. Die Ausspielbarkeit der Gemeinschaft gegen die Gesellschaft, in der Antithese dank ihres undialektischen Charakters nun einmal angelegt, erwies sich auch gegen des Autors Absicht gerade als das Moment, auf welches die Leserschaft zwischen 1900 und 1933 am stärksten ansprach. Wenn die Gemeinschaft dem Wesenwillen, die Gesellschaft dem Kürwillen zugeordnet war, der Willkür, wenn auch in der Verkehrung verschwistert, das Gewachsene und Gewordene, Überkommene und treulich Bewahrte damit dem Gemachten und künstlich Zweckhaften entgegengestellt, konnte in Deutschland die Reaktion nicht ausbleiben. Der Rousseauismus hat sich hier immer erhalten, obgleich durch Bedeutungswandel der Begriffe Natur und Kultur die Antagonismen schließlich gegen die der Frühromantik recht nachdrücklich verschoben waren.

Wird die Kritik Tönnies selbst gegen den ideologischen Mißbrauch in Schutz nehmen müssen, den Zivilisationsüberdruß und Verehrung urtümlich-altväterischen Wesens, Romantisierung des Bauerntums und Großstadtfeindschaft mit seinem Werk getrieben haben: die Hand dazu hat es geboten und mit seiner zunächst (in bestimmten Grenzen immer) erhellenden Typologie einem gesellschaftsfeindlichen Gemeinschaftsenthusiasmus bequeme Argumente geliefert, der im Deutschland der fraglichen Zeit besonders günstige Voraussetzungen fand. Aus historisch einsichtigen Gründen, da die Auswirkungen der Industrialisierung in Gestalt eines beschleunigten Urbanisierungsprozesses im Vergleich besonders zu England spät, aber unter dem Einfluß der politischen Einswerdung zumal um so intensiver fühlbar wurden. Denn sie konnten nicht von einem politisch im Sinne eines großen Gemeinwesens bereits geformten Volke aufgefangen und verarbeitet werden. Dem klassenspaltenden Effekt der Industrialisierung bot ebensowenig eine gemeindeutsche bürgerliche Gesellschaft mit mehr als ständisch und beruflich fixiertem Ethos wie in England oder Frankreich ausreichenden Widerpart. Zur politischen Belastung mit nationalen Problemen trat die soziale mit solchen der industriellen Nivellierung, der gegenüber die gesellschaftliche Struktur zu wenig elastisch, weil zu stark durch Wert- und Rangordnungen aus alten Zeiten, durch Standesvorurteile und Obrigkeitsvorstellungen belastet war. Symptomatisch für diese Spannungen, welche das Umlernen im neudeutschen Sinne zu bewältigen hatte, ist das Anwachsen radikaler Tendenzen, die auf direkte politische Einflußnahme im Rahmen der hierfür verfügbaren Spielregeln verzichteten, in erster Linie die Jugendbewegung des Wandervogels, ein Ausbruchsversuch aus der Gesellschaft, ihren ständischen und klassemäßigen Grenzen, die durch das Abseitsstehen der Sozialdemokratie bis zum Ersten Weltkrieg gewissermaßen auch noch offiziellen Charakter trugen.

Was unsere Geschichte seit dem späten Mittelalter uns auferlegt hat, wurde in der zu spät gefundenen und auch nur fragmentarisch verwirklichten nationalstaatlichen Einheit zum echten Problem: der Ausgleich zwischen Staat und Gesellschaft. Gerade im wilhelminischen Reich mußten die Mängel unserer politisch-sozialen Entwicklung, und zwar durch die ungewöhnlichen Anforderungen von seiten der industriellen

Revolution an Gesellschaft und Staat, akut werden, die unsere Verliererrolle im siebzehnten Jahrhundert, der Zeit der Frühaufklärung und des politischen Humanismus mit sich gebracht hat. Weil Deutschlands wirtschaftliche Entwicklung in der zweiten Hälfte des neunzehnten Jahrhunderts nicht von einer bereits kraftvollen, im Bewußtsein und Gebrauch säkularer, nicht ständisch gebundener Freiheitsrechte geübten bürgerlichen Gesellschaft, die an weite Räume gewöhnt war, getragen wurde, nicht der Bürger die Wirtschaft, sondern die Wirtschaft den Bürger machte, vertiefte sich in seinem Bewußtsein der Gegensatz des deutschen Geistes zu Westeuropa, das Gefühl seiner Sendung gegen die Ideale der Aufklärung und Revolution. So ist es zu verstehen, daß um die Jahrhundertwende die Impulse der Gegenrationalität und des Vitalismus im geistigen Leben der Nation eine wachsende Resonanz fanden, die literarisch und künstlerisch wie politisch von anderem Tiefgang war, als was sich etwa als Neuromantik spielerisch darbot. Wieder war die Zeit unseren heißgeliebten Untugenden günstig: der Leidenschaft zur Nacht, zum bildlos Mächtigen und Grenzenlosen, zur Tiefe, zur zerstörerischen Expression, aber auch zur Innigkeit und abseitigen Idylle, zur Gegenwartsferne und Urtümlichkeit, zur Esoterik und Öffentlichkeitsverachtung.

Zwar ist das Klagen über wachsende Institutionalisierung, Bürokratisierung und steigende Anpassungsschwierigkeiten des natürlichen Menschen (oder der menschlichen Natur) ans industrielle Milieu durchaus nicht auf Deutschland beschränkt und im übrigen eine Selbstverständlichkeit. Nur werden in einer die Urbanität pflegenden Gesellschaft dem Zivilisationshaß engere Grenzen gezogen sein, und dem Zivilisationsprozeß wird nicht allein die Verantwortung für wachsende Mediatisierung und Entfremdung der Menschen aufgebürdet werden. Kein Wunder, daß in unserem Lande, das als Ganzes auf die militärisch-obrigkeitsstaatliche Prägung seiner neueren und späten Geschichte sich verwiesen sah und sieht, während die urbanen Traditionen in engeren Horizonten seiner älteren Geschichte begrenzt bleiben (Unpopularität der Hauptstadt, Dominanz der Lokalpresse), die kleinbürgerlichen und bäuerlichen Schichten, in denen sich die vergleichsweise älteren Wirtschaftsweisen konservieren, entsprechend reagieren, wenn das Ganze mit seinen Zumutungen an sie herantritt. Kein Wunder, daß gerade diese Schichten am empfänglichsten für den Mythos von Blut, Boden und Volksgemeinschaft waren und bleiben werden, solange es nicht gelingt, sie dem Geist der Urbanität aufzuschließen.

Es wirkt wie eine tragische Ironie, daß ausgerechnet das Werk eines so unromantischen und an der Klassik der Frühaufklärung geschulten

Denkers wie Tönnies zu der Ideologisierung der Gemeinschaft herhalten oder wenigstens mit beitragen konnte. Das Kontrastverfahren mit den beiden Sozialtypen, das die falsche Vorstellung nährt, als hätte es den einen ohne den anderen wirklich gegeben und sich die Gesellschaft aus der Gemeinschaft geschichtlich entwickelt, verhindert den Einblick in ihre unauflösliche Verbundenheit in jeder Form geordneten Zusammenlebens, grundsätzlich gleichgültig dagegen, ob es sich um primitive Jägergruppen oder um hochorganisierte Staatsvölker handelt. In jeder sozialen Ordnung stehen gesellschaftliche Zusammenhänge gemeinschaftlichen Zusammenhängen gegenüber, wenn auch nicht vom gleichen Komplikationsgrad und darum auch nicht von gleicher Spannweite. Erst im Übergang zu abstrakteren und umfassenderen Formen integrierter, geplanter, vermittelter Organisation dringt der Gegensatz zu ihrem Widerspiel ins Bewußtsein der Individuen, welche von der Organisation nur darum sich bedrängt fühlen, weil sie es ist, der sie zugleich ihre Freiheit verdanken. Die Sphäre des Gewachsenen und in pietätvollem Herkommen Bewahrten wird deshalb erst im Licht der gesellschaftlichen Gegensphäre geschaffen und fühlbar. Ihre Forderungen sind Ausgleichs- und Gegenforderungen, welche das Individuum im Interesse einer Welt von Beziehungen zu anderen Individuen nur dann erhebt und erheben kann, wenn es seiner und der Individualität anderer inne geworden ist. Allein als Ergebnis und im Rückstoß zu einer Entäußerung an zweckrationale Verkehrsformen und Institutionen öffentlicher Art bildet sich ein privater Bereich natürlicher Unberührtheit und Intimität, in dem die spezifisch gemeinschaftlichen Bindungen, etwa der Familie, der Freundschaft, der Heimat erfahren und verteidigt werden.

Gemeinschaft und Gesellschaft, die Ordnungen gewachsener und gemachter Beziehungen zwischen den Menschen, lassen sich nicht als Früh- und Spätformen der sozialen Entwicklung voneinander isolieren und auf Völker mehr primitiver und mehr differenzierter Kultur verteilen. Vielmehr sind sie im Verlauf der Geschichte aneinander geworden und in Gegensatz zueinander getreten, der dem progressiven Wachstum gesellschaftlicher Organisation entsprechend in der industriellen Revolution schärfer werden mußte. Sie lassen sich darum ebensowenig innerhalb des sozialen Lebenszusammenhangs eines Volkes auf zwei Schichten verteilen, die einander überdecken, derart, daß die gesellschaftliche Versachlichung wie ein von außen gekommener Parasit die angestammten Gemeinschaftsverhältnisse befallen hätte, sie zersetzte und aufbrauchte. Sondern die Aufspaltung des Bereiches zwischenmenschlicher Verständigung in rationale und irrationale Bezirke ist ein zur Industrialisierung und allgemeinen Veröffentlichung des Daseins selbst gehörender Antagonismus, der sein eigenes Gegenbild genau in dem Maße erzeugt, in welchem er selber ideologische Züge annimmt.

Wie jede Typenbildung sich der Korrektur durch die Erfahrung aussetzt, so auch die von Gemeinschaft und Gesellschaft. Tönnies wußte das. Die Umdeutung aber seiner Begriffe zu Parolen hat mit seinem Werk nichts oder nur sehr indirekt zu schaffen. Seine liebenswerte, ehrwürdige Person freilich – ich bin ihm zweimal begegnet und erinnere mich bei der letzten Begegnung zusammen mit Scheler und Sombart ihn in einem kalabreserartigen Strohhut gesehen zu haben, der in seinen Vertiefungen frutti di mare zu bergen schien – trug das Gepräge gemeinschaftlichen Wesens seiner friesischen Heimat. Die Altertümlichkeit der Erscheinung und die Bindung des Menschen, die sie bezeugt, wird man jedoch nicht zu den Argumenten zählen dürfen.

Philosophische Anthropologie

1. Zur Vorgeschichte des Namens

Philosophische Anthropologie ist der seit Mitte der zwanziger Jahre dieses Jahrhunderts in den wissenschaftlichen Sprachschatz aufgenommene Ausdruck für die Behandlung einer Frage, die offensichtlich auf anderes zielt als das Psalmenwort „Was ist der Mensch, daß Du (Gott) seiner gedenkst?" oder die vierte Frage Kants, in welcher er die drei vorangestellten nach dem, was wir wissen können, tun sollen und hoffen dürfen, kulminieren läßt. Sonst wäre die Einführung einer neuen Bezeichnung für ein mit der Geschichte des Nachdenkens über Wesen, Auftrag und Ort des Menschen so eng verbundenes Thema nicht der Rede wert. Deshalb hat das Verfahren mancher Autoren (etwa Groethuysen, Landmann), die anthropologische Problematik bis in die Antike zu verfolgen und nur ihre Sonderbehandlung in einer Art Spezialdisziplin der jüngsten Vergangenheit einzuräumen, seine Gefahren. Diesen Gefahren setzt man sich auch aus, wenn man von Psychologie, Ästhetik, Soziologie avant la lettre, das heißt für Epochen spricht, denen diese Disziplinen, und wohl nicht ohne Grund, unbekannt waren.

Die Bezeichnung Anthropologie, eine Schöpfung des späten sechzehnten Jahrhunderts, hat sich im achtzehnten Jahrhundert als Deckname für die vielfach mit moralphilosophischen Fragen verwachsene Behandlung der empirischen Menschenkunde eingebürgert und erst mit der Anerkennung der Psychologie im Laufe des neunzehnten Jahrhunderts die auf einen Sonderzweig der Anatomie, Rassenlehre und Abstammungsgeschichte des Menschen eingeschränkte Bedeutung gewonnen. Begegnet sie uns noch in der Zeit I. H. Fichtes, Michelets und Lotzes als eine Theorie des Ineinander von Körper und Seele, Zeitlichem und Ewigem – um bei Feuerbach den Auftrag einer Gegentheologie zu erhalten und das Werk der Rückführung Gottes in seine Ursprungsstätte, den Menschen, das heißt die Aufklärung zu vollenden –, so hört man in der zweiten Hälfte des neunzehnten Jahrhunderts nichts mehr davon.

Zweifellos deutet diese Distanzierung der Philosophie vom anthropologischen Thema nicht auf ein Erlahmen des Interesses am Menschen. Weit eher spiegelt sie ein wachsendes Bedenken der Wissenschaft – und in ihrem Gefolge der Philosophie – dagegen, mit dem überkommenen begrifflichen Rüstzeug die in den neuen Erfahrungswissenschaften vom Menschen errungenen Einsichten noch bewältigen und zuverlässig ausdrücken zu können. Was der Mensch sei, kann er nur durch seine Geschichte erfahren, heißt es bei Dilthey, und zugleich erinnert er daran, daß „wir" ebenso Natur wie Geschichte sind. Kann es für diesen Aspekt noch sinnvoll sein, auf die Frage nach dem Was des Menschen eine abschließende Antwort zu erwarten? Läßt sich ein Wesen, an dessen Entwicklung aus vormenschlichen Lebensformen ebensowenig zu zweifeln ist wie an seinen offenen Zukunftsmöglichkeiten, ein Wesen, das uns nach Herkunft und Bestimmung gleichermaßen dunkel ist, abschließend bestimmen? Dürfen weiterhin die Selbstauffassungen des Menschen, die im Laufe der Geschichte und in den vielen nicht zu *einer* Geschichte zählenden Kulturen bezeugt sind, durch ein generalisierendes Verfahren sozusagen überspielt und in einer Wesensformel untergebracht werden?

Die Sprengung des im Christentum und in Europa noch bis in die Mitte des neunzehnten Jahrhunderts zentriert gewesenen Gesichtskreises unserer Weltdeutung durch Wissenschaft und Lebenserfahrung, die mit ihr gewachsene Vergegenständlichung des Menschen in immer neuen Fächern und eine sich bald idealistisch-kantianisch, bald positivistisch gebende Laissez-faire-Haltung der Philosophie gegenüber der Kultur haben lange Zeit einen anthropologischen Ansatz im philosophischen Sinne unterbunden. Daran ändert nichts die Tatsache, daß sie in der geistigen Situation nach dem Ersten Weltkriege, in einer Situation gesteigerter Bereitschaft zur Generalrevision aller Werte und Wahrheiten zu ebenso starken Motiven für eine Philosophie des Menschen wurden.

2. Abgrenzung gegen Existenzphilosophie und Historismus

Diese Wendung zum „ganzen" Menschen in seinem Sein und damit zu jener ausgezeichneten Region der Existenz ist oft dargestellt worden. Vorzugsweise in der Form, daß der Gedanke einer philosophischen Anthropologie, dessen Wiedererweckung man Scheler zuschreibt, ob ausgeführt oder nicht, Vorstadium und Übergang zur Existenzphilosophie bedeute, welche – und in diesem Punkt brauchen sich die Geister zwischen Heidegger, Sartre und Jaspers nicht einmal zu scheiden – das zentaurische Mittelding aus Wissenschaft und Philosophie hinter sich gelassen und reinen Tisch gemacht habe. Als Ansatz, Vehikel und Durchgang zu existentialer Analytik könne ihr die Aufgabe zugewiesen werden, zum Verständnis des Seins oder der Freiheit zu führen, sie müsse aber unweigerlich in einer falschen Vergegenständlichung enden, wenn sie das Wesen „des" Menschen feststellen wolle. So hat die Schwierigkeit, das Was des Menschen als einen Wer, das heißt als denjenigen zu fassen, der er je selbst sein kann, wenn er vor sich nicht ausweicht, das Unternehmen der philosophischen Anthropologie von Anfang an belastet, um nicht zu sagen: diskreditiert.

Daran waren ebensosehr der phänomenologische Wesensbegriff wie der Name schuld. Der Name weckte Erinnerungen an die, wie es schien, ein für allemal zugunsten der Geschichtlichkeit des Menschen getroffene Entscheidung, in der so heterogene Geister wie Marx und Dilthey sich begegnen. Daß die Parole „Anthropologie" eine Wiederbelebung Feuerbachscher Ideen im Sinne habe, gewiß nicht mit den Mitteln, die ihm zu Gebote gestanden, sondern mit der Biologie, Psychologie und Kulturkritik einer um hundert Jahre gereiften Wissenschaft, vielleicht ohne die gegen die Theologie gerichtete Spitze, lag nahe. Also auch die Forderung, an die alte Polemik von Engels und Marx anzuknüpfen, die Phasenfolge der Gedanken Gott-Vernunft-Mensch nach berühmtem Muster um ein weiteres Stück, die geschichtlich gewordene Gesellschaft, zu verlängern und in Konsequenz der kritischen Arbeit des neunzehnten Jahrhunderts bis Kierkegaard oder Dilthey durchzustoßen, welche gleichermaßen einer natura hominis das Urteil gesprochen hatten – unter sehr verschiedenem Aspekt und mit unvergleichbaren Argumenten zwar, doch beide bestrebt, jenen Universalismus des Wesens zu entmachten, der die Einmaligkeit der Leistung und Verantwortung im geschichtlichen wie im gegenwärtigen Selbstverständnis dem betrachtenden und dem handelnden Menschen verdeckt. Da sich aber die philosophische Anthropologie gegenüber den disparaten Erfahrungswissenschaften vom Menschen nur unter Berufung auf den von ihnen in ungeklärter Form verwandten Menschenbegriff legitimieren kann, zu dessen Klärung sie im Interesse sauberer Grundlegung berufen sei – denn kann die Wissenschaft länger in jenem Zustand emphatischer Ignoranz verharren, die entweder mit Demokrit sagt: was der Mensch ist, weiß jeder, oder mit Kierkegaard: Gott weiß, ob einer von uns Mensch ist? –, so muß sie mit dem Universale „Mensch" ernst machen, das heißt Wesensanalyse treiben.

Zur Diskriminierung des anthropologischen Vorhabens von seiten der Existenzphilosophie hat weiterhin die im Begriff des Wesens liegende Zweideutigkeit beigetragen. Formal sind die Minimalbedingung, der ein Ding, ein Verhalten, eine Äußerung zu genügen hat, um als menschlich angesprochen zu werden, und die Maximalbedingung, die in Ausdrücken wie wahrhaft, eigentlich und im höchsten Sinne menschlich als erfüllt angesehen wird, zweierlei. Im Begriff essentia–Wesen treten beide Bedeutungen ungeschieden auf. Hominitas als Conditio sine qua non für Humanitas, menschliche Wesenheit als notwendige und – in gewisser Weise – hinreichende Bedingung für echte, eigentliche, wahrhafte Menschlichkeit – läßt die Spannung hervortreten, deren Struktur die Anthropologie zu entwickeln hat. Diese Struktur umfaßt die Bedingungen der Möglichkeit des Menschseins, ohne auf einen Sinn von Sein oder ein bestimmtes Menschlichkeitsideal notwendig zu verweisen. Anthropologie darf sich also weder in Sachen Ontologie noch in Sachen Ethik als engagiert betrachten. Sie hat die Kriterien der Menschhaftigkeit im Horizont möglicher Erfahrung herauszufinden, wobei dem gleitenden Charakter der für sie notwendigen Bedingungen, der Offenheit der condition humaine Rechnung zu tragen ist und auch getragen werden kann.

Es stimmt also nicht, wenn mit dem durchaus richtigen Hinweis auf die Abhängigkeit menschlicher Selbstgestaltung von ihrer Selbstdeutung, welche der geschichtliche Wandel und die Vielfalt kultureller Daseinstypen bezeugen, das Unternehmen der Anthropologie der Parteinahme für ein außergeschichtlich definierbares Wesen des Menschen beschuldigt wird. Vielmehr wehrt er nur vorschnelle Fixierungen solcher sich im geschichtlichen Wechsel durchhaltenden Konstanten ab. Nur die Wahl des Blickpunktes und der begrifflichen Mittel entscheidet darüber, ob es der Anthropologie gelingt, die Rahmenbestimmung der Menschhaftigkeit so zu exponieren, daß sie den Anforderungen im Horizont ihrer möglichen Erfahrungen entspricht.

3. Aufgabenbereich

Für gewöhnlich kümmern den Historiker, Ethnologen und Geisteswissenschaftler solche Fragen nicht, begegnen ihm aber mit um so größerer Dringlichkeit an den Grenzen, in denen der Bereich der vormenschlichen Entwicklung in den der Frühkultur übergeht und der Paläontologe mit dem Prähistoriker zusammenarbeiten muß. Sie spielen zweitens, wenn auch als anthropologische Fragen selten anerkannt, eine zentrale Rolle bei jeder Interpretation, die sich ihres Wagnischarakters bewußt ist und an der Fragwürdigkeit eines Denkens in Begriffen und Werten unserer Gegenwart für ein Verstehen fremder abgelebter Zeiten nicht zuschanden werden will. Psychologische Kategorien, das sah schon Dilthey, bieten für die Schwierigkeit keine Hilfe. Denn ihnen ist das Zeichen ihrer Gebundenheit an die je besondere Erfahrungsstellung einer Gesellschaft und des Selbstverständnisses ihrer Glieder zu stark aufgeprägt, als daß sich mit ihnen das Verhältnis von Konstanz und Variabilität in geforderter Distanz zum individuellen Phänomen eines Menschen, einer Situation, einer Epoche greifen ließe. Der Innenaspekt ihres Daseins deckt nicht das Gesamt der jeweils versäumten und verwirklichten Verhältnisse, in denen es sich entfaltet hat und zu denen es sich immer wieder, und auf stets neue unvorhergesehene Weise, entfaltet. Die rechte Distanz hierzu zu gewinnen, um generell einer jeden Individualisierung gerecht zu werden, ist nur von einer philosophischen Anthropologie zu leisten.

Für die Inangriffnahme des Problems hat sich schließlich – inhaltlich wie formal – die wachsende Vertrautheit mit der Biologie des Menschen als entscheidend erwiesen. Denn die abstammungstheoretische Herleitung unserer Spezies aus vormenschlichen Formen bedeutete mit der Erschütterung ihres traditionellen Privilegs zugleich die Erschließung einer sein ganzes „Wesen" umgreifenden Dimension. In ihr begegnen die Erfahrungen der psychosomatischen Medizin (Psychosomatik) ebenso wie die der Tiefenpsychologie, Charakterologie und Typologie des Individuums (Typenlehre) und seiner Gesellschaft. In ihr spielen die gegenseitigen Bezüge zwischen materieller Daseinsfürsorge, Arbeit und geistiger Welt, die Korrespondenzen zwischen den vitalen Antrieben, ökonomischen Interessen und den jeder Kultur eigentümlichen Einrichtungen, die Generationen zu überdauern vermögen. Je bereitwilliger sich die Wissenschaften vom Menschen diesen wechselweisen Bezügen zwischen Leib und Seele, Gemeinschaft und Individuum, Person und Welt zuwenden und ihrerseits medizinische, psychologische, theologische usw. Anthropologien entwerfen, die für bestimmte Erfahrungsbereiche die umspannende Dimension sichtbar machen wollen, desto dringender erscheint die Aufgabe der philosophischen Anthropologie, solchen Entwürfen eine tragfähige Basis zu geben – doppelt bedeutsam in einer Wendezeit, da durch weit vorangetriebene Forschung der Mensch sich die Kräfte in die Hand gespielt hat, die zum ersten Male seit seinem Erscheinen auf der Erde seine Spezies mit Vernichtung bedrohen und das Lebewesen Mensch zu einer unmittelbaren Frage seiner Entscheidung machen.

Literatur

M. Scheler: Der Formalismus in der Ethik und die materiale Wertethik, (1913) ⁴1954
Ders.: Die Stellung des Menschen im Kosmos, (1928) ²1949
H. Plessner: Die Einheit der Sinne, 1923
Ders.: Die Stufen des Organischen und der Mensch, 1928
Ders.: Lachen und Weinen, (1941) ²1950
Ders.: Zwischen Philosophie und Gesellschaft, 1953
B. Groethuysen: Philosophische Anthropologie (HPh Abt. 3 Beitr. A), 1931
P. L. Landsberg: Einführung in die philosophische Anthropologie, 1934
E. Rothacker: Die Schichten der Persönlichkeit, (1938) ³1947
Ders.: Probleme der Kultur-Anthropologie, 1948
W. Sombart: Vom Menschen, (1938) ²1956
A. Gehlen: Der Mensch, (1940) ⁵1955
Ders.: Urmensch und Spätkultur, 1956
O. F. Bollnow: Das Wesen der Stimmungen, (1941) ²1943
H. Lipps: Die menschliche Natur, 1941
L. Binswanger: Grundformen und Erkenntnis menschlichen Daseins, (1942) ²1953
J. P. Sartre: L'Être et le Néant, 1943 ; dt. Übers.: Das Sein und das Nichts. Versuch einer phänomenologischen Ontologie, 1952
A. Portmann: Biologische Fragmente zu einer Lehre vom Menschen, (1944) ²1952
H. Kunz: Die anthropologische Bedeutung der Phantasie, 2 Bde., o. J. (1946)
M. Landmann: Philosophische Anthropologie, 1955.

Über die allgemeine Bedeutung des Normativen in der Lebensbewältigung

Von der Lebensbewältigung habe ich zunächst zu sprechen, einer höchst allgemeinen Aufgabe des Menschen schlechthin; man ist versucht zu sagen: der höchsten und allgemeinsten Aufgabe, die dem Menschen von seinem Leben her gestellt ist. Wobei sich freilich ein Bedenken gegen die Gleichsetzung der Prädikate hoch und allgemein einstellt, die bereits eine bestimmte Ansicht vom Verhältnis des Menschen zu seinem Leben verrät. Es sind ja nicht die schlechtesten Menschen, die mit ihrem Leben nicht fertig werden, und dem edelen Geist, der um einer Sache, um einer Forderung willen am Leben zerbricht, gehört unsere besondere Liebe. Höchst allgemein ist die Aufgabe der Lebensbewältigung jedenfalls nur in dem formalen und neutralen Sinne eines durch Geburt und Tod begrenzten Kampfes.

Fertig werden müssen mit diesem Leben – das wir uns nicht gewünscht und gemacht haben und das seit sechs oder sieben Generationen, die Generation zu dreißig Jahren gerechnet, immer weniger den Charakter der Wiederholung elterlichen Lebens noch an sich trägt, immer mehr und immer rascher Unvorhergesehenes zu verarbeiten hat –, fertig werden müssen wir freilich alle damit, daß wir sind, hier, heute unter gerade diesen und keinen anderen Umständen. Denn als Menschen leben wir nur, indem wir, wie es die Phrase uns so genau vorsagt, ein Leben führen, ihm verhaftet und gegenüber, von ihm vorweggenommen und es vorwegnehmend, vorwerfend in Planung und Vernunft, und das heißt ja wohl auch: Vorwürfen ausgesetzt.

Bloßes Leben braucht sich den Luxus der Vorwürfe nicht zu leisten. Den Tieren ist diese Zwiespältigkeit der Lebensverdoppelung erspart. Sie geben zwar, im Vergleich mit pflanzlichem Dasein, keine Ruhe. Aber sie sind, was sie sind, sie leben, was sie können: Sie sind sich kein Vorwurf und mit ihrem Leben weder eins noch uneins. Ihre Art hält sie am Zügel. Des Menschen Wesen aber ist Unart. In ihm ist die Pointe des Lebens verdorben. Ihm ist es Gegenstand, Schicksal, Doppelgänger. Diese Gespaltenheit, peinliches Vorrecht in der Natur und gegen sie, das seine Freiheit ausmacht, zwingt ihn, ein Verhältnis zu sich und

Die Bedeutung des Normativen in der Lebensbewältigung 191

seinem Leben, solange es dauert und erstaunlicherweise auch noch darüber hinaus, zu finden, um leben, das heißt als Mensch ein menschenwürdiges Leben führen zu können. In Freiheit nach Art der Freiheit. Oder wenn wir uns die spitze Formulierung nicht entgehen lassen wollen: nach Art seiner würdigen Unart, nämlich Ordnung zu schaffen, die ihn trägt, aber nicht erdrückt, ihn normiert, aber nicht normalisiert. Ein Wesen des Zwiespalts, Eigentümer seiner Möglichkeiten, muß der Mensch sich einrichten, das heißt Richtung nehmen und das Richtige finden. Das Richtige, das Rechte, das ihm und seinen Interessen in der Bewältigung des Lebens allein insoweit nützt, als es in sich recht und richtig *ist*. Wenn es einmal hieß: Recht ist, was dem deutschen Volk nützt, so war diese Parole schon aus diesem Grunde um ihre Wirkung gebracht. Das Normative zieht seine regelnde Kraft nur aus der Gewißheit einer sachlichen Notwendigkeit. Die Regelungen, Maßnahmen und Anforderungen für die Praxis müssen glaubhaft sein, sonst helfen sie nicht, denn sie gehören nun einmal in einen Bedingungszusammenhang, an dessen letzter Verankerung und Begründung dem Menschen alles gelegen ist. Verständlicherweise akzeptieren wir im täglichen Leben tausenderlei Vorschriften und Usancen, ohne nach ihrem Warum zu fragen. Der einzelne hat nicht die Möglichkeit, den Schleier der Gewohnheit zu zerreißen und sich Rechenschaft abzuverlangen für das, was er tun muß. Aber auch er beruhigt sich erst bei einer sachlichen Notwendigkeit, in deren Zeichen die an ihn gestellten Forderungen stehen. Nur das Rechte, nur das Richtige nützt.

Über die allgemeine Bedeutung des Normativen in der Lebensbewältigung wäre also wenig zu sagen, wenn es sich darin erschöpfte, unser Denken und Handeln in Ordnung zu halten, um mit dem Leben fertig zu werden. Das tut es zwar, aber paradoxerweise durch Ansprüche, die über das Leben hinausgehen. Denn das Normative besteht nicht in Vorschriften und Anordnungen, die von Fall zu Fall, von Zweck zu Zweck erlassen und wieder aufgehoben werden können. Es verkörpert mehr. Zunächst die institutionelle Welt von Kirche, Staat und Wirtschaft, von vielerlei Anstalten zur Pflege geistigen Lebens. Sodann die Traditionen in Sitte und gesellschaftlichem Code, von dem, was man zu tun und zu lassen hat, was fein und unfein ist. Schließlich die verborgenen, nur der philosophischen Besinnung sichtbar werdenden Grundlagen unserer Moral- und Rechtsanschauungen, unserer Ansprüche an Wahrheit, Schönheit, Gerechtigkeit und Nützlichkeit.

Der Streit, ob diese Welt der Werte, wie man seit dem späten neunzehnten Jahrhundert nicht ohne Seitenblick zur Wirtschaft und mit dem Hintergedanken an Umwertung sagt, zumindest ein Ausschnitt oder Aspekt eines in den menschlichen Gesellschaften nur eingefangenen, ihnen gegenüber jedoch unabhängigen idealen Seins ist oder menschliches Produkt, hat schon vor Platon die Philosophen entzweit und auch heute keine Entscheidung gefunden. Zwar ist man dank historischer und soziologischer Schulung tief in die menschliche Bedingtheit und gesellschaftliche Verflochtenheit der Werte eingedrungen, tiefer als irgendeine Zeit vorher. Aber die Positionen stehen sich, nur unter anderen Namen und um viele Erfahrungen bereichert, genauso unversöhnlich gegenüber wie zur Zeit der Sophistik. Wir sind gewiß nicht mehr so leicht dazu zu bringen, vergangene oder außereuropäische oder nicht-christliche Normen als überholt, veraltet, primitiv oder falsch abzutun, wie das die starken Epochen unter der Herrschaft kirchlicher Autorität oder der Aufklärung und des Fortschrittsglaubens taten. Wir haben zu viel gesehen, und die seit sechs oder sieben Generationen erworbene Erfahrung steigender Unvorhersehbarkeit des Lebens hat uns gegen alles, was auf Stabilität und Konstanz der menschlichen Natur berechnet ist, überempfindlich und bescheiden gemacht.

Die damit erreichte Situation in der Frage nach der allgemeinen Bedeutung des Normativen für die Bewältigung des Lebens warnt uns in jedem Falle vor seiner Vitalisierung zu bloßer Ausdrucksform, zu einem Hilfsmittel und Kunstgriff des Menschen. Wer, was wäre dieses anonyme Leben, das auf eine so hinterlistige Manier den Menschen, seine Geschichte und seine Gesellschaft benutzte, um mit Hilfe von als objektiv anspruchsvoll erlebten Normen seiner selbst Herr zu werden? Der objektive Anspruch wäre purer Schein, Ideologie und Überbau, gleichwohl ein Machtmittel. Denn wenn ich recht sehe, steckt in den politischen Radikalismen unserer Zeit nichts anderes als die Übersetzung dieser Theorie in die Regierungspraxis.

Der einzelne ist nichts, das Ganze alles, in seinem Namen und Interesse werden die einzelnen unter Vorspiegelung gemachter Normen, die dann unter Umständen sich sogar ehrlich Mythen nennen und deren verborgener Sinn nur der Nutzeffekt des Machtgewinns für das Ganze sein soll, manipuliert. Aus der Hegelschen List der Idee (und ihrer Verkehrung in die Dialektik des Klassenkampfs), aus dem Pragmatismus und seinen Spielarten wird eine Herrschaftsmaxime totaler Staaten. Wenn das Leben, die Geschichte derart machiavellistisch mit seinen Trägern, den einzelnen Menschen, verfährt, daß es ihr Normbewußtsein als eine bloße Spiegelvorrichtung, wie eine Lockspeise, erzeugt, ist es den Regierenden erlaubt, sich die Einsicht in diesen Mechanismus der Hinterlist zunutze zu machen und entsprechend zu verfahren.

Stillschweigende Voraussetzung dieser Praxis ist die Verkennung des Objektivitätsanspruchs rechtlicher und sittlicher Normen und ihre Gleichsetzung mit den faktischen Normierungen durch die staatliche Gesetzgebung beziehungsweise durch die Sanktion einer Gesellschaft. Wenn aus dem Recht unter allmählicher Ausscheidung aller naturrechtlichen Elemente die Summe staatlich sanktionierter Gesetze wird, wie es sich in der Entwicklung des juristischen Positivismus im späteren neunzehnten Jahrhundert tatsächlich herausgebildet hat, ist die Schranke gefallen, welche den einzelnen von der Gesetzesmacherei des Staates und diesen selbst vor seiner eigenen Maschinerie schützt. Wenn die Sittlichkeit unter Preisgabe ihres zeitlosen Elements zum Inbegriff gesellschaftlich sanktionierter Sitte wird, verliert der einzelne die Möglichkeit, unter Berufung auf eben diese Elemente die Norm gegen die Normierung geltend zu machen und sich damit von der Gesellschaft zu unterscheiden, das heißt, er verliert seine Privatheit. Das Mißtrauen in die Eigenständigkeit der Werte gegenüber dem Leben und ihre Verkennung als bloßen Mittels der Lebensbewältigung bringt also unvermeidlich einen Verlust individueller Lebensführung zuwege, den Verfall des einzelnen an Staat und Gesellschaft, die Überwältigung des einzelnen durch die Institutionen des Lebens oder, um einen Ausdruck Hegels zu gebrauchen: die Etablierung des geistigen Tierreichs, die Vertierung des Menschen mit geistigen Mitteln und auf geistigem Niveau.

Um zu verdeutlichen, was damit gemeint ist, muß ich etwas weiter ausholen. Der Mensch ist ein handelndes Wesen. Handeln heißt ein Verhalten im Vorblick auf ein das Verhalten motivierendes Ende. Kein Handeln also ohne Plan und Zweck, aber auch ohne Rückbezogenheit auf sich selbst. Menschliches Verhalten kann diesen Charakter annehmen, wenn es sich zu seiner Selbstordnung bequemt, das Körperliche so gut wie das Geistige, das physische Tun so gut wie das Denken. Die Fähigkeit zur Selbstordnung im Wege planender Steuerung heißt Vernunft, die man mit gutem Recht als ein Monopol des Menschen ansieht. Sie deckt sich nicht mit Verständnis und Einsicht, die den Tieren im je verschiedenen Rahmen ihrer Umwelt, nur ohne Sinn für den Sachcharakter der dort gegebenen Bezüge gegeben sind. Von ihrem Gedächtnis und Lernvermögen geleitet, machen sie Erfahrungen, passen sich den Umständen, freilich nach Maßgabe ihrer Instinkte, Triebstruktur und vitalen Rhythmik an. Sie können sich also, sie müssen sich geradezu verständig und einsichtig verhalten, legt man nur den ihnen passenden Maßstab an. Aber sie handeln nicht, weil ihnen die Möglichkeit der Distanz zu sich, die allein eine Selbst-, eine Rückbeziehung auf ihr Verhalten freisetzen kann, versagt ist.

Versagt, aber auch: erspart. Denn eben diese Abgerücktheit von sich selber bedeutet den Zwang zur Normierung von allem, dessen der Mensch habhaft werden kann, den Zwang zur künstlichen Gestaltung seiner selbst wie seiner Welt. Biologisch mag darin eine Ausgleichsfunktion gesehen werden für den offenbaren Mangel an genügend stark spezialisierten Instinkten. Unbestimmt, bis in welche Tiefe seine Einbettung in die Natur reicht, war und ist der Mensch von seinen dubiosen Anfängen an darum bemüht gewesen, etwas aus sich und ihr zu machen, das heißt zu handeln und aus den Produkten dieses Handelns sich sein Leben zu gestalten. Bis in die Automatisierung des physischen Lebensprozesses greift er mit seinen Korrekturen ein, auf jeder Stufe von Zivilisation, auch der primitivsten, die wir kennen. Er hat den Trieb und die Möglichkeit zum aufrechten Gang: doch muß jedes Kind ihn erst wieder lernen. Er hat den Trieb und die Möglichkeit zur Sprache: In jeder Generation beginnt das Spiel von neuem. Vegetabilien und Animalien, physiologisch zur Ernährung völlig ausreichend, genügen ihm im bloßen Naturzustande nicht: Er muß sie sich zubereiten. Sein Körper ist ihm als solcher nackt: Er bekleidet ihn, schmückt ihn, bereitet sich ihn zu. Ein Proteus der Prothesen, ergänzt, vermehrt, verfeinert er das Instrumentarium seines Körpers durch Werkzeuge und Waffen, die durchaus nicht nur dem Modell der eigenen Körperlichkeit entnommen sind, sondern eine normative Phantasie verraten, die sich von ihm entfernt, so weit wie etwa die Erfindung des Rades vom Phänomen des Rollens.

Der gestaltende Charakter des Handelns verrät also eine Aufgeschlossenheit für die sachlichen Anforderungen der Lagen, in denen es sich entfaltet, und diese Anforderungen sind die Wertnormen, nach denen der Mensch mit dem Leben fertig werden muß. Sie besitzen genau die vergesellschaftende Funktion, die Übereinstimmung zwischen den Individuen gewährleistet. Das heißt, das soziale Handeln, mag es auch von vitalen Antrieben, Sympathiegefühlen und Instinkten vielfach ausgelöst, gesteigert und gestört werden, appelliert an die Einsicht jedes einzelnen und gehört vor sein Forum, hat das Ergebnis von abwägenden Entschlüssen gegenüber immer neu gestellten Aufgaben zu sein. Es ist nur insoweit genormtes Verhalten, als es den jeweiligen Anforderungen der in Frage stehenden Sache gerecht, als es normgerechtes Verhalten ist. Die bei Tieren durchgängig auftretende Erscheinung artspezifischer Gleichförmigkeit bestimmter Verhaltenszüge in bestimmten Situationen, etwa bei der Werbung, beim Nestbau, der Brutpflege, im Kampf mit Konkurrenten und Feinden, die einen genormten, das heißt uniformen Eindruck machen, dürfen allerdings nicht anthropomorph im Sinne der Normgerechtigkeit verstanden werden. Das Tieren und Menschen darin Gemeinsame: der angeborene Verhaltensstil, seine normale Ausbildung im Laufe des Lebens und seine Verfestigung durch Gewohnheit erhält beim Menschen die Bedeutung der Konvention. Sie entlastet unser tägliches Verhalten, bildet aber zugleich wieder ein Reservoir von Normen zum Teil sogar institutionellen Charakters aus, so daß ihr Entlastungseffekt für das Handeln in Frage gestellt ist.

Soziales Verhalten, soziale Lebensformen der Tiere sind nicht ihre Werke und Erfindungen, nicht Ergebnisse ihres Tuns, sondern gehören zu den Merkmalen ihrer Art wie Organe der Atmung, Ernährung, Fortpflanzung und Orientierung. Richtig ist – wenn ich mir die biologische Bemerkung an dieser Stelle gestatten darf –, daß bei Wirbeltieren und insbesondere Warmblütern, in steigendem Maße bei Säugern und hier wieder bei den dem Menschen am nächsten stehenden Anthropoiden der Umfang der Erfahrungsbereitschaft im Verhalten, also sein Variabilitätsgrad und seine Anpassungsfähigkeit gegenüber wechselnden Situationen größer ist als bei den Insekten. Dazu paßt bekanntermaßen die verschiedene Akzentuierung und Dauer der Jugendphasen, hier wie dort. Liegt der Schwerpunkt im Instinkt und steht das soziale Verhalten unter seinem Schutz, dann braucht der Organismus nicht jung zu sein, das heißt zu lernen. Kommt es aber auf Erfahrung, Korrektur, Intelligenz und Planung an, dann schaltet die Natur eine immer nachdrücklichere, beim Menschen ihre größte zeitliche Ausdehnung erreichende Jugendphase vor das Reifestadium.

Soziales Verhalten beim Menschen ist auch da, wo er Jahrhunderte an seinen Sitten und Einrichtungen festhalten will, auch da, wo er mit der Stabilität und starren Unverbrüchlichkeit eines Insektenstaates zu wetteifern scheint, immer sein Werk, durch Handeln und Entscheidungen errungenes, durch Überlieferung und Erziehung bewahrtes, in jeder Generation von neuem bedrohtes Werk. Seine instinktive Schutzhülle ist äußerst dünn. Allein kann der Mensch gewiß nicht leben, er ist länger als jedes Tier auf Pflege angewiesen, er strebt mit allen seinen Möglichkeiten des Sprechens, der Darstellung und der Werkzeuggestaltung zum sozialen Kontakt, aber der Instinkt läßt ihn dabei sehr bald im Stich. Er nimmt ihm die Last des Entwurfs und der Verantwortung nicht ab. Seine Schwäche korrespondiert und kooperiert mit seiner spezifischen Stärke, seinem Vermögen zur Abstraktion. Distanzierung von dem, was ihn umgibt und was er selber ist, entschädigt ihn für eine Nähe, die nur der Instinkt gewährt und in der ihm jedes Tier überlegen ist. Für die Art des Kontakts, die ihm seine Instinktschwäche vorenthält, ist ihm eine andere, indirekte Art des Kontakts gewährt: der Zugang zur Objektivität.

Alles, was der Mensch tut, ist davon betroffen, sein Sprechen, sein Spiel und seine Arbeit. Alles, was er unternimmt, gerinnt ihm zu eigenständigen Gebilden von sachlichem Gewicht, von Bedeutung und Forderungscharakter. Seine Kommunikation mit den anderen erhebt sich daher über die Unmittelbarkeit vitaler Verständigung, in der die Tiere einander locken, warnen, bedrohen. Wir sprechen eine Sprache, gegen deren Gesetze wir verstoßen können, die wir erlernen müssen, um etwas zu sagen, und das Gesagte steht zwischen uns, artikuliert, entdeckt und verdeckt eine Welt. Sie führt uns zu uns hin und von uns fort, Mittlerin der Unmittelbarkeit, Medium der Vertrautheit und der Entfremdung, Funktion und Gehäuse in einem. So umgeben und überwachsen uns unsere Taten, sie entgleiten uns und holen uns ein, treiben ihr Wesen, werden zu Einrichtungen, Organisationen, Anstalten öffentlichen oder privaten Rechts, der Sitte, der Mode und vielschichtig-vieldeutiger gesellschaftlicher Gepflogenheiten. Mit einem Wort: dem Menschen entfaltet sich sein Verhalten in und zu Verhältnissen, und die Verhältnisse, sie sind nicht so, wie sie sein sollen.

Soziales Handeln findet sich demnach nur beim Menschen als dem von sich Abstand nehmenden und über Abstände zur Nähe kommenden Wesen. Entfremdung, in die er kraft seiner Objektivität gerät, um sich aus ihr zurückzuholen, Verhalten in Verhältnissen, in denen er sich geborgen weiß, bis sie ihm zu eng werden – und dieses Schicksal ist auch den konservativen und stationären Kulturen nicht erspart geblieben, sie ist die Grundfigur seines sozialen Lebens und der Nerv seiner geschichtlichen Unrast. Die Kunstbauten tierischen Verhaltens, Formen instinktiven Zusammenseins, mögen sich ändern, kontinuierlich oder sprunghaft, unter dem Druck der Veränderungen des Milieus oder durch Anstoß von innen her auf Grund von Veränderungen des Erbgefüges. Die Kunstbauten menschlichen Verhaltens aber ändern sich durch sich selbst, durch ihr Eigengewicht und die Spannung, die sie im Verhältnis zu den in sie hineinwachsenden Individuen immer neuer Generationen bei ihnen hervorrufen. Sie heben sich vom Leben ab, werden eigene, eigensinnige Wirklichkeit, veralten, hemmen und rufen nach Neuem.

Das tun sie aber nur im Auftrag der Werte, die sie verkörpern. Ihnen verdanken sie ihren sachlichen Anspruch, einerlei welchen Rang er einnimmt. Um sie gruppieren sich in archaischen Lebensverhältnissen, aber auch in allen Kulturen der vorindustriellen Welt die Anstrengungen der älteren Generationen, das Ehrwürdige zu bewahren, der Jüngeren, sich seinen Gesetzen zu unterwerfen. Der modernen Entwicklung ist zwar eine Fülle von Traditionen und ehrwürdigen Einrichtungen zum Opfer gefallen, doch haben sich andere Wertordnungen durchgesetzt – oder sind im Begriff, es zu tun –, für welche die gleiche Opferbereitschaft, die gleiche Pietät verlangt wird wie für die Wertordnungen der Alten Welt. Der Stil der Lebensbewältigung hat sich allerdings so sehr geändert, daß der Begriff des Lebens, die Vorstellung von Wesen und Aufgabe des Menschen ihre Deutlichkeit und Selbstverständlichkeit eingebüßt haben. Wir empfinden daher jede Normierung bereits als fragwürdig und sind in der Versuchung, in ihr nur ein Lebensmittel zu sehen. Erliegen wir ihr – und in einer Epoche ständiger Wertverschiebung ist die Versuchung dazu fast übermächtig –, so nehmen wir dem Menschen das Vertrauen zur Objektivität seines Handelns. Die Norm verwandelt sich in die faktische, durch Staat und Gesellschaft sanktionierte Normierung, die ideale Forderung an den einzelnen verflacht, seine Widerstandskräfte im Kampf gegen die ihn manipulierenden Mächte erlahmen. Theoretische Beweise dagegen gibt es nicht. Nur die Einsicht in den Zusammenhang von Anerkennung einer Objektivität der Normen und Sicherung eines privaten Bereiches für den einzelnen kann ihn davor bewahren, sich fallen zu lassen und seine individuelle Verantwortlichkeit, notfalls gegen Staat und Gesellschaft, aufzugeben.

Man gebraucht zur Unterscheidung von Gesellschaftsformen, und zwar sowohl beim Menschen als auch bei Tieren, die Begriffe offen und geschlossen, um die Bereitschaft beziehungsweise Nichtbereitschaft zur Aufnahme fremder Mitglieder anzudeuten, wobei es sich meistens um Grade der Exklusivität handelt. Geschlossene Verbände sind zum Beispiel die Insektenstaaten, offene Verbände, organisiert oder unorganisiert, dagegen die Herden, Rudel, Wandergesellschaften, die wahrscheinlich viel mehr verbreitet sind. Offen und geschlossen gewinnt darüber hinaus bei menschlichen Verbänden noch einen anderen Sinn, wie zum Beispiel den der geschlossenen Kastenordnung, der hierarchisch stabilisierten Ständegesellschaft mit engbegrenzter vertikaler Mobilität. Es ist klar, daß der Gegensatz von société close und société ouverte aber auch geeignet ist, tierische und menschliche Sozietäten überhaupt zu kontrastieren, das instinktgebundene Verhalten in artgebundener Umwelt geschlossen zu nennen, das nicht durch Instinkte gebundene Handeln in zur Welt geöffneten variablen Situationen aber als offen anzusehen, deren Möglichkeiten es durch schöpferische Neubildungen unvorhersehbarer Art begegnet.

In diesem Sinne gewinnt das Normative für die gesellschaftliche Bewältigung des menschlichen Lebens seine höchste und allgemeinste Bedeutung: die Bewahrung individueller Freiheit im und gegenüber dem sozialen Verband. Nur die Gesellschaft ist wahrhaft offen, welche es dem einzelnen gestattet, sich von ihr auf Grund persönlichen Urteils zu unterscheiden und einen privaten Bereich zu behaupten, aus dem heraus, zustimmend oder ablehnend, er an den öffentlichen Dingen teilnehmen kann. Das kann er aber nur, wenn ihm eine der staatlichen und gesellschaftlichen Normierung vorgegebene geistige Welt zugänglich bleibt, die sich nicht darin erschöpft, sogenannte Bedürfnisse der Lebensbewältigung zu befriedigen, sondern an diese Bewältigung über das jeweils Gegebene hinaus Anforderungen stellt. Um diese Anforderungen muß gestritten werden können, muß freie Diskussion möglich sein. Denn es gibt keinen anderen Weg für den einzelnen, sich den Anforderungen einer Sache zu stellen, als in freier Aufgeschlossenheit für das Gegenargument. In diesem Wachhalten kritischen Gewissens liegt die wesentlichste Bedeutung des Normativen in der Bewältigung menschlichen Lebens, der entscheidende Schutz des einzelnen vor seinem Aufgehen in Staat und Gesellschaft.

Spiel und Sport

Seit wann kennt man das Problem des Spiels? Daß Menschen immer gespielt haben, wissen wir, aber daß sie es sich zum Problem gemacht haben, blieb bis auf einige Philosophen – darunter Platon – eine Seltenheit. Spieltheorien hat es gegeben, doch in praktischer Absicht – gewisse Taktiken, gewisse Regeltechniken gehören zu jedem Spiel, das in irgendeinem Sinne Geschicklichkeit erfordert. Aber daß man sich das Spiel generell zum Problem macht, ist neueren Datums und hängt mit der Entwicklung der industriellen Arbeit zusammen. Vielleicht ist in der Entstehung der Ästhetik im achtzehnten Jahrhundert ein Reflex beginnender Verbürgerlichung des Lebens und industrieller Gesinnung zu spüren. Der Spielbegriff bei Kant und Schiller ist ein Symptom dafür, daß die Alltagsdimension, in welcher Ernst und Notwendigkeit herrschen, gegen eine Ausnahmeregion gehalten wird, eine Region, in welcher der Mensch von diesen – sei es moralischen, sei es physischen – Notwendigkeiten frei wird. Diese Ausnahmeregion ist befreit von aller rationalen Normierung: Die Einbildungskraft setzt hier die Vermögen des Menschen „ins Spiel".

Solche Exposition des Problems im Rahmen der Ästhetik oder im Hinblick auf die Phänomene der Kunst ist nicht die Regel geblieben. In dem Maße, in dem die Menschheit sich als eine arbeitende erfaßt, hat sie sich eine Gegenregion ausgespart. Die negative Fassung des Spiels als Nicht-Arbeit ist gewiß zu eng. Aber historisch und soziologisch ist es offenbar so gegangen, daß sich an der Entwicklung des Bewußtseins der Arbeit die Gegenregion allmählich in das Bewußtsein der Menschen hineingebracht hat. Das erklärt auch die Tatsache, daß wir eine Literatur über das Spiel, über Spieltheorien und Spielprobleme erst seit dem neunzehnten Jahrhundert haben und die Erweiterung des Spielbegriffs auf außerkünstlerische Bereiche der Durchsetzung des industriellen Arbeitsbegriffes parallel läuft.

Die an sich sehr amüsante Geschichte der Theorie des Spiels steht zunächst im Schatten evolutionistischer und utilistischer Gedanken, darwinistischer Vorentscheidungen und typisch pädagogischer und psychologischer Interessen. Etwa die Theorie von Stanley Hall von den

Entwicklungsrudimenten: Wenn der Mensch spielt, wiederholt die Natur Frühformen der menschlichen Stammesgeschichte nach dem biogenetischen Grundgesetz. Demgegenüber hat Karl Groos in seinen beiden Büchern *Spiele der Menschen* und *Spiele der Tiere* die Gegentheorie entworfen: Das kindliche Spiel ist Vorübung des Jugendlichen mit dem Effekt der Entladung überschüssiger Kraft (Herbert Spencer). Auch Stanley Hall sieht bei seiner Theorie der Rudimente den wachstumsfördernden Effekt des Spielens. Schon etwas raffinierter ist die von Claparède aufgestellte Theorie der „Dérivation par fiction": Der Organismus findet eine Ableitung seiner Energien auf Grund der Disproportion zwischen dem jugendlichen Trieb und seinen unreifen Kräften. Ein Triebüberschuß drängt zu dieser fiktiven – man könnte auch sagen: symbolischen – Ableitung der Kraft. Dasselbe sagt Freud, für den ebenfalls das fiktive Element, die Ausgleichsfunktion durch Ersatzhandlungen, der Schutz des Organismus durch Entladung und Abfuhr der Triebenergie im Mittelpunkt seiner Überlegungen steht. Alle diese Theorien sehen das Spiel im Licht des Ernstes und der Zweckmäßigkeit. Seine scheinbare Unvernunft trägt die Beweislast. Die moderne Verhaltensforschung hat für ihre Analyse der Instinktmechanismen fraglos Nutzen davon.

Der Gegenschlag zu diesen Theorien beginnt schon beim alten Preyer in seiner *Psychologie des Kindes* und mit dem Einsatz der Entwicklungspsychologie. Diese sucht sich von der Vorherrschaft des erwachsenen Organismus zu befreien. Sie holt Rousseau in die Theoriebildung der Psychologie herein, indem sie die Frühstadien in ihrem inneren Recht und in ihrer eigenen Façon begreifen will. Mit der Entwicklungspsychologie, mit der verstehenden, nicht mehr erklärenden Psychologie und schließlich mit der Phänomenologie setzte sich dann eine andere Theoriebildung durch. Man vertieft sich in die Struktur der Erscheinung. Vor allen Dingen Buytendijks Buch *Wesen und Sinn des Spiels* ist hier zu nennen. Angelpunkt seiner Analyse ist die im kindlichen Organismus ausgeprägte Ambivalenz zwischen dem Drang nach Bindung und nach Selbständigkeit. Welche Ausdrucksform wird eine solche Ambivalenz sich verschaffen? Buytendijks Antwort: Sie muß sich als „Spiel" manifestieren.

Schließlich hat Huizinga in seinem Buch *Homo Ludens* den Versuch gemacht, den Spieß umzudrehen, das heißt nicht das Spiel, sondern den Ernst die Beweislast tragen zu lassen. Nicht nur in dem Sinne, daß alle Aspekte der Existenz: Geschicklichkeit, Kraft, Berechnung, Glück, Verwandlung, Darstellung sich zu Spielen machen lassen – viel mehr: in der die Sphäre des Ernstes, der zivilisatorischen und kulturellen Gestal-

Spiel und Sport

tung selbst betreffenden Bedeutung, daß sie ohne spielerischen Aspekt nicht möglich sind. Kultur hat von ihren Ursprüngen her ein spielerisches Element in sich. Sie entsteht in Form von Spiel, nicht in dem platten Sinne, daß erst gespielt wird und nachher wird's Ernst, sondern als Zwei-Einheit von Erzwungenem und Spielerischem. Jedes sozio-kulturelle Verhalten des Menschen bildet eine Doppeleinheit aus Daseinsnot und freier Gestaltung. Huizinga zeigt es an Kämpfen, an Riten, im Verkehr mit überweltlichen Mächten, in den Riten der Einweihung, in Gründungszeremonien aller möglichen Art, in den Feiern des Staates, der Repräsentation, der Zurschaustellung der Macht.

Mit welchem Recht dürfen wir Huizinga folgen? Fakten allein genügen nicht. Vielmehr haben wir zu fragen, warum der Mensch spielen muß, warum er in keiner Dimension seines Verhaltens sich dem Zwang zum Spiel entziehen kann.

Die erste Voraussetzung ist, daß sich der Mensch als Person zu erkennen gibt, als Möglichkeit, Ich zu sich zu sagen, was ihn, nach Kant, von allen anderen irdischen Wesen unterscheidet. „Persona" heißt Maske. Was durch die Maske verdeckt wird und sich zugleich mittels der Maske manifestiert, nahmen wir zum Ausgangspunkt. Über diese Maske verfügt der Mensch bis zu einem gewissen Grade, indem er sich von seinem Leibe als einem Gegebenen, sozusagen als einem Ur-Kleid, unterscheidet. Die In-sich-Versenktheit in den eigenen Leib, die „Futteralsituation" unser selbst, ermöglicht, uns zu äußern, aber gebrochen. Als Personen sind wir unser eigenes Mittel.

Expressivität teilen wir mit sehr vielen Tieren. Aber die unsrige ist gebrochen, weil der Instrumentalisierung ausgesetzt. Wir sind nicht unser Körper, auch wenn wir ihn haben, auch wenn er uns hat, sondern wir verkörpern uns. Der Zwang zur Verkörperung macht den Fechter in Kleists Erzählung *Über das Marionettentheater* dem Bären hoffnungslos unterlegen. Wir müssen verkörpern – aber wen? Den, der wir sind, mit einem Namen, einer Herkunft, unter Mitmenschen, denen die Gesellschaft je nach Struktur bestimmte Rollen zudiktiert oder zur Verfügung hält. Indem wir diese Rollen verkörpern, figurieren wir. So gesehen, hat die moderne Soziologie nicht unrecht, wenn sie am Rollenbegriff einsetzt. Es ist nicht nur eine amerikanische Marotte oder eine bestimmte Mode, daß man Rollentheorie betreibt, sondern hier handelt es sich in der Tat um eine in der Verkörperungssituation des Menschen begründete, grundkategoriale Struktur. Wir figurieren als Jemand, für die Gesellschaft, die uns von außen sieht, in einem direkten und übertragenen Sinne. Wir suchen uns mit der Rollenfigur, soweit es geht, gut oder schlecht, nach Möglichkeit zu identifizieren. Wir suchen diese Rolle auszufüllen, ihrer Anforderung gerecht zu werden und die Entfremdung, zu der sie uns zwingt, in gewisser Weise wieder durch Identifikation mit ihr glaubhaft zu machen und die Entfremdung zurückzunehmen oder in einem bestimmten Sinne zu neutralisieren. Wir alle sind also Akteure *und* Zuschauer, in einem Spiel, dessen Autor nicht nur von sechs Personen gesucht wird, dessen Rollenbegriff, obwohl heute weitgehend funktionell verblaßt, sich seiner barock-theatralischen Fassung in Redewendungen wie „über die Bühne gehen" oder „eine repräsentative Figur machen" immerhin noch erinnert.

Der Bühnenaspekt des gesellschaftlichen Lebens ist Metapher und Realität in einem, eine Zwei-Einheit, die Huizinga im Sinn hatte und welche nicht aufgelöst werden kann, um die Komponente des Ernstes gegen die des Spieles auszuspielen. Denn wir sind in jedem Augenblick, da uns die eigene Aktion in Anspruch nimmt, der Gefahr (und dem Schutz) ausgesetzt, uns zuzusehen. Der Versenktheit in uns selbst, Kennzeichen der Personalität, entspricht eine Exteriorität im Verhältnis zu unserer leibhaften Figur, die es uns ermöglicht, unseren Körper zum Mittel des Ausdrucks (und damit zur Quelle der Gefährdung seiner Echtheit, der Echtheit des Gefühls, das er vermittelt) zu machen. Die bekannte Erfahrung, daß der Schauspieler, welcher sich einem echten Gefühl überläßt, um eine Rolle überzeugend zu machen, an Evidenz verliert, spiegelt die Gebrochenheit der eigenen Erlebnisfähigkeit an der Mitteilungsfähigkeit unserer Gefühle. Der Blick von außen, der uns trifft, unser eigener wie der fremde, ist die immerwährende Gefahr, welche unser Gefühl um seine Echtheit bringt und uns dazu erhöht oder erniedrigt, als jemand zu figurieren, dem wir gewachsen sein müssen. In diesem Sinne gilt in der Tat das Füreinandersein in vollkommener Strenge und absoluter Entsprechung, das Füreinander, das keine ausgezeichnete Position im Hier erlaubt, sondern diese Hier-Position wiederum relativiert, in meinen Augen wie in den Augen der anderen.

Der Mensch ein Spieler, ein Schauspieler seiner selbst? Man wird den Satz nicht dadurch entwerten dürfen, daß dem Schauspieler seiner selbst nichts ernst, wahr, heilig sein kann. Ernst und Wahrheit sind nur einem Leben erreichbar, das der Gespieltheit ausgeliefert ist und sich zur Freiheit des Spiels als solchem aufschwingen und dem Ernst sein Recht lassen kann, weil es ihn als eine Modifikation durchschaut, das heißt vor einem Hintergrund von Heiterkeit zu sehen imstande ist. Diese jeder Art von Fanatismus entgegengesetzte Einsicht trifft mit dem Schiller-Wort in den Briefen über die ästhetische Erziehung des Menschen zusammen: Der Mensch spielt nur, wo er in voller Bedeutung des Wortes Mensch ist, und er ist nur da ganz Mensch, wo er spielt. Die Exposition des Satzes bei Schiller hat freilich den Kantischen Dualismus einer doppelten Gebundenheit des Menschen an Naturgesetz und Sittengesetz zur Voraussetzung und die Versöhnungsmöglichkeit in klassischer Form im Auge. Doch behält er auch aus anderer Sicht seine Wahrheit, wenn man bereit ist, einer nicht mit vollem spekulativem Nachdruck formulierten Lebensweisheit zu viel Gewicht beizumessen, die sich in Kants Anthropologie unter dem Titel *Von dem erlaubten moralischen Schein* findet: „Die Menschen sind insgesamt je zivilisierter, desto mehr Schauspieler, sie nehmen den Schein der Zuneigung, der Achtung vor anderen, der Sittsamkeit, der Uneigennützigkeit an, ohne irgend jemand dadurch zu betrügen, weil ein jeder Andere dabei einverständig ist, daß es hiermit eben nicht herzlich gemeint ist. Und es ist auch sehr gut so, daß es so in der Welt zugeht. Denn dadurch, daß Menschen diese Rolle spielen, werden zuletzt die Tugenden, deren Schein sie eine geraume Zeit hindurch künstlich aufrechterhalten haben, nach und nach wohl wirklich erweckt und gehen in die Gesinnung über. Aber dem Betrüger in uns selbst, die Neigung zu betrügen ist wiederum Rückkehr zum Gehorsam unter das Gesetz der Tugend und nicht Betrug, sondern rühmliche Täuschung unserer selbst."

Der Einwand liegt nahe, daß das Thema „Mensch im Spiel" nicht nur den Blick auf das Schauspiel freigibt. Der Mensch am Roulette oder am Klavier, auf dem Tennis- oder Fußballplatz ist alles andere als eine schauspielerische Existenz, und wenn allenfalls der Rollenbegriff noch eine tragfähige Brücke zwischen Theater und Gesellschaft im ganzen bildet und beide sich wechselseitig erhellen, scheint der theatralische Aspekt jedenfalls für sehr viele Spielarten, die mit Darstellung und Repräsentation nichts zu tun haben, unangemessen zu sein. Davon werden die anthropologischen Aussagen nicht betroffen. In-sich-Versenktsein, Futteralsituation, Exteriorität und Instrumentalität tragen gewiß nicht nur die Schauspielerei, sondern sind an allen Spielen beteiligt (und nicht nur an Spielen). Immerhin machen sie die unvergleichliche Variabilität der Spielformen beim Menschen verständlich. Dank seiner Gabe, alles und jedes, was ihm begegnet, in den Griff zu bekommen und zu manipulieren, wird ihm alles zum Mittel. Nur erschöpft die Charakterisierung des Homo faber die des Homo ludens nicht ganz.

Manipulieren heißt mit „Objekten" umgehen können, das heißt mit Gebilden begrenzter Sprödigkeit, die gewisse Möglichkeiten gewähren und andere versagen. Sie bilden dadurch einen geschlossenen, aber verschiebbaren Umkreis, an den das Verhalten jeweils stößt und über den es fiktiv hinausgreift. An diesem Modell ist jedes Spiel orientiert, vom simplen Ballspiel bis zur theatralischen Szene: Begrenzung des Schauplatzes, Begrenzung der Mittel. Insofern ist jedes Spiel ein Abtasten von Möglichkeiten unter Wahrung einer geschlossenen Immanenz, ob nun mit Schachfiguren oder mit lebendigen Menschen gespielt wird. Die Wahl des Selbsteinschlusses mit Hilfe von Regeln spricht sich, wenn es um Menschen geht, die ihrer Situation Ausdruck geben, begreiflicherweise aus (und hat insofern einen Vorteil für die Anthropologie des Spiels und die Analyse der Rollenexistenz), zeigt aber generell die Überlegenheit des Menschen über jede Art von Immanenz, die ihn auf sich zurückwerfen und in sich isolieren will. Ein an seine Umwelt gebundenes Lebewesen kann *in*, aber nicht *mit* ihr spielen. Ein weltoffenes Wesen dürfte, wenn es so etwas in irdisch-vitaler Form überhaupt gäbe, weder Anlaß noch Möglichkeit zum Spiel haben: Es fände nirgends Widerstände. Nur ein in der Verschränkung von Umweltgebundenheit und Weltoffenheit existierendes Wesen wie der Mensch, ein „Invalide seiner höheren Kräfte" (Herder), spielt mit den Dingen und mit sich, in und mit allen Aspekten seines Daseins.

Wettkämpfe und Geschicklichkeitsspiele sind so alt wie die Menschheit. Sie haben immer ihre Regeln und ihre Meister gehabt. Aber Spiel allein ist noch kein Sport. Sport verlangt mehr. Er verlangt Leistung. Die Wellenreiter von Hawaii wollen einander ausstechen – ebenso wie die Bocciaspieler im italienischen Dorf. Treiben sie darum Sport? Pferderennen und Boxkämpfe kannte England schon im achtzehnten Jahrhundert. Es wurden Wetten abgeschlossen, und vielleicht liegt in dieser Verbindung von Kampfspiel und Geschäft der Ursprung des modernen Sports, der von England aus seinen Siegeszug über die ganze Welt angetreten hat. Herbert Schöffler ist in seiner Abhandlung *England, das Land des Sports* speziell der Entstehung des Boxens nachgegangen und hat nachgewiesen, daß Boxen in England ein Mittel werden sollte, Ehrenhändel über Klassenunterschiede hinweg auszutragen – ein demokratisches Mittel, das auf dem feudalistischen Kontinent unmöglich war. Sicher ist die Demokratisierung im neunzehnten Jahrhundert dem Sportgeist der Fairneß, der Zubilligung gleicher Chancen im Kampf günstig gewesen. Aber die Ausbreitung des Sports über die ganze Welt hat noch andere Gründe. Sie ist eine Folge der Industrialisierung, welche die traditionellen Strukturen der Gesellschaft aufgelöst hat.

Traditionell für die alte vorindustrielle Welt war die ständische Gliederung. Das starre Gefüge existiert nicht mehr. Es wurde durch die politische Demokratisierung und durch die Industrialisierung der Arbeitswelt in Richtung auf eine elitäre Gesellschaft umgeformt. Ihre Eli-

Spiel und Sport

ten sind Leistungseliten. Sie stellen das Produkt einer Auslese im freien Wettbewerb dar. Nicht die Herkunft soll mehr über die Aufstiegschancen entscheiden, sondern Begabung und Leistung sollen die Besten an die Spitze bringen. Dieser Gedanke ist den Volksdemokratien totalitären Gepräges und den Demokratien der westlichen Welt gemeinsam. Und er erzeugt in beiden die gleichen Sehnsüchte und Unzufriedenheiten. Denn weder haben alle die gleichen Chancen – schon ihr Start ist verschieden – noch die gleichen Kräfte. Man will das verbessern. Aber die Macht der Geschichte und die menschlichen Schwächen werden dem elitären Prinzip immer wieder Schwierigkeiten machen. Tausende werden sagen: Warum nicht ich? Warum der Andere? Und sie suchen sich einen Ersatz.

Ihn bietet der Sport. Hier gibt es die große Chance, den Sprung nach vorn ins volle Rampenlicht der Öffentlichkeit, die exorbitante Karriere, das große Geschäft. Und wenn einem selbst auch der Sprung nicht gelingt – vielleicht weil man ihn gar nicht machen will –, so entschädigt schon die bloße Existenz einer Welt, in die man bei jedem Fußballmatch eintauchen kann, für das, was die Alltagswelt versagt. Deshalb ist es kein Einwand, daß die Zahl derjenigen, die aktiv Sport treiben, gegenüber den Millionen, die von einer Show fasziniert sind, kaum ins Gewicht fällt. Für sie, die übergroße Menge, die durch einen typisierten Konsum sowieso gleichgeschaltet ist, genügt der Rausch des Dabeiseins, das Erlebnis des Ausgelöschtseins in der Masse. Der Druck der Frustrierung, unter dem die elitäre Aufstiegsgesellschaft lebt, weicht vor der Szene des Spielfeldes oder des Ringes. Der Appell an die Phantasie ist entscheidend, die Möglichkeit, sich mit einer eminenten Figur oder Gruppe zu identifizieren. Ob das eine Parteiversammlung ist oder ein Boxkampf, macht keinen Unterschied. Selbstauslöschung und Identifikation mit dem Sieger, das ist, was die Leute suchen.

Immerhin geht es beim Sport um körperliche Leistungen besonderer Art. Und nur der Kenner, der selbst Fußball spielt oder Ski läuft, kann den Verlauf eines Kampfes, die Abfahrtstechnik voll goutieren. Aber die Dramatik der körperlichen Aktion, ihre Eleganz und Vollkommenheit sind sinnfällig und aufregend genug, um die Menschen mitzureißen und ihnen einen Ersatz für das zu bieten, was sie vielleicht nicht einmal wirklich verloren haben, von dem sie aber glauben, daß es ihnen in der Fabrik und an der Schreibmaschine verkümmern muß, nämlich das volle Sichausleben körperlicher Kraft und Gewandtheit in freier Natur. Max Scheler hat Sport mit Körperkultur in Zusammenhang gebracht, als wäre er „Reflexion und Wiederpflege eines jahrhundertelang schwer vernachlässigten Eigenwertes des leiblichen Daseins". Scheler spielt auf die Abwertung des Leibes in der christlichen Tradition an. Ich glaube nicht, daß man so weit gehen muß. Die Körperkultur, ein Begriff aus dem Jugendstil, ist ein Säkularisationsphänomen und hat literarische Wurzeln, der Sport nicht. Er ist ein Aufstand gegen das Leben in der Fabrik und im Büro, gegen den Druck der rationalisierten Arbeitswelt.

Deshalb wird in ihm ein anderes Motiv wirksam: das von der industriellen Arbeitswelt gezüchtete und zugleich an seiner Befriedigung verhinderte Bedürfnis nach Aggression. Dieses Bedürfnis ist nur der Ausdruck der allgemeinen Stauung, welche die elitär gebaute Gesellschaft in der Masse ihrer Glieder hervorbringt, da sie Tendenzen entwickelt, deren Erfüllung sie um des Bestandes ihrer differenzierten Arbeitsteiligkeit willen wiederum unterdrücken muß. Die Formen, in denen die Aggressivität abgeführt wird, können nicht drastisch genug sein: Boxen und Ringen, vor allem Freistilringen, stehen obenan. Für die Popularität eines Sports sind aber noch andere Momente entscheidend als die Drastik seiner Kampfform. Das Publikum muß sich auf ihn verstehen: Fußball in Deutschland, Football, Baseball in Amerika, Kricket in England, Auto- und Fahrradrennen in Italien usw. Aber das Schaugeschäft gibt nicht immer den Ausschlag, denn auf die Gipfelstürmerei und die unbegrenzte Technisierung des Alpinismus hat es, bisher jedenfalls, keinen Einfluß. Frustrierung und gesteigerte Aggressivität, Rückwirkungen der elitären Gesellschaft, verbinden sich für die übergroße Zahl der Menschen heute mit dem Zwang zu einer sie nicht ausfüllenden Arbeit an Dingen, die sie nur partiell verstehen. Das gilt in erster Linie für den „Organization Man" in der großbetrieblichen Wirtschaft, aber mit der steigenden Verwissenschaftlichung aller Lebensbereiche für jeden von uns. Das so oft zitierte Gefühl allerdings, um die unkomplizierte natürliche Harmonie zwischen Körper und Geist gebracht zu sein, hat sich verloren. Die romantischen Gegenbilder von den gesunden, echten Daseinsformen des Bauern und Handwerkers haben keine Resonanz mehr. Die Antwort auf die alles beherrschende Anonymität und Abstraktheit der industriellen Arbeitsweise in Fabrik und Büro hat man längst in der Regression der Sportbegeisterung gefunden. Der Sport spricht eine sinnfällige, jedem verständliche Sprache. Quer durch alle trennenden Schranken von Bildung und Beruf vermittelt er echte Kameradschaft, befriedigt er die ungestillten Bedürfnisse nach Kampf, Anerkennung und Heldenverehrung. Er gewährt, unvergleichlich direkter als das zur Literatur gewordene Theater oder die Traumwelt des Films, echte Teilnahme an einem dramatischen Geschehen. Die Wettbewerbsstruktur unserer Gesellschaft ist verantwortlich für

Frustrierung und gesteigerte Aggressivität. Aber die zunehmende Abstraktheit der industriellen Arbeit spielt keine geringere Rolle. Mit ihrer fortschreitenden Technisierung und der Steigerung ihres Produktivitätsgrades verkürzen sich die Arbeitszeiten, verschieben sich aber auch die Arbeitscharaktere. Die heutige Form der industriellen Arbeit verursacht im Vergleich zu früheren Formen, die sich z. B. im Baugewerbe oder im Bergbau noch teilweise erhalten haben, weniger physische Erschöpfung als psychische Ermüdung und nervliche Abnützung. Sie verlangt auf kleinem Raum bei sich wiederholenden Arbeitsgängen genaues Hinsehen und Eingreifen. Der exakt kalkulierte Arbeitsprozeß bringt jeden unter Zeitdruck während der Arbeit und unter den Druck seiner Freizeit.

Das Freizeitverhalten zeigt nach Habermas zwei Formen: die suspensive und die kompensatorische. „Im einen Fall wird während der Freizeit ein Arbeitsverhalten geübt, das von der mit der Berufsarbeit verbundenen Fremdbestimmung, Abstraktheit und Unverhältnismäßigkeit suspendiert, die Quasi-Arbeit soll die Freiheit, die Anschaulichkeit und Ausgeglichenheit des Leistungsanspruches wiederbringen, die jene versagt ... Im anderen Fall – dem kompensatorischen Verhalten – wird in der Freizeit ein arbeitsfremdes Verhalten geübt, das die Arbeitsfolgen einer vorab psychisch erschöpfenden und nervös verschleißenden Tätigkeit kompensiert. Es soll recht eigentlich die Leere ausfüllen und die Entspannung wettmachen ..." Zum ersten Fall gehören das Hobby und die Bastelei, zum zweiten der Konsum von Produkten der Kulturindustrie mit Hilfe der Massenmedien und der Sport.

In beiden Fällen sucht man der Arbeit zu entfliehen. In beiden Formen kann es beim Spiel bleiben, und beide Formen tendieren wiederum dazu, in Arbeit auszuarten, sich den Normen der Industrie zu unterwerfen. Schon vor sechzig Jahren sagte Thorstein Veblen: „Man hat nicht mit Unrecht behauptet, daß der Fußball zur Körperkultur ungefähr im selben Verhältnis steht wie der Stierkampf zur Landwirtschaft. Beide verlangen nämlich eifriges Training und sorgfältige Zucht" (*Theory of the leisure class*). „Sport ist längst zu einem Sektor der Arbeitsrationalisierung geworden" – ich zitiere noch einmal Habermas – „... Der Trainingsprozeß des Hochleistungssportlers, wie er sich nennt, beginnt wie ein Produktionsprozeß im Forschungslabor. Die Olympiasiege werden von Ärzten entschieden wie der Produktionsplan von den Ingenieuren." Dabei wird die Hochleistung, jedenfalls nach der olympischen Regel, von Amateuren und nicht von Professionellen erbracht. Diese Regel soll der Freiheit des Wettbewerbs dienen und finanziellem Mißbrauch vorbeugen. Sie verhindert nicht die Bildung einer Elite unter den aktiven Sportlern, die sowieso eine verschwindende Minorität sind: nach einer Statistik von Nordrhein-Westfalen etwa 3 % der Bevölkerung, während die westdeutschen Sportblätter Millionen-Auflagen erreichen und das Verhältnis von Zuschauer zu Kämpfer eher noch ungünstiger ist. Wie eng aber die Identifikation beide Gruppen aneinander schmiedet, zeigt eine amerikanische Untersuchung: Die Veränderungen in der Blutzucker- und Adrenalin-Konzentration des Blutes infolge starker körperlicher Anstrengung waren nicht etwa nur bei den Footballspielern selber, sondern in gleichem Maße auch bei den Zuschauern festzustellen – ja, bei diesen stellte sich gar der Normalpegel langsamer wieder her als bei den Akteuren.

Die Welt des Sports ist ein Abbild der industriellen Welt. So stehen dem Menschen zwei Arbeitswelten gegenüber. Entflieht er der einen, verfällt er der anderen. Die Imagination ist die gleiche in beiden Welten. Ein Wort von Georg Kaiser in seiner Schrift *Formung im Drama*, ebenso verräterisch wie bezeichnend, paßt gut hierher: „Der ‚Held‘ tut eine Leistung von Energie ... das überwältigt, das demoliert den Zuschauer." Wofür die Energie aufgewendet wird, spielt hier keine Rolle. Der Gehalt, das Ziel treten gegen die Funktion zurück. So wie sich die gesellschaftliche Wertskala in der nivellierten und pluralistischen Mittelstandsgesellschaft auf das Einkommen reduziert, so reduziert sich die geistige Wertskala auf neutral-formale Funktionswerte. Wenn es weder in religiösen noch in intellektuellen Prinzipienfragen eine allgemein befolgte Konvention gibt – und diesem Zustand nähert sich die freie westliche Welt an –, wird die Diskussion zwischen den Positionen gegenstandslos. Aus Toleranz, einer humanen Haltung und sicher einer demokratischen Tugend, wird sehr bald pure Indifferenz, die sich unter dem Vorwand, die Überzeugungen des Anderen zu schonen, in überzeugungsfreien Räumen ansiedelt. Dem Indifferentismus gegen letzte Ziele und Werte entspricht die Bereitschaft, sich der Virtuosität und dem Spitzenkönnertum zu verschreiben. Die agonale Gesinnung des Sports wirkt auf die Gesellschaft zurück und lenkt sie von sich ab, so daß sie sich selber nur noch als Wettkampf versteht, ob mit oder ohne Plan. So hat das Bündnis zwischen Industrialismus und Sport auch eine entschärfende Wirkung: Wie es ihn um seine einfachen Spielqualitäten bringt, den Menschen der Rekordsucht und dem verbissenen Training ausliefert, so nimmt er umgekehrt von diesem Bündnis Funktionalismus und Formalismus an. Im Gewande einer Ethik heroischer Unverbindlichkeit spielt er auch da noch, wo Existenzfragen auf dem Spiele stehen.

Der Pluralismus der heutigen Gesellschaft drängt auf ein neutrales

Ethos formaler Haltung zu, das Rassen-, Klassen-, Standes-, Bildungs- und National-Unterschiede – von Glaubensunterschieden gar nicht zu reden – in die Klammer setzt. Das bringt Verarmung mit sich, aber auch die Chance einer Ansprechbarkeit für Sportivität. Sie umfaßt freie Unterordnung unter die Gruppe, Achtung des Gegners, Rücksicht auf den Schwachen, Fairneß im Kampf und gute Miene zur eigenen Niederlage. Allerdings sind diese Ideale bei den Kämpfern leichter zu erreichen als bei den Zuschauern. Hier toben sich jedenfalls der Lokalpatriotismus und der Nationalismus aus, und das Schaugeschäft wird darauf nicht verzichten. Unter seinem Eindruck fällt die kulturelle Bilanz des Sports immer negativ aus. Nur darf man nicht vergessen, daß er ein Produkt der Industrialisierung ist, deren Wirkung auf den einzelnen er ausgleicht – Ausgleich nicht im Sinne einer echten Alternative – das wäre eine radikale Absage an das Ideal von Leistung und Arbeit überhaupt –, sondern im Sinne eines Äquivalentes. Und das freilich muß sich der Logik der Industrialisierung bequemen.

Die Gesellschaft und das Selbstverständnis des Menschen – Philosophische Aspekte

Die Entstehung der sogenannten Massengesellschaft mit ihren Rückwirkungen auf das Verhältnis zum Staat und den mit ihm in Konkurrenz tretenden neuen Intermedien, den mächtigen Interessenverbänden, und Bürokratien vor allem wirtschaftlicher Selbstverwaltung reicherte den Erfahrungsgehalt des Öffentlichen an. Nachhaltiger noch als die Verdrängung der alten Honoratiorengesellschaft, die ein exklusives Publikum bildete, zugunsten eines offenen Publikums, das alle umfaßt, wirkte die Tatsache, daß dieser Prozeß in unbekannte Richtung wies und bis heute keinem irgendwie erkennbaren Ende oder gar Ziel zusteuert. Noch für die Generationen des späten neunzehnten Jahrhunderts hatte Öffentlichkeit klare Begrenzungen, gegen den einzelnen in seiner Privatsphäre wie gegen den nichtstaatlichen Bereich wirtschaftlicher, sozialer und geistiger Institutionen. Die Parteiung im politischen Kräftespiel war auf einen Staat bezogen, der sich gegenüber den außerstaatlichen Mächten Beschränkungen auferlegte und auferlegen konnte, weil ihre gegenseitige Verflechtung noch nicht den gegenwärtigen Grad erreicht hatte.

Von welcher Seite auch wir den Prozeß der Vergesellschaftung des Staates, des Ineinanderwachsens der früher getrennten Bereiche der Verwaltung, der Wirtschaft und Kultur ansehen: nirgends zeigt sich eine Möglichkeit, ihm Einhalt zu gebieten. Die scharfen Grenzen im alten Sinne zwischen Privatwirtschaft und öffentlicher Wirtschaft, zwischen freien Berufen und beamteten Positionen, zwischen Arbeitern und Angestellten, zwischen Soldaten und Bürgern haben sich in modernen Staaten verwischt und bedürfen einer ständigen Überprüfung. Je beherrschender für die Gesellschaft die Gewißheit wird, daß ihre jeweiligen Verhältnisse nur vorübergehende Gültigkeit besitzen, je selbstverständlicher sie in einem Horizont der Erwartung unbekannter Zukunft lebt, desto vager wird ihre Anschauung von Öffentlichkeit, desto formaler und relativer – eine Entwicklung, die für Deutschland mit seiner noch jungen Verklammerung zwischen Staat und Gesellschaft besondere Probleme in sich barg.

Seine besondere Schärfe bekommt dieser Prozeß durch die Infragestellung dessen, was noch zur Privatsphäre des einzelnen gehört. Eine wesentliche Rolle spielt hier die wachsende Angewiesenheit des einzelnen in seiner Arbeit auf die öffentlichen Einrichtungen und die technische Apparatur, die ihn in einer Weise bindet, wie man es sich früher nicht vorstellen konnte. Da außerdem die zunehmend intensivierten Mittel der Massenkommunikation jeder propagandistischen Beeinflussung offenstehen und im Hause selber eine Öffentlichkeit schaffen, wie Zeitung und Bücher es niemals vermocht haben, treibt die Entsicherung privater Sphäre gefühlsmäßig jedenfalls einer Krise entgegen.

Die Problematisierung der Öffentlichkeit in der Massengesellschaft beruht auf zwei Vorgängen, die direkt nichts miteinander zu tun haben, wenn sie auch einer gemeinsamen Wurzel entstammen: zum einen auf der Ausbreitung der Sphäre öffentlicher Kontakte durch die modernen Kommunikationsmittel, der Ausdehnung der Öffentlichkeit als Faktum, zum anderen auf der Durchsetzung des sozialen Bürgerrechts für die Öffentlichkeit als bindender Norm.

Wenn es richtig ist, daß die im achtzehnten Jahrhundert anfangs rein formaljuristisch gefaßten Gleichheitsrechte sich im neunzehnten Jahrhundert mit politischem Gehalt füllten, um im zwanzigsten Jahrhundert einen sozialen Gehalt hinzuzuerwerben – ein Gedanke des Londoner Soziologen Marshall –, dann besagt diese Beschreibung zugleich eine Ausweitung des Öffentlichkeitsanspruchs an den einzelnen, einen Eingriff in seine Privatsphäre, wie man sie früher verstand, eine Zumutung an ihn, sich aufs neue in einer zunehmend verwalteten Welt als Privatperson zurechtzufinden. Noch zu Zeiten von Marx galt der Arbeitsvertrag als Vertrag zwischen Individuen. Jetzt dagegen, nach völliger Durchsetzung des sozialen Bürgerrechts, erscheint der Unternehmer nicht mehr als einzelner, sondern als Repräsentant des Unternehmens, genau wie ihm nicht mehr der einzelne Arbeiter, sondern seine Gewerkschaft als Verhandlungspartner entgegentritt. Beide Parteien haben das System kollektiver Verhandlungen anerkannt.

Darüber hinaus hat die Massengesellschaft die Qualität des Verhältnisses des einzelnen als Privatperson zur immens gewachsenen Öffentlichkeit verändert. Vermassung besagt eine Relation der Unschärfe in der Abgrenzung beider Bereiche, die mit der Durchsetzung des sozialen Bürgerrechts in Bewegung geraten sind. Die Vergesellschaftung des einzelnen, zunächst auf den Bereich der Industrie im engeren Sinne bezogen, konnte bei der Schicht der Handarbeiter und Unternehmer nicht haltmachen, weil längst auch die anderen Schichten und Berufe sich dem Gedanken der Arbeit untergeordnet haben. Dem Schwinden des Standesbewußtseins und der tatsächlich weitgehend erreichten Rationalisierung des sozialen Systems, das alle als Berufstätige plaziert, jedem nach Vorbildung und bewiesener Brauchbarkeit seine Rolle in einem gestuften Gewebe von Funktionen gewähren möchte, entspricht das Selbstverständnis des einzelnen, Arbeiter zu sein und Leistungen zu vollbringen.

Arbeit als Leistung ist die uns heute beherrschende Kategorie, unter welcher die Gesellschaft sich ihrer Individuen versichert und ihre Vergesellschaftung, ihre Veröffentlichung erzwingt. Künstler und Gelehrte sprechen von ihren Arbeiten, der „geistige Arbeiter" ist für die Sozialpolitik längst zu einer vertrauten Figur geworden. Arbeit als Leistung im Hinblick auf ihre Verwertung verstanden, macht Bauer und Handwerker, Fabrikant, Arbeiter und Kaufmann, Arzt und Richter, Forscher und Künstler gleichermaßen zu Produzenten von Gütern für den Markt. Die alten, jedem Beruf, jeder Tätigkeit zugewachsenen und traditionell zugebilligten Maßstäbe erfahren im Lichte des Leistungsgedankens eine Umwertung. In ihr verliert menschliches Tun und gewinnt zugleich etwas. Es verliert das Pathos und Ethos angestammter, überlieferter Sitte, der sich der einzelne für sein Leben unterwirft, es gewinnt an Ansprechbarkeit im Sinne persönlicher Initiative, es wird – um den schwerfälligen Ausdruck unserer Philosophen aus dem achtzehnten Jahrhundert zu gebrauchen – Hervorbringung, Produktion im eigentlichen Sinne. Sie ist der Ausdruck innerer Bereitschaft für die industrielle Arbeitswelt.

Was jedoch in den Industriegesellschaften des ausgehenden achtzehnten und des neunzehnten Jahrhunderts geschah, stellte sich zunächst als ihre Entfremdung zur Ware dar in dem unaufhaltsamen Prozeß gesellschaftlicher Zerklüftung in zwei feindliche Lager Kapital akkumulierender Unternehmer und verelendender Proletariermassen, welchen ihre persönliche Verfügungsgewalt genommen war. Dieser Freiheitsverlust bedrohte nicht nur die alten ständischen Ordnungen, in denen einst das ganze Volk seine Gemeinschaft verbürgt gesehen hatte, sondern die industrielle Entwicklung selber, die an einem inneren Widersinn zu kranken schien, dessen sie von sich aus nicht Herr werden konnte: Sollte die Steigerung der technischen Produktivität zwangsläufig dazu führen, sich selber durch eine ungewollte und naturgemäße Entfaltung einer neuen Art industrieller Sklaverei materiell und psychologisch um ihr menschliches Reservoir zu bringen, so war ihr das Todesurteil gesprochen.

Was zur Zeit von Marx Erfahrungsgehalt bildete: die Entwürdigung des industriellen Arbeiters zu einem schutzlosen Lohnsklaven und Ausbeutungsobjekt, gibt es in den fortgeschrittenen Industriegesellschaften, wenn überhaupt, nur noch als Randphänomen. Davon hat sich die Entfremdungsidee längst gelöst, um nunmehr die Eigentümlichkeiten der modernen Gesellschaft zu treffen, die sie gerade im Kampf gegen die Proletarisierung und den Klassengegensatz erworben hat: ihren hohen Organisationsgrad und ihre rationale Gliederung zu einem möglichst reibungslos funktionierenden System. Mit der Figur des entfremdeten Menschen meint der literarische Sprachgebrauch heute das einzelne Individuum in seiner sozialen Rolle, die ihm von einer verwalteten Welt zudiktiert wird, den Menschen als Funktionsträger. Der Bedeutungswandel der Entfremdung entspricht also dem Wandel der Öffentlichkeit. An die Stelle des Elends und des Chaos ist die Ordnung getreten, aber eine Ordnung der beängstigenden Manipulierbarkeit des Menschen, der Totalität des Anonymen. Hauptmanns *Weber* haben ihre Mission erfüllt, aber die Welt Kafkas ist nicht überwunden. –

Den durch ihre Organisationen geschützten Menschen des hochindustrialisierten Wohlfahrtsstaates ist die Ansprechbarkeit für die heilsgeschichtliche Perspektive des Entfremdungstheorems verlorengegangen. Aber die Idee der Entfremdung lebt weiter und stützt sich heute auf den Antagonismus, mit welchem offenbar die Verwirklichung des sozialen Bürgerrechts allein erkauft werden konnte, des Antagonismus zwischen privater und öffentlicher Existenz, zwischen Menschsein und Funktionärsein in einer sozialen Rolle.

Woraus schöpft die Idee der Entfremdung ihre Lebenskraft? Menschlichem Tun ist es eigentümlich, Produkte hervorzubringen, die seiner Verfügungsgewalt entgleiten und sich gegen sie wenden. Diese Emanzipationskraft unserer Taten – Hegel prägte dafür die Worte Entäußerung und Entfremdung – darf nicht so verstanden werden, daß sie die Verwirklichung unserer Absichten vereitelt. Im Gegenteil, sie ermöglicht sie gerade und entfaltet erst auf Grund des realisierten Produktes ihre von der Absicht nicht vorhergesehene Wirkung. Ein Beispiel, die Sprache. Sie ist ein menschliches Produkt, und doch wissen wir, wie schwer es zu beherrschen ist. Sie hat ihre Gesetze, die sie unserem Sprechen aufzwingt, aber selbst ihre Erfüllung garantiert uns nicht, daß wir etwas anderes sagen, als wir sagen wollten. Die Sprache, die für uns dichtet und denkt, denkt und dichtet auch gegen uns und in jedem Fall weiter. Der Sinn des Gesagten wandelt sich im Verstehen. Brauchten wir, wenn es anders wäre, Philologie und Literaturgeschichte?

Viel eindringlicher noch als an der Sprache zeigt sich der Eigensinn unserer Taten an den Produktionen unseres technischen und unseres sozialen Handelns, insbesondere da, wo die menschliche Produktivität es auf Fortschritt und ständige Überholung des jeweils erreichten Produktionsstandes anlegt. Was Zweck war, zeigt sich unerwartet als Mittel zu einem vordem noch nicht gesehenen Zweck. Von dieser Heterogonie der Zwecke bezieht die menschliche Geschichte einen großen Teil ihrer Überraschungen, besonders greifbar für uns an der Geschichte der Erfindungen und Entdeckungen. Theorien zu reinem Erkenntniszweck werden Realitäten, deren sich Politik und Strategie bemächtigen.

Die Philosophen der frühindustriellen Zeit verfügten über diese speziellen Erfahrungen nicht, nahmen sie aber mit einem ingeniösen, bei Kant bereits vorgebildeten Gedanken vorweg, daß überall in der Welt, wo uns Notwendigkeit begegnet, materielle Unausweichlichkeiten und gesetzmäßige Verknüpfungen, das Resultat eines unbewußten Aktes unserer eigenen Schöpferkraft vorliege, entfremdete Tat, entfremdetes Ich. Im Grunde müsse die ganze bunte Wirklichkeit, in die wir hineingeboren sind und mit deren Gegebenheiten wir zu rechnen haben, als ein heimlicher Gegenwurf unseres eigensten Wesens gesehen werden, das wir als solches nicht durchschauen, bis wir anfangen, es zu begreifen und praktisch zu bewältigen. An der Begreifbarkeit und Beherrschbarkeit der Dinge zeige sich ihre verborgene Wesensgleichheit mit ihrem schöpferischen Ursprung.

Diese ihm verlorengegangene Verfügungsgewalt über die ihm entlaufenen Produkte seiner eigenen unbewußten Selbsttätigkeit wiederzugewinnen, die ganze Welt zu sich zurückzuholen, indem das Ich sie theoretisch-praktisch reproduziert, dieser Weg zurück in Wissenschaft und Arbeit sei der Weg zur Freiheit als der bewußten Identifikation des Ichs mit sich selber aus seiner Entfremdung. Schelling und Hegel haben an diesem Grundgedanken weitergebaut, und Marx ist insofern sein realistischer Vollender, als er dem Mechanismus schöpferischer Leistung, die sich am Ende durch die gesellschaftliche Entwicklung einholt, einen Ansatz nicht im Subjekt, sondern im arbeitenden Menschen selber gibt. –

In Gesellschaft bewegt sich der einzelne nur im Rahmen einer Rolle, die er zu spielen hat, und die Rolle läßt sich nicht in pure Selbsttätigkeit auflösen. Sie stellt Forderungen an mich, im öffentlichen Leben genauso wie im privaten, weil sie zu dem funktionellen Zusammenhang des sozialen Ganzen gehört, in das ich hineingeboren und in dem ich tätig bin. An der Rolle hängt der Status des einzelnen, sie bestimmt seinen Ort, sie bildet zugleich das Funktionselement im gesellschaftlichen Getriebe.

Existenz in einer Rolle ist offenbar die Weise, in welcher Menschen überhaupt in einem dauerhaften Kontakt miteinander leben können. Was uns an ihr stört, das Moment des Zwangs, den sie auf mein Verhalten ausübt, ist zugleich die Gewähr für jene Ordnung, die ich brauche, um Kontakt mit anderen zu gewinnen und zu halten. Der Abstand, den die Rolle schafft, im Leben der Familie wie in dem der Berufe, der Arbeit, der Ämter, ist der den Menschen auszeichnende Umweg zum Mitmenschen, das Mittel seiner Unmittelbarkeit. –

Sein Doppelgängertum kann der Mensch nicht aufheben, ohne seine Menschenhaftigkeit zu negieren. Er kann in ihm keine Verdoppelung beklagen und sie gegen das Ideal ursprünglichen Einsseins ausspielen, denn eins sein kann ich nur mit etwas, mit jemandem, und wäre es sogar mit mir. Am Anderen wird der Mensch seiner habhaft. Diesen Anderen trifft er auf dem Umweg über die Rolle, genau wie der Andere ihn. Immer vermittelt das Rollenspiel als Gelenk den zwischenmenschlichen Kontakt, soweit er sozial relevant ist und dem Austausch von Leistungen dient.

Weil die moderne Arbeitsgesellschaft in ihrem rationalen Selbstverständnis Freiheit und Würde für jedermann sichern will, und zwar am Leitgedanken der Leistung und der sozialen Rolle, hat sie mit der fortschreitenden Bekämpfung materiellen Elends und der siegreichen Durchsetzung sozialen Bürgerrechts eine neue Bedrohung des Menschen heraufbeschworen. Seine unaufhaltsam vordringende Einplanung in öffentliche Zusammenhänge engt den Raum, in dem er noch ein privates Dasein führt, immer mehr ein. Die institutionellen Vorkehrungen im Interesse größtmöglicher Sicherheit für alle mögen, rechtlich betrachtet, daran nicht einmal rühren, aber sie haben offenbar den beängstigenden Effekt, im einzelnen Menschen das Interesse an dieser Zone der Unberührbarkeit zu schwächen und ihn damit seiner öffentlichen Funktion ganz und gar auszuliefern. Je mehr der Mensch nur als Funktionsträger etwas gilt und gezwungen wird, sich an seine soziale Rolle zu verlieren, um so stärker wird sein Bedürfnis werden, sie sich zu erleichtern und sich nicht mit ihr zu identifizieren, um das Gleichgewicht zwischen der öffentlichen und der privaten Hälfte seiner selbst durchzuhalten.

III. Philosophie

Über die Rätselhaftigkeit der Philosophie

Auf der Philosophie lastet seit langem der Vorwurf der Unwissenschaftlichkeit. Noch immer keine Zusammenarbeit unter den Philosophen, geschweige denn Einigkeit, noch immer kein Fortschritt in Fragen und Lösungen. Ihre Arbeitsweise will sich den Anforderungen der modernen Gesellschaft nicht fügen. Seit dem Bruch mit der scholastischen Tradition sucht zwar die Philosophie Anlehnung an der Mathematik, seit der Mitte des neunzehnten Jahrhunderts gleicht ihre Geschichte einem Wettlauf der verschiedensten Richtungen um die Palme der Wissenschaftlichkeit, aber das Ergebnis dieses Ringens um die Methode ist, mit den Augen der Einzelforschung gesehen, null. Jede Richtung, überzeugt von der Richtigkeit ihrer Reform, verharrt in der Abgeschlossenheit gegen die andere. Nur in dem Versuch um die Angleichung des philosophischen an den einzelwissenschaftlichen Denkstil, in der Überzeugung, daß die Erfüllung alles echten Philosophierens vom „Untersuchen" kommen muß, stimmen sie miteinander überein. Welche Spezialwissenschaft zum Vorbild genommen wird, ist dabei nicht von ausschlaggebender Bedeutung. Neben die Mathematik war seit langem die Physik getreten, seit einigen Dezennien auch die historische Geisteswissenschaft. An der Reformbedürftigkeit des Philosophierens im Sinne der von der Philosophie mit so viel Erfolg emanzipierten Spezialdisziplinen zweifelten – auch nach der überwiegenden Meinung der Öffentlichkeit – wohl nur reaktionäre Romantiker. Eine Gesellschaft, die den Erfolg für den Gradmesser des Denkens hält, kann einen anderen Denkstil nicht zulassen. Für sie wird Philosophie zu einem Anachronismus, zur Begriffsdichtung. So ist bei vielen ihrer Vertreter die Überzeugung von einem Recht auf eine eigene Logik völlig geschwunden und konzentriert sich das ganze Interesse auf die Frage, wie aus der überlieferten Masse von Systemen, Scheinproblemen und Ansätzen etwas Lebensfähiges zu machen ist.

Die Beurteilung der philosophischen Logik steht somit im Zeichen der Abgrenzung der unwissenschaftlichen von der wissenschaftlichen Art zu fragen, die Unentscheidbarkeit ausschließt. Denn in der Kunst „echte" Fragen zu stellen, deren Beantwortung in jedem Falle gesichert ist, besteht die methodische Disziplin aller lebensfähigen, das heißt erfolgfähigen Wissenschaft. Auf ihr beruht die Sicherheit im Fortgang der Erkenntnis nach positiven Kriterien. Entspricht philosophisches Denken nun einmal diesen Bedingungen nicht, bringt sie es nicht zur Kunst beantwortbaren Fragens, dann sind nur zwei Möglichkeiten gegeben: entweder taugt seine Logik nicht, ist also reformbedürftig oder es beruht auf einer besonderen Logik. Wenn für gewöhnlich die Entscheidung zugunsten der ersten Möglichkeit ausfällt, so liegt das nicht nur am Inhalt und Gegenstand des Philosophierens, an den ewigen Themen von Welt und menschlichem Dasein, Schicksal und Freiheit, die als zu hoch für menschliches Erkenntnisvermögen, als unerschöpfbar und unentscheidbar angesehen werden – als könne der Mensch solchen Ideen gegenüber Mäßigung sich auferlegen –, sondern sicher auch an seiner Form, an Art und Weise des Argumentierens, das wissenschaftliche Problemstellung nicht zuläßt. Philosophische Fragen dulden nun einmal kein begrenztes Offenhalten im Sinne garantierter Beantwortbarkeit durch Zuspitzung auf mehrere Möglichkeiten, unter Umständen auf eine Alternative, womit jede echte Wissenschaft operiert. Aber das ist keine Schwäche, sondern die Stärke und der echte Stil des Philosophierens, das älteren Ursprung hat als die wissenschaftliche Problematik und aus einer Frageform entstanden ist, die wir heute nur noch spielerisch gebrauchen, nämlich aus dem Rätsel.

Gerade daß wir im täglichen Umgang kaum mehr einen Unterschied spüren, wenn uns die Ausdrücke Problem und Rätsel begegnen, zeigt den Verfall der urtümlichen Spielform der Rätselfrage und ihre Verdrangung durch das Problem. Als eine Frage, die in sich die Lösung verbirgt, überträgt man wohl auch das Wort Rätsel auf alle ernsthaften Probleme, besonders dann, wenn sie uns bedrängen. So spricht man vom Rätsel der Welt, des Lebens und des Todes, der Vererbung, des Charakters und der Willensfreiheit. Man sagt von Menschen und Situationen, von Entschlüssen und Ereignissen, sie sind mir ein Rätsel, wobei das „mir" die Fraglichkeit des Falles objektiv abschwächt, die Nachdrücklichkeit unterstreicht. Der metaphorische Charakter solchen

Wortgebrauchs ist nicht zu verkennen. Am eigentlichen Unterschied zwischen Problem und Rätsel hält man fest, um so mehr als das Problem mit seinem Ernst dem Rätsel als Spielfrage (mit der gegebenenfalls heiliger Ernst gemacht wird, aber die als Frage spielt) gegenübertritt.

Problem ist jünger als Rätsel. Erst war das Rätsel, dann die Wissenschaft mit ihrer Kunst beantwortbaren Fragens. Die Philosophie steht zwischen beiden Arten von Frage. Ihre Ursprünge zeigen sowohl in Indien als auch in Griechenland enge Beziehung zum Rätsel, das seine feste und festliche Funktion im Kultus erfüllte, als zeremoniöses Ernstspiel heiligen Kampfgesprächs und Rätselaufgebens. Im uralten Agon zwischen Fragesteller und Initiant bestand vor der Epoche erwachten Grübelns und geschulten Problementwerfens eine Verbindung von Wahrheit und Geheimnis – selbst vielleicht ein unvordenklicher Rest von Tabuangst, die heiligen Dinge beim Namen zu nennen, und somit von Tabutechnik, sie zu verstecken. An dieser Verbindung hat sich der menschliche Geist vermutlich zur Freiheit selbständigen Staunens aufgeschwungen.

Mit den Augen Huizingas gesehen (vgl. *Homo ludens*, Kap. 6 Spel en Wysheid und Kap. 9 Spelvormen der Wijsbegeerte), ist die Entwicklung der Philosophie aus dem heiligen Rätselspiel und Kampfgespräch, die zugleich dem Festvergnügen dienten, folgendermaßen verlaufen: nach der Seite des Heiligen entsprang die Theo- und Philosophie der Upanishaden und der präsokratischen Denker, nach der spielerischen Seite die Sophistik. Doch trennten sich beide Sphären nie völlig, wie sie auch im Ursprung eins waren. Führung und Tiefe eines platonischen Dialogs sind Zeugen dieser Verbindung. Noch in späterer Zeit ist den Griechen selbst ein gewisser Zusammenhang zwischen Rätselspiel und den Ursprüngen der Philosophie bewußt gewesen. Clearchus, ein Schüler des Aristoteles, gab in seinem Traktat über die Sprichwörter eine Theorie des Rätsels und bezeugt, daß es einmal Gegenstand der Philosophie gewesen ist: die Alten pflegten damit die Probe ihrer παιδεία, ihrer Entwicklung und Bildung, zu geben, womit deutlich an philosophische Rätselspiele erinnert wird, die uns überliefert sind. So war bei den Griechen das Aufgeben von Aporien als Gesellschaftsspiel beliebt – und noch bei Aristoteles ist die Aporie nicht vergessen. Die Aporien oder Paradoxe Zenons sind bekannt. Und Heraklit nennt Natur und Leben selbst γρῖφος und bezeichnet sich als den Löser des Rätsels. Der gleichen agonalen Sphäre gehören zwei Formen an, die für Eristik und Dialektik von entscheidender Bedeutung sind: das Dilemma, eine Frage, deren Antwort stets zum Nachteil des Beantworters ausfallen muß, und das problema, in welchem Wort zweierlei steckt, etwas, das jemand vor sich hält, um sich zu verteidigen, und etwas, das man einem anderen vorwirft, daß er es aufnehme. Sie haben ein zähes Leben und verlocken zu immer neuen Variationen. An ihnen entdeckt sich das Denken in den Grenzen der Vernünftigkeit. Die geschichtliche Abkunft der philosophischen Frage aus der Rätselfrage hat vielleicht in den einzelnen Etappen noch anders ausgesehen, aber für die Genealogie spricht doch zuviel, als daß man die Verwandtschaft zwischen beiden aus den Augen verlieren darf. Bis in die philosophisch-theologischen Disputationen der neueren Zeit hinein wirkt Geist und Spielsituation der heiligen Rätselkämpfe nach.

Historisch steht Philosophie dem Rätsel nah. Sollte die Abkunft nicht ihre Spuren im philosophischen Denken hinterlassen haben? Sollte das Philosophieren nicht dem Rätsel verwandt sein, verwandter vielleicht als dem Problem der späteren Wissenschaft? Ist die Vermutung nicht gerechtfertigt, daß darum die spezifisch philosophische Logik vor dem Forum der Wissenschaft stets so fragwürdig abgeschnitten hat?

Freilich hat man sich vor schematischer Vergröberung der Dinge zu hüten. Es ist sicher nicht so, daß die typisch philosophische Denk- und Frageweise die Form des Rätsels zeigt. Auch spielt in der Philosophie das Problem seine Rolle, sie kann geradezu im Zeichen des Problems stehen. Beispiele aus neuerer Zeit gibt es zur Genüge. Philosophieren hat die Frageform des Rätsels hinter sich gelassen (das philosophische Rätsel ist oft nur eine Einkleidung spekulativen Gehalts in die Spielform, keinesfalls der Anfang der Entwicklung), ohne in der Frageform des Problems aufzugehen. Von der äußeren Frageform darf man sich nicht imponieren lassen. Für manche Philosophien ist das Fragen essentiell, man denke an den platonischen Dialog oder die Husserlsche Phänomenologie, an Kierkegaard und Nietzsche, für andere Philosophien wieder nicht. Dem Stil eines Aristoteles oder Hegel ist es fremd. Darum kann es sich also nicht handeln. Auf die innere Form des Rätsels ist dagegen wohl zu achten. Von ihr fällt Licht auf die merkwürdige, dem Problemdenken anstößige Denkform des Philosophierens.

Beginnen wir mit der Analyse des Rätsels. André Jolles (*Einfache Formen*, Veröffentlichungen der Sächsischen Forschungsanstalten, Neugermanistische Reihe 1926), dessen Untersuchung wir mit einer gewissen Freiheit folgen, warnt davor, die ad hoc gefundenen Rätsel aus unseren Zeitschriften, die Kreuzworträtsel und ähnliches für exemplarisch zu halten. Gewisse Wesenszüge von Rätselhaftigkeit lassen sich natürlich auch in solchen Spätformen wiederfinden, aber die ursprüngliche Wesensnatur zeigen nur die Volksrätsel, in denen die Erinnerung an den heiligen Rätselbrauch fortlebt.

a) Rätsel ist eine Frage, die eine Antwort heischt. Unlösbare Rätsel sind keine Rätsel. Es muß jemanden geben, der die Lösung kennt. Denn hier fragt nicht die Welt, die Natur, hier fragt ein Mensch, eine Sphinx, ein Gott, ein wissendes Wesen. Und kann auch ein Sterblicher Odins Rätsel nicht lösen, er kennt das Geheimnis. Als eine schon vom Wissen bedingte Frage – sehr zum Unterschied von allen von Nichtwissen bedingten Fragen wie etwa die sokratische Frage, in deren Antwort, wie Jolles sagt, sich eine Welt erschafft – ist das Rätsel der Examensfrage oder der Frage des Richters an den Angeklagten verwandt. Auch darin, daß von der Lösung etwas abhängt, im Grunde und im Extremfall das Leben. Jedes Rätsel ist ein Halsrätsel, nicht selten von der Art eines Kampfes auf Leben und Tod zwischen Prüfer und Prüfling, Richter und Angeklagtem. Löst er's, muß der Fragende sterben, löst er's nicht, ist sein Leben verwirkt.

b) Der Zweck der Verrätselung liegt also nicht in der Lösung, sondern im Lösen. Es geht nicht um das Geheimnis, sondern um die Prüfung der Ebenbürtigkeit des Ratenden, um seine Würdigkeit: zugelassen, freigelassen zu werden. Die Lösung ist eine Probe, die Zugang zu einer abgeschlossenen, einer privilegierten Gruppe verleiht, vom Geheimbund bis zum Reich der Seligen.

c) Was wird verrätselt? Scheinbar alles, wenn man oberflächlich die Fülle der Dinge Revue passieren läßt, die in Rätseln eine Rolle spielen. In Wirklichkeit nur das, was die Weihe, das Privileg umschließt, was das Geheimnis und Vorrecht der Gruppe ist. Dies kann selber wieder in verschiedener Form auftreten, als Mythus etwa, oder sich des Orakels bedienen, das keine eigentliche Prophezeiung, sondern Wahrsage ist und unter Umständen sich in verrätselter Form darbietet.

d) Wie wird verrätselt? Hier kommen wir der inneren Form des Rätsels nahe. Verrätselt wird, um mit Porzig zu reden, in einer Sondersprache, das heißt in der Sprache der Gruppe, um die es geht. Die Sondersprache arbeitet mit festen Termen für gewisse Bedeutungskreise. Porzig hat z. B. die Rätsel des Rigveda untersucht und fand für Bewegliches wie Sonne, Mond, Jahr, Fuß die Worte Rad oder Wagen, für Gleichgeordnetes wie Tage oder Monate den Ausdruck Brüder, für Lufterscheinungen wie Sonne, Funken, Blitz den Term Vögel, für etwas, woraus ein anderes hervorgeht, wie Wolken, Morgenröte, Feuer den Term Kuh, Unteres heißt Fuß, Oberes Haupt. Im Unterschied zur Gemeinsprache, welche die Dinge eindeutig bezeichnet, indem sie sich nach ihrer Erscheinung richtet, ist die Sondersprache vieldeutig, weil sie den Sinn und das Wesen einer Sache gibt, von der Erscheinung dagegen absieht. Derartige sondersprachliche Bedeutungen kennt jede Sprache.

Wir sprechen alle in Metaphern, etwa vom Fuß der Lampe, des Berges, ohne uns über das Motiv solcher bildlichen Übertragung Gedanken zu machen. Die Übertragung wurzelt in der Blickrichtung auf den Sinn, hier z. B. des Stützens und Tragens des Fußes unter Absehen von seiner Funktion beim Laufen wie allgemein von seiner äußeren Erscheinung. Da die Ausdrücke der Rätselsprache auch solche der Gemeinsprache sind, und mit veränderter (übertragener) Bedeutungsart, kommt jene Zweideutigkeit der Worte zustande, mit der das Rätsel spielt. Dabei braucht Sondersprache nicht notwendig die Form des Rätsels anzunehmen. Die Rede vom Fuß des Berges, der Lampe wird erst zum Rätsel, wenn ich frage: wer hat einen Fuß und kann doch nicht gehen?

e) Jedes Rätsel hat etwas vom γρῖφος, vom Netz. Es will fangen und den Ratenden verstricken. Die Vieldeutigkeit der Sondersprache wird absichtlich herausgekehrt, um die Lösung zu erschweren, doch so, daß mit dem Versteck zugleich das Geheimnis verraten wird. So birgt und verbirgt jedes Rätsel, enthält und enthält etwas vor auf eine heimtückisch-abwehrende Weise. Begreift man das Rätsel als verdeckt-indirekte Mitteilung eines Geheimnisses, das die privilegierte Gruppe eifersüchtig hütet, so ist natürlich jede Enträtselung mit der Preisgabe des Geheimnisses gleichbedeutend. Hier schieben die eigentlichen Rätsel einen Riegel vor. Sie haben keine eindeutige Lösung. Auch die Antwort liegt in der Sondersprache und bricht nicht, wie das bei den meisten abgeleiteten künstlichen Rätseln sozusagen die Technik ist, in die Gemeinsprache mit ihrer Eindeutigkeit durch. Bei den eigentlichen Rätseln schließt die Antwort die Lücke, die durch die Frage entsteht, wieder zu. Das Geheimnis wird nicht preisgegeben, die Antwort löst sich von der Frage nicht ab. Die Lösung ist eine Lösung und bleibt doch der Frage verkettet, das Wissen offenbart sich und bleibt doch verhüllt: οὔτε λέγει οὔτε κρύπτει ἀλλὰ σημαίνει.

In den Gesellschaftsrätseln mit Doppellösung, z. B. für Damen und Herren einer Technik, die dem Witz verwandt ist, klingt dieses Spiel noch nach. Seine ernste Seite hat es längst verloren, denn in unserer Gesellschaft spielen Bund, Sondersprache und Geheimnis keine echte Rolle mehr. Wissen als Allgemeinbesitz mit dem Anspruch auf Allgemeingültigkeit, Allgemeinzugänglichkeit und Nachprüfbarkeit hat das Wissen als Gruppenbesitz, der in verrätselter Form gehütet wurde, bis auf geringe Reste verdrängt. In einer rationalistischen Lebensgestaltung hat das Mysterium und der Kreis, der es schützt, seinen Einfluß verloren. Die Bildung der Eliten vollzieht sich mit der zunehmenden Verweltlichung, Verwissenschaftlichung und Industrialisierung in wachsender Unabhängigkeit von der Idee, in wachsender Feindschaft gegen die Idee des privilegierten Wissens. Das Mißtrauen und der Kampf gegen die Freimaurerei ist für diese Entwicklung typisch. In der modernen Gesellschaft leben natürlich auch noch Sondersprachen z. B. von Berufen mit alter Tradition, von ausgesprochenen Gruppen, die alten Wortschatz hüten, gewisse Kategorien von Handwerkern, die Seeleute, die Jäger, nicht zu vergessen die Abgesonderten par excellence: die Verbrecher. Bezeichnend ist, daß die Heimlichkeit der Verbrecherwelt Stoff und Spielraum der heute beliebtesten Verrätselung bietet, der Detektivgeschichte, und daß das Rätselspiel als Spiel mit Wortbedeutungen sich von jeder aparten Sphäre von numinosen Dingen, wo's nicht geheuer ist, losgelöst und zum bloßen Spiel verselbständigt·hat: im Kreuzworträtsel.

f) André Jolles beschließt seine Analyse mit einem reizvollen Gedanken. Die „einfache Form" – dazu gehört nach ihm das Rätsel ebenso wie etwa die Legende, die Mythe, die Sage – hat ihre eigene Weise von Verkörperung in einzelnen materiellen Dingen, die Legende in der Reliquie, die Mythe im Symbol, das Rätsel in der Rune. Rätselgeladene Dinge sind Runen im umfassenden Sinne des Wortes, das dem raunen verwandt ist. Sie raunen von einem Geheimnis, das sie umschließen und in ihrem Äußeren verdeckt verraten. Nur wer die Chiffernsprache der Rune errät, wird des Geheimnisses mächtig und versteht die Rätselsprache der Dinge.

Soweit vom Rätsel in der Darstellung von Jolles. Es ist merkwürdig, daß hierbei vom Raten nur sehr flüchtig die Rede ist, während z. B. Huizinga (loc. cit.) auf den Doppelsinn des Wortes aufmerksam macht, das Erraten und Ratgeben bedeuten kann. In der Funktion des Ratgebens mag sich die heilig-ernste Seite des Rätsels bewahrt haben, in der Funktion des Erratens ist die intuitiv-divinatorische Weise der Auflösung betont. Die Lösung muß man treffen, sonst findet man sie nicht. Vergleiche, Schlüsse, Deduktionen helfen hier nur bedingt. Denn das Rätsel ist nicht eine Frage unter und neben anderen, Glied in einer Kette wie jedes Problem, zu dem man durch diskursive Erwägungen gelangt und das man wiederum mittels diskursiver Erwägungen auflöst und einem geordneten Zusammenhang von Fragen und Antworten eingliedert. Ein Rätsel ist isoliert. Es steht für sich, und seine Lösung ohne Stützen, Anlehnungen und Leitfaden zu treffen wird gerade darum eine Kunst und Probe intuitiven Scharfsinns.

Welche Brücken führen vom Rätsel zum philosophischen Denken? Die Verwandtschaft ist historisch nicht zu bezweifeln, was jedoch in keiner Weise Anleitung sein darf, beide Formen des Fragens mehr oder weniger gewaltsam einander anzugleichen. Wir haben zu Anfang gleich darauf hingewiesen, daß Philosophieren kein Rätselraten ist, kaum je in Rätselform auftritt, abgesehen von den künstlichen Einkleidungen philosophischer Themen und Einsichten in die Frageform des Rätsels, die uns in Indien und Griechenland wie eigentlich in allen philosophischen Literaturen bezeugt sind. Wir sagten, das Philosophieren habe die Frageform des Rätsels hinter sich gelassen, so daß man sich von der äußeren Form der Rätselfrage nicht imponieren lassen dürfe, ebensowenig als von jenen Philosophien oder Formen des Philosophierens, bei denen das Fragen eine sichtbare Rolle spielt. Es geht uns nicht um diese oder jene frühe oder späte Gestalt der Geschichte philosophischer Lehrmeinungen und schon ganz und gar nicht um bestimmte Ansichten der Philosophie. Ob dieser oder jener Philosoph sein Denken mit der Etikette des Welträtsels versieht, ist in diesem Zusammenhang unwichtig. Wichtig ist allein das Philosophische am Philosophieren, eine bestimmte vom Inhalt getragene wie den Inhalt tragende und formende Art und Weise des Denkens, von der wir überzeugt sind, daß sie in allem Philosophieren wiederkehrt und sich als Haltung des Denkens durchsetzt, ob es sich um einen Sokrates oder einen Hume, einen Aristoteles oder einen Nietzsche handelt.

Zwischen dieser typischen Denkform des Philosophierens und der Denkform (die nicht dasselbe ist wie die sprachliche Einkleidung und Frageform) des Rätsels, zwischen zwei Denk-, nicht zwischen zwei Ausdrucksformen vermuten wir einen mehr als geschichtlich-zufälligen Zusammenhang. Solch ein Zusammenhang besteht sicher nicht in Gestalt eines literarischen missing link, halb Rätsel, halb Philosophie, mag die geschichtliche Entwicklung auch über Rätselspiele und Rätselformen gelaufen sein, deren spekulative Gesinnung und Gehalt die werdende Philosophie im Keim enthielt. Dieses im Keim Enthalten ist ein typisch retrospektiver Begriff der Historie. Geschichte vollzieht sich stets schöpferisch und überraschend. Erst im Rückblick entdeckt sich die Kontinuität, die Vorbereitung, das „es mußte so kommen". Damit der Mensch zum Staunen und Grübeln, zum Vertrauen auf sich und sein Denken kommen konnte, hat es einer radikalen Abwendung von der uralten Tradition bedurft. Aber in ihr lebte manches, was die Abwendung in bestimmte Bahnen brachte. Heilige Rätselspiele und Streitgespräche waren eine ungewollte Vorbereitung und Vor-Bildung denkvertrauenden, diskussionsbereiten Nachdenkens über das Geheimnis von Welt und Dasein. Es wäre das Eine aus dem Anderen nicht entstanden, wenn nicht beide eine innere Verwandtschaft aneinander bände, die von sachlicher Art ist.

Worin ist das philosophische Denken dem Rätseldenken verwandt, was ist überhaupt philosophisches Denken? Das philosophische Denken läßt sich nicht in abstracto bestimmen, das heißt unter Absehen von allem Inhalt, und ebensowenig in concreto im Hinblick auf die historische Fülle der Richtungen und Lehrmeinungen. Nur unter einer Idee wird es greifbar. Dieser Idee bleibt philosophisches Denken verpflichtet, wie es sich auch äußern mag, ob systematisch oder aphoristisch, ob untersuchend oder deduzierend, ob thetisch oder skeptisch.

Philosophieren heißt aufs Ganze gehen. In der Idee der Universalität hat es seinen Richtpunkt, und insofern es sich dem Ganzen verpflichtet weiß, wird es typisch Ursprungsdenken. Denn es will in und mit dem Ganzen sich selber begreifen. Es schlägt auf sich zurück, da es nicht draußen bleiben kann, soll mit der Idee der Universalität Ernst gemacht sein. Selbstbezüglichkeit ist ein wesentliches Kennzeichen allen Philosophierens. Selbstbezügliches Denken aber hebt in sich selbst an, ist ein eigener Ursprung und mit seiner Welt geschlossen – und isoliert.

In *Vernunft und Existenz* (Groningen 1935) hat Jaspers diese Frage behandelt und gezeigt, daß ein typisch antilogischer Zug, die Zirkelstruktur allen philosophischen Denkens, damit verbunden ist. Die petitio principii läßt sich nicht vermeiden, es kommt im Gegenteil darauf an, sie bewußt zu machen und durchzuhalten. Fast mit den Worten Heideggers heißt es auch bei ihm, die Frage sei nicht, wie man aus dem Zirkel heraus-, sondern wie man in ihn hineinkomme und was man mit ihm mache. In dieser Hinsicht stehen alle Philosophien gleich schwach und stark und letzten Endes unangreifbar. Für den Materialisten ist die Außenwelt, wie sie mir erscheint, ein Produkt des Gehirns und das Gehirn, wenn ich's während einer Schädeltrepanation mit einer Spiegelvorrichtung betrachte, ein Stück der Außenwelt, also ein Produkt seiner selbst. Für den Psychomonisten oder den Bewußtseinsidealisten sieht das, was sich selbst entspringt, anders aus und für den Hegelianer wieder anders – der Logik der Selbstbezüglichkeit entrinnen sie nicht.

Eine erhebliche Anzahl gewisser Philosophien scheint freilich eine Ausnahme davon zu machen, und die Positivisten und Szientisten aller Schattierungen sind stolz darauf, durch Gebrauch von „Axiomen" oder „Hypothesen" ihre Argumentationen in die Linie wissenschaftlichen Problemdenkens and unified science gebracht zu haben. Aber diese Ausnahmen sind bloß scheinbar. Man muß nur fähig sein, eine Philosophie wirklich zu Ende (und das heißt stets auch in ihren eigentlichen Anfang) zu denken, und man wird das Anhypotheton, ihr Ursprungselement entdecken. Platon, Aristoteles, Descartes, Kant sprechen nicht davon oder nur zwischen den Zeilen, weil der bewußten Formulierung der zu tragenden Wahrheit keine stärkere Überzeugungskraft innewohnt als den von ihr getragenen Einsichten in Welt und Sittlichkeit, Wissen und Handeln. Das Bedürfnis nach Sichtbarmachung der Universalität durch Herausstellen der „Prinzipien" (etwa im Sinne der deutschen Romantiker Fichte, Schelling, Hegel) ist eine Stil-, keine Lebensfrage der Philosophie. Dem Gesetz der Selbstbezüglichkeit bleibt sie unterworfen, ebenso wie die ihr feindliche Skepsis. Es nützt gar nichts, sich auf Hume oder Mach oder den Wiener Kreis zu berufen. Einer Philosophie kann man nur wieder philosophisch zu Leibe gehen.

Mit der Idee der Universalität sind also für das philosophische Denken ausgesprochen oder unausgesprochen gegeben die paradoxe Zirkelstruktur der Selbstbezüglichkeit und Selbstursprünglichkeit. Mit ihnen verknüpft ist die für alles Philosophieren kennzeichnende Richtung auf *Wesen* oder *Sinn* des Ganzen, seiner Glieder und Elemente. Philosophieren ist Wesensdenken. Das Was einer Sache steht zur Diskussion, nicht ihre Erscheinung, nicht das datum hic et nunc. Nur in dieser Beschränkung auf und zugleich Vertiefung ins Definitive ist die Möglichkeit der Sicht aufs Ganze gegeben. Mit dem Problemstellen der Wissenschaft verschwindet die Sicht und formalisiert sich zu einem bloßen Arbeitsrahmen. Die Gebiete der alten Physik etwa, Mechanik und Wärmelehre, Optik, Akustik und Elektrizitätslehre (und vor allem, wenn man bedenkt, was durch den Fortschritt in Theorie und Experiment in den letzten fünfzig Jahren daraus geworden ist) waren einmal echte Regionen der wirklichen Natur; nun sind sie nur noch Richtungen im arbeitsteiligen Forschen. Die vereinheitlichende Kraft der messenden Methode bewährt sich in einer grandiosen Formalisierung, welche die kühnsten Hoffnungen der Physik rechtfertigt. Nur wird zu oft dabei vergessen, welche Hoffnungen die Physik begraben mußte. Vielleicht – auch das ist nicht unbestritten – lag dieser Verzicht in der Linie physikalischer Methode von Anfang an. Sicher ist jedenfalls, daß der Formalisierung die Sicht auf das Ganze im philosophischen Sinne zum Opfer fiel, der Messung die Wesenserkenntnis, dem funktionalen das substanziale Begreifen. Sicher ist, daß mit dieser Selbstreinigung der Physik von allen philosophischen Ambitionen das Bemühen der Philosophie um eine Wesenserkenntnis der Erscheinungen nicht überholt, eher dringlicher und rätselhafter geworden ist.

Wesens- und Sinnerkenntnis heißt aber der *Sprache* Gewalt antun. Auch auf den Philosophien lastet – ähnlich wie auf dem Rätsel, das freilich mit der Mehrdeutigkeit spielt – der Zwang zur Abkehr von der Gemeinsprache. Nicht im Sinne der Entwicklung einer Fachterminologie, denn eine Terminologie gehört zur Gemeinsprache, auch wenn sie nicht direkt im Umgang gebraucht und verstanden wird. Eine Fachterminologie ist jedem zugänglich, der eine bestimmte Ausbildung bekommen hat, eine Ausbildung, die vielleicht an gewisse soziale, aber nicht an geistige Privilegien geknüpft ist, weil sie sich im Sinne der Wissenschaft und ihres Ideals der Allgemeingültigkeit prinzipiell an alle wendet. Abkehr von der Gemeinsprache durch Aufhebung der Eindeutigkeit in allen Fällen, in denen ein Wesenssachverhalt gerade durch Gebrauch bekannter Worte der Gemeinsprache, also im übertragenen Sinne, zum Ausdruck gebracht werden soll, ist das Schicksal aller Philosophie, der Grund ihres ewigen Kampfes mit der und um die Sprache, das unausrottbare Ärgernis für alle, die an solcher sozial gerade nicht gerechtfertigten Sondersprache Anstoß nehmen – denn eine Philosophie wendet sich wie ein Glaube, wie eine Kunst auch an alle, nicht nur an einen bestimmten Kreis.

Noch ärgerlicher für die meisten Hörer und Leser einer Philosophie ist schließlich folgender Umstand. Ihr *„Inhalt"* läßt sich von der *„Form"*, worin er auftritt, das Ergebnis von der Bemühung, das Ziel vom Weg nicht trennen. Was wird aus ihr in all den Zusammenfassungen und Darstellungen, die zu pädagogischen oder dogmengeschichtlichen Zwecken Studenten und Laien in die Hände kommen! Das Elend der Handbücher, Einleitungen und Grundrisse, die sich nun einmal im Unterricht nicht vermeiden lassen, ist der Ausdruck dieser Unmöglichkeit. Eine Philosophie erobert man nur im Philosophieren, so wie man Schwimmen nur im Wasser lernt. Hier jedenfalls gibt es keine Trockenkurse! Die Antwort, welche ein Philosoph findet, versteht sich nicht nur aus der zuvor verstandenen Frage, sie löst sich von der Frage überhaupt nicht ab, Frage ist hier schon Antwort, Antwort immer „noch" Frage. Was alle Wissenschaft durch gute Problemstellung erreicht, deutliche Resultate, die in anderen Zusammenhang, in andere Ausdrucksweise übertragbar sind, bleibt der Philosophie wesensmäßig verschlossen. Natürlich gibt es Zusammenfassungen auch von philosophischen Lehren, aber sie fallen platt zu Boden, wenn man sie aus ihrem Denkzusammenhang löst. Philosophieren ist resultatlos, aber darum nur dem Problemdenken eine fruchtlose Mühe. Nur nach dem wissenschaftlichen Maßstab werden hier ewig Fragen gestellt, auf die es keine Antwort gibt.

Achtet man auf die eigenartige Verklammerung von Frage und Antwort im Rätsel, so stellt sich die Unablösbarkeit philosophischer Lösungen in anderem Lichte dar. Das eigentliche Rätsel hat seine Lösung auch nur wieder in der Sondersprache. Sie bleibt mehrdeutig, und nur dem Verstehenden enthüllt sie sich. Mit derartiger Mehrdeutigkeit verschwindet zwar nicht das Verhältnis zwischen Frage und Antwort, aber es ist paralysiert. Das Rätsel spielt mit dem Schein der Auflösung. Für die Philosophie dagegen ist das Frage-Antwort-Schema überhaupt nicht konstitutiv. Ihre Probleme und Lösungen, die in vielen Systemen auch als solche gestellt werden, sind immer schon Ausführungen einer Grundkonzeption, einer Idee vom Ganzen, die nicht wie eine Hypothese bestätigt oder widerlegt sein will. Eine Idee, will sie ursprünglich sein, ist überhaupt nicht diskutabel. Nur ihre Konsequenzen für Weltauffassung und Lebensführung sind es. Platons Idee und Aristoteles' Entelechie, Spinozas Substanz und Kants Autonomieprinzip, Fichtes Ich und Schopenhauers Wille sind keine Hypothesen oder einseitige Aspekte vom Weltgrund, sondern Grundhaltungen, durch die Welt und Leben Gesicht und Deutung bekommen. Es spricht nicht für die Konsequenz und Bewußtheit eines Denkens, wenn es meint, ohne solche Grundhaltung beginnen zu können. Auch der strengste antimetaphysische Positivismus, auch die extremste Philosophie der Erfahrung hat ihre Grundüberzeugung, Apriori und Leitidee. Nimmt sie die positive Wissenschaft zur Richtschnur des Philosophierens, dann hat sie mit eben solcher Wendung – die sie nun wieder als Glaube, Entscheidung oder Hypothese auffassen kann – mit gleicher Verbindlichkeit den ersten Schritt getan, wie eine Philosophie, die sich dagegen wendet.

Ursprünglichkeit und Selbstbezüglichkeit, Richtung auf Wesen und Sinn, Abkehr vom gemeinsprachlichen Ausdruck, Unablösbarkeit des Inhalts von der Form, der Form vom Inhalt, Einheit in der Grundidee sind die Kennzeichen philosophischen Denkens. Zusammengehalten von dem Prinzip der Universalität, transzendiert dieses Denken jeden gegenständlichen Bezirk, der sich von anderen gegenständlichen Bezirken unterscheidet und vom Bereich des Noch-nicht-Gegenständlichen und Ungegenständlichen abhebt. Die Welt der Zahlen und der Materie, der Lebewesen und der Menschen ist dem Philosophen Vordergrund, Manifestation, Symbol von etwas anderem, als das er es in seinem Wesen zu bestimmen sucht. Wesenserkenntnis ist transzendierende Erkenntnis, die sich nicht bei dem Objekt beruhigt, das heißt das Objekt zum Ausgangspunkt nimmt, um es in seinem Verband mit anderen Objekten zu erfassen, sondern die Fläche der Objektivität durchbricht. Wissenschaftlichem Denken liegt das vernünftig Erkennbare in der Fläche, etwa der mathematischen Größen oder der historischen Ereignisse. Das Philosophieren dagegen wendet sich gleichsam senkrecht zu diesem Denken, das ein Gebiet (immanent) bleibt, in die Tiefe, und sei's auch nur, um wie Goethe – Spinoza – Hegel sie in der Fläche und als Fläche wiederzuerkennen. Denn Transzendieren ist nicht von der Annahme einer jenseitigen, einer Hinterwelt abhängig und keineswegs gleichbedeutend mit dogmatischen Thesen christlicher Theologie. Sonst wäre bereits im Ansatz des Philosophierens über die Frage Gott und Welt, Dualismus–Monismus und andere entschieden. Transzendieren heißt etwas als etwas in seinem Wesen bestimmen, ohne den objektiven Zusammenhang zwischen Sachen, Größen, Menschen, Ereignissen zur Richtschnur zu nehmen. Darum transzendiert eine Philosophie der Immanenz oder der Hermeneutik prinzipiell ebenso wie eine typische Transzendenzlehre, welche Wahrheit und Wirklichkeit radikal voneinander trennt.

Insofern philosophisch denken transzendieren bedeutet, wird das Offenbare zum Geheimnis, zum Vordergrund, zum Symbol, zur Chiffre, um mit Jaspers zu sprechen. Die Dinge der Welt, die Fülle des Seins, die Werte, die Formen und Möglichkeiten des Handelns und Denkens werden für das transzendierende Fragen zu Runen, in denen ein Sinn rätselvoll niedergelegt ist. Wie dieser Sinn begriffen wird, hängt von der Grundkonzeption der Philosophie ab. Auch hier wieder gilt, daß die Leugnung solchen Sinnes durch Lehren wie etwa den Phänomenalismus, Sensualismus, Empirismus, Skeptizismus nur eine Antwort auf die (somit zugegebene) Frage nach dem Sinn darstellt. Philosophien, welche von Welt und Leben, Vernunft und Wille, Gott und Freiheit sagen, sie seien „nichts als ..." (Vorstellungen, Bewußtseinsinhalte, Triebe, Ideologien oder Materie oder Geist usw.), vollziehen die Transzendenz, auch wenn sie eine bestimmte transzendierende Deutung bestreiten. Dann das „nichts als" ist eine Wesensaussage, so gut wie jede andere. Auf dem Untergrunde dieses Nichts erscheint das Sein in Chiffre und als Chiffre.

In folgenden vier Momenten ist philosophisches Denken dem Rätseldenken verwandt:

1. Der Gelöstheit und Geschlossenheit (Isoliertheit) des Rätsels entspricht die Entschiedenheit der philosophischen Grundkonzeption, ihr universal-systematisch-fundamentaler Charakter.

2. Der mehrdeutigen Auflösung des Rätsels (in der Sondersprache), der Unablösbarkeit der Rätselantwort von der Rätselfrage entspricht die Resultatlosigkeit, die Unabtrennbarkeit des Inhalts von der Form, des Ziels vom Wege eines Philosophierens.

3. Dem Zwang zur Abkehr von der Gemeinsprache und zur Metapher, dem das Rätsel spielend unterliegt, entspricht auf seiten der Philosophie derselbe Zwang durch ihre transzendierende Richtung zum Wesen, zum Sinn des Seins.

4. Wie das Rätsel seine eigene Weise von Verkörperung in der „Rune" hat, so begegnet dem Philosophen die Welt in Chiffern und als Chiffre.

Hinter dem Rätsel steht ein Wissender, nicht die Dinge, ein Geist fragt, der das Geheimnis kennt. Im Verhältnis des Philosophen zur

Welt ist die eindeutige Verteilung auf ein Wissen dort, hinter der Welt, und ein Nichtwissen hier, im Fragen der Philosophie, aufgehoben. Gottes Gedanken sind nicht unsere Gedanken. Philosophieren ist nicht gleichbedeutend mit dem ungeheuerlichem Anspruch Hegels auf Identität der göttlichen mit der menschlichen Vernunft. Philosophieren ist nicht notwendig auf einen Weltschöpfer bezogen, lebt nicht von der Idee, daß das Weltgeheimnis irgendeinem bekannt ist. Und muß es der Welt „bekannt", muß es dem Sein bewußt sein? Konstituiert das Wesen die Welt? Ein ontologisches Vorurteil, ein theologischer Gedanke griechisch-christlicher Prägung wird mit solchem Einwand für das Philosophieren selbst fragwürdig. Daß die Philosophie die Freiheit hat, auch dieses ihr eigenes Verhältnis zum Sein, nach dessen Wesen sie fragt, ihr Transzendieren noch in die Schwebe zu bringen, hebt die Möglichkeit einer scharfen Abgrenzung zwischen dem, der fragt, und dem, der antwortet, im Philosophieren auf. Es hat – die sokratisch-platonische Frage, „in der sich eine Welt erschafft", zeugt schon dafür – die Rätselsituation gesprengt, die Form des Rätsels hinter sich gelassen.

Rätselhaft, ohne an das Gesetz des Rätsels gebunden zu sein, lebt die Frage der Philosophie im Gang der Geschichte, Zeuge der Freiheit des Menschen, alles, was er vermag, noch wieder in Freiheit zu setzen, diesseits und jenseits von Frage und Antwort. In solchem Wagnis auf die Bodenlosigkeit eines seiner wahrhaft selbstmächtigen Denkens grenzt sich philosophisches von wissenschaftlichem Denken in sogenannten Problemen ab. Das Problem, kunstvoll auf Beantwortbarkeit gestellt, hat mit der Wesensfrage nichts mehr gemein. Probleme gehen auf das Wie des Zusammenhangs zwischen Seiendem, nicht auf sein Was. Darum haben sie verständige Lösungen, darum geht die Wissenschaft seit Galilei den stetigen Gang von Erfolg zu Erfolg, darum ist ihre Wahrheit von heute der Irrtum von morgen. Wenn Kant in der Vorrede zur zweiten Auflage der *Kritik der reinen Vernunft* diese Kunst des Herausholens dessen, was die Vernunft zuvor in die Dinge hineingelegt hat, zum Vorbild stellt, das richterliche Verfahren, Zeugen zu nötigen, auf eine Frage zu antworten, das heißt eine These zu bestätigen oder zu widerlegen, dann begreift man, warum solche Revolution der Denkart als Wissenschaft Erfolg haben konnte, Philosophie aber niemals revolutioniert werden kann.

Lebensphilosophie und Phänomenologie

Einleitung

Je größer der Abstand wird, der uns von der langen Friedensepoche vor 1914 trennt, desto deutlicher zeichnen sich diejenigen Bewegungen ab, die, obwohl im vergangenen Jahrhundert verwurzelt, unsere gegenwärtige philosophische Arbeit zu einem wesentlichen Teil bestimmen. Neukantianismus, Neuhegelianismus und intuitionistischer Evolutionismus Bergsons, die im ersten Dezennium unseres Jahrhunderts dominierten, gehören nicht dazu. Ihr Einfluß ist zu Ende, ihr Werk erfüllt. In wachsendem Maße wendet sich die Aufmerksamkeit Richtungen zu, die unter dem Namen Lebensphilosophie und Phänomenologie an die Werke zweier Denker anknüpfen, an Wilhelm Dilthey (1833–1911), der erst durch die Veröffentlichung seiner nachgelassenen Schriften und Briefe als Philosoph und nicht nur als Historiker der geistigen Welt einem weiteren Kreis zugänglich geworden ist, und an Edmund Husserl (1859–1938), auf dessen Nachlaß wir noch warten, dessen persönliche Entwicklung dagegen, so bedeutsam sie auch ist, an Gewicht für die Wirkung auf das zeitgenössische Philosophieren hinter seinen bis 1914 veröffentlichten Arbeiten zurücktritt.

Ursprünglich blieb beider Einfluß auf das deutsche Sprachgebiet beschränkt. Erst in den zwanziger Jahren gewann die phänomenologische Bewegung vor allem durch das vielseitige, den religiösen, sozialen und politischen Fragen aufgeschlossene Talent Max Schelers (1874–1928) und die denkerische Gestaltungskraft Martin Heideggers auch im Ausland Resonanz, in Frankreich zuerst und seit 1933, durch emigrierte Gelehrte, obwohl zögernd, auch in den Vereinigten Staaten. Es wäre im übrigen nicht korrekt, nur die unmittelbaren Fortsetzer des Werkes von Husserl und Scheler in der Existentialontologie Heideggers und J. P. Sartres zu berücksichtigen. Die Renaissance der Ontologie, deren Hauptwortführer der vom Marburger Neukantianismus herkommende Nicolai Hartmann ist, schließt dabei an. Aber nicht weniger wichtig sind die Einflüsse der Phänomenologie auf zahlreiche Einzelwissenschaften, in erster Linie auf Psychologie und Psychopathologie, sodann auf die theoretische Biologie, Soziologie, Religionsgeschichte und schließlich auf die Geisteswissenschaften überhaupt. Die Wirkung Diltheys stieß auf größere Schwierigkeiten. Das schwer zu übersehende, gewaltige geschichtliche Stoffmassen bergende Œuvre eines subtil arbeitenden Historikers verwehrte eher den Zugang zu seinem philosophischen Kern, als daß es ihn freigab. Die außerdeutsche Welt zeigte hier größere Verständnisbereitschaft als Diltheys eigenes Land, dem seine empirische und unsystematische Arbeitsweise unphilosophisch erschien. Ortega y Gassets *Geschichte als System* hat ihn für die spanisch sprechende Welt entdeckt. 1943–1945 ist unter Leitung von Imaz die erste ausländische Ausgabe der *Gesammelten Schriften* in acht Bänden in einem mexikanischen Verlag erschienen. In Frankreich erschien 1942 die *Einleitung in die Geisteswissenschaften*. Und H. A. Hodges gab die erste Gesamtdarstellung Diltheys in englischer Sprache heraus, bezeichnenderweise in K. Mannheims *International Library of Sociology and Social Reconstruction*. Zuerst wirkte Dilthey durch seinen Schülerkreis, dem G. Misch, H. Nohl, E. Spranger und B. Groethuysen angehören, unmittelbar auf die Geistesgeschichte und die für Pädagogik und Soziologie besonders fruchtbare geisteswissenschaftliche Psychologie. Man darf vermuten, daß damit seine Wirkung noch nicht ihre Grenzen erreicht hat, um so mehr als die Auseinandersetzung zwischen Lebensphilosophie und Phänomenologie im Umkreis der sogenannten Philosophischen Anthropologie noch im vollen Gange ist.

Diltheys Idee einer Philosophie des Lebens

Eine religiös so unsicher gewordene Zeit wie das späte neunzehnte Jahrhundert, die den stärksten sozialen Erschütterungen ausgesetzt war und sich angesichts einer zu beispielloser Entwicklung getriebenen Technik als eine Wendezeit besonderer Art empfand, mußte den Widerspruch zwischen Überlieferung und Wissenschaft, der Führungsmacht ihres Lebens, als seine Bedrohung erkennen. Die ständig neue Entdeckungen und Erfindungen produzierende Wissenschaft schlug auf den Menschen zurück. Wie sie selbst in jedem Augenblick in Hypothese, Theorie und Ergebnis nur ein Provisorium darstellt, so wird der Mensch, dessen Dasein von diesem Provisorium praktisch abhängt, dem Problem seines Fortschritts gegenübergestellt. Im Anfang überwog bei vielen aufgeklärten Geistern das Vertrauen in den sittlichen Sinn dieser Auflockerung der überkommenen Stabilität. Aber auch an

Lebensphilosophie und Phänomenologie   233

Warnern fehlte es nicht. Dem zur Hauptsache französischen und angelsächsischen revolutionären Positivismus-Empirismus (Comte, Spencer, Darwin), der den Fortschritt bejaht, widersprach der heroische Pessimismus eines Schopenhauer, R. Wagner, Jacob Burckhardt, des jungen Nietzsche, Gobineau, des Vaters der Lehre vom Rassenverfall, und Carlyles. In dieser sich menschlich von Entwurzelung bedroht wissenden Zeit bildete geschichtliche Forschung und historisches Bewußtsein ein Gegengewicht für die durch den technischen Fortschritt bewirkte übermäßige Schwerpunktsverlagerung des Lebens in die Zukunft. Die Gefühle rebellierten gegen den Verstand. Aus einer provisorisch gewordenen Wirklichkeit flüchtet der Mensch in die Bildergalerie vergangener Größe, sucht eine Epoche siegender Bürgerlichkeit und rationaler Entzauberung in der Geschichte, die Zaubermacht, welche die unwiederbringlich verlorenen Möglichkeiten des eigenen Daseins zurückruft. Zugleich ist die Historisierung der Vergangenheit die folgerichtige Ausbreitung des nach radikaler Verweltlichung strebenden aufgeklärten Bewußtseins. Der Mensch begreift sich nicht mehr von Gott her, sondern aus der Natur, als ihr Entwicklungsprodukt.

Hat er damit seine Freiheit und Verantwortlichkeit der Naturkausalität geopfert? Widerspricht Geschichte als Wissenschaft dem Bedürfnis des Menschen nach Halt und Rechtfertigung vor den großen Vorbildern der Vergangenheit? Daß sich diese inneren Schwierigkeiten gerade in Deutschland zu einem Kampf um die historische Methodenlehre und den Wissenschaftscharakter der Geschichtsschreibung auswuchsen, läßt sich nur aus ihrer besonderen Bedeutung für sein geistig-gesellschaftliches und staatliches Leben begreifen.

Hegels Rationalismus und die Weiterentwicklung der romantisch-historischen Wissenschaft in der Historischen Schule, welche Juristen wie Savigny, politische Historiker wie Ranke, Dahlmann, Gervinus und Droysen, klassische Philologen wie A. Boeckh, Fr. G. Welcker, H. Usener, Germanisten wie Grimm und Lachmann zu ihren Trägern zählte, sind nur in einem Lande möglich gewesen, das seine politische Form noch nicht gefunden hatte. Die unausgeglichene Spannung zwischen Geschichte und Leben, an welcher die Nation laborierte, war seit dem Erwachen des Volks- und Nationalbewußtseins, vor allem unter dem Eindruck der Französischen Revolution und Napoleons für Deutschland ein politisches und geistiges Problem geworden. Gegen diesen Hintergrund wird der Gegensatz zwischen dem romantisch-historischen Erfahrungsbegriff der Historischen Schule und dem Erfahrungsbegriff des französisch-englischen Positivismus zum Ausdruck des Widerstandes auch gegen politische und gesellschaftliche Ideale, die wohl zur angelsächsischen Demokratie und französischen Aufklärung, nicht aber zu den durch keine Revolution gebrochenen Überlieferungen Deutschlands gehören.

Als Dilthey zu Anfang der fünfziger Jahre in Berlin studierte, unter Trendelenburg, Grimm, Ranke, begann die Spannung zwischen westlicher und deutsch-romantischer Geschichtsauffassung abzunehmen und fruchtbarer Durchdringung Platz zu machen. Der nüchterne Tatsachengeist dieser Zeit, die Wendung zum nationalstaatlichen Denken in Politik und politischer Historie und der Gedanke der vergleichenden Methoden in den Geisteswissenschaften bestimmten die Richtung seines Forschens. Für sie ist die Gruppierung um seine ersten größeren Arbeiten, die *Schleiermacherbiographie* (I. Band 1867 und 1870) und die *Einleitung in die Geisteswissenschaften. Versuch einer Grundlegung für das Studium der Gesellschaft und der Geschichte* (I. Band 1883) bezeichnend. Der Historiker und der Systematiker bilden eine unauflösliche Einheit. Die Biographie wird zum Organ philosophischer Analyse. In den bedeutenden Menschen spricht sich „Wirklichkeit im vollen Sinne" aus, deren Erfassung durch die Geisteswissenschaften nach zwei Seiten Erkenntnis unser selbst gewährt: durch den Gegenstand und durch die Art und Weise, wie die Wissenschaft sich dieses Gegenstandes bemächtigt. Wo der Mensch dem Menschen begegnet, gilt nicht mehr die Kantische Entgegensetzung zwischen Ding an sich und Erscheinung, die von der naturwissenschaftlichen Auffassungsweise (und nur für sie) gewonnen und gültig ist. Insoweit die Geisteswissenschaften das natürliche gegenseitige Verstehen ausbauen, freilich durch Ausbildung einer ganzen Reihe von Hilfsmaßnahmen zur Sichtung und Interpretation des Materials, gewinnen sie zugleich Erfahrung und Einsicht, sind sie zugleich Wissenschaft und Philosophie. Die Philosophie erhebt sich nicht über die Erfahrung, weder in der Art der alten Metaphysik noch der des transzendentalen Idealismus. Sie schließt sie nicht ab als ihre Krönung, noch trägt sie sie als das ihr zugrundeliegende Fundament. In den Wirkungszusammenhängen erarbeiten die Menschen das Fundament dieser Zusammenhänge. Als Produkt und selbstmächtiger Produzent seines Geschicks bewirkt und erleidet der Mensch seine Geschichte, durch die er erfährt, was er ist.

Hegel hatte eine Versöhnung zwischen Philosophie und Geschichte angestrebt, welche die Erfahrung in das Explikationssystem des zeitlosen Logos einschmolz. Dilthey versucht die Gegenlösung: die unabgeschlossene geschichtliche Erfahrung läßt das zeitlose Kategorialsystem aus sich hervorgehen, um es zu bewahren, festzuhalten oder wieder zurückzunehmen. Relativismus will und kann diese Lösung nicht mehr sein, denn Relativismus ist nur da möglich, wo er ein Absolutes sich gegenüber hat. Aber dieses Absolute ist durch die geschichtliche Erkenntnis aufgelöst. Das „Leben" tritt nicht an seine Stelle. Es ist kein neues An sich, kein Quellgebiet für geschichtliche Erscheinungen, kein Urgrund, der sich in seinen Manifestationen zugleich offenbart und verbirgt. Es hat nichts gemein mit den spekulativen Lebensbegriffen der Fichte, Schelling und Hegel noch mit den vitalistischen Substruktionen Nietzsches oder der nach ihm kommenden Bergson, Klages und Spengler. Das Leben im Sinne Diltheys ist die geschichtliche Erfahrung selbst, die ausdrucksmächtig ihre volle Tiefe dem eindringenden Verständnis erschließt. Im Medium ihrer eigenen Geschichte sind Subjekt und Objekt handelnd und leidend in Mitteilung und Verständnis einander verwandt und füreinander durchsichtig.

Leben, Ausdruck, Verstehen als durchgehender, geschichtlich erarbeiteter und daher auch vor Verlust nicht geschützter Zusammenhang, aus dem die geistige Welt sich aufbaut und in dem sie ruht, bildet in dieser Sicht ein Novum für die Philosophie. Die Forderung einer „Kritik der historischen Vernunft", kantianisch anmutend, grenzt sich gegen Kant nicht weniger als gegen die Neukantianer, und speziell das Unternehmen einer transzendentalen Logik der geschichtlichen Geistes- oder Kulturwissenschaft im Sinne Rickerts, von vornherein unmißverständlich ab. Rickert hatte nur thematisch von dem Erfahrungsgebiet der Kulturwissenschaften Besitz ergriffen, ohne sich von ihren Erfahrungen ergreifen und in seiner Weise von Denken umgestalten zu lassen. Neben die Naturphänomene waren Kulturphänomene getreten, und der Wissenschaftslehre war bloß eine Parallelaufgabe zur kritischen Durcharbeitung der Naturwissenschaft erwachsen. So blieb Rickert halb im achtzehnten Jahrhundert stecken: ein zeitloser Kosmos ewiger Werte (die Platonische Ideenwelt in Lotzescher Transkription) einem zeitlosen Transzendentalsubjekt ewig möglicher Stellungnahmen gegenüber; zwischen ihnen die bloße Erfahrung, in deren unumkehrbaren Ablauf die einmaligen Individuen durch Realisierung der Werte entstehen.

Dilthey hatte erkannt, daß auf diesem Wege eines einfachen Seitenstücks zur Erkenntniskritik der Naturwissenschaften, einer daneben stehenden Erkenntniskritik der Geschichtswissenschaften den Forderungen ihres Objekts, der Geschichte, nicht entsprochen war. Durch einen Erweiterungsbau der Kritischen Philosophie war hier nichts zu gewinnen, weil die Entdeckung der geschichtlichen Welt den Boden selbst in Bewegung zeigte, auf dem ihn das achtzehnte Jahrhundert errichtet hatte. Wo gegenüber Erkenntnisoperationen an Dingen, die stumm sind: Steine und Blumen, Wind und Wasser, die transzendentale Frage nach ihrer Möglichkeit an der Gesetzmäßigkeit einen Rückhalt hat, der sie sich fügen, so ist nicht gesagt, daß die formal analoge Wendung gegenüber Erkenntnisoperationen an Dingen, die von sich reden: Buch, Inschrift, Bauten, Kleider, berechtigt und durchführbar ist. Hier nämlich fehlt der Rückhalt an einer Gesetzmäßigkeit. Wo ist dieser Rückhalt für den Zusammenhang der Sätze zu finden, fragt deshalb Dilthey, der dem Urteil des Geschichtsschreibers, den Schlüssen des Nationalökonomen, den Begriffen des Juristen zugrunde liegt? Die Gesetze der Natur kennen wir, aber sie ist uns stumm, die Gesellschaft wird verstanden, aber ihre Gesetze sind unbekannt.

Seine Antwort lautet: die Kritik der historischen Vernunft muß vom Verständnis dessen, was die Geisteswissenschaften wirklich tun, und der Art und Weise, wie sie es tun, geführt werden. In diesem Aspekt gibt es weder die Kluft zwischen einer zeitlosen Sphäre ewiger Werte und einer Sphäre der Vergänglichkeit noch die Kluft zwischen der Geschichte und ihrem Betrachter nach Art jener Distanz, welche das Auge den Dingen der Natur gegenüber bewahren muß. Aus der blutvollen Wirklichkeit steigen die Werte und Wahrheiten empor, viele nur für eine gewisse Zeit maßgebend und bindend. Aus der Geschichte wächst die Bestimmung des Geschichtsschreibers, der sie durch seine eigene Arbeit erst formt, umformt und in den Perspektiven, welche ihm seine Gegenwart bietet, ständig neu sehen lernt. Das Apriorische seiner Wertungen und begrifflichen Hilfsmittel, die ideellen Gehalte und die materiellen Bedingungen des geschichtlichen Prozesses, die Triebe, die wirtschaftlichen Umstände, die politischen Machtverhältnisse, mit denen die Gehalte verwirklicht und vernichtet werden, bilden Einen Lebenszusammenhang. Er konstituiert, kantisch gesprochen, Geschichte als objektive Wirklichkeit. Aber derselbe Lebenszusammenhang ermöglicht dem Historiker durch die Verständlichkeit der Objektivationen wie Sprache, Wissen, Recht, Wirtschaft, Kunst, Religion in der Tradition von Geschlecht zu Geschlecht das verstehende Erkennen dieser Wirklichkeit. Er ist Fleisch vom Fleische, Geist vom Geiste seines Gegenstandes. Der Erkenntnissubjekt und -objekt umfassende Lebenszusammenhang bildet gleichermaßen die Bedingungen der Möglichkeit und Wirklichkeit der Gegenstände und der Erkenntnis der Gegenstände der Geschichte.

Ein derartiges Programm brach mit dem traditionell gewordenen Dualismus zwischen Geschichte und System der Philosophie und innerhalb der systematischen Philosophie zwischen einer apriorisch begründeten Erkenntnis- und Wertlehre und einer empirischen Psychologie. Es brach mit dem offenen oder versteckten Naturalismus, der die damalige Psychologie zu einer experimentellen Naturwissenschaft des „inneren Sinnes" und der Selbstbeobachtung gemacht hatte (Fechner und Wundt), aber nicht weniger die Logik beherrschte, die seit den Griechen nur mit einem auf Dinge versessenen Denken hatte rechnen können. Gibt es ein Verstehen, das sich denkend-auslegend eines Bedeutungsgefüges, z. B. einer Rechtsordnung oder einer künstlerischen Stilrichtung bemächtigt, dann versagt das psychologisch-erkenntnistheoretische Modell für das Erkennen, das es als Hinlangen zu einem Gegenstand oder als logische Formung von sinnlich anschaulichen Daten vorstellt. Von dem tatsächlich geübten Verfahren der Interpretation lernt die Hermeneutik, eine methodische Kunst, und von ihr hat wieder die Logik zu lernen, will sie der neuen wissenschaftlichen Situation seit der Etablierung empirischer Geisteswissenschaften gewachsen sein.

Eine Kritik der historischen Vernunft, die dem wirklichen Verfahren der Philologen, Kulturhistoriker und politischen Geschichtsschreiber nachgeht und ihnen zuhört, wie sie die geistige Welt vor uns erstehen lassen, bleibt keine Erkenntnistheorie und Transzendentallogik mehr. Sie entwickelt sich zu einer Lehre von den Elementen der Geschichtlichkeit, das heißt von dem was Geschichte möglich *und* wirklich zu Geschichte macht: vom Individuum im Wechselverhältnis mit seiner Generation, seiner Zeit und ihren Überlieferungen, von den Ausdrucksgebieten einer Kultur und ihren Organisationsformen, von dem Gefüge einer Gesellschaft. Geschichte muß daher so, wie sie aus sich selber durch ihre Überlieferungen an die sie erforschende Gegenwart zum Verständnis kommt, in sich selbst „möglich" gemacht werden. Dies ist der Sinn des von Dilthey terminologisch verwendeten Wortes Leben, das seine Bedeutung mitsamt den ihr zugehörigen hermeneutischen Kategorien aus sich selber hervortreibt und sie dem denkenden Verständnis überantwortet; das in der Linie seiner Geschichte gewordenen Wirklichkeit die Bedingungen ihrer Möglichkeit selbst erst ausbildet. Nirgends wird daher auf eine außer- oder übergeschichtliche Zone reiner Werte und ewiger Wahrheiten zurückgegangen. Das Ewige im Gehalt menschlicher Leistungen verliert zwar nicht seinen Anspruch an das Leben, wohl aber seinen ontologischen Abstand zu ihm.

Der kritische Rückgang zu den ermöglichenden Bedingungen der historischen Vernunft in der vernünftigen Arbeit des Historikers führt nicht auf eine zeitlose Vernunftapparatur oder zeitlose Wesensstrukturen, sondern erreicht nur einen relativ zur geschichtlichen Wirklichkeit äußersten Gegenpol von hermeneutischen Kategorien, um von ihnen aus wieder in die individuelle Konkretion vorzustoßen. Kategorien des Lebens sind demnach geschichtlich gewordene Größen von geschichtsbildender Macht. Die Philosophie steht hier auf eine ganz neue Art im Austausch mit der Erfahrung: nicht mehr in starrem Abstand zu oder in Selbstpreisgabe zugunsten ihrer Wahrscheinlichkeitserkenntnis, auch nicht mehr als Verklärung und Verewigung der Erfahrung im Sinne Hegels, sondern im Kreislauf mit ihr in ihn selbst eingeschaltet, eine selbst unabgeschlossene Theorie unabgeschlossener geschichtlicher Vergangenheit. Relation zwischen Apriori und Aposteriori in diesem Sinne ist erst der Grund für die Zusammenhänge, an denen die geistesgeschichtlichen Urteile der Philologen, Juristen, Ökonomen und Historiker ihren Rückhalt haben.

Von hier aus begreift man, daß Dilthey in seinen Anfängen die Kategorien der Geschichtlichkeit in einer beschreibenden Psychologie suchen konnte, die als Psychologie der Lebenserfahrung nicht zergliedern, sondern die vortheoretische Natürlichkeit des von Mensch zu Mensch, von Mensch zu Welt spielenden Lebens zum Ausdruck bringen sollte. Bon sens, dichterische Einfühlung und Phantasie, Lebensverständnis und Begriffsbildung des Tages, der Praxis in allen Horizonten gesellschaftlichen Daseins waren die Quellen einer für den Historiker maßgebenden Psychologie. Für sie war den französischen Moralisten, den großen Romanciers und Nietzsche mehr zu entnehmen als den Versuchsprotokollen der Laboratorien. An Widerspruch von ihrer Seite hat es nicht gefehlt, und unter ihrem Eindruck suchte Dilthey eine Zeitlang Annäherung an Husserls junge Phänomenologie. Ihre platonisierenden Tendenzen, die in dem Prinzip der Sachdeckung allgemeiner Wortbedeutungen durch „Wesen" und „Wesenheiten" bereits angelegt waren, bildeten freilich eine Schranke. Sie verboten ihm in der phänomenologischen Analyse mehr als ein Instrument der Aufklärung zu sehen, und wiesen ihn um so nachdrücklicher auf die Vertiefung seines eigentlichen und eigensten Anliegens: einer aus dem Geist hermeneutischer Praxis entworfenen Grundlegung der Hermeneutik.

Scheinbar unentschlossen und systematischen Aufgaben nicht gewachsen umkreist Diltheys Denken in biographischen, epochengeschichtlichen, psychologischen und erkenntnistheoretischen Analysen das große Problem unserer säkularisierten Wissenschaft und Welt, die verweltlichte Form der Menschwerdung Gottes, zwischen Geschichtlichkeit und doch zugleich Allgemeingültigkeit zu vermitteln. Seine *Poetik* (1887), die Akademieabhandlungen *Über die Möglichkeit einer allgemeingültigen pädagogischen Wissenschaft* (1888) und *Beiträge zur Lösung der Frage vom Ursprung unseres Glaubens an die Realität der*

Außenwelt und seinem Recht (1894) setzen die Probleme der *Einleitung* fort. Studien über Kant und die nachkantische Philosophie im Rahmen einer Geschichte des deutschen Geistes kulminieren in der *Jugendgeschichte Hegels* (1905). 1891 bis 1904 erscheinen die großen Aufsätze zur *Weltanschauung und Analyse des Menschen seit Renaissance und Reformation*. In denselben Jahren fesselt ihn das Problem der Strukturpsychologie: *Ideen über eine beschreibende und zergliedernde Psychologie* (1894), *Studien zur Grundlegung der Geisteswissenschaften* (1905) und schließlich am weitesten in die Richtung einer Theorie der Wirkungszusammenhänge vordringend *Der Aufbau der geschichtlichen Welt in den Geisteswissenschaften* (1910), dem der Beitrag zur Sigwart-Festschrift *Entstehung der Hermeneutik* (1900) nahesteht. Seine Arbeiten über das *Wesen der Philosophie* und die Fragen der Weltanschauungslehre, berühmt durch die Formulierung von drei Grundtypen, des Naturalismus, des objektiven pantheistischen Idealismus und des Idealismus der Freiheit, die den jeweils vorherrschenden Funktionen des Verstandes, des Gefühls und des Willens entsprechen sollen (*Die Typen der Weltanschauung und ihre Ausbildung in den metaphysischen Systemen,* 1911) halten ihn in seinen letzten Jahren im Bann, höchster Ausdruck eines Denkens zwischen historischer Relativität und Allgemeingültigkeit.

Bis zuletzt ist Dilthey dem Zentralgedanken der Historischen Schule treu geblieben, dem aus der organischen Weltansicht der Identitätsphilosophie, vor allem Hegels, sich herleitenden Lebensbegriff. Die Erscheinungen menschlichen Lebens, gewollt oder ungewollt, als Entfaltung unbewußter Wachstumskraft begreifen, die dem einzelnen den Charakter einer Manifestation umgreifender Zusammenhänge, Kollektiva geistig-vitaler Größen wie Volksgeist, Zeitgeist, Sitte, Kultur, Stil usw. verleihen, das blieb auch sein Programm. Freilich hatte es den metaphysischen Naturalismus der Frühzeit ebenso abgestreift wie die Kryptotheologie der Identitätslehre. Aber den Naturformen des Menschenlebens nachgehen, nur eben im Aspekt, den es sich selbst bietet, hält ihn bis zuletzt in Atem. Die Selbstmächtigkeit des Menschen vermag nichts gegen die Zeit. Ihr verdankt sie ihre eigensten Möglichkeiten. Für Hegel war Philosophie die Zeit, eine Zeit oder die Ernte der ganzen Zeit in Gedanken gefaßt. Für Dilthey ist es Der Gedanke, die Gedanken der Menschen in Zeit, in den Wandel der Epochen gefaßt und dem Leben verschmolzen.

Es gereicht Diltheys denkerischer Unerbittlichkeit nur zur Ehre, daß er mit dem Problem des Relativismus nicht fertig werden konnte, der das Leben zwar nicht entwertet, aber entsichert und seiner außerweltlichen Stützen beraubt. In diesen letzten Ausläufern romantischer Geschichtsauffassung wirken ihr Organizismus und Pantheismus, ihr Fatalismus und Quietismus noch nach, wiewohl durch die Methoden der Geisteswissenschaften gebändigt. Das anonyme „Leben" hinter und in seinen Manifestationen bekommt durch sie Gesicht und Namen. Aus einem Was ist ein Wer geworden: geschichtliche Individuen und Wirkungszusammenhänge, kontrollierbare Einheiten von Erlebnissen, Ausdrucksweisen und Bedeutungen der Menschen in ihrer vollen Bedingtheit. In die Schule geschichtlicher Erfahrungen gehen fordert von der Interpretation, die künstlichen außerweltlichen Stützen aufgeben, mit deren Hilfe sich die Menschen stets wieder in Illusionen der Zeitlosigkeit wiegen; heißt: „mit bedeutender Ermäßigung vom Menschen denken" lernen. Ermäßigung aber bestimmt sich zugleich positiv als Konkretisierung. Nicht ein abstraktes Erkenntnis- und Willenssubjekt mit starren Vermögen und unveränderlicher Struktur darf mehr in Ansatz gebracht werden, sondern der ganze und in seiner Natur veränderliche Mensch formt das in sich selbst unabgeschlossene Beziehungsgefüge geschichtlicher Erfahrung, aus deren Fülle er seine Möglichkeiten kennenlernt.

Hier läuft die Grenze einer Philosophie des Lebens im Horizont der Geschichte. Diesem sogenannten Historismus stehen nahe Rudolf Eucken (1846–1926), dessen „noologische" Methode freilich an den deutschen Idealismus stärker gebunden bleibt, Ernst Troeltsch (1865–1923), der eminente Historiker der christlichen Soziallehren und der Geschichtsphilosophie, der vom Hegelianismus geformte Benedetto Croce, Ortega y Gasset, Georg Simmel (1858–1918), der von einer Synthese des Pragmatischen mit dem Neukantianismus herkommend eine relativierende Lebensphilosophie der Kultur versuchte und für die Soziologie von Bedeutung geworden ist, und schließlich Oswald Spengler (1880–1936). Freilich hat mit dem Abstand zur Welt der Historischen Schule und den idealistischen Traditionen unter dem Druck wachsender Entfremdung zwischen den Nationen und den Klassen in der Epoche des Imperialismus die Haltung zur Geschichte selbst gewechselt. Neben das wie immer auch verfeinerte Vertrauen auf einen Fortschritt, auf einen Sinn im Zuge der Entwicklung, tritt der Verfallsgedanke, von Nietzsches Begriff der décadence vorbereitet. Der bürgerliche Aspekt und sein revolutionäres Widerspiel aus dem neunzehnten Jahrhundert, der dialektische Materialismus von Marx und Engels, verlieren gleichermaßen an Einfluß. Der historische Relativismus zersetzt sich in den Erfahrungen zweier Weltkriege, in dem Zusammenbruch jener Gruppe von Völkern, welche an antiker und christlicher Überlieferung ihren gemeinschaftlichen Halt besessen hatten, und verwandelt sich in eine Dämonologie des organischen Daseins, eine Morphologie der Naturformen und Kulturzyklen menschlichen Lebewesens (so vor allem bei O. Spengler).

Was Pragmatismus und Evolutionismus unter dem Einfluß vor allem der Darwinistischen Biologie erreichen wollen: die Rückführung aller (scheinbar) nicht an Zwecke gebundenen menschlichen Bedürfnisse und Leistungen des Geistes, zur Hauptsache allerdings des Verstandes, auf (versteckte) Nützlichkeiten des Lebens, führt die antihistorische Lebenslehre der Spengler, Keyserling, Klages, Th. Lessing bis in seine äußersten, Gott, Mensch und alle Zwecke gleichermaßen aufgebenden Konsequenzen durch. Nietzsches Formulierung aus der *Götzendämmerung* gilt für sie alle: „Daß niemand mehr verantwortlich gemacht wird, daß die Art des Seins nicht auf eine causa prima zurückgeführt werden darf, daß die Welt weder als Sensorium, noch als „Geist" eine Einheit ist, *dies erst ist die große Befreiung*, – damit erst ist die Unschuld des Werdens wieder hergestellt ...". Und sein Wort aus *Sprüche und Pfeile:* „Man erholt sich in seiner wilden Natur am besten von seiner Unnatur, von seiner Geistigkeit."

Aus einer sinnlos gewordenen „Welt"geschichte flüchtet das Denken in die vorgeschichtliche Unschuldswelt des Pelasgertums und seiner vom Geist noch nicht bedrohten urtümlichen Seelenhaftigkeit (L. Klages), anknüpfend zum Teil an fast vergessene Denker wie den Historiker des Rechts und der Religion J. J. Bachofen, des Entdeckers des Mutterrechts, und an den Naturphilosophen M. Palagyi, in die außergeschichtlichen Räume des fernen Ostens oder Südamerikas (Keyserling), um schließlich mit allem Geistigen den Menschen selbst als eine Erkrankung der Erde völlig preiszugeben. Der Philosophie der Unterwelt war der Zugang zu den Salons bereits gewährt, bevor den Ideologen der politischen Halbwelt Straße und Staat gehörten. So unrichtig es wäre, den schließlichen Erfolg des Nationalsozialismus aus den vitalistischen Vorformen der Blut-und-Boden-Lehre abzuleiten, so wenig dürfen sie als zeitgeschichtlicher Faktor, als Symptom einer tragizistischen Lebensstimmung und stimmungsverstärkendes Ferment unterschätzt werden.

Jedoch erschöpft sich darin ihre Bedeutung nicht. Sie stellen der Philosophie darüber hinaus eine neue Aufgabe, zu deren Formulierung und Lösung freilich andere Denkmittel nötig sind als diejenigen, über welche sie selber verfügen. Diese Aufgabe pflegt man seit fünfundzwanzig Jahren einer Disziplin anzuvertrauen, der sogenannten Philosophischen Anthropologie, deren Name gleichermaßen die Nähe zur

Naturwissenschaft des Menschen und den Abstand zu ihr in methodischer Hinsicht ausdrücken will. Begreiflicherweise liegen bisher nur Ansätze vor, da ein derartiges Unternehmen weder die Resultate noch die Methoden der Biologie, Psychologie und Geistesgeschichte einfach übernehmen und in das eine oder andere überlieferte Schema vom Aufbau menschlicher Natur verarbeiten kann. Abgesehen davon, daß das Thema Mensch und Welt sich in aristotelisch-thomistischer Sicht völlig anders ausnimmt als auf dem Boden Descartes', Kants oder Marx', bilden eben die Voraussetzungen hierfür den eigentlichen Gegenstand „anthropologischer" Untersuchung. Wenn die Erfahrung bereits darüber belehren kann, daß die Selbstauffassung des Menschen mit seiner Weltauffassung korrespondiert, das heißt der Mensch im „Kosmos" andere Grenzen und Möglichkeiten betätigt als der Mensch vor Gott, und daß der Autoritätsverlust im Zuge der Aufklärung wieder das Verhältnis des Menschen zur Welt und sich selbst bis in seine Grundfesten umgestaltet hat, um wieviel mehr hat dann die Anthropologie Anlaß, dieser Erfahrung Rechnung zu tragen. Sie muß es nicht nur mit den klassischen Theorien aufnehmen können, welche an den Traditionen der Antike und des Christentums festhalten, sondern bereit sein, aus dem stets tiefer grabenden Prozeß der Entgötterung und Entsicherung zu lernen, der bis zu Marx, Nietzsche und Freud und ihrer entlarvenden Soziologie und Psychologie gediehen ist. Sperrt sie sich, aus welchen Gründen immer, dagegen ab, so bleibt sie hinter Auffassungsmöglichkeiten zurück, die nicht nur als gesellschaftliche Kräfte, sondern ebensosehr als Deutungen menschlichen Seins zum Material anthropologischer Analyse gehören. In der Ideologieinterpretation des Marxismus, in der Nietzscheschen „Psychologie des um die Ecke Sehens" und in der Psychoanalyse nur das Mißtrauen gegen die Oberwelt des Geistes und das Vertrauen auf die Unterwelt der Mächte zu sehen, sie mögen heißen wie sie wollen: ökonomische Verhältnisse, Leben, Unbewußtes, wäre kurzsichtig. Sie dienen der Entlarvung, doch zum Zwecke der Heilung. Sie sind Instrumente der Polemik, aber zugleich Wege der Befreiung. Erkennt sich die Anthropologie als Erbin der Lebensphilosophie, dann darf sie nicht an diesen Methoden der indirekten Interpretation vorübergehen. Die direkte Erarbeitung des „subjektiv gemeinten Sinnes" menschlicher Leistungen, um einen Ausdruck Max Webers zu gebrauchen, bleibt ein Ziel der Geschichte, der Psychologie und Soziologie, doch nicht das einzige. Er bildet eine Komponente in jenem Wechselverhältnis zwischen Bewußtsein und Dasein, das Offenbarung und Verdeckung zugleich und in beiden Frage und Antwort, Anstoß und Wirkung ist. Eine Anthropologie, die an dieser Mehrdimensionalität und

Zweideutigkeit menschlichen Lebens vorbeisähe, hätte ihre Aufgabe nicht begriffen.

Husserls Idee einer phänomenologischen Forschung

Ausgangspunkte und Ziele der phänomenologischen Bewegung stehen zu denen der Lebensphilosophie in bedeutsamem Gegensatz, auch wenn sie die gleichen Gegner haben: den Neukantianismus und die „exakte" Psychologie. Die Erkenntnis, in derselben Situation zu kämpfen, konnte Dilthey und Husserl daher einander nahebringen, nachdem die *Logischen Untersuchungen* des soviel Jüngeren in den Jahren 1900 und 1901 erschienen waren, deren Titel Thematik und Haltung dem um die Fragen von Ausdruck, Erlebnis und Bedeutung bemühten Trendelenburgschüler sympathisch und aufschlußreich sein mußten. Aber Husserls programmatischer Aufsatz im *Logos* 1910–1911 *Philosophie als strenge Wissenschaft* zeigte bereits die radikale Geschichtsfremdheit seiner neuen Methode, das heißt den unüberbrückbaren Gegensatz zur lebensphilosophischen Arbeitsweise. Der Tod Diltheys hat seine Antwort verhindert. Erst zwanzig Jahre später, in veränderter Lage, ist das Gespräch zwischen *Lebensphilosophie und Phänomenologie* durch G. Misch aufgenommen worden, auf dessen Fortsetzung freilich man heute noch wartet.

Edmund Husserl, in Prossnitz in Mähren geboren, studierte in Wien und Berlin bei Franz Brentano (1838–1917) und Stumpf Philosophie und Psychologie, bei Weierstraß Mathematik, habilitierte sich mit einer *Philosophie der Arithmetik* in Halle und kam als persönlicher Ordinarius nach Göttingen, einem Mittelpunkt mathematisch-physikalischer Forschung. Erst 1916 ging er als Nachfolger Rickerts nach Freiburg i. Br., wo ihn Martin Heidegger 1929 ablöste. Seinen Bildungsgang haben die exakten Wissenschaften und die antikantianische Philosophie seines in katholisch-scholastischer Tradition wurzelnden Lehrers Brentano, der zugleich als Verfasser einer *Psychologie vom empirischen Standpunkt* in Gegensatz auch zur herrschenden Experimentalpsychologie stand, nachhaltig beeinflußt. Die Richtung ins Deskriptive, die Anerkennung der ursprünglichen Zielhaftigkeit seelischer Akte, die im Auffassen, Urteilen, Stellungnehmen, Fühlen und Wollen sich auf stets andere Weise äußert und das damals übliche Bild eines Bewußtseins von bloßen Inhalten, Empfindungen, Vorstellungen und ihren Derivaten verwirft, hat er von seinem Lehrer und verbindet ihn mit der *gegenstandstheoretischen* Schule von Meinong, der ebenfalls von Brentano herkommt und früh schon die Wendung von der Erkenntnistheorie zur Ontologie vollzogen hatte. Um so merkwürdiger ist Husserls persönliche Entwicklung, die ihn bereits 1913 in den *Ideen zu einer reinen Phänomenologie* auf den Weg zum transzendentalen Idealismus brachte, dessen weitere Etappen durch die *Formale und transzendentale Logik* (1929), die *Méditations cartésiennes* und *Erfahrung und Urteil* (1939) bezeichnet sind. Diese einigermaßen paradoxe Fortentwicklung von seinen antiidealistischen Jugendüberzeugungen fand bei den meisten seiner Schüler, vor allem bei den bedeutendsten wie M. Geiger, M. Scheler und M. Heidegger keine Nachfolge, von denen jeder, wiewohl mit dem Meister in der Handhabung der gleichen Methode sich eins wissend, seine eigenen Wege ging. Eine Methode aber, über deren theoretische Begründung nicht nur keine Einigkeit zu erzielen ist, sondern die offenbar auch keine Stetigkeit der Fragestellungen, keinen allgemein verbindlichen Arbeitsgang ermöglicht, wird die auf sie gesetzten Erwartungen als Methode der Philosophie nicht erfüllen. Ungeachtet dieses prinzipiellen Bedenkens darf man sagen: dank der Undisziplinierbarkeit und Offenheit phänomenologischer Haltung, die er selbst nicht durchschaute, ist Husserl zum Urheber der fruchtbarsten Bewegung geworden, die bis in Mathematik und Biologie, Psychiatrie und innere Medizin, Soziologie und Geisteswissenschaften, selbst Jurisprudenz und Theologie Einfluß auf das ganze wissenschaftliche Leben gewann. Die idealistischen Schulen der Vorkriegszeit konnten den Ersten Weltkrieg nicht überleben. Der Positivismus, zur Hauptsache durch den Wiener Kreis geführt, blieb in seiner Wirkung beschränkt. Einzig die Phänomenologie packte die junge Generation.

Es nimmt Husserls Leistung nichts von ihrer Größe, im Gegenteil es erklärt sie, daß er eine gewisse unbelehrbare Fremdheit seinem Fach gegenüber, eine eigentümliche Verständnislosigkeit für die Geschichte der Philosophie nie losgeworden ist. Wie viele seiner Zeitgenossen teilte er die Überzeugung Kants, daß die Philosophie noch immer keine strenge Wissenschaft sei und daß sie ihr Ziel nur erreichen werde, wenn sie sich die exakten Wissenschaften zum methodischen Vorbild nehme. Er unterschied sich jedoch von ihnen in der Deutung des Prinzips der Methode. Nach Kant ist das gesicherte Fortschreiten in Mathematik und Naturwissenschaft durch eine „Revolution der Denkart" gelungen: daß man nämlich den Erscheinungen nichts an wirklichem Erkenntnisgehalt, an Wahrheit und Notwendigkeit entnehmen könne, was man nicht zuvor in sie gelegt habe. Bei den Griechen und bei Galilei habe der menschliche Verstand sich zum erstenmal als Gesetzgeber durchschaut. Er bilde nicht ab und spreche nicht nach, was sich draußen vollzieht, sondern entwerfe die Regeln für eine Ordnung, zu welcher die Erscheinungen als Anwendungsfälle passen.

Von dieser Kantischen Theorie der kopernikanischen Wendung will Husserl nichts wissen. Nicht das Mißtrauen gegen die natürliche Weltansicht und den Augenschein sei entscheidend. Die verkehrte Ansicht vom ruhenden Beobachter und der wandernden Sonne dürfe nicht das Modell für das ursprüngliche Verhältnis des Subjekts zur Welt überhaupt abgeben. Der Nachdruck muß vielmehr auf die Beobachtung fallen, auf die Kontrolle jeder Aussage durch die Erscheinung. Wenn Kant dem Phänomenzusammenhang die Möglichkeit abspricht, von sich aus Notwendigkeit zu vermitteln, angesichts der Anwendbarkeit der Mathematik auf die Phänomene aber seine Zuflucht zu einer Theorie der gesetzgeberischen Funktion des Verstandes nimmt, um auf diese Weise zwischen den Extremen des Rationalismus und Sensualismus die Erfahrungserkenntnis allgemeingültiger Naturgesetze begreiflich zu machen, so ist diese Theorie durch ein zu frühes Mißtrauen gegen die natürliche Evidenz des Phänomenzusammenhangs ausgelöst. Wird demgegenüber das Vertrauen zu ihr als methodische Richtlinie hingenommen, dann ändert sich die ganze Situation, und das Problem der empirischen Notwendigkeit kann von neuem untersucht werden. Hierfür ist Rückgang hinter die sowohl vom Idealismus als auch vom Positivismus bezogenen Positionen nötig, Rückgang auch hinter die an der wissenschaftlichen Verarbeitung der Erfahrung ansetzende Erkenntnistheorie. Die originär gebenden Anschauungen im Erleben sind wiederzugewinnen bzw. freizulegen, aus denen unsere Erfahrung und Gewißheit schöpfen.

Anfänglich schien eine deskriptive Psychologie (im Sinne Brentanos oder Th. Lipps') der angewiesene Ort für derartige Fundamentalstudien zu sein; die *Philosophie der Arithmetik* von 1891 ist so gedacht. Aber in den *Logischen Untersuchungen* beginnt die Auseinandersetzung der neuen Fundamentalanalyse mit der deskriptiven Psychologie, die Absetzung der Phänomenologie von Psychologismus und Nominalismus. Wird nämlich die Begegnung nicht nur mit Erfahrungen im engeren Sinne, welche die Grundlage von Induktionen und Wahrscheinlichkeitsaussagen bilden, sondern im weitesten Sinne ins Auge gefaßt, der auch die Erlebnisse von Zahlen und Zahlzusammenhängen, geometrischen, logischen, ethischen wie überhaupt innerlich notwendigen Wahrheiten von notwendigem Charakter einschließt, dann ist der Gesichtskreis der Psychologie hierfür zu eng. Ihre Erfahrung kann sich nicht selbst „fundieren". Sie wurzelt selbst in vorbegrifflichen, von den Theorien der verschiedenen Wissenschaften zumeist übersprungenen, durch Wiedervergegenwärtigung des ursprünglich im Erlebnis Gemeinten sichtbar zu machenden Gegebenheiten.

Als Mittel, um zu diesen ursprünglichen Gegebenheiten durchzustoßen, „zu den Sachen", wie Husserl sagt, verwendet er die Bedeutungsanalyse des Sprachgebrauchs. Wie in den Platonischen Dialogen Sokrates auf den Sinn von Worten dringt, um das „Wesen" von Tapferkeit, Gerechtigkeit, Güte in den Blick zu bekommen, vertraut Husserl auf die ursprüngliche Beziehung zwischen Zeichen und Bezeichnetem. Wie der Ausdruck heißt und welcher Grammatik er folgt, ist für diese Beziehung zwischen seiner Bedeutung und der Sache, auf die der Ausdruck zielt, äußerlich. Die Aussagbarkeit der Sachen selber, von der menschliche Rede Gebrauch macht, um den Kontakt zwischen Menschen sachlich zu vermitteln und ihm logische Gliederung, Elastizität und Bündigkeit zu geben, stammt nicht aus der Rede, sondern geht ihr voran. Daß wir einer Sache einen Namen geben, ihren Verhältnissen Wendungen in satzmäßiger Form abgewinnen können, ist nicht des Menschen Verdienst allein. Auch die Sache hat mitzureden, sie bietet durch sich selbst eine Schauseite dar, welche der Rede entspricht.

Es sieht so aus, als habe die Betonung der idealen Bedeutungseinheiten, an welchen die Selbständigkeit der Logik gegenüber Psychologie und empirischer Grammatik gezeigt wird, eine Widerlegung des Nominalismus in allen seinen Varianten von der Sophistik bis zum Positivismus zum Ziel. Schließlich beschäftigt das Kategorienproblem die Philosophie bis zum heutigen Tage, und noch immer stehen sich nominalistische und universalistische Lösungsversuche unversöhnt gegenüber. Wer in dieser Richtung von Husserl ein neues Wort erwartet, wird enttäuscht sein. Aber er will auch keine neue Lösung geben. Umgekehrt, er will das Problem abbauen. Alle Theorien schießen nach seiner Ansicht übers Ziel hinaus, weil sie von einer Frage ausgehen, welche nur dann entsteht, wenn die ursprüngliche Sachgebundenheit der Ausdrucksbedeutungen verkannt und übersehen wird.

Warum etwas erklären wollen, was gar nicht erklärungsbedürftig ist? Die Philosophie hat sich den ursprünglichen Befund noch nie richtig angesehen. Statt nach oberster Regel wissenschaftlicher Arbeit erst den Tatbestand festzustellen, ist sie aus weltanschaulichen Vorurteilen zu Konstruktionen übergegangen und hat mit ungeklärten Begriffen wie Denken und Sein, Wirklichkeit und Idee, Anschauung und Begriff die Ursprünglichkeit übersprungen und verdeckt. Darum muß sich die philosophische Besinnung zu den Bedingungen der Möglichkeit sinnvollen Sprachgebrauchs, den Quellen originärer Anschauung zurückwenden. Ihr Ziel ist demnach transzendental, ihre Arbeit deskriptiv, nicht systematisch, sondern offen und suchend unter wechselnden Horizonten der jeweils frei aufgegriffenen Themen, ihre Erkenntnisse, wenn auch fragmentarisch und verbesserungsfähig, doch von apriorischer Sicherheit.

Hier glaubte Husserl der Philosophie ihr eigenes Arbeitsfeld und den ihm gemäßen Arbeitsstil angewiesen zu haben. Von den Spezialwissenschaften kann sie weder inhaltlich noch methodisch lernen. Nur das Ethos der Disziplinierung im Sinne stetigen Vordringens an gemeinsamen Arbeitsaufgaben muß für sie maßgebend werden. Weltanschauung geben zu wollen ist ein Anachronismus. Die Zeit der Ismen ist vorbei. Der einzelne kann nichts mehr ausrichten, nur die Gesamtheit der Arbeitenden verwirklicht das Werk der Aufklärung in allmählichem Fortschritt. Als Letzte der Wissenschaften gliedert sich die Philosophie dem Arbeitsgang der Zivilisation ein. Eine Synthese zwischen positivistischem Arbeitsethos, Weltoffenheit, Andacht zum Kleinen, Selbstbescheidung vor dem Unermeßlichen und Unabhängigkeit von der stets wechselnden Erfahrung war gelungen, die etwas wirklich Neues zu versprechen schien.

Jede ursprüngliche Gegenüberstellung mit dem in Wortbedeutungen gefaßten Gegebenen vollzieht sich in kategorialer Anschauung. Im sinnlich wahrnehmbaren Tisch vor mir „sehe" ich „einen" Tisch. In einem Vertrag mit dem Hausbesitzer erfasse ich das, was ihm den Charakter eines Vertrages gibt. Über eine derartige Wesensanschauung (Intuition) verfügt jeder, der für irgendeine sinnlich oder unsinnlich gegebene Sache den unangemessenen Ausdruck abwehrt und um den treffenden Ausdruck ringt. Wenn die Philosophie den Auftrag hat, in Besinnung auf die Möglichkeits- (oder Sinn-)bedingungen unseres Verhaltens und seiner Korrelate diese Bedingungen sichtbar zu machen, zum Scheinen zu bringen („als Phänomene aufzuweisen") und zu beschreiben, dann wird sie eine besondere Technik anwenden, um die ideale Bedeutungseinheit anzuvisieren. Husserl gibt ihr den Namen der phänomenologischen Reduktion bzw. Einklammerung (ἐποχή).

Eingeklammert wird die Existenz oder Nichtexistenz des in Rede Stehenden. Am Phantasma, am Bild, an der Nachbildung läßt sich die Essenz ebenso („in ideierender Abstraktion") abheben wie an Wirklichkeit. Wer wollte leugnen, daß einem Künstler, wenn er's drauf anlegt, der Eindruck des Wirklichen, die Wirklichkeit des Wirklichen besser gelingt als (sehr oft) der Wirklichkeit selbst? Läßt sich nicht unter Umständen an einer Fälschung das echte Wesen eines Meisters mindestens ebensogut studieren als an einem Original? Da es dringliche Themen gibt, über deren Begriffe alle Welt sich Klarheit verschaffen will, an denen z. B. Wissenschaft oder Kunstkritik, Rechtsprechung oder Seelsorge ein vitales Interesse haben, wie etwa die großen Wert- und Güterkategorien (Wahr, Wirklich, Gut, Schön, Staat, Mensch, Freiheit, Recht und Gerechtigkeit, Heiligkeit mit ihren Derivaten und Gegensätzen), die regionalen Seinskategorien Natur, Seele, Bewußtsein, Geist, erfährt eben alle Welt die Unvermeidlichkeit phänomenologischer Besinnung.

Das gegen seine Verwirklichung neutrale Wesen gibt der Phänomenologie eine Unverbindlichkeit (bei aller Stringenz), die weder dem Empiriker noch dem Metaphysiker behagt. Es bleibt eine Verbindung des frei schwebenden Wesens mit dem Wort erhalten, die zu keiner Entscheidung zwingt und auch keine gestattet, ob die Wesensschau in der idealen Bedeutungseinheit etwas vom Worte Unabhängiges trifft. Bei den sinnlichen Daten wie Farben, Klängen, Aggregatzuständen usw. liegt der Fall umgekehrt: hier widerstrebt oder entzieht sich das Wesen dem adäquaten Ausdruck. Doch liegen diese Fragen jenseits des phänomenalen Bereichs, und nur die Phänomenologen glauben, daß sie sich „dereinst" lösen oder als unbeantwortbar für immer abweisen lassen.

Solange hinter der Wesensanalyse der Glaube an eine endgültige Wiederherstellung und Sicherung des „natürlichen" Weltbegriffs mächtig war, das Vertrauen auf eine in allem geschichtlichen Wandel, in allen ethnologischen Varietäten durchgängige Grundstruktur von Welt und Dasein, schien das Arbeitsfeld für immer gesichert. Der reine Phänomenbegriff paßte sich ungezwungen jeder „Intention" an. Mit der Abwehr von Theorien, welche die natürlichen Intentionen durchkreuzten, gab es genug zu tun. Vorzügliche Beispiele phänomenologischer Arbeit bieten deshalb besonders die Arbeiten über Wahrnehmung von Dingen, Dinglichkeit und Bewußtseinstranszendenz (Schapp, Conrad-Martius), Wahrnehmung des anderen Ichs, Sympathiegefühle (Scheler), Gesinnungen (Pfänder), Erscheinungsweise der Farben (Katz), Täuschungen (Leyendecker), Rechtsbegriffe (Reinach). Durchgehend befolgt der Phänomenologe das Prinzip des Respekts vor der jeweiligen Intention, dem sogenannten Aktsinn des Bewußtseins. Ich nehme Dinge als außer mir seiend wahr. Also: kann eine Theorie, welche extramentale Existenz von Dingen für unmöglich erklärt, nicht richtig sein. Liebe ist ihrem Aktsinne nach Bewegung vom niederen zum höheren Wert. Also: kann eine Theorie, welche Liebe auf Sexus oder Egoismus reduziert, nicht richtig sein. Reue ist ihrem Aktsinn nach Umkehr und Bereitschaft zu neuer Entwicklung. Also: ist Nietzsches Ablehnung der Reue verkehrt. Das Gewissen „meint" Angerufensein durch Transzendenz. Also: ist die Erklärung des Gewissens als anerzogener Hemmung falsch.

Man sieht: aus dem methodischen Prinzip der unbedingten Achtung vor dem Aktsinn, der ursprünglich-natürlichen „Meinung", das auf dem Glauben, dem believe ruht, daß irgendwie alles in Ordnung ist und durch Aufklärung gegen sogenannte Theorien wieder „richtig" gestellt werden kann – wird ein Rechtfertigungsprinzip. Typisch für das phänomenologische Bestreben, die natürlichen Intentionen zu rehabilitieren, ist Schelers Kritik der Kantischen Ethik und Entwurf einer Architektonik der materialen Werte (1913–1916), folgenreich überdies für die Entwicklung der Phänomenologie zur Ontologie und Metaphysik, weil an sie eine gewisse katholische Renaissance anknüpfte, die in den zwanziger Jahren ihren Höhepunkt erreichte.

Tatsächlich ist die Umdeutung der an sich unverbindlichen Wesensanalyse zu einer Rechtfertigung des in diesem Sinn und Wesen liegenden „Anspruchs" der Sündenfall der Phänomenologie. Aber ohne ihn hätte sie weder für Philosophie noch Einzelwissenschaft irgendeine Bedeutung gewinnen können. Bloße Beschreibungen hätten niemanden interessiert. Sie müssen von einem bestimmten Vertrauen getragen sein, daß sie einer entscheidenden restitutio ad integrum dienen. Dieses Vertrauen war bei Husserl und seinen Schülern so stark, daß es ihnen nicht als eine Philosophie der natürlichen Weltansicht zum Bewußtsein kam. Als Kinder des neunzehnten Jahrhunderts und seines Impressionismus sehen sie in solcher elementaren Annäherung an die Fülle der Anschauung nur die Rückkehr zur entkrampften Haltung gegen die Welt und keine – theoretische Entscheidung.

Zerfall der Schule. Ansätze zur Anthropologie und Ontologie

Indem der Phänomenologe zur exemplarischen Wesensbetrachtung übergeht, reduziert er zugleich sein eigenes wirkliches Bewußtsein, die Innensphäre seelischen Erlebens, zur puren Intentionalität. Das wirkliche Bewußtsein wird transzendental gereinigtes Bewußtsein. Die intentionale Aktstruktur der Erlebnisse von etwas wird durch die auf den Erlebenden selbst zurückgreifende „transzendentale Reduktion" als Wesensstruktur von strikt korrelativem Bau (Noesis–Noema) freigelegt. Als Perspektive und Auge überwindet der Phänomenologe seine konkrete Persönlichkeit und geschichtliche Bedingtheit. Welt konstituiert sich im und für das reine Bewußtsein und bleibt auf es angewiesen. Umgekehrt bedarf das Bewußtsein in seinem Sein der Welt nicht. Der Schritt zum transzendentalen Idealismus und Rationalismus ist getan.

Mit dieser in den *Ideen* von 1913 vollzogenen Wendung waren aber alle unzufrieden, die in dem neuen Prinzip eine Möglichkeit sahen, die Einschränkungen des kritischen Weltbegriffs und die Vorherrschaft der Ratio zu überwinden. Husserl hielt daran fest oder war ihnen wieder verfallen, um dem neuen Verfahren den Rang einer Methode zu sichern, ein festes Untersuchungsprogramm, einen Leitfaden für Problemstellungen. Aber das Prinzip der Wesensschau widerstreitet der Disziplinierung. Die Phänomenologen wollten ihre Freiheit in der Themenwahl nicht preisgeben. Wesensschau ist ein Ferment für methodische Arbeit und nicht selbst bereits eine Methode. Ohne Zuhilfenahme fremder Gesichtspunkte lassen sich keine Themen für die phänomenologische Arbeit herbeischaffen. Sie lebt von einer Wendung, aber die Wendung ins Paradigmatische begründet selbst noch kein Gebiet. So erheben sich neben Husserlschen Problemen mit gleichem Recht die Problemstellungen Schelers, Hartmanns, Heideggers. Ihre tragenden Konzeptionen stammen jeweils aus anderen Quellen.

Anfangs ließ man sich täuschen. Die traditionellen Fragen der Erkenntnistheorie und Psychologie gaben die Themen her und schienen einen ordnungsmäßigen Fortgang der Untersuchung zu garantieren. Später fand die Phänomenologie, nicht zuletzt auf Schelers Anregung, Anlehnung an die Traditionen Augustins und der Scholastik. Dann wieder boten der Aristotelismus oder Kant oder die Romantik, schließlich Kierkegaard Rückhalt. Was aber diese Unsicherheit in der thematischen Linie eigentlich verdeckte, ja ihr einen positiven Sinn abgewann, war die Assimilierbarkeit der phänomenologischen Methode durch die positiven Wissenschaften, von der Theologie bis zur Mathematik, von der Literaturgeschichte bis zur Biologie und Psychiatrie.

Als Ferment hat sie segensreich gewirkt und kann sich an befruchtender Kraft mit Hegels dialektischem Geschichtsdenken messen. Ihr ist die Schärfung des Sinnes für Urformen, Gestalten, Sinneinheiten und Strukturzusammenhänge, die verstehende Haltung gegenüber uns fremden Intentionen, die Differenzierung des Blicks in Ethnologie, Psychopathologie und auf vielen anderen Gebieten zu danken. Hier berührt sie sich am engsten mit den Forschungen Diltheys.

Als Ferment, als Mittel zur Aufklärung begrifflicher Äquivokationen und gegen die Verflachung der Sprache (und insofern oft dem Dichter verpflichtet), zur Intensivierung und ständigen Erneuerung der Erlebnisgrundlagen unseres Denkens und Wissens hat die phänomenologische „Methode" Wert; dagegen kann sie sich nicht, was Husserl glaubte, aus eigener Kraft zur Spezialwissenschaft organisieren. Ihr fehlt ein eigenes Arbeitsgebiet und ein Prinzip, nach welchem die Rangordnung der Probleme allgemeingültig festgestellt werden kann. Wir haben zwar ein Wissen um die Rangordnung der Werte, und ihr folgt die Rangordnung auch des Wissenswerten. Insofern gebührt etwa dem Thema des Todes der Vorrang vor sehr viel anderen Themen. Aber wer und was verbürgt uns ihre Allgemeingültigkeit? Die Geschichte lehrt uns die Veränderlichkeit der Wertrangordnungen. Spricht hier nicht die menschliche Existenz stets wieder ein Machtwort? Beruht nicht der Glaube an eine natürliche, das heißt allem gesellschaftlichen und geschichtlichen Wandel zugrundeliegende bzw. überlegene Rangordnung auf naiver Unkenntnis der geschichtlichen Bedingtheit des eigenen Standpunkts?

Wesensschau ist ein Instrument, über dessen Handhabung die Gegebenheit jedenfalls nicht allein entscheidet. Wie Pilze schießen Ontologie und Wesensgesetze aus der Erde, wenn jedes anziehende Thema frei aufgegriffen und zum Anlaß phänomenologischer Stilübungen gemacht werden kann. Um Disziplin und Relief in diesen üppig wuchernden Struktur-, Sinn- und Wesensgesetzen zu erreichen, muß man sich entscheiden – zu einer nach phänomenologischer Methode selbst nicht mehr begründbaren philosophischen Verantwortung, wie Husserl und gegen Husserl Scheler und Nicolai Hartmann und wiederum gegen beide Heidegger und Sartre sich entschieden haben. Schelers theozentrisch hierarchische Weltidee, Hartmanns azentrischer „Empirismus" der offenen Seinsschichtung, Heideggers Analyse des Sinnes von Sein im Horizont der Zeitlichkeit konnten sich mit phänomenologischer Technik entfalten, aber ihre Quellen und Medien sind mit dieser Technik nicht gegeben.

Daß die Praxis der phänomenologischen Reduktion nicht an die Theorie gebunden ist, die Husserl zum ersten Mal in den *Ideen* von ihr gegeben und im transzendentalidealistischen Sinne weiterentwickelt hatte, brachten zuerst die Arbeiten Max Schelers (1874–1928) ans Licht. Sieht man von den reichen Anregungen ab, die seine Studien über *Wesen und Formen der Sympathie* (2. Auflage 1923), sein Hauptwerk *Der Formalismus in der Ethik und die materiale Wertethik* (1913–1916), seine Religionsphilosophie *Vom Ewigen im Menschen* (1921), seine Erkenntnistheorie und Wissenssoziologie *Die Wissensformen und die Gesellschaft* (1925) und die Skizze *Die Stellung des Menschen im Kosmos* (1928) verarbeitet und ausgeübt haben, so läßt sich als der für die Entwicklung der Philosophie und die Freisetzung des phänomenologischen Prinzips wichtigste Kerngedanke seine Lehre vom „emotionalen

Apriorismus" bezeichnen. Gegen die Gleichsetzung des Apriorischen mit dem Rationalen mit ihrer für Kant so charakteristischen formalen Pflichtethik und Gefühlsästhetik führte Scheler an einer Analyse der Werte als intentionaler Gegenstände des Fühlens die These von den Wesensgesetzen und der Rangordnung des Irrationalen durch. Damit war nicht nur der Primat der Wissenschaft in der Philosophie und Erkenntnistheorie gebrochen, sondern darüber hinaus der Horizont des Bewußtseins überschritten, in dem Husserl – an seine beiden Gegner, den Psychologismus und den Neukantianismus, fixiert – die Phänomenologie glaubte halten zu müssen. An die Stelle eines bloßen Beziehungszentrums von Akten tritt der leibhafte Mensch, die blutvolle Wirklichkeit der Person, die im Aktvollzug strikt individuell und geistig Dasein und Wesen trennen und insofern sachlich, das heißt durch das Sosein, das „Quid" sich bestimmen lassen kann. Nur eine Person steht einer „Welt" gegenüber und dem Grund einer Welt, nur sie ist imstande Wirklichkeit zu erfassen und auszuschalten, mit Techniken, die von der puren Einklammerung im Sinne Husserls bis zur Heiligung in der Askese reichen. Nur eine Person lebt in Gemeinschaften, die, ihrer Schichtung entsprechend, von der Masse über die Lebensgemeinschaft und die Gesellschaft bis in die Region der Nation und der Kirche sich erstrecken.

Damit war die verhängnisvolle Beschränkung auf den Gesichtskreis des Ichs überwunden und der entscheidende Schritt in die Richtung der Anthropologie und der Existentialontologie Heideggers getan. War zu Anfang die katholische Weltansicht maßgebend, von der aus Scheler den marxistischen Sozialismus durch seinen *Solidarismus,* das heißt den „personalistischen Sozialismus", überwinden wollte, so hat seine Abwendung von ihr eine Annäherung an Pragmatismus und Marxismus gebracht, die nicht weniger aufschlußreich für die Fragen der wechselweisen Bedingtheit von Wissenschaft und Gesellschaftsordnung gewesen ist. Wie denn überhaupt gesagt werden muß, daß seine persönlich wenig imponierende Abhängigkeit von den wechselnden Zeitumständen das Gute gehabt hat, die Anlehnungsbedürftigkeit phänomenologischer Arbeitsweise an religiöse oder politische Vorentscheidungen wie an die wissenschaftliche und außerwissenschaftliche Erfahrung ins Licht zu setzen. Kann er sich auch etwa mit Schelling oder Nietzsche, Denkern, die noch weitere und folgenreichere Entwicklungswege hinter sich gebracht haben, an Ursprünglichkeit und denkerischer Konsequenz nicht messen und verrät sein unausgegorener Stil eine Unsauberkeit des Charakters, welche in seinem Esprit kein genügendes Gegengewicht besaß, so bleibt er gleichwohl eine durch seine Stärke wie durch seine Schwächen ins Weite wirkende Figur. Ihm in erster Linie ist der Einfluß der Phänomenologie auf viele Einzelwissenschaften und auf die Wiedererweckung mancher Traditionen (z. B. Augustins und Pascals) zu danken, die lange Zeit der überwiegend protestantisch oder freidenkerisch gesinnten akademischen Philosophie verlorengegangen waren.

Konvergieren die Schelerschen Gedanken in die Richtung einer Lehre vom Menschen, so bewegt sich das von Schelers Ethik und Husserls Frühwerken beeinflußte, ursprünglich vom Marburger Neukantianismus herkommende Werk Nicolai Hartmanns (1882–1950) um eine materiale Ontologie der uns zugänglichen, nach keinem überlieferten weltanschaulichen Prinzip geordneten Seinsbereiche am Leitfaden offener Erfahrung. Daher sein Kampf gegen alle „Ismen" und Systeme, sein Wille zum Fragment. Die Blickrichtung, in der die Philosophie ihre Untersuchung anstellt, entnimmt er (ganz im Sinne der ersten Göttinger Phänomenologengruppe) dem natürlichen Verhältnis zur Welt, in der Praxis und Wissenschaft sich geborgen wissen. In dieser Grundeinstellung der Weltgeborgenheit alles Fragens und seiner Gegenstände wurzelt die generelle Verwendung des Ausdrucks *Sein*. Hartmanns grundsätzliche Verneinung der Möglichkeit, die Bedeutung dieses Ausdrucks für *sich zu* bestimmen (das Ziel Heideggers), wird von dorther begreiflich. Was wie ein Mangel aussieht, zeigt sich als Folge einer für Hartmann nicht mehr diskutierbaren Grundstellung des Philosophierens. Hier ist der Idealismus radikal auf den Kopf gestellt. Läßt dieser alles im Subjekt zentriert sein, im Bewußtsein, in der Freiheit oder in dem alles vermittelnden Medium des Begriffs, so kennt Hartmann überhaupt keine Zentrierung mehr. Empirische und apriorische Erkenntnisquellen erfahren prinzipiell gleiche Behandlung, weder zugunsten der einen noch der anderen.

Eine derart mittelpunktfreie Arbeit in offenen und stets wieder verschiebbaren Horizonten kennt zwar das von Aristoteles her vertraute Leitbild der Seinsschichtung, hält sie aber nach oben und unten, im Unterschied zur klassischen Tradition, offen. Die der Erkenntnis zugänglichen Seinsbereiche verlieren sich in vorläufige bzw. in für den Menschen unzugängliche transintelligible Dimensionen. So trennt sich an stets verschiebbarer Grenze die Ontologie als die Wissenschaft der das erkennbare Sein (reales und ideales Sein) konstituierenden Prinzipien von der Metaphysik als die *aporetische,* das heißt die unlösbaren Probleme aufzeigende Bemühung um die unerkennbaren Dimensionen. Das Prinzip der Seinsimmanenz des Bewußtseins und im besonderen des Erkennens als eines das Bewußtsein transzendierenden Aktes, der selbst wieder eine Seinsrelation stiftet, bildet den Grundgedanken von Hartmanns *Grundzüge einer Metaphysik der Erkenntnis* (1921). Seine *Ethik* (1926) setzt Schelers als Wertontologie fort. Dann folgt der Ausbau der allgemeinen Ontologie: *Zur Grundlegung der Ontologie* (1933), *Möglichkeit und Wirklichkeit* (1938), *Der Aufbau der realen Welt* (1940). Aus der speziellen Ontologie ist bisher (1933) veröffentlicht *Das Problem des geistigen Seins,* Untersuchungen zur Grundlegung der Geschichtsphilosophie und der Geisteswissenschaften, die sehr stark die kritische Auseinandersetzung mit Hegel verraten und systematisch fortsetzen, was historisch im zweiten Band der *Philosophie des deutschen Idealismus* (1923-29) bereits in Problemanalysen vorgelegt war. Die Veröffentlichung einer *Philosophie der Natur* und einer *Ästhetik* steht bevor.

In der Distanz zu jeder weltanschaulichen Bindung und in der Betonung der Nachträglichkeit der Methode gegenüber dem Geführtwerden der Erkenntnis durch die Phänomene wird das Mittel phänomenologischer Beschreibung radikaler als bei Husserl, Scheler und Heidegger in Freiheit gesetzt. Der gewissermaßen flankierende Blick des Philosophen gewinnt zu sich, zum Bewußtsein, zum Geist den gleichen Abstand und die gleiche Nähe wie zu allen anderen Weltregionen realen und idealen Seins. Es gibt keine absolute Sphäre mehr. Die Umorientierung des eigenen Standorts, von dem aus Wesens- und Werterfahrungen gemacht werden, auf den der Tatsachenerfahrung und die Neutralisierung beider Formen von Erfahrung gegeneinander machen es unmöglich, seine Ontologie als aprioristisch-rationalistisch oder als irrationalistisch zu bezeichnen. Auch Realist oder Objektivist ist er nur in jeweils bestimmter Hinsicht. Ebenso vorläufig bleibt eine Zusammenfassung ihrer Resultate, z. B. die Gesetze der Schichtendetermination, die Theorie der Freiheit, die Lehre vom objektivierten Geist, die Analyse der Erkenntnistranszendenz und anderes. In ihnen ist ein reiches historisches Problemmaterial verarbeitet, doch so, daß die Problemstellung durchgängig an der geschichtlichen Überlieferung entwickelt wird.

Während Diltheys Lebensphilosophie in den Niederlanden so gut wie unbekannt geblieben ist – seine historischen Arbeiten sind natürlich den Leuten vom Fach vertraut –, da eine Geschichtsromantik sich hier nicht hatte entwickeln können, ist die Phänomenologie durch Forscher wie Grünbaum, Buytendijk, Rümke wenigstens für Psychologie und Psychopathologie seit dem ersten Weltkrieg bedeutsam geworden. In der Philosophie dagegen, die hierzulande in erster Linie apologetischen Zwecken dient, zur Verteidigung des Glaubens oder des Unglaubens,

Lebensphilosophie und Phänomenologie 255

scheint sie erst im Zuge der Existenzphilosophie, speziell der französischen, die Aufmerksamkeit auf sich zu ziehen.

Literatur

F. Heinemann: *Neue Wege der Philosophie.* Leipzig 1929
H. Plessner: *Das Schicksal deutschen Geistes im Ausgang seiner bürgerlichen Epoche.* Zürich 1935
R. F. Beerling: *Antithesen.* Haarlem 1935
R. F. Beerling: *Crisis van den mensch.* Haarlem 1938
N. Hartmann e. a.: *Deutsche Systematische Philosophie.* Stuttgart 1942
W. Dilthey: *Gesammelte Schriften.* Leipzig 1913 ff.
W Dilthey: *Briefwechsel mit dem Grafen Yorck von Wartenburg 1877–1897.* Leipzig 1923
G. Misch: *Lebensphilosophie und Phänomenologie.* Leipzig 1931
G. Misch: *Vom Lebens- und Gedankenkreis Wilhelm Diltheys.* Frankfurt a. M. 1947
O. F. Bollnow: *Dilthey.* Einführung in seine Philosophie. Leipzig und Berlin 1936
M. Brück: *Über das Verhältnis Edmund Husserls zu Franz Brentano.* Dissertation Bonn 1933
K. Löwith: *Grundzüge der Entwicklung der Phänomenologie zur Philosophie.* In: *Theologische Rundschau* II (1930)
E. Fink: *Die Philosophie Husserls in der gegenwärtigen* Kritik. In: *Kantstudien* 38 (1933)
M. Farber: *The Foundation* of *Phenomenology.* Buffalo 1943
H. Plessner: *Die Stufen des Organischen und der Mensch.* Einleitung in die Philosophische Anthropologie. Berlin 1928

Zeitschriften:
Jahrbuch für Philosophie und phänomenologische Forschung. Halle (1913–1930)
Recherches Philosophiques. Paris (1931 ff.)
Philosophy and phenomenological Research. Buffalo N. Y. (1940 ff.)

Offene Problemgeschichte

„Methode, die zur Erkenntnis führen soll, kann nicht willkürlich gewählt werden. Sie ist uns durch die Artung des Gegenstandes vorgezeichnet; man kann sie im eigenen Vorgehen nur entweder treffen oder verfehlen. Und zwar: verfehlen auf vielerlei Art, treffen nur auf eine ... Das gilt auch von derjenigen Erkenntnis, welche die Philosophie vergangener Zeiten zu ihrem Gegenstand macht ... Man kann philosophische Erkenntnis nicht auf beliebige Weise wiedererkennen, sondern nur auf eine. Es gibt hier keine anderen Zugänge als die philosophischen Probleme, die unser Suchen und Forschen mit dem vergangener Zeiten verbinden. Und nur von ihnen aus läßt sich ermessen, wie Spekulation und Einsicht in der Geschichte sich scheiden. Das ist der Grund, warum ein problemgeschichtlich wiedererkennendes Vorgehen – und nicht ein bloß Lehrmeinungen verstehendes – den Schlüssel zu einem Geschichtsbilde der philosophischen Erkenntnis gibt. Es ist die Methode, die sich an das hält, woran Einsichten als solche allein kenntlich werden können. Darum ist es auch die Methode, mit der allein wir einen einheitlichen Gang des forschenden Vordringens in der Geschichte der Philosophie aufzuweisen vermögen."

Mit diesen Worten faßt Hartmann die wesentlichen Thesen seines (in den Abhandlungen der Preußischen Akademie der Wissenschaften 1936 erschienenen) Aufsatzes *Der Philosophische Gedanke und seine Geschichte* zusammen, der vielleicht einzigen Äußerung in seinem Lebenswerk, die als eine Rechtfertigung seiner Weise zu philosophieren genommen werden darf. Seiner Art war die Reflexion auf die Ansätze, auf die Axiomatik des eigenen Denkens kein der denkerischen Arbeit an den konkreten Problemen vorgeordnetes Geschäft. Sie konnte unterbleiben, denn sie tat nichts eigentlich zur Sache. Aus dem Kontakt mit der Sache, den wir aus dem uns zugeborenen Zusammenhang der philosophischen Überlieferung immer schon haben, erwächst gelegentlich, wenn nämlich die Arbeit irgendwo sich festgelaufen hat, der Zwang zur Besinnung auf das eigene denkerische Instrumentarium, die leitenden Grundannahmen, im Hinblick auf ihre etwa erforderliche Korrektur. Über das Wesen der Philosophie zu philosophieren vor allem Philosophieren erschien Hartmann ebenso unnütz und unwesentlich wie die analoge Forderung an eine Spezialwissenschaft dem Spezialisten erscheinen müßte. Die Initiativlegitimation zum Philosophieren holt sich der Philosoph nicht mit einer Totalbesinnung, die ihm alle Vorbelastung durch Zeit und Geschichte abnehmen, ihn zu einer radikalen Nullpunktsituation des absoluten „Anfangs" befreien und in den reinen Ursprung zurückversetzen könnte, sondern nur aus der Eingliederung in die Überlieferung, aus dem Verständnis ihres Appells, sie fortzusetzen in des Wortes doppelter Bedeutung: sie zu bewahren und zu entwickeln.

Diesseits nicht nur von Idealismus und Realismus, sondern aller Ismen, sieht sich jeder, der philosophieren will, angewiesen, ein Erbe anzutreten und zu pflegen. In einem offenen, obgleich nicht unbestimmten Horizont von Fragen, welche vergangenes Philosophieren erarbeitet, entdeckt, in Ansätzen gelöst oder aber verfehlt, verworfen und abgetan hat, bewegt er sich nach dem ungeschriebenen Gesetz der Achtung vor getaner Arbeit: er knüpft an und sucht fortzuschreiten. In solcher Lage gibt es Konservative und Revolutionäre, die starren Verteidiger von Einsichten, die sich in Systemen oder Richtungen verfestigt haben, ebenso gut und schlecht wie die Neuerer, die wahren und falschen Entdecker, die Kühnen und die Vorsichtigen. Alle aber sind, einerlei ob groß oder klein, Epigonen, Nachkömmlinge, Fortsetzer und Erben einer stets wachsenden Tradition des Fragens. Die Geschichte der Philosophie ist das Anhypotheton jedes eigenen philosophischen Beginnens. Für in solchem Sinne wesentlich Nachgeborene verlangt die selbständige Bemühung um ein philosophisches Thema zugleich historische Wiedererkenntnis seiner Vorgeschichte. Sie fängt nicht ab ovo an, weil das Neue sich als solches nur gegen Gewesenes, Verbrauchtes oder Verschüttetes fassen läßt. Deshalb kommt auch der echte Philosophiehistoriker, der nach Hartmann ein sehr seltener Vogel ist, nicht ohne eigene denkerische Bemühung um die Probleme aus. Was wir bisher an Philosophiegeschichte haben, erschöpft sich günstigenfalls in Darstellungen der Lehrmeinungen, im Durchleuchten der Systeme und ihrer inneren Konsequenzen, in einer Art Architekturgeschichte philosophischer Weltgebäude, wofern sie nicht – und meistens aus Skepsis – die Philosophien als Manifestationen geistesgeschichtlicher oder gesellschaftsgeschichtlicher Lagen zu verstehen sucht und ihrem zugeborenen Lebenszusammenhang einordnet. Wem das Vergangene erledigt zu sein scheint, kann jedenfalls in philosophicis keine Geschichte schreiben, und nur wer selber zu philosophieren wagt, hat das Zeug auch zu einem Historiker der Philosophie in sich.

Es klingt im Grunde wie eine Selbstverständlichkeit und läßt sich mit entsprechenden Abwandlungen auf alle Geschichtsschreibung anwenden, zumal auf die Wissenschaftsgeschichte. Nur ein an der sachlichen Untersuchung geschultes Auge weiß um die Schwierigkeit einer Fragestellung und ihre Tücken und vermag die innere Leidensgeschichte nachzuzeichnen, die bis zur Antwort oder bis zur Erkenntnis der Fehlerhaftigkeit des ganzen Ansatzes durchmessen werden mußte, eine Leidensgeschichte, die oft verdeckt worden ist, weil ein glücklicher Fund, ein blendender Einfall die Bahn des Fortschritts anders gezogen hat als anfänglich zu ahnen war. Nur der geübte Forscher, der das tastende Suchen und Versuchen selbst praktiziert hat, kennt die Unsicherheit und Offenheit eines Problems, das im Vorblick, in der direkten Konfrontation mit ihm ganz anders aussieht als im Rückblick aus einer schließlich errungenen Position. Für die Intimgeschichte der Wissenschaften bringt nur der jeweilige Fachmann des Gebiets das nötige Rüstzeug an denkerischer Erfahrung mit und nicht ein wenn auch noch so historisch geschulter Dilettant. Lehrmeinungen sind vergängliche Zwischenstadien und Abfallprodukte des Erkenntnisfortschritts. Geistesgeschichtliche Lagen aktualisieren oder hemmen die Arbeit, tun aber nichts zur Sache. Das alles empfindet der Spezialwissenschaftler als selbstverständlich, weil in den Gebieten der Natur- und Geisteswissenschaften die fachliche Qualifikation, die Beherrschung der Sache und vor allem: die Sache selbst und ihre dauernde Fraglichkeit leichter zu erkennen sind als im umstrittenen Gebiete der Philosophie. Weil hier der Gegenstand selbst und seine Thematik – wenn überhaupt – mühsamer von der Fragestellung, der Konzeption, dem Systementwurf zu trennen ist. Weshalb denn Hartmanns Einwände gegen die Gepflogenheiten der bisherigen Philosophiehistorie und seine Forderung einer sach- und problemgerechten Behandlung der Geschichte philosophischer Gedanken, die das Vergangene nicht als abgestorben und erledigt, sondern als nachprüfbar, als zum Leben wiedererweckbar, als zum mindesten der Wiedererweckung wert behandelt, eine größere Dringlichkeit haben, als ihrer äußeren Selbstverständlichkeit anzusehen ist.

Aristoteles als Erster, Hegel als Letzter haben die Geschichte des Gedankens in das eigene Denken so einbezogen, daß aus ihr mehr als bloße Vorbereitungsphase wurde. Sie unterhielten sich mit ihr, allerdings in dem bedeutsamen Bewußtsein, in diesem Gespräch das letzte Wort zu haben und behalten zu können. Sie sahen sich als ihre Vollender. Hartmann will ein anderes Gespräch. In ihm wird von vornherein offengelassen, wer Partner ist und wer recht behält. Die Chronologie entscheidet nicht mehr über Tod und Leben, über Vergangenes und

Bleibendes. Der Raum der Geschichte philosophischer Gedanken ist nicht mehr die Schädelstätte des absoluten Geistes, auch nicht ihre Auferstehung – zu theologisch darf man Hartmann nicht kommen –, wohl aber ihrer Wiedererweckung zu lebendiger Gegenwart. Nichts ist für immer vorbei, abgelebt und gewonnen, einfach nur darum, weil es einmal in irgendeinem System eine Rolle gespielt hat, seine das System erfüllende oder vielleicht sprengende Rolle. Es hat Irrtümer gegeben, mögen sie auch Herzstück und tragendes Prinzip einer glänzenden Konzeption darstellen, womit die Geschichte der Lehrmeinungen von jeher paradiert. Als Irrtümer, aber nur als Irrtümer sind sie tot und dahin. Wer aber entscheidet über Irrtum und Wahrheit in der Geschichte philosophischen Denkens? Niemand außer dem eigenen Philosophieren, das demselben Risiko des Fehlgriffs ausgesetzt ist und nur insoweit Chancen der Wahrheit hat, als es sich selber ganz ernst nimmt. Problemgeschichte im reinen Rückblick verfehlt ihren Gegenstand und muß zur Geistesgeschichte überholten Lebens, zur Architektur verlassener Weltgebäude oder – in letzter ästhetischer Resignation – zur Stilgeschichte des Philosophierens werden. Nur dem Vorblick auf die Schwierigkeit der Sache erschließt sich das Verständnis für die gewesene Mühe, die überlieferte Äußerung und ihr Gewicht. So öffnet sich die Vergangenheit des Philosophierens zu einem unendlichen Gespräch und wird sie dem, der um Erkenntnis wirbt, wirkliche Gegenwart.

Es liegt nahe, und Hartmanns Beispiele legen es natürlich nahe, zu glauben, die Partner dieses Gesprächs seien er, seine Ontologie, sein System (das keines sein will) und die großen Figuren der philosophischen Überlieferung. In einem bestimmten Sinne muß die Gesprächssituation so sein. Denn nur der Frager selbst schaltet sich ein mit dem, was ihn bewegt und überhaupt. Da der Bereich der Beweisbarkeit durch die Artung der philosophischen Gegenstände nun einmal verschwindend klein ist, wird die Entscheidung über Wahrheit und Irrtum in der Philosophie nie absolut zwingend ausfallen, wird selbst die Gliederung der Themen, die Fassung dessen, wovon die Rede ist und worüber gestritten wird, weitgehend vom Ansatz der Frage, der Konzeption und der Phantasie des philosophischen Kopfes abhängen. Aber die unbestreitbare Abhängigkeit, von der nicht zu wissen, wie weit sie reicht, offenbar mit zur Artung philosophischer Gegenstände gehört, bringt darum doch nicht das philosophische Gespräch mit der Philosophiegeschichte um ihren Sinn. Der Vorblick auf die Sache, immer schon aus Tradition geboren und geführt, verläßt sie bis auf extreme Fälle kaum so weit, daß jede Bewegung, das heißt jedes Wiedererkennen des Neuen im Alten unterbunden wäre. Bergson kann mit Parmenides sprechen, die zenonischen Paradoxien bewahren ihre Aktualität trotz ihrer Ausschaltung im Wege der Mathematik, nur muß einer sie zum Sprechen bringen, ob das nun ein Ontologe à la Hartmann ist oder ein Denker anderer Prägung.

Das Vertrauen auf die grenzenlose, wenngleich Irrtum von Wahrem wenigstens im ständigen Bestreben scheidende Vergegenwärtigung vergangener Philosophie ruht bei Hartmann weniger auf dem Gedanken kontinuierlich sich durchhaltender Probleme als auf der ihn mit Nietzsche, Husserl und vielen Denkern des ausgehenden neunzehnten Jahrhunderts verbindenden Ablehnung der Wesentlichkeit sogenannter Systeme, genauer: der Systemform philosophischen Denkens. Systeme sind für ihn Konstruktionen, Zeugnisse mangelnder Rechtschaffenheit, fehlender Treue gegenüber der offenen Tiefe der Sache. Systematiker wollen fertig sein, schließen ab, wo es doch immer weitergehen muß, sind voreilig und opfern der Konsequenz der Architektur die schwer und nur fragmentarisch sichtbar zu machenden Gefüge des Seienden. System ist Verführung und Produkt der Verführung. Die traditionelle Vorstellung von einer in Systeme und Richtungen diskontinuierlich zerklüfteten Philosophiegeschichte muß freilich Hartmanns Gedanken von der Kontinuität durchgehaltener Probleme nicht unbedingt entgegen sein. Könnte doch, was sich als Frage erhält, stets zu neuen und anderen Lösungen drängen und, was im Kern universalen Bezug hat, universale Antworten verlangen, die nicht erst im Zwange der gedanklichen Fassung und womöglich aus purem Interesse gefälliger Darstellung als „System" auskristallisieren. Der Grund seiner Opposition gegen die Überschätzung der Ismen liegt in ihrem Anspruch auf Ausschließlichkeit. Universalität verträgt sich nicht mit Partikularität. Das Wahre ist das Ganze. Aber darf es das Ganze geben, wenn Forschung im Vorblick und Rückblick noch möglich sein soll? Höher als das Ganze steht das offene Sein, das alle Begrenzungen übersteigt und unendlichen Fortschritt, immerwährende Erneuerung im Zuge des Erkennens verheißt.

Aporien, Probleme, fragmentarische Lösungen, offene Schichtung erkannter Zonen eines die menschliche Insel umspülenden Seins, das sich an vielleicht auf lange Sicht hinausschiebbaren Rändern im Dämmer der Transobjektivität verliert; kein Kosmos, wohl aber eine in manchen Zügen geordnete, doch ungeborgene, von keinem Gott überhöhte, von keiner Mitte gehaltene Welt: dieses auf den Menschen weder angelegte noch auf ihn Rücksicht nehmende Sein entspricht allein dem Ethos echten Erkennens, das vor keiner Gefahr und Mühe zurückscheut und doch demütig sich am Fragment genug sein läßt. Hartmann, noch radikaler als der junge Husserl, ein Systematiker der Systemlosigkeit, des Aporismus, Problematismus und Fragmentarismus? Den Hinweis auf diese seine Axiomatik im gedanklichen Entwurf wie in der Gesinnung seines Philosophierens hätte er gelassen hingenommen, da er ihm als Einwand nichts bedeuten konnte. Denn die Arbeit wurde durch ihn nicht in Frage gestellt. Er wußte sich in solcher Haltung mit aller positiven Forschung einig. Nur sie entsprach seiner Auffassung von Wissenschaftlichkeit, von Treue gegen die Sache und gegen die Arbeit der „Altvorderen".

Ich habe schon einmal versucht, Hartmanns Position der Systemlosigkeit zu zeichnen, in einer Besprechung seines Buches über das *Geistige Sein* in den *Kantstudien* 1933, noch vor Erscheinen also seines ontologischen Hauptwerks, und finde, was ich damals sagte, auch heute nicht überholt. Gerade in dieser Unabhängigkeit des mächtigen, vielschichtigen Inhalts, den die Kategorialanalysen ausbreiten, von der einmal eingenommenen Haltung des Forschens, kommt die Offenheit seiner Position zu den Gegenständen und ihrer Darbietung durch die Tradition des Philosophierens zum Ausdruck. Was ihm von vielen zum Vorwurf gemacht wird, bei aller Bewunderung seiner Gelehrsamkeit und seines Fleißes, seines Scharfsinnes und einer unbestreitbaren Gabe großer und zugleich minutiöser Disposition, daß er „irgendwie" traditionell, vermittelnd und anknüpfend bleibt, zwar in seiner Gegnerschaft gegen den Idealismus wie gegen alle subjektivierenden und relativierenden Schulen eindeutig, als Realist und Objektivist aber nur konstatierend, beschreibend, Strukturen und Schichten vor Augen wie ein Geologe oder Astronom, eben diese Ungerichtetheit, Undramatik, dieser epische Grundzug seiner Arbeit ohne Anfang und Ende ist seine Stärke und sein „System". Bei Jaspers und Heidegger, denen er mit einem bösen Wort („es gibt heute in Deutschland zweieinhalb Philosophen") als halb an die Seite gestellt wird, weiß man, was sie wollen und worum es ihnen geht. Bei ihm weiß man das vom Inhalt her nicht, nur die Haltung ist ausgesprochen: ontologische Forschung in bewußtem Zusammenhang mit der ganzen Überlieferung und unter Hintansetzung allen Anspruchs auf umstürzende Neuerungen. –

Formal gesehen hält Hartmanns Verhältnis zur Philosophiegeschichte eine Zwischenposition zwischen Hegel und Heidegger. Dort ist sie voll und in ihrem Ganzen als ein Prozeß der Bewußtwerdung des Geistes bis zur Selbsterkenntnis im Element des Begriffs akzeptiert. Alles in ihr war notwendig, kein Schritt war umsonst, alles war Stadium und Übergang, und ihr Resultat am Ende ist ihre Erfüllung und Widerlegung, Bejahung und Verneinung in Einem wie für Samen und Blüte die

Frucht. Bei Heidegger ist die Philosophiegeschichte bis in ihre Wurzel abgelehnt. Als Kette der Verfälschungen muß sie nach rückwärts destruiert werden. Der Abbau der verdeckenden Überlagerungen, die in den Systemen Hegels, Kants, Thomas' – Leibniz, Spinoza, Descartes leben von der mittelalterlichen Tradition – und des Aristoteles sich niedergeschlagen haben, muß bis zu den Vorsokratikern vorgetragen werden, am Leitfaden einer Fundamentalontologie, die in Heideggers späterer Entwicklung selbst wiederum aufgelöst worden ist. Hartmann dagegen behält sich Bejahung und Verneinung vor. Wahrheit und Irrtum vergangener Lehren können nur für ein immer wieder erneuertes Bemühen sichtbar werden, und was er akzeptiert oder ablehnt, in seiner ontologischen Sicht, braucht andere Forscher aus einer vielleicht ganz anderen Sicht nicht mehr zu verpflichten. Das Gewesene ist offen, wie es das Kommende ist.

Auch dies ist Philosophieren in einer entgotteten Welt und ohne Verheißung, nicht weniger radikal als Jaspers und Heidegger, nicht weniger zeitgemäß. Man versteht Hartmann falsch, wenn man ihn für einen Traditionalisten, Epigonen oder Kompromißler hält, weil er mit gleicher Freiheit an Hegel, Occam und Aristoteles erwägenswerte Ansätze findet. Seine geschilderte Zwischenposition im Verhältnis zur Philosophiegeschichte hat nichts von mittlerer Linie und Unentschiedenheit an sich. Auch sie ist extrem, in der Bereitwilligkeit nämlich, vergangenes Denken in unmittelbare Aussprache mit dem eigenen Denken zu bringen, ohne ihm zu verfallen, und sei es als Gegner. Seine Ontologie ist nur der theoretische Ausdruck für die Bereitwilligkeit im Anerkennen und Ernstnehmen auch der totgesagten Dinge, wie sie das methodische Prinzip ist, sich jedem bietenden Bereich der „Welt" offen und ohne Vorentscheidung zuzuwenden. Und wo er seinem ontologischen Forschen die realistische und objektivistische Spitze gegeben hat, tat er es im gleichen Sinne des von sich, dem philosophierenden Subjekt und zeitbedingten Individuum, absehen Wollens. So konnte er mit Husserls ursprünglichem Programm phänomenologischer Forschung anfänglich einig sein, mußte aber dessen theoretische Begründung, die mit den *Ideen* um 1913 einsetzte und Husserl schließlich auf die Bahn des transzendentalen Idealismus führte, ablehnen, weil er in ihm, wie in allen Formen des Idealismus, eine Verengung und Abkapselung sah.

Man findet in Hartmanns Werk materialiter viel von Hegel und Aristoteles. Marburger ist er kaum gewesen. Schelers Ethik hat er weitergeführt, aber in Richtungen, welche ihren ursprünglich von katholischen Überzeugungen gezogenen Rahmen sprengten. So macht das Werk vom Inhalt her und in den Materialien oft einen synkretistischen

Eindruck. Oft sieht es so aus, als habe er die Gebirge hegelschen oder aristotelischen Denkens wie Steinbrüche benutzt, nicht um aus den Felsenmassen der Gedanken neue Wohnungen zu bauen, sondern sie in ihrer geologischen Schichtung und mineralogischen Struktur sichtbar zu machen. Aber das alles ist vordergründig und für sein Philosophieren vorläufig. Entscheidend ist ihm an der Arbeit des Abtragens und Auswertens der Systeme nur die Wiedergewinnung des Goldgehalts echter Probleme gewesen. Daß es diese Probleme *gibt*, nicht als erfundene Schwierigkeiten und Mißverständnisse, sondern als mit dem Seienden verwachsene Fragwürdigkeit, daran zweifelt Hartmann nicht. Zwar wird nur, wer fragend Seiendem begegnet, diese problematischen Züge an ihm entdecken, aber er entdeckt sie und legt sie nicht hinein, findet sie, aber erfindet sie nicht. Die problematischen Züge gehören zum Gesicht der Welt, das sich in forschender Begegnung mit ihr zeigt und mit ihr sich wandeln will. Der wissenschaftliche, historisch erarbeitetes Gedankengut ernstnehmende Philosoph bleibt in seiner Problematik in großen Zügen wenigstens gebunden. Ihre Thematik ändert sich nur langsam. Was das späte neunzehnte Jahrhundert erregte, wie etwa die Frage nach Beweisen für die Realität der Außenwelt, findet sich in heutiger Arbeit so gut wie nicht mehr. Dafür steht anderes im Vordergrund: Tod, Individualität, Existenz und Freiheit. Probleme verlieren das Interesse, ohne gelöst zu sein, andere werden gelöst, ohne noch zu interessieren. Aber die großen Themen halten sich durch alle wechselnden Lagen des Forschens, einerlei, ob sie ins Licht der Aufmerksamkeit geraten oder gleichgültig werden und für lange Zeit im Dunkel versinken.

Über die Wandlungsfähigkeit philosophischer Fragen und die unleugbare Abhängigkeit der Problemstellungen bis in die Probleme selber von den ursprünglichen Konzeptionen, welche den Kern jeder echten Systematik bilden, hat Hartmann in der hier herangezogenen Akademieabhandlung offenbar nicht das letzte Wort gesprochen. Seine Auffassung von System ist dafür zu äußerlich dem Bilde philosophiegeschichtlicher Darstellungen entnommen, die, wenn sie nicht geradezu parteiisch sind und ihre Gegner mit dem Namen eines Ismus brandmarken, nur referieren, Entwicklungen und Schulzusammenhänge konstatieren, allenfalls Stellung nehmen, aber nicht selber philosophieren wollen. Ihr Mittel, Neutralität zu wahren und sich aus allen Affären herauszuhalten, ist dann die Rubrizierung der Gedanken unter Etiketten: man reklamiert sie für eine Richtung oder packt sie sozusagen hinterrücks an ihren meistens verschwiegenen Voraussetzungen und zieht ihre verborgene Systematik ans Licht. Dabei kommen oft logische Unzulänglichkeiten zutage, die wiederum für die Sache, das heißt die gewissermaßen außerlogische Seite des fraglichen „Systems" und die ursprüngliche Konzeption und Auffassung irrelevant sein können. Sie aber macht Problemstellung und Wiedererkennen von Problemen überhaupt erst möglich. Äußerlich treten Systemkonsequenz einer Lehre und Problemkonsequenz in der Tat auseinander, aber nicht – und das suggeriert Hartmanns Darstellung – so, als brauche es für die Ablösung der einen von der anderen nur des richtigen Blicks und nicht bereits einer Konzeption, das heißt eines systematischen Ansatzes. Problem und System hängen also tiefer zusammen, bedingen einander, bilden die beiden Pole einer ursprünglichen Spannung des philosophischen Denkens, das – will es sich auch keine Rechenschaft darüber ablegen, woher ihm sein Thema, seine Spannung, seine jeweilige Frage zugefallen ist – doch jederzeit und wesenhaft als philosophisches Denken durch eben solches Denken sich zur Rechenschaft ziehen lassen muß.

Unsere Überlegungen zeigen deutlich, daß auch Hartmanns Auffassung vom philosophischen Gedanken und seiner Geschichte, die sich als von einem Standpunkt, das heißt von einer systematischen Orientierung unabhängig vorstellt, nicht nur in ihren Beispielen, die sie für solche Unabhängigkeit bringt, sondern als Idee und im Entwurf bereits gegen sie zeugt. Womit nichts gegen die Idee gesagt sein soll, sondern nur gegen ein naives Mißverständnis, als könne etwas über Philosophie und ihre Geschichte ausgemacht werden, ohne zu philosophieren; als gäbe es ein Wissen von ihr, das nicht ein Wissen von sich ist.

Adornos *Negative Dialektik.*
Ihr Thema mit Variationen*

> Trotzdem stehen wir heute ideologisch vis à vis de rien. Die Renaissance des Marxismus soll deshalb eine ideologische Basis für Politiker abgeben, wobei ich ebensowenig wie Marx übersehe, daß es immer Zufall ist, wer im gegebenen Moment an der Spitze der Arbeiter steht.
> (Georg Lukács in der Wochenschrift *Der Spiegel*, Nr. 17)

I

Es gehört schon viel Optimismus, um nicht zu sagen: Pessimismus dazu, diesem Buch[1] eine ausstrahlende Wirkung vorauszusagen. Vermutlich wäre sie auch auf den Kreis der Frankfurter Schule beschränkt geblieben, wenn Adorno noch lebte, und die Adorniten sich an ihm und er sich an ihnen ärgern könnten. Die skeptische Prognose hat einmal das Konzept des Buches vor Augen. Wer Hegel liest, ist Kummer gewöhnt, aber der Kummer lohnt sich. Die Anstrengung des Begriffs, die er seinem Leser zumutet, packt ihn auch und trägt ihn mit sich fort. Das Ganze, zu dem er geführt wird, strebt vom Auftakt an einem krönenden Ende zu, und eben diese Spannung vermißt der Leser der *Negativen Dialektik.* Er darf sie nicht einmal erwarten, denn das Unternehmen einer solchen schließt die Erreichbarkeit eines Ganzen in Philosophie aus. Negative Dialektik widerspräche sich selbst, wenn sie das Hegelsche Kompositionsprinzip, sei's auch mit negativem Vorzeichen, übernehmen würde. Das gäbe nur eine neue Spielart von Hegelianismus und Begriffsorthodoxie. Über sie hat die Geschichte ihr Urteil gesprochen, an dem auch Korrekturen der Schule nichts zu ändern vermögen. Hegels eigener Anspruch auf Unüberholbarkeit ließ dem Epigonen nur die

---

* Nach einem Kolloquium mit Zürcher Studenten.
[1] Theodor W. Adorno: Negative Dialektik. Frankfurt 1966.

Wahl zwischen *Absage* an jede Art von philosophischem Wissenschaftsbegriff – Wendung zur empirischen Forschung Ende der dreißiger Jahre des neunzehnten Jahrhunderts, mit der das spekulative Eis in Deutschland zu schmelzen beginnt – *oder* der Forderung, sie, weil es nach Hegel doch nichts mehr zu interpretieren gibt, zu verwirklichen. Marx hat sich für diese Konsequenz entschieden. Die Vollständigkeit der Alternative ist für Adorno maßgebend. Nur ist er Marx gegenüber im Vorteil des Nachgeborenen, zu wissen, daß die inzwischen gekommenen proletarischen Revolutionen neue Industriebürokratien in den Sattel gesetzt und endlose Streitigkeiten über den wahren Kommunismus entfacht haben, analog den patristisch-scholastischen Disputationen nach Christus. Die Befreiung der Arbeiterklasse hat ihre Interpretation, statt sie zu beenden, ungeahnt belebt. Die Situation des Interims, in welche Philosophie geraten ist, das heißt ihren Tod zu überleben, nicht unbestritten, doch auch nicht illegitim, ist der Punkt, an dem Adorno einsetzt.

Was bleibt der Philosophie zu tun, wenn sie die positive Dialektik zugunsten ihrer Verwirklichung, das heißt ihrer Umkehrung auf den Normalstand des tätigen Menschen bringt und damit negiert? Diese Frage hat Marx mit seiner Diagnose einer in Schönheit gestorbenen Philosophie nicht beantwortet. Er hatte andere Sorgen und war froh, seine Vergangenheit – und es war seine, die Pariser Frühschriften bezeugen es – hinter sich gebracht zu haben. Adorno bejaht das Finito der Philosophie im Sinne Hegels und Marxens Gegenalternative ihrer nun fälligen Realisierung, aber ihn interessiert die Bewerkstelligung des Übergangs. Das legitim gewordene Interim zwischen philosophischer Aufklärung und Praxis in Freiheit erlaubt und fordert eine Kritik an den dafür verantwortlichen Zuständen wie an den Menschen, die sie hervorbringen, um von ihnen hervorgebracht zu werden. Die Verknüpfung des Schlußstrichs unter die Hegelsche Philosophie mit dem Gedankenstrich der versäumten Revolution bildet das Scharnier der *negativen Dialektik*.

Gibt es im Bereich der politischen Philosophie eine Frage von größerer Dringlichkeit? Darf man sie mit der angeblichen Überlebtheit des sogenannten Linkshegelianismus abtun? „Daß die Geschichte über Positionen hinwegschritt, ehren nur die als Urteil über ihren Wahrheitsgehalt, denen Geschichte das Weltgericht heißt. Vielfach gibt das Abgetane, aber theoretisch nicht Absorbierte später seinen Wahrheitsgehalt erst frei ... Was in Hegel und Marx theoretisch unzulänglich blieb, teilte der geschichtlichen Praxis sich mit, darum ist es theoretisch erneut zu reflektieren, anstatt daß der Gedanke dem Primat von Praxis irrational sich beugte; sie selbst war ein eminent theoretischer Begriff" (S. 145).

Nein, Mangel an Aktualität kann man Adornos Buch nicht vorwerfen und gewiß nicht den Mut und die Kraft zur Konsequenz, mit der er seine negative Dialektik in Szene setzt. Nur mit der Darstellung hapert es. Und sie ist kein geringeres Handicap für die Wirkung des Buches als die Sache selbst, die es vertritt. Daß sein Unternehmen verlangt, bis zum Äußersten zu gehen und, wie er sagt, „nur Gehirnakrobatik noch Beziehung zur Sache gewinnt", sollte der gepeinigte Leser als Anerkennungshonorar ruhig annehmen, auch wenn er Adornos Darstellung miserabel findet. Es ist ein wirklicher Jammer, diese Divergenz zwischen Denkkraft und Darstellungsvermögen. Niemand hat je Adornos Meisterschaft in der Kunst des Aphorismus bestritten. Die in ihm verdichtete Sprachgewalt lebt von der Kürze. Darstellung eines Gedankenganges dagegen fordert Geduld zur Explikation. Diese Geduld bringt Adorno nicht auf. Die Neigung zur aphoristischen Prägnanz stört permanent den Fluß der Darstellung, soweit er sich überhaupt von ihm tragen lassen will. Der Überdruck, unter dem das Buch geschrieben ist, teilt sich dem Leser mit, weil es ihm in jedem Anfang sein Ende zumutet und ihn zu einer Art vertikalen Mitdenkens zwingt, das man aus der modernen Musik kennt.

Das ist gewiß nicht jedermanns Sache, aber an Jedermann wendet sich das Buch ja auch nicht. Der Einwand respektiert auch den Vorbehalt der „Vorrede" gegen den Beginn mit einer *Grundlegung*. Eine gedankliche Bewegung soll, wie er sagt, einzig im Vollzug ihr Selbstbewußtsein gewinnen dürfen, nur entbindet solch anspruchsvolles Verfahren nicht von der Beachtung der Diskursivität eines verbalen Textes, der nicht alles – und sei es in der Sache noch so auf sich selbst bezogen – auf einmal sagen kann. Der Zwang zur Explikation im Nacheinander folgender Druckseiten ist kein bürgerliches Vorurteil. Doch spürt man am Stil der Verknappung und Verdichtung einst mühselig erworbener Begriffe die fast snobistische Scheu, sich auf – nach linksoffizieller Version – zum eisernen Bestand gehörende Erörterungen einzulassen.

Offenbar haben Autor und Verlag den Nachteil dieser Schreibe für Leser, die nicht routinierte Linkshegelianer oder Adorniten sind, ausgleichen wollen und eine fortlaufende, stichwortartige Inhaltsangabe je Seite gewählt. Da aber der Gedankengang Adornos selber keine Atempause kennt, hilft die laufende Beschriftung wenig. Dagegen könnte ein Sachregister von großem Nutzen sein. Sehr störend für den Leser ist die Sammlung der „Nachweise" am Ende des Buches. Sie sollten als Fußnoten auf jeder Seite zu finden sein, auch wenn das dem Buch ein unerwünscht gelehrtes Aussehen gibt. Der Wasserstand der Anmerkungen bliebe niedrig genug.

Negative Dialektik läßt sich nicht in einem Zuge lesen wie die meisten philosophischen Bücher, die sich im Besitz einer Sache wissen. Die hat sie zwar auch, nur reklamiert sie eine andere Form der Mitteilung für sich: die exemplarische des Modells. Das gibt uns die Freiheit, gegenüber dem ganzen Text nach diesem Prinzip zu verfahren.

In den *Minima Moralia* (Suhrkamp 1951) findet sich auf S. 113 unter der in jedem Sinne passenden Überschrift „Zum Ende" die Erläuterung dessen, was einem derart indoktrinierten Denken philosophisch zu tun bleibt: „Philosophie, wie sie angesichts der Verzweiflung einzig noch zu verantworten ist, wäre der Versuch, alle Dinge so zu betrachten, wie sie vom Standpunkt der Erlösung aus sich darstellen. Perspektiven müßten hergestellt werden, in denen die Welt ähnlich sich verfremdet ... wie sie einmal als bedürftig und entstellt im messianischen Licht daliegen wird ... Ganz aus der Fühlung mit den Gegenständen heraus solche Perspektiven zu gewinnen, darauf kommt es dem Denken an ... Weil solche vollendete Negativität ... zur Spiegelschrift ihres Gegenteils zusammenschießt." (Eine Unmöglichkeit, weil solches Vorhaben doch wieder im Bannkreis des Daseins verbleibt). „Aber selbst seine eigene Unmöglichkeit muß es noch begreifen um der Möglichkeit willen. Gegenüber dieser Forderung ist die Frage nach Wirklichkeit oder Unwirklichkeit der Erlösung fast gleichgültig."

Es gibt keine kürzere Fassung des Programms der *Negativen Dialektik*. Angesichts der Verzweiflung (über die ungebrochene Macht der gesellschaftlichen Zustände und einer wachsenden Bürokratisierung in West und Ost) bleibt der Philosophie die einzige Möglichkeit, die kaum noch zu erhoffende wirkliche Erlösung des Menschen (lies: Befreiung des Proletariats von allen Formen unterdrückender Verwaltung) wenigstens denkend vorwegzunehmen. Mit dieser vollkommenen Verneinung erreicht das Denken die Rückübersetzung der Spiegelschrift der verkehrten Welt im Hegelschen Kopfstand und kann in enger Fühlung mit den Gegenständen wieder auf die Beine gestellt werden.

Dieser Gedanke, konzipiert im Banne einer verkehrten Gesellschaft, kann sich ihrer Verkehrtheit nicht entziehen. Es gibt keine Oase. Aber die Einsicht in seine damit garantierte Unmöglichkeit ist der Sprung über ihren Schatten – um der Wirklichkeit (der Erlösung) willen. Ein Kopfsprung aus dem Bannkreis der Gesellschaft, den ihm immerhin die Gesellschaft gewährt.

Der Leser hat also nichts zu lachen, denn ihn erwartet keine Auflösung der Dissonanz und keine Versöhnung. Ob sie kommt, ist „fast" gleichgültig, wie für die Heiligen der letzten Tage. Darin hat sich die Geschichte des neunzehnten Jahrhunderts niedergeschlagen, eine Geschichte der Enttäuschung für den Marxismus der vierziger, fünfziger Jahre und der folgenden Jahrzehnte, die den Zusammenbruch des Kapitalismus in nächster Nähe wähnten. Aber auch die Erfahrungen der Stalinzeit, die Metamorphose des Sozialismus in einen prachtvollen Staatskapitalismus, in dem das industrielle Interesse genauso diktiert wie im alten Westen.

Genugsam bekannte, fast schon zerredete Wahrheiten, die der kurzschlüssigen Therapie Marcuses bei der leistungsunwilligen Jugend zu weltweiter Resonanz verholfen haben. Diesen Weg verschmäht – bei aller Liebe zu Freud – Adorno denn doch. Mit der großen Weigerung läßt sich der Bann der „falschen Welt" nicht brechen, solange das Ideal der Hegelschen Welt- und Gottesslehre, die Philosophie der endgültigen Heimkehr der Welt zu Gott nach dem Prinzip der Subjekt-Objekt-Identität nicht als falsch erkannt und zu ihrer Selbstüberwindung in Richtung Marx gebracht worden ist. Die große Barriere Hegel mit ihren eigenen Mitteln öffnen, Hegel mit seinen eigenen Waffen schlagen, bis dem Sterbenden das Wort Marx über die Lippen kommt, muß die Absicht Adornos sein, wenn Marx der legitime Thronfolger Hegels sein soll.

Da die Hegelsche Philosophie mit der Einsicht in die Logik der Trinität schließt, einer Blasphemie, die nur einem Theologen erlaubt ist, und damit dem christlichen Glauben den zu seiner Verewigung erforderlichen Todesstoß versetzt, kam in seinem Sinne die Philosophie an ihr weltgeschichtliches Ende. Was blieb den Nachgeborenen noch zu tun, als aus der Tugend ihrer Vollkommenheit eine neue Not zu machen, das heißt Philosophie in Praxis zu verwandeln? Die Rechtsphilosophie Hegels zeigte, wo der Hebel anzusetzen war: beim Pöbel, dem von der bürgerlichen Gesellschaft unverdauten Restphänomen des vierten Standes. Ihm fällt als Liquidator des zu seiner Erfüllung gekommenen Christentums die Rolle einer überzähligen, einer vierten Person der Trinität zu, welche die Erlösung auf die Erde zurückholt.

Ein derart überdrehtes Unternehmen schien übrigens seinem Freunde Walter Benjamin nur „unerlaubt dichterisch" zu bewältigen – in Adornos Augen ein Defaitismus, den er sich nur damit erklären konnte, daß sein Freund wie so viele den dialektischen Materialismus gewissermaßen weltanschaulich „mit geschlossenen Augen" hingenommen habe. Aber es kommt eben darauf an, nicht einfach zu glauben, sondern die Augen offen zu halten. Auch auf die Gefahr hin, daß ein solches für einen Marxisten überflüssiges, weil von der Geschichte bereits abgetanes Unternehmen totalem Mißlingen sich aussetzt. Denn es geht um die Selbstüberwindung der (Hegelschen) Philosophie. Die Abtötung ihres spekulativen Nervs – des Identitätsprinzips – kann in Preisgabe jeder dialektischen Disziplin münden, das heißt das Kind mit dem Bade ausschütten. Zum Glück bewahrt uns der – in systematischer Verfassung wirkende – Gegner (die verwaltete Gesellschaft) vor jeder voreiligen Abrüstung. Soviel System dort, soviel System hier. Bleibt den individuellen Subjekten ihre gesellschaftliche Präformation undurchschaubar, darf man sich nicht wundern, wenn sie deren zwangshafte Verfassung idealistisch an den überhimmlischen Ort des Geistes projizieren, wo die gesellschaftliche Ordnung dann in Spiegelschrift erscheint. „Soviel bleibt ihr am System zu achten, wie das ihr Heterogene als System ihr gegenübertritt" (Einleitung, S. 29).

Mit der Absage an den Idealismus und dem Wissen um seine gesellschaftliche Bedingtheit ist der Zwang, dem das Denken unterliegt, nicht gebrochen. So einfach kommt Philosophie nicht an ihr Ziel freier Deutung der Phänomene. Simmel, Bergson, auch Husserl, alle Intuitionisten, pochen bloß auf eitle Evidenz originär gebender Schau: „Organon des Denkens und gleichwohl die Mauer zwischen diesem und dem zu Denkenden, negiert der Begriff jene Sehnsucht" (S. 25). Das Intermedium versperrt den Kontakt, den es gleichwohl meint. Das Denken müßte sich loswerden, bewußtlos werden. Entäußerte wirklich der Gedanke sich an die Sache, gälte er dieser, nicht ihrer „Kategorie" – wie es dem Idealismus vorgeworfen wird. Gäbe es, was Lask das logisch Nackte nannte – „so begänne das Objekt unter dem verweilenden Blick des Gedankens" – blind oder denkbar? – „selber zu reden" (S. 36). In welcher prägrammatischen Sprache reden Objekte? Und wenn: dialektfrei?

Hegel diskreditierte bereits die Möglichkeit, dem Denken eine Atempause zu gewähren, bevor es anfängt. Mit der Dialektik des Anfangs hat Denken schon seine Unschuld verloren. Ein kritisch erwägendes Vorstadium, wie es die Neukantianer sich als neutrale Ausgangslage wünschten, gibt es nicht. Schwimmen lernt man nur im Wasser, Schmied wird man nur beim Schmieden. Nur im Vollzug des Erkennens des Objekts, das ihm dank seiner Eigenständigkeit Mühe macht, glaubt Adorno das Unauflösliche – weil kategorial nicht schon Hergerichtete – aufzusprengen und damit das Einzelne, das Diesda, Skandalon jeden Systems vor seinem Aufgesogenwerden in die Kanäle gedanklicher Subsumption zu retten.[2]

---

[2] S. 55: „Philosophisches Ideal wäre, daß die Rechenschaft über das, was man tut, überflüssig wird, indem man es tut." Vgl. auch seinen Ausspruch: Musik interpretieren, heißt Musik machen.

Das kann nur glücken, wenn Philosophie, die einmal überholt schien (nach Marxscher Tradition), aber dank ihrer ausgebliebenen Verwirklichung immer noch lebt, auf die ihr von einer nicht wirklich zu Ende gedachten Aufklärung aufgezwungene Systemform verzichtet. Gut marxistisch hört sich das so an: „Im Schatten der Unvollständigkeit seiner Emanzipation muß das bürgerliche Bewußtsein fürchten, von einem fortgeschritteneren kassiert zu werden." Weil es die Halbheit ahnt, weitet es seine halbe Autonomie zum System aus, „das zugleich seinen Zwangsmechanismen ähnelt" (S. 30). Das könnte stimmen. Jedenfalls hat das System als philosophische Denkfigur ausgespielt. Die Verflüchtigung des Systemzwanges erlaubt dem eigenen Bewußtsein, sich unbefangen auf seine Erfahrung zu verlassen. Nur braucht's dazu ein Widerlager, nämlich die zum System integrierte Wirklichkeit, um wider sie ihre eigene Kraft gedanklich aufzubieten. So entfaltet sich der selbstkritische Geist von Vernunft. Die Lockerung im Verzicht aufs System wird nicht zur Disziplinlosigkeit, macht vielmehr geistige Erfahrung, Welterfahrung möglich. Diese Art von freiem Geist ist der Praxis nah und weiß sich ihr verbunden. Das bewahrt sie auch davor, sich als strenge Wissenschaft zu benehmen und den Arbeitsstil eines Spezialfachs zu imitieren – wie man das aus Deutschland kennt, dem der homme de lettres immer verdächtig war und ist. Ein Philosoph muß eben auch ein Écrivain sein. Diese Gabe besaß Adorno, jedenfalls als Interpret großer Musik und Dichtung. Er plädiert für ein Verhalten, das auf die stets zu pflegende Wechselwirkung zwischen Theorie und Erfahrung achtet: das innerlich bedingte, dialektische *und* ein freies, aus der Dialektik heraustretendes, ungebundenes Verhalten. Und beides, so versichert uns Adorno, verbinde sich, weil in Form des Protestes gegen das Reglement und in Form seiner Bewahrung wahlverwandt, nicht etwa durch Kompromisse, sondern durch Kritik aneinander (S. 39/40).

Ein derart gelockertes Verhalten – total verschieden von dem der phänomenologischen Wesensschau, die sich (wenigstens in Husserls Frühphase) einfach auf Wortbedeutungen als Vehikel verließ, ohne auf das Instrument zu reflektieren, soll den Blick auf das Was eines Phänomens freigeben. Das spielt sich, wie Adorno leider nicht näher begründet, in „Modellen" ab. „Die Forderung nach Verbindlichkeit ohne System ist die nach Denkmodellen ... Das Modell trifft das Spezifische und mehr als das Spezifische, ohne es in seinen allgemeinen Oberbegriff zu verflüchtigen ...; negative Dialektik [ist] ein Ensemble von Modellanalysen" (S. 37).

Adorno operiert auf schmalstem Raum, jenem Zwischenraum des Übergangs von Hegel als dem Vollender der Philosophie antiker und christlicher Tradition und Marx, dessen Sohnschaft im Verhältnis zu Hegel die Pariser Frühschriften bezeugen. Da der Augenblick der Verwirklichung der zu sich selber gekommenen Philosophie versäumt wurde (und offenbar auch nicht nachgeholt werden kann), bleibt die Philosophie am Leben. Nur hat die einmal zu Recht erfüllte die Konsequenz zu tragen. Denn wohl kann ihr dabei nicht sein, wenn in solchem Zustand sich Erfüllung spiegelt. Darum hat sie das geschichtliche Versäumnis gebracht und sie in die Negativität entlassen, das heißt in die einzig legitime Gegenposition zu Hegel im dialektischen Materialismus. Soll diese Gegenposition nicht ein generelles Bekenntnis „mit geschlossenen Augen" bleiben, sondern durchdacht werden, fällt zunächst der Gedanke an die Errichtung eines materialistischen Gegensystems als eine contradictio in adjecto. Dialektische Disziplin muß sich mit Offenheit für geistige Erfahrung in allen Dimensionen verbinden, das heißt permanente Selbstkontrolle mit kritischer Diagnose der Erscheinungen, und zwar auf das hin, das ihnen notwendigerweise verborgen bleibt. Denn so wie sie erscheinen, zeigen sie die Fassade der bis ins Innerste falschen Welt. In der Decouvrierung nach dem Prinzip der Reduktion auf den jeweils wirksamen ökonomischen Mechanismus „dahinter" besteht die Aufgabe der kritischen Theorie – der Schmetterling, der sich aus dem Puppenstand des Hegelschen Systems befreit.

Freilich in einer Atmosphäre, die Puppe und Schmetterling beide zum Leben brauchen: die Sprache – denn in Texten allein ist Philosophie überliefert und kann auch ihr Gegenbild allein dargestellt werden. „Als Text eines Werdens berühren sich idealistische und materialistische Dialektik." Beide sind sich der in den Sachen, um die es jeweils thematisch geht, „geronnenen Geschichte" bewußt. Die verwendeten Ausdrücke bleiben Begriffe, das zum Idealismus verführende, wenn auch durchaus legitime Medium. Erliegt man nicht seiner Verführung und erinnert man sich der Nötigung, einen Begriff durch andere zu korrigieren, dann zergeht der falsche Schein einer Identität von Wort, Begriff und Sache. In der Analyse der Worte allein – das Vorgehen der Phänomenologie Husserlscher Observanz – kann man sich der Wahrheit einer Sache nicht versichern. Es gibt kein Naturrecht der Sprache.

Philosophie kann nicht von vorn anfangen, sei's sogar unter Berufung auf jederzeit zu vergegenwärtigende Daten. Sie bleibt dem geschichtlich Gewordenen einer Tradition verhaftet und damit der Sprache, und zwar der Umgangssprache. Sie braucht nicht umgänglich zu sein (wie Figura zeigt), aber sie läßt Übersetzung in andere Zeichensysteme nur bei Vorbehalt der Rückübersetzung zu.

Im Falle Adornos liest sich diese Wahrheit auch als Rechtfertigung seines Epigonentums, dem er nur eine kleine Marge an Originalität in dieser Weltstunde einräumt. Mit dem Rücken zu Hegel, aber fest in seiner Hand nach drüben ins Land der Wahrheit – „welch reizender Name" – schauend, entwickelt der Autor die Möglichkeiten solcher gewiß prekären Situation. Und das Verdienst bleibt mit seinem Namen verbunden, auch wenn man sich eine weniger verschlüsselte und ruhigere Darstellung gewünscht hätte.

II

Negative Dialektik ist ein Ensemble von Modellanalysen, beileibe kein Ganzes, das die Negativität hinterrücks einem Positiven ausliefern müßte. Modelle erörtern, „nicht unähnlich der sogenannten exemplarischen Methode, Schlüsselbegriffe philosophischer Disziplinen, um in diese zentral einzugreifen" (Vorrede, S. 5). Zum Beispiel die empfehlenswerte Auseinandersetzung mit Hegel in „Weltgeist und Naturgeschichte" im dritten Teil, S. 293 ff.

Um zu einer nichtidealistischen, nicht an die Subjekt-Objekt-Identität gehefteten Philosophie zu kommen und sie von Hegel zu befreien, und zwar auf eine Weise, die nicht hinter ihn zurückfällt, sondern ihn überholt, hat man sich am Anfang des Übergangs zum Materialismus zu orientieren. Nur darf es nicht bei bloßer Orientierung im Sinne einer Richtungswahl bleiben, sondern ihre Implikationen verlangen, durchdacht zu werden: „An Philosophie ist es, das vom Gedanken Verschiedene zu denken, das allein ihn zum Gedanken macht, während sein Dämon ihm einredet, daß es nicht sein soll" (S. 191). Denn Denken lebt von dem Etwas, das es denkt, damit aber auch als sein Objekt vereinnahmt. Läßt sich das Etwas aus dieser immer wieder zur Ohnmacht des Denkens im Gedanken, das heißt der Vormacht des Subjekts zwingenden Umklammerung oder Einklammerung lösen? Gefragt wird nach dem Unauflöslichen, dem Objektiven am Objekt. Emanzipiert von der Objektivität, zeigen sich die nicht zu vergeistigenden Momente daran als in einem weiteren Sinne Material, nur durch Empfindung vermittelt. Sie spielt von altersher in allen gegen direkte geistige Zugangsmöglichkeiten skeptischen Philosophien die Rolle der Basis des Erkennens, so auch bei Kant. Da die der Empfindung zugesprochene oder von ihr erwartete Unauflöslichkeit ihrer Materialität an ihr selbst (an sich) liegen soll, hat man sich an dieser Stelle nicht bloß der braven Sensualisten zu erinnern, sondern Salomon Maimons, der den Begriff des An-Sich durch den des Bewußtseinsdifferentials ersetzte, einer zu Nichts hin abnehmenden Größe. Maimons These trägt, wendet man sie einmal auf Empfindung an, ihrer Materialität und Unauflöslichkeit – Opakheit sagt Adorno gern – und ihrer Grenzstellung zum Bereich des Subjekts Rechnung. In einer Sinnesempfindung begegnen sich also Somatisches mit Geistigem. Zweifellos sind Erkenntnisleistungen in Psychologie, Medizin und Physik auf Materielles gerichtet und somatisch vermittelt. Berührt das aber mehr als das in solchen Fällen eindeutige Fundierungsverhältnis zwischen Subjekt und Objekt, nämlich auch die Dignität des Körperlichen? Hat man aber einmal Hegel den kleinen Finger gegeben und sich auf den Setzungscharakter von Subjekt und Objekt eingelassen, dann entkommt man der Einsicht, der Körper sei das Andere des Geistes nicht, im Widerspruch zu seinem immanent Somatischen. Aber dieser Antagonismus läßt sich in der Ebene eines gegeneinander Ausspielens der Komponenten nicht entscheiden. „Sieg der Identität über Identisches. Die Unzulänglichkeit der Erkenntnis, die keines Besonderen sich versichern kann ohne den Begriff, der keineswegs das Besondere ist, gereicht taschenspielerhaft dem Geist zum Vorteil, der über das Besondere sich erhebt ... Der allgemeine Begriff von Besonderheit hat keine Macht über das Besondere, das er abstrahierend meint" (S. 173).

Das Besondere und Unauflösliche gilt vulgär als Materie und Träger der sogenannten geistigen Prozesse. Zwar verbirgt sich in dem Wort Träger die Art und das Maß der Abhängigkeit von Funktionen des Gehirns, an der selber nicht zu zweifeln ist. Die philosophische Frage ist nur, wie man sie faßt, wie man den Außenaspekt der Neuronen mit dem Innenaspekt des subjektiv Geistigen in Einklang bringt, ohne in Dualismen cartesischer Art oder Monismen Hegelscher Version bzw. vulgärmarxistischer Prägung zu verfallen.

Die biologische Betrachtung des Menschen war der Hegelzeit fremd. Uns ist sie selbstverständlich geworden und damit der Schritt zum Materialismus jedenfalls kleiner. Man erschrickt nicht, das verselbständigte Bewußtsein, Inbegriff des Tätigen in den Erkenntnisleistungen, als ein Derivat libidinöser Energie charakterisiert zu hören, und zwar der Gattung Mensch. Ein im Idealismus erzogenes Denken wehrt sich dagegen, Bewußtsein sei eine Funktion des lebendigen Subjekts und das transzendentale vom empirischen Individuum getragen und ermöglicht. In dieser realistischen Korrektur wird eine zwiefache Reduktion vorgenommen: eine ducatio ad hominem im Sinne einer Anerkennung der Abhängigkeit des Geistigen vom Vitalen und eine reductio hominis „als Einsicht in den Trug des zum Absoluten sich stilisierenden Subjekts" (S. 185).

Die zwiefache Reduktion bildet die Basis für die historische Komponente des dialektischen Materialismus, aber nicht in der Art des Vulgärmaterialismus. Der läßt ja, wie man weiß, mit seinem generellen Verdikt, alles sei Kraft und Stoff, keinen Raum für das „noch nicht" der menschlichen Lage, sondern läßt gewissermaßen gleich die ganze Luft raus. Wenn man aber, wie Adorno so schön sagt, alles Geistige für einen modifizierten leibhaften Impuls erklärt, gewinnt man den Anschluß an das, was nicht bloß ist, den vitalen Drang (nach Schelling die Vorform des Geistes) (S. 200). Seine traditionell gewordene Differenz zum Körper „reflektiert das historisch gewonnene Selbstbewußtsein des Geistes und seine Lossage von dem, was er um der eigenen Identität willen negiert" (S. 200). Löst man sich nämlich aus dem idealistischen Zauberkreis, dann gewinnt man die Freiheit zur Umwendung der subjektiven Reduktion, zur Dechiffrierung des transzendentalen Subjekts – bekanntermaßen die höchste Instanz der in sich verkapselten Monade als die ihrer selbst unbewußte Gesellschaft, und der Anschluß ist gewonnen an das ganze marxistische Inventar mit der Trennung von Handarbeit und Kopfarbeit, Etablierung einer Herrschaftsschicht, Verhüllungszwang, Idealisierung usw.

Immerhin räumt Adorno dem Leid, dem physischen Schmerz, dem unglücklichen Bewußtsein, die Rolle eines Motors des dialektischen Gedankens ein: „Die kleinste Spur sinnlosen Leidens in der erfahrenen Welt straft die gesamte Identitätsphilosophie Lügen ... Darum konvergiert das spezifisch Materialistische mit dem Kritischen, mit gesellschaftlich verändernder Praxis. Die Abschaffung des Leidens ... steht ... bei der Gattung" (S. 201). Das Allheilmittel: Angleichung der Produktionsverhältnisse an die Produktivkräfte. Damit zielt der historische Materialismus auf seine Selbstaufhebung, die Stillung allen leibhaften Drängens nach Befriedigung der materiellen Bedürfnisse. Dann, glaubt Adorno mit allen, die sich auf Marx berufen, wäre der Geist mit ihnen versöhnt. Wer's glaubt, wird nicht nur selig, sondern sogar glücklich.

In solchem nicht eben überraschenden Resultat schlägt sich Adornos Arbeit jedoch nicht nieder, auch wenn sie damit schließt, das heißt zu ihren Modellanalysen übergeht. Ihr Wert liegt in dem Weg, auf dem sie dazu kommt. Ihr geht es bei der Destruktion der Hegelschen Identitätsphilosophie um die Einsicht der Unauflöslichkeit des Gedachten, in das es gleichwohl einbegreifende Denken, um die Rettung nicht so sehr der Phänomene, als des Besonderen und Anderen aus Besonderheit und Andersheit.

Die Resignation der Theorie vor dem individuum ineffabile ist der Philosophie nicht weniger vertraut als der positiven Wissenschaft, nur schiebt diese es legitim usque ad infinitum vor sich her. Philosophie wird aber bei ihm mit der Frage belästigt, ob es ein Letztes gäbe. „Nach dem dauerhaftesten Ergebnis der Hegelschen Logik ist es nicht schlechthin für sich, sondern in sich sein Anderes und Anderem verbunden. Was ist, ist mehr, als es ist. Dies Mehr wird ihm nicht oktroyiert, sondern bleibt, als das aus ihm Verdrängte, ihm immanent. Insofern wäre das Nichtidentische" – das Einzelne, der Stein des Anstoßes für den absoluten Idealismus – „die eigene Identität der Sache gegen ihre Identifikationen. Das Innerste des Gegenstandes erweist sich als zugleich diesem auswendig, seine Verschlossenheit als Schein, Reflex des identifizierenden, fixierenden Verfahrens" (S. 162). Gedanklicher Deduktion unerreichbar, läßt der Kern des Individuellen ihn in der Art individueller Charakterisierung umkreisen, deren Sprache das Spezifische der Sache zu treffen sucht. „Damit dient sie der Intention des Begriffs, das Gemeinte ganz auszudrücken." Nicht durch Klassifikation nach genus proximum und differentia specifica (was auf Subsumption hinausliefe, eine Unmöglichkeit für diese Kernfrage), sondern im Blick auf die Konstellation, in welcher der Begriff seinen Platz findet. „Konstellationen allein repräsentieren, von außen, was der Begriff im Inneren weggeschnitten hat, das Mehr, das er sein will so sehr, wie er es nicht sein kann" (S. 162).

Ein Begriff allein versagt vor der Erleuchtung des Spezifischen einer Sache. Er braucht andere. „Die Möglichkeit zur Versenkung ins Innere bedarf jenes Äußeren. Solche immanente Allgemeinheit des Einzelnen aber ist objektiv als sedimentierte Geschichte. Diese ist in ihm und außer ihm, ein es Umgreifendes, darin es seinen Ort hat" (S. 163). Dem Historiker ist das selbstverständlich. Adorno nimmt sich Max Weber als Beispiel und sein rein instrumentales Verständnis der Begriffsbildung im Sinne des erkenntnistheoretischen Neukantianismus. Weber wußte, daß Definitionen keine geschichtlichen Größen abgrenzen können. Statt dessen muß man sie aus ihren geschichtlichen Bestandteilen *komponieren*, damit sie einem unverwechselbaren Typ entsprechen. Solche Idealtypen sind legitime Übersteigerungen, um eine einzigartige historische Größe zu fassen. Weber gebraucht den Ausdruck Komponieren, der den naiven Realisten anstößig sein muß, um den Wagnischarakter der ins Schwarze treffenden Formulierung hervorzuheben. „Aber es dürfte um die in Rede stehende Komposition ähnlich bestellt sein wie um ihr Analogon, die musikalische. Subjektiv hervorgebracht, sind diese gelungen allein, wo die subjektive Produktion in ihnen untergeht ... Das Schriftähnliche solcher Konstellationen ist der Umschlag des subjektiv Gedachten und Zusammengebrachten in Objektivität vermöge der Sprache" (S. 165/166).

Richtigkeit gleich Bündigkeit und Stringenz treffenden Ausdrucks. Jedenfalls nicht Übereinstimmung mit und Widerspiegelung der Sache, deren Photographie, als ob wir in der Lage wären, zu beurteilen, sie stimme mit dem Original überein. Ist man aber gegen alle verführerischen Einflüsterungen idealistischer Argumente vom Ansichsein der Objekte überzeugt und scheidet damit Übereinstimmung der Sache mit sich selber als Wahrheitskriterium aus, dann bleibt nur das Ensemble von um die Sache zentrierten Begriffen als Alternative übrig. Im Felde historischer Objekte spielt dann sicher die innere Stimmigkeit, die den physiognomischen Blick braucht, eine wichtige Rolle. Alles kann sie aber nicht leisten. Denn für die empirische Wissenschaft gilt noch immer der Satz: was fruchtbar ist, allein ist wahr.

Für Hegel ist Wahrheit das Ganze des sich selber transparent gewordenen Geistes und als Erkenntnisproblem von der Totalität der Geschichte – dem Schreckgespenst positiver Geschichtswissenschaft, der Max Weber in jeder Faser seiner Person sich verpflichtet wußte – nicht zu trennen. Die materialistische Umwendung Hegels mußte daher die Idee einer Universalgeschichte in Frage stellen. Aber Marx und Engels halten an ihr – in materialistischer Umschrift – fest. In ihrem durch Arbeitsteilung zustande gekommenen ökonomischen Klassenantagonismus sind die Menschen in die Bahn der Geschichte eingeschwenkt. „Marx hütet sich zwar, mißtrauisch gegen alle Anthropologie, den Antagonismus ins Menschenwesen ... zu verlegen ..., insistiert aber um so zäher auf seiner historischen Notwendigkeit. Ökonomie habe den Primat vor der Herrschaft, die nicht anders denn ökonomisch abgeleitet werden dürfe ... Der Primat der Ökonomie soll mit historischer Stringenz das glückliche Ende als ihr immanent begründen" (S. 313). Im Tauschverkehr – dem Auslöser ökonomischen Benehmens der Menschen, kann sich eine Gewalt anbahnen, die zwar aus dem bewußten Willen der interessierten Individuen entspringt, aber einen objektiven Zusammenhang schafft: eine, wie Marx sagt, naturwüchsig entstandene Totalität realen Charakters und zum Glück für die Menschen nicht von ewiger Dauer. Zum Naturgesetz einer Gesellschaft wird sie nur, solange diese der Logik, die im Zwang solcher Art von Wirtschaft herrscht, noch nicht auf die Spur gekommen ist.

Natur und Geschichte – in Wirklichkeit nicht zu trennen, denn auch Natur ist geworden, nicht geschaffen oder nur das Andere des Geistes, der sich darin (womöglich in Erinnerung an Fichte) als Material der Pflichterfüllung bestätigt –, Natur und Geschichte halten sich nicht die Waage wegen des Übergewichts der Geschichte.

In der begrifflichen Trennung beider Größen spiegelt sich wiederum die Trennung von Handarbeit und Kopfarbeit. Gleichwohl bedarf die Einschränkung der Natur im Verhältnis zur Geschichte einer Revision. Denn die Figur des Menschen ist biologisch, und zwar nicht nur im Banne der Evolutionslehre Darwin/Haeckelscher Prägung (von der noch der alte Engels etwas mitbekommen hat), greifbar geworden. Die moderne philosophische Anthropologie entspringt *nicht*, was Horkheimer aus seinen Gewährsmännern Scheler und Landsberg herausliest, „demselben Bedürfnis, das die idealistische Philosophie ... zu befriedigen sucht: ... neue absolute Prinzipien aufzustellen, aus denen das Handeln seine Rechtfertigung gewinnen soll".³ Die Suche nach einer – und zwar biologischen – Grundstruktur, welche die Monopole der Tierart Mensch aus sich hervorgehen läßt, präjudiziert keine historische Invarianz. Im Gegenteil. Die gesuchte Struktur ermöglicht gerade die ethnologisch bekannte extreme Variabilität des Menschenmöglichen. Sie bildet sogar das Bindeglied zu einem „historischen Materialismus", der sich nicht auf vorgegebene überzeitliche Maßstäbe, Vorzugsordnungen, Ideale, der menschlichen „Natur" inhärente Werte und ähnliche Residuen theologischer Deutungen beruft.

Horkheimers Kronzeugen, Scheler (1927) und sein Schüler Landsberg (1934), waren allerdings als Anhänger von Wesensschau und ontologischen Strukturen einem Marxisten verständlicherweise suspekt. Größere Sorgfalt in puncto Literatur hätte ihm nichts geschadet und vor solchen grotesken Fehlurteilen bewahrt. Meine *Stufen des Organischen* waren fast gleichzeitig mit der Schelerschen Skizze und sechs Jahre vor Landsbergs Schelerapotheose erschienen. Das kann jedem passieren und braucht nicht immer auf Böswilligkeit zu beruhen. Aber Horkheimer wird mir recht geben, daß Marxisten gegen das Wort Anthropologie besonders empfindlich sind. Die Erinnerung an Feuerbachs unvollständige Demaskierung des Jenseitsglaubens als sozial bedingter Projektion setzt sofort einen Abwehrmechanismus in Gang. Dazu kommt noch die auch bei Linkshegelianern – übrigens auch bei Adorno – geringe Bereitwilligkeit, von positiv wissenschaftlichen Einsichten Notiz zu nehmen. Psychologie, vor allem die sozialpsychologisch relevante Psychoanalyse, macht da eine Ausnahme. Aber Biologie, die es zu Zeiten Hegels und Marxens nur in bescheidenen Ansätzen gab, spielt – wohlgemerkt als Basis menschlicher Naturwüchsigkeit – keine Rolle. Die der Verbreitung materialistischen Denkens in der Arbeiter-

---

³ Max Horkheimer: Kritische Theorie. Bemerkungen zur philosophischen Anthropologie, S. 205.

schaft dienende Propaganda von Engels für Darwin und eine Dialektik der Natur stößt begreiflicherweise bei den Naturwissenschaftlern auf noch größere Bedenken als der historische Materialismus bei den Historikern, vor allem, wenn er sich universalgeschichtlicher Extrapolationen, wie üblich und legitim im Sinne seiner Begründer, nicht enthält.

Es ist nicht nur für das Unternehmen der *Negativen Dialektik* bezeichnend, daß sie von der Macht der gesamten Gesellschaft als einer geschichtlich sich wandelnden Größe überzeugt ist. Das gilt auch für andere Spielarten des dialektischen Materialismus, die nicht in ständiger Bereitschaft daran denken, sich selber um der Anerkennung der Unauflöslichkeit des Individuellen durchzustreichen. Beide aber nehmen – wie es ihrer eigenen Überzeugung von der Machbarkeit ökonomisch-historischer Vorgänge und ihrem Einfluß auf das geistige Leben entspricht, von der Forschung auf diesen Gebieten zur Not noch Notiz. Nicht aber – warum auch? – von Arbeiten auf anderen Gebieten. Dieser Zustand hat die Entfremdung, die in den vierziger Jahren des neunzehnten Jahrhunderts zwischen dem konservativen Althegelianismus und der damals sich von Philosophie abwendenden positiven Forschung begann, erneuert, wenn auch unter anderen Vorzeichen. Die inzwischen betriebsförmig gewordene Forschung strebt nach immer größerer Ausschaltung subjektiver Komponenten im Denken und ihrer Ersetzung durch selbsttätige Kontrollen, in den klassischen exakten Naturwissenschaften nicht weniger als in Biologie und Sozialwissenschaft. Der Graben zwischen den two cultures, tief von jeher, verbreitert sich noch und stellt allmählich den Zustand der doppelten Wahrheit wieder her, ironischerweise innerhalb der Rationalität.

*

„Der autonome Beethoven ist metaphysischer als Bachs ordo; deshalb wahrer. Subjektiv befreite und metaphysische Erfahrung konvergieren in Humanität" (S. 387). Denn entscheidend ist der Ausdruck von Hoffnung, der von ihnen ausgeht: nicht alles ist vergebens. Solchen Zuspruch braucht nicht nur, sondern begreift eine Philosophie, die eine Erfüllung im Ganzen des Geistes als den allzu durchsichtigen Verblendungszusammenhang der Verklärung dessen, was ist, durchschaut. Metaphysische Erfahrung im Sinne einer Absage an die Identitätsphilosophie will und kann nicht den Grundsatz der Aufklärung zugunsten einer bildhaft anthropomorphen Gewißheit vom Absoluten preisgeben. Verlorene Unschuld läßt sich nicht restituieren. Metaphysik zwischen zwei Unmöglichkeiten, nämlich entweder eines deduktiven Zusammenhanges von Urteilen über Seiendes oder eines Undenkbaren, wäre „möglich allein als lesbare Konstellation von Seiendem. Von diesem empfinge sie den Stoff, ohne den sie nicht wäre" (S. 397). Auf der Flucht vor der Totalität des Ganzen des Geistes sowohl wie der herrschenden Gesellschaft, „wandert Metaphysik in die Mikrologie ein". Denn das im Gedanken Unauflösliche ist ihr einzig legitimes Problem. „Die kleinsten innerweltlichen Züge hätten Relevanz fürs Absolute, denn der mikrologische Blick zertrümmert die Schalen des nach dem Maß des subsumierenden Oberbegriffs hilflos Vereinzelten und sprengt seine Identität, den Trug, es wäre bloß Exemplar. Solches Denken ist solidarisch mit Metaphysik im Augenblick ihres Sturzes" (S. 398). Das Motiv der Verteidigung des Unauflöslichen, das seinem Gedachtwerden nicht sich entzieht, sondern stellt, durchzieht das ganze Buch. Das Ontische darf nicht in seiner Ontologie aufgehen und damit verschwinden. Kann das nur „mikrologisch" geschehen, so doch wiederum nur „als lesbare Konstellation von Seiendem". Von diesem empfinge die Ontologie wohl den „Stoff, ohne den sie nicht wäre, verklärte aber nicht das Dasein ihrer Elemente, sondern brächte sie zu einer Konfiguration, in der die Elemente zur Schrift zusammentreten. Dazu muß sie sich auf das Wünschen verstehen" (S. 397). „Denn Denken entspringt einem Bedürfnis und bewahrt es als Richtung, die es wählt." Im Sinne Adornos hat solches Denken sich gegen sich selber zu richten, in eins Abdruck des totalen Verblendungszusammenhangs und seine Kritik zu sein.

Damit wird der Bogen weiter gespannt, als er müßte, um nur das Identitätsprinzip abzutöten oder das Materielle im physischen Sinne zu retten. Alles in seiner Einzigkeit und Unwiederholbarkeit Unverwechselbare, ob sensuell oder nicht, ist das Thema der Metaphysik im Augenblick ihres Sturzes. Literarisch läuft das auf die Form des Essays hinaus, in der deutsche Philosophen des neunzehnten Jahrhunderts selten brillierten. Man wird neben Bloch, Benjamin und Simmel heute nur Adorno nennen können. Schon Lukács paßt nicht ganz in diese Reihe. Aber die Kunst des Essays ist nicht auf Metakritik oder kritische Theorie eingeschworen. Simmel z. B. hat sich an das Phänomen Rembrandt ebenso herangewagt wie an das Phänomen des Geldes. Adornos Versuch eines Epilogs auf die Hegelsche Philosophie im Schatten von Marx proklamiert nicht nur die Notwendigkeit permanenter Distanzierung vom Verblendungszusammenhang der herrschenden Gesellschaft. Der damit beschworene Geist der Kritik macht Kant wieder lebendig. Nicht zufällig handelt das erste Modellkapitel von der Metaphysik der praktischen Vernunft, denn Freiheit im Sinne Kants bedarf jenes Momentes von Selbsteinsatz und Selbstvollzug, der dem Zwang des Ganzen und zum Ganzen ebenso unerreichbar ist wie das sinnliche Substrat, das in ihm nicht nur verschwindet, sondern ihm Widerstand leistet als Erdenrest, zu tragen peinlich. Adorno hat begriffen, daß beides zusammengehört: Anerkennung der Materialität gesellschaftlicher Macht und das unbrechbare Reduit der sich selber bestimmenden Freiheit, Sinnlichkeit und Sittlichkeit. Statt Kant dem angeblich irreversiblen Richterspruch des absoluten Idealismus zu opfern, der Kant nur als ein Vorstadium zu Fichte, Schelling und Hegel sieht, tritt er für seine Unüberholtheit und unverminderte Aktualität ein, nicht zum wenigsten für seine negative Dialektik. Von ihrem Unternehmen sollten Impulse zu ständiger Selbstkritik ausgehen. Das ist in einer Welt, der die Prinzipien der Aufklärung selber zu Mitteln in der Ideologisierung geworden sind und deren Fanatismus sie mit ihrer Selbstvernichtung bedroht, ein dringend nötiges Gegengift.

Aber welches Gift taugt nicht zum Opiat, gegen das gerade die Gebildeten unter seinen Verächtern am wenigsten geschützt sind? Adorno weiß zu gut, daß ihm auf dieser spekulativen Schmalspur seiner Askese bloß Nachbeter folgen werden. Er hat ein denkwürdiges Gedankenexperiment mit Glanz durchgeführt, auf einem Boden freilich, der anderes nicht mehr trägt. Adorniten jedenfalls brächten ihn nur zu Kunstblumen.

Carl Friedrich von Weizsäckers Studien
Die Einheit der Natur

Eine Anzeige der unter dem Titel *Die Einheit der Natur* erschienenen Aufsätze Carl Friedrich von Weizsäckers hat zu berücksichtigen, daß der größte Teil von ihnen in den sechziger Jahren an verschiedenen Orten schon erschienen ist.* Was diese Aufsatzsammlung jedoch von den üblich gewordenen unterscheidet, ist, daß sie durchkomponiert ist und durchgehend Querverweisungen gibt, welche den unvermeidlichen Wiederholungen einen erläuternden Sinn abgewinnen. Zugleich beachtet der brillante Didaktikus, als der Weizsäcker bekannt ist, die verschiedenen Schwierigkeitsgrade der Arbeiten, stellt die leichteren an den Anfang, um sich erst dann an den physikalisch geschulteren Leser zu wenden. Den Schluß macht die Philosophie, die sogar ausgekochten Physikern noch zu schwer sein kann. Hier nehmen Kants *Metaphysische Anfangsgründe der Naturwissenschaft*, der Platonische *Parmenides*, die Platonische Einheitsspekulation ihren Platz ein, um in das Komplementaritätsprinzip einzumünden. Der Nachweis der unüberholten Aktualität des aristotelischen Bewegungstheorems im Blick auf das Verhältnis von Möglichkeit und Zeit, die Analyse der Zenonischen Paradoxien prägen sich besonders naiven Progressisten ein, die die Fortschritte der Quantentheorie gegen Philosophie, notabene, klassischer Prägung ausspielen wollen.

Wenn das Wort progressiv in der Naturwissenschaft einen mehr als tautologischen Sinn haben soll, so meint es die Erkennbarkeit der Konsequenzen, welche die Kindschaft des Menschen gegenüber der Natur hat. La nature: qui est la dame? Jedenfalls unsere Mutter, keimesgeschichtlich wie stammesgeschichtlich. Wir werden als eine Sonderform: Homo sapiens, der Familie der Primaten geboren, die selber eine lange Vorgeschichte hat, welche bis in das späte Tertiär zurückführt. Die Natur ist unvorstellbar älter als der Mensch, dessen letzte Szenerie histori-

---

* Carl Friedrich von Weizsäcker: Die Einheit der Natur. Hanser-Verlag, München 1971.

schen Charakter hat: Vor- und Frühgeschichte und die Geschichte der Kulturen volksmäßiger Prägung, die einige zehntausend Jahre einnimmt. Die Naturwissenschaft, ob nun im Sinne der Griechen oder Galileis, Newtons und der Moderne, ist im Vergleich zu dieser Größenordnung verschwindend klein. Hält man das ganze Panorama für wahr, dann ist seine Selbsterkenntnis ein Spätprodukt Europas.

Soll dieser weltengeschichtliche Prozeß ein Produkt der Natur im Sinne der natura naturans sein – und dies ist die These Weizsäckers von der Geschichte der Natur, von der Natur als Geschichte ihrer selbst –, dann müssen zwei Schranken niedergelegt werden: die Schranke, welche die anorganische Natur von der Welt des Lebens trennt, und die gefühlsmäßig noch höhere Schranke zwischen Natur und menschlichem Geist. Und der Autor sieht die Wissenschaft auf dem Wege zu diesen Zielen – mögen sie uns noch so sehr schrecken. Leitend bleibt die Arbeitsweise der Wissenschaft selbst.

„Hierzu sind mehrere Schritte notwendig. Erstens muß die Einheit der Natur so verstanden werden, daß sie auch die organische Natur umfaßt. Das ist die vordergründige Thematik dieses Teils. Der Physikalismus in der Biologie wird ... natürlich als Hypothese voll bejaht. Wenn die Einheit der Physik auf der Möglichkeit objektivierender Erfahrung beruht, so muß die Biologie, soweit sie zu objektivierender Erkenntnis fähig ist, ein Anwendungsgebiet der Physik sein ... Der zweite Schritt ist die genetische Einfügung des Menschen in die organische Natur durch die Abstammungslehre ... der dritte und wichtigste Schritt ist die Durchführung dieser Einordnung des Menschen in die Natur durch eine physikalische Theorie menschlicher Leistungen ... eine der Hoffnungen der Kybernetik ... das eigentliche Thema des dritten Teils ... wiederum hypothetisch. Da die Erkenntnisleistungen des Menschen im Zentrum stehen, stellt sich im kybernetischen Rahmen die Frage nicht nur ihrer zulänglichen ‚Simulation', sondern ihrer Wahrheit, ... indem er die Konsequenzen der kybernetischen Denkweise in eine Diskussion der Grundbegriffe der Physik einbringt."

Also doch „l'homme machine" und alles nur Kraft und Stoff aus den abgelebten Zeiten des Materialismus? Solchen vorschnellen Verallgemeinerungen eines Reduktionismus hat die moderne Physik selber den Boden entzogen, weil ihr eigener Fortgang sie zur Reflexion auf die Instrumente ihres Fortgangs zwingt. Das Wort von Heidegger: „die Wissenschaft denkt nicht", einer falschen Einschätzung der betriebsmäßig gewordenen Spezialforschung entsprungen, stimmt nirgends und hier schon gar nicht. Die Physik des mechanischen Weltbildes, das zeigt Weizsäcker, strandete an den Erfahrungen der Elektrodynamik und macht von da an einem ständigen Revisionsprozeß gedanklicher Modelle über die klassischen Feldtheorien, die spezielle und die allgemeine Relativitätstheorie bis zur Quantenmechanik und der Theorie der Elementarteilchen Platz. Ihre Theorie „müßte dann aus der Theorie der einfachsten nach der Quantenmechanik überhaupt möglichen Objekte aufgebaut werden können: diese wären zugleich die einzigen Atome im ursprünglich philosophischen Sinn schlechthinniger Unteilbarkeit. Solche Objekte wären durch eine einzige einfache Meßalternative, eine Ja-Nein-Entscheidung definiert." „Als physikalische These ... läßt sich die Behauptung bezeichnen, daß die Quantentheorie, wenn wir sie konsequent interpretieren, nicht nur ein allgemeiner Rahmen der Physik, sondern in gewissem Sinne schon die einheitliche Physik ist."

Nach Weizsäckers Überzeugung ist hierzu eine Logik zeitlicher Urteile nötig, welche die Voraussagefähigkeit aufgrund falsifizierbarer Beobachtungen durchsichtig macht. Denn Prognose von Ereignissen ist der Sinn messender Naturwissenschaft, ob sie nun Kausalität im klassisch-kantischen Sinn dazu fordert oder nicht. Die Wurzel der Voraussage bildet die sinnliche Beobachtung. Sie setzt sich nicht, wie der radikale Empirismus Humescher Prägung behauptet, aus einzelnen Sinnesdaten zusammen, sondern enthält bereits gestalthafte Züge, die sich als Ideen oder Eide im Sinne Platos und Aristoteles' schließlich entpuppen oder jedenfalls ihnen verwandt sich zeigen. Dieses ideale Ferment gehört ebenso zu den Bedingungen wissenschaftlicher Wahrnehmung wie die am Ende dieses gedankenreichen Buches sich findende Bemerkung: „Die Weise, wie ein zunächst als völlig isoliert gedachtes Objekt doch Objekt sein, also eigentlich sein kann, ist seine Wechselwirkung mit anderen Objekten. Eben hierdurch aber hört es auf, genau dieses Objekt, ja überhaupt ein Objekt zu sein. Man kann paradox sagen: beobachtbar wird eine beliebige Eigenschaft eines Objekts nur dadurch, daß das Objekt eben diese Eigenschaft verliert. Die Näherung, in der von diesem Verlust abgesehen werden kann, ist die klassische Physik beziehungsweise die klassische Ontologie, auf der die klassische Physik beruht. Nur in klassischer Näherung aber können wir Beobachtungen machen und aussprechen."

„Im Einzelfall läßt sich der Näherungswert als das Maß der Störung durch den Beobachter ermitteln ... aber nur, indem wir von ihr an anderer Stelle wiederum Gebrauch machen." Diese Situation spiegelt das Komplementaritätsprinzip, für Weizsäcker der Schlüssel zum Problem der Einheit. „Platons durch Aristoteles überlieferte zwei Prinzipien bezeichnen in technisch ausgedrückter Form Einheit und Vielheit. Die Einheit allein ist kein Prinzip. Indem sie ist, ist sie Vielheit, aber nur um den Preis des Widerspruchs." „Ich erwarte, daß ein Aufbau der ganzen Physik aus einem Prinzip in der Tat gelingen wird ... Inhaltlich glaube ich, daß der zentrale Begriff eines solchen Aufbaus der Begriffe der Zeit in der vollen Struktur ihrer Modi: Gegenwart, Vergangenheit, Zukunft, sein muß. An sie lassen sich, so glaube ich, Logik, Zahl, Wahrscheinlichkeit und Kontinuum anknüpfen, und dann läßt sich die Physik aufbauen als die Theorie von Objekten in der Zeit oder, schärfer gesagt, von zeitüberbrückenden Alternativen."

Der naive Eindruck, daß sich mit solcher Reduktion auf die Zeit eine totale Entstofflichung der Natur in ihrer massiven Körperlichkeit vollzieht, taugt nicht zu einem Gegeneinwand gegen die Einheit stiftende Macht der Physik. Denn die Anstößigkeit, mit der Naturdinge im täglichen Umgang erfahren werden, trifft nur die Oberfläche des Faktums, daß es Materie gibt, also den Anfang des Staunens, aus dem schließlich Physik resultiert. Auch scheinen mir andere Einheitskonzepte von der Natur, die älteren Ursprungs sind, wie Organismus und Kosmos, keinesfalls durch diese physikalische Einheitskonzeption entwertet. Mathematische Einfachheit und Durchsichtigkeit, ästhetische Maßstäbe haben – das weiß man seit Poincaré – theoretische Durchschlagskraft.

Dem Philosophen sei zum Schluß nur der Hinweis auf die erstaunliche Konvergenz des Weizsäckerschen Temporalismus und der Heideggerschen Analyse der Zeitlichkeit gestattet. Beide lösen das „Sein" in Zeit auf, wenn auch unter nicht ineinander überführbaren Aspekten.

Zum Verständnis
der ästhetischen Theorie Adornos

In Erinnerung an Peter Szondi

Rudolph Berlinger zum 26. Oktober 1972

Die Herausgeber beschönigen nichts: „Der Text der ästhetischen Theorie, wie er im August 1969 vorlag ... ist der eines work in progress; kein Buch, das Adorno in dieser Form imprimiert hätte." Er wußte, daß es noch einer verzweifelten Anstrengung bedurft hätte. „Aber es ist doch wesentlich jetzt eine der Organisation, kaum mehr der Substanz des Buches." So blieb auch im Urteil der Herausgeber das Werk als Ganzes ein Torso – im Unterschied zur noch fertig gewordenen *Negativen Dialektik*. Es fragt sich, ob ein dritter vom Autor vorgesehener Arbeitsgang ausgereicht hätte, nicht nur den Haupttext von 384 Seiten lesbar zu machen, sondern auch die Paralipomena in ihn einzuschmelzen.

Die kompositorische Schwierigkeit sieht der Autor darin begründet, „daß die einem Buch fast unabdingbare Folge des Erst-Nachher sich mit der Sache als unverträglich erweist" – somit auch eine Disposition im traditionellen Sinn. „Das Buch muß gleichsam konzentrisch in gleichgewichtigen, paratakrischen Teilen geschrieben werden, die um einen Mittelpunkt angeordnet sind, den sie durch ihre Konstellation ausdrücken." Die Mitte wird als solche nicht faßbar. Warum? Um der Welt des Ästhetischen „ihr Sprachloses, Nichtidentisches" zu lassen. Ganz im Sinn negativer Dialektik.

Die Herausgeber sind sich darüber klar, daß die Darstellungsform die Rezeption des Buches nicht unbeträchtlich erschweren dürfte. Sie haben getan, was sie konnten. Ihre Behutsamkeit in der Behandlung der Texte verdient alle Anerkennung. Eine fortlaufende Charakterisierung der Themen auf jeder Seite (Stellennachweise erübrigen sich also) und eine Inhaltsangabe am Ende des Buches erleichtern die Übersicht im Ganzen, das kein Ganzes geworden ist. Deshalb verbietet sich ein Referat oder gar eine Kritik. Es ist schon viel gewonnen, wenn man den Ariadnefaden dieser konzentrisch angelegten Komposition findet.

Offenbar spielt eine Rolle die Einsicht, daß *allein von der Spitze* der gegenwärtigen Kunst her Licht auf die vergangene falle. „Erkenntnis von Kunst heißt, den gegenständlichen Geist durchs Medium der Reflexion hindurch abermals in seinen flüssigen Aggregatzustand zu versetzen." Der begriffliche Umweg ist entscheidend. Eine unmittelbare Bemächtigung, etwa im phänomenologischen Sinn, gibt es nicht. Ihr wäre die Kenntnis der geschichtlichen Natur des jeweiligen apriori eines Kunstwerks verwehrt. Das Geschichtliche an ihm darf nicht als eine Kruste verstanden werden, die einen zeitlosen Kern bedeckt. Es ist radikal einer Zeit verpflichtet, geworden und *darum* dem historischen Relativismus entrückt. „Die monadische Verkapselung des einzelnen Kunstwerks muß mit seiner kategorischen Bedingtheit Draußen" zusammengedacht werden, ohne die Monade auflösen zu wollen. Denn das Rätselhafte der Kunst artikuliert sich allein in den Konstellationen eines jeden Werkes, das seine Forderungen anmeldet. „Mit ihrer Reflexion setzt Ästhetik ein; nur durch jene hindurch öffnet irgend sich die Perspektive dessen, was Kunst sei." Darum zeigt sich in den Parolen und Manifesten – gerade weil sie ephemer sind – objektiver ästhetischer *Wahrheits*gehalt als in generellen Normen, vor denen sie sich nach Vätersitte verantworten sollen. Was in der Kunst „als ewige Norm sich etabliert, ist als Gewordenes vergänglich, veraltet kraft des eigenen Anspruchs der Unverlierbarkeit".

Im Kern muß nach Adorno eine philosophische Ästhetik, die der Situation ihres Gegenstandes entsprechen will, „das Selbstbewußtsein solchen Wahrheitsgehaltes, eines extrem Zeitlichen" sein. Das braucht den Kontrapunkt der traditionellen ästhetischen Kategorien, um die künstlerische Bewegung im Element ihres *Nochnicht*, ihres flüssigen Aggregatzustandes auf die Bewegung des Begriffs zu beziehen.

Man begegnet mithin Denkfiguren der negativen Dialektik: mit Hegel (und Marx) gegen sie und über sie hinaus in Verteidigung des Individuum ineffabile. Gegen eine gleichwohl unerläßliche Einsicht in seine gedankliche Vermitteltheit. „Erst eine Philosophie, der es gelänge, in der Konstruktion des ästhetischen Ganzen solcher mikrologischen Figuren bis in ihr Innerstes sich zu versichern, hielte, was sie verspricht. Dazu indessen muß sie ihrerseits der in sich ausgebildete, vermittelte Gedanke sein."

Seit langem, sicher nicht erst seit 1900, da sich der Avantgardismus als Prinzip künstlerischen Schaffens durchzusetzen begann, hat sich eine Kluft aufgetan zwischen der Produktion und dem ästhetischen

Normalbewußtsein, das dem Produktionstempo nicht so schnell folgen kann. Dieser Zustand treibt heute ... in bildender Kunst, Architektur – da noch am wenigsten, verglichen mit den Zeiten von 1900 bis in die dreißiger Jahre –, in Dichtung und Musik den Künstler in die Isolierung.

Der gesellschaftliche Ort der Kunst, ihre Funktion für das Ganze, ihre Existenz selbst sind fraglich geworden. Der damals ausgelöste Prozeß der Emanzipation im Zeichen der Autonomie zersetzte die Kategorien, mit denen er in Gang gebracht wurde. Seitdem jeder alles machen kann und erlaubt ist, was mißfällt, beginnt es nicht nur den Künstlern vor ihrer Gottähnlichkeit bange zu werden. „Wohl bleibt ihre Autonomie irrevokabel. Alle Versuche, durch gesellschaftliche Funktion der Kunst zurückzuerstatten, woran ... zu zweifeln sie ausdrückte, sind gescheitert. Die Autonomie, die sie erlangte, nachdem sie ihre kultische Funktion und deren Nachbilder abschüttelte, zehrte von der Idee der Humanität." Die laut Adorno fortschreitende Inhumanisierung der Gesellschaft mußte deshalb Kunst gegen sich selber kehren, das heißt sie um ihre Naivität bringen. Die Ungewißheit des Kunstzwecks, die Frage, ob Kunst nach ihrer vollen Emanzipation noch möglich sei, sich nicht selber um ihre eigenen Voraussetzungen gebracht habe, ist die Einsatzstelle der heute fälligen ästhetischen Theorie und macht den Nachdruck, den Adorno auf die Unerläßlichkeit einer um ihr begriffliches Selbstbewußtsein besorgten Ästhetik legt, verständlich. Kunst kann vergehen, wie sie aus uns nur zu vage zugänglichen Anfängen geworden ist. Hegels Perspektive eines möglichen Absterbens der Kunst, die er gleichwohl dem absoluten Geist zurechnet – die Christologie verlangt den Kreuzestod des Mensch gewordenen Gottes –, treibt Adorno zu einer Hegel fremden Konsequenz: „Sie könnte ihren Gehalt *in* ihrer eigenen Vergänglichkeit haben. Durch ihren Gehalt wäre sie nicht mehr vor dem Absterben geschützt. Der Gehalt vergangener Kunst vermöchte sogar die Kunst zu überleben, die der Barbarei ihrer Kultur ledig geworden wäre." Kein Grund zum Optimismus unbesieglichen Geistes. Seine *Arbeitsteilung* ratifiziert nicht nur Kunst, sondern auch ein dieser Fremdes. „Ihrem eigenen Begriff ist das Ferment beigemengt, das ihn aufhebt. Kunst als der scheinbar dem Ernst des Lebens entrückte Bereich bleibt der Kulturindustrie verfallen, die von ihr in Konzerten, Opern, Ausstellungen, Televisionen lebt. So bildet sogar der Begriff Kunst nicht einen gesicherten Bereich, der ein für allemal festliegt, sondern stellt jeweils sich her, in zerbrechlicher Balance des sich immer wieder Abstoßens und Erneuerns. „Jedes Kunstwerk ist ein Augenblick; jedes gelungene ein Einstand, momentanes Innehalten des

Prozesses, als den es dem beharrlichen Auge sich offenbart." Hier wird der methodische Sinn der Forderung klar, daß das Kunstwerk die Wiederauflösung in den flüssigen Aggregatzustand verlangt, um sich zu erkennen zu geben. Auch daß man von der Spitze der Aktualität her denken und Licht auf das Vergangene fallen lassen sollte.

Mit dem Verlust ihrer Selbstverständlichkeit als ganzer erschließt sich Adorno das, was er als „Entdeckung" der Kunst bezeichnet, ein Phänomen zunehmender Unsicherheit im Gebrauch traditioneller ästhetischer Kategorien und Materialien. Das Phänomen macht die ständige Beschleunigung im Wechsel des jeweils *Neuen* und seiner Abnutzung begreiflich und stützt Adornos Maxime, von der Spitze der Aktualität her zu denken. Auch für die ästhetische Theorie gilt das Wort Flauberts: il faut être de son temps. Die Kategorie des Neuen ist seit der Mitte des neunzehnten Jahrhunderts und seinem Hochkapitalismus zentral. Sie spiegelt seinen antitraditionellen Charakter, ratifiziert, verkoppelt mit dem Warencharakter das bürgerliche Prinzip in der Kunst. Eine heute fällige ästhetische Theorie kann sich und darf sich solcher gesellschaftlicher Klammer nicht entwinden wollen. „Aufs Neue drängt die Kraft des Alten, das, um sich zu verwirklichen, des Neuen bedarf ... ästhetische Reflexion ist nicht gleichgültig gegen die Verschränkung des Alten und des Neuen. Seine Zuflucht hat das Alte allein an der Spitze des Neuen." Zur Situation der Moderne gehören in Reaktion auf „alles kann" das Experiment und die Ismen, die sich in Parolen und Manifesten kristallisieren. Ohne bewußten Willen hat es nie bedeutende Kunst gegeben. Sie findet in den Zusammenschlüssen der Ismen ihren Spiegel. Das treibt oder verleitet zur Mache, und wenn moderne Kunst das Moment der Machbarkeit hervorkehrt (ein Industrieprodukt wie jedes andere auch), so rechnet sie zugleich mit dem Zweifel an der Wahrheit ihres Eingeständnisses. Denn das bewußt Gemachte trifft sich mit dem Zufallsprodukt. Der Tachismus ist nur ein Beispiel.

Das Neue scheint dem Anspruch des Kunstwerks auf seine Dauer, seine Ewigkeit zu widersprechen. Aber „über ihre Dauer haben die Werke keine Gewalt". Ihre Vergänglichkeit – auch das Schöne muß sterben –, ihr Tod wird nicht von ihrem Sieg verschlungen, sondern ist ihm preisgegeben durch ihre radikale Historizität, der gerade sie ihre Wirkkraft danken. Sich der Illusion der Dauer entschlagen ist die Voraussetzung für die Erkenntnis des Zeitkerns im Ewigen. Die heute durchschlagende Forderung zur „Entkunstung" der Kunst im Antitheater wie in musikalischen und malerischen Demonstrationen, die Konzeption von Antikunst reklamiert Adorno für das ästhetische Bewußtsein. „Kunst muß über ihren eigenen Begriff hinausgehen, um ihm die Treue zu halten." Die Widerstandsfähigkeit der Kunst gegen die Möglichkeit ihrer Abschaffung – Symptom verzögerter Umwälzung eines Überbaus – hat ihren Grund „daran, daß der verwirklichte Materialismus auch seine eigene Abschaffung, die der Abschaffung materieller Interessen wäre. Einen Geist, der dann erst hervorträte, antizipiert Kunst in ihrer Schwäche." Die human gewordene Gesellschaft hat die Kunst resorbiert und braucht sie nicht mehr. Eine Utopie des befreiten Menschen, die die von Marx bürgerlich erscheinen läßt. Das Beharren beim Abstoßen in der modernen Kunst spricht das Unversöhnte im gesellschaftlichen Zustand aus, „darin die nahe Möglichkeit der Realisierung der Utopie nach dem gegenwärtigen Stand der Produktivkraft unterdrückt wird". Die Abscheulichkeit und das Dissonante signalisieren nach Adorno die Diskrepanz zwischen dem erreichten industriellen Potential und der Unterdrückung der in ihm bereitliegenden gesellschaftlichen Möglichkeit. „Um inmitten des Äußersten und Finstersten der Realität zu bestehen, müssen die Kunstwerke ... jenem sich gleichmachen. Radikale Kunst heute heißt soviel wie finstere, von der Grundfarbe schwarz."

Das gilt nicht für die großen Werke der Vergangenheit, richtet sie gleichwohl nicht. Einer befreiten Menschheit kann sich ihr Wahrheitsgehalt wieder öffnen. „Versöhnte Realität und die wieder hergestellte Wahrheit im Vergangenen dürften miteinander konvergieren." Die tiefe Verwobenheit von Kunst und Gesellschaft macht die Zugänglichkeit vergangener Werke fragwürdig, doch nicht unmöglich. Jede Zeit hat ihren Bach, und wenn Epochen sich ihm verweigern, spricht es gegen sie, nicht gegen das die Zeit überdauernde Werk. Daß der Sinn für solche Größe, ja Aktualität wiederkommen kann, darf nach Adorno nicht dem Wechsel des Geschmacks gutgeschrieben werden, der dabei nur die Rolle des Auslösers spielen sollte. Daß Hermann Hesses *Demian* und *Steppenwolf*, Zeugnisse einer verspäteten Jugendbewegung, schon zum Zeitpunkt ihres Erscheinens und trotz starker Resonanz in den zwanziger Jahren von mäßiger Qualität, bei den amerikanischen Hippies eine Hesse-Renaissance ausgelöst haben, gehört wohl zu diesem Kapitel. Dabei ist der Funktionswandel der Wirksamkeit aufschlußreich: Für einen unvergleichlich größeren Romancier wie Thomas Mann dagegen sind die Zeichen der Zeit ungünstig. Er setzt ein literarisch ansprechbares Publikum voraus, keine Revolution spielenden Hebephrenen.

Dem durch seine Qualität bedingten, also verschieden starken Aufforderungscharakter des Kunstwerks muß eine entsprechende Bereitschaft auf seiten des reproduzierenden oder nur empfangenden Subjekts entsprechen. Das Kunstwerk, Objektivation eines Verhaltens, kann nur so weit gelingen, als das Subjekt seines Ursprungs es von sich aus füllt. „Der subjektive Anteil am Kunstwerk ist selbst ein Stück Objektivität." Im Unterschied zum diskursiven Denken kann sich der Künstler nicht über sich und die objektiv gesetzte Grenze erheben. Das ist der Preis, den das Werk, soll es über ihn hinausreichen, vom Autor verlangt.

Kein seiner Autonomie bewußtes und sie bezeugendes Kunstwerk entzieht sich seiner gesellschaftlichen Bedingtheit. Daß Kunst heute sich zum ersten Mal in ihrer Geschichte selber fragwürdig wird, wurzelt Adorno zufolge darin, daß die Gesellschaft mit sich selber zerfallen ist. „Maß der gesellschaftlichen Wahrheit von Musik heute ist, daß sie ihrem Gehalt nach, der an ihrer immanenten Konstitution haftet, in Gegensatz tritt zu der Gesellschaft, in der sie entspringt und in der sie steht: daß sie selber, in einem wie immer auch vermittelten Sinn, ‚kritisch' wird" (Adorno: *Klangfiguren*, S. 29).

Das Zurschaustellen des Häßlichen, das Schwelgen in der Dissonanz, die Publikumsverhöhnung, das Antitheater sind Zeugen einer verlogenen Welt, die sogar ihrer Lüge nicht mehr mächtig ist. Sich aber Gedanken zu machen, wie es in einer wahren aussähe, ist sinnlos. „Wahrscheinlich ist sie ein drittes zur vergangenen und gegenwärtigen, aber noch mehr zu wünschen wäre, daß eines besseren Tages Kunst überhaupt verschwände, daß sie das Leid vergäße, das ihr Ausdruck ist ... In ihren fortgeschrittensten Produkten sucht Kunst Zuflucht bei ihrer eigenen Negation, will überleben durch ihren Tod." Das trifft nicht nur Beckett, dem die *Ästhetische Theorie* gewidmet sein sollte. Die Gegenwart ist Adorno das Zeitalter unbegriffenen, unbegreifbaren Grauens. „Kunst heute ist anders denn als Reaktionsform kaum mehr zu denken, welche die Apokalypse antizipiert. Denn wahr ist nur, was nicht in diese Welt paßt."

„Diese Sätze sind in ihrer Radikalität dem Bewußtsein inkommensurabel, das sich der allgemeinen Verharmlosung nicht entziehen kann. Von ihr ist der modische Marxismus, der alles und besonders Hitler begreift, eher Teil als Widerpart" (Martin Puder: *Zur ästhetischen Theorie Adornos*, Neue Rundschau, 82. Jahrgang, 1971, 3. Heft).

Warum dann aber noch Ästhetik? Wenn ihr Gegenstand abstirbt, um nicht zu sagen, schon Spuren beginnender Verwesung zeigt, was treibt trotz allem zur Beschäftigung mit ihm und ihrer nur bis ins achtzehnte Jahrhundert reichenden Reflexion? Die Rede, die Zeit der Kunst sei vorüber, und es komme darauf an, ihren Wahrheitsgehalt, den es also offenbar gibt, der aber mit dem Gesellschaftlichen identifiziert wird – zu verwirklichen, entspricht zwar ihrer gesellschaftlichen Isolierung heute, nicht zuletzt der Abkehr protestierender Jugend von ihr, macht aber solche Propaganda „in einer halbbarbarischen und auf die ganze Barbarei sich hinbewegenden Gesellschaft" zu deren Sozialpartner. Es geht nicht um die Notwendigkeit von Kunst. „Die Frage ist falsch gestellt, wo es ums Reich der Freiheit geht." Vertritt aber Kunst das Ansich, „das noch nicht ist", so kann man ihr nicht mit der Notwendigkeit kommen.

„Kunst bleibt übrig nach dem Verlust dessen an ihr, was einmal magische, dann kultische Funktion ausüben sollte. Ihr Wozu – paradox gesagt: ihre archaische Rationalität – büßt sie ein und modifiziert es zu einem Moment ihres Ansich. Damit wird sie rätselhaft." Sie behält die Erinnerung an die vergangene und auf dem Weg zur Autonomie verdrängte Mimesis-Bannung des Übermächtigen durch Anverwandlung und Anähnelung, die mit Nachahmung eines Vorgegeben nicht zu verwechseln ist. Das Mimetische in künstlerischen Gebilden, das Verschlüsselte, den Sinnen Zugewandte rechtfertigt durch seine magischkultische Abkunft die Frage nach seinem Wozu und nach seiner Wahrheit, „nach dem Absoluten, auf das jedes Kunstwerk dadurch reagiert, daß es der Form der diskursiven Antwort sich entschlägt". Jedes Kunstwerk ist individuell verschlüsselt und wartet auf seinen Aufschluß durch philosophische Reflexion. Das, nichts anderes, rechtfertigt Ästhetik. Die ästhetische Theorie ist durch den aenigmatischen-mimetischen Vordergrundcharakter des Kunstgebildes provoziert. Durch die Bedürftigkeit seines Rätselcharakters wendet es sich an die deutende Vernunft. Ihre Antwort muß sich zwar rationaler Diskursivität bedienen, ist sich auch der Inadäquatheit solchen Mittels bewußt, kann aber um der im Gebilde steckenden Wahrheit willen auf Interpretation nicht verzichten. „Die Paradoxie, daß Kunst es sagt und doch nicht sagt, hat zum Grunde, daß jenes Mimetische, durch welches es sie sagt, als Opakes und Besonderes dem Sagen zugleich opponiert." Hier bestätigt sich die Intention der negativen Dialektik, gegen die Opferung des Individuellen bei Hegel ästhetisch. In mimetischer Sprache ist das individuum ineffabile gerettet.

Den Wahrheitsgehalt eines Kunstwerks begreifen erfordert seine Kritik, nicht im Sinn einer nachträglichen Zugabe, die besser oft unterbliebe, sondern „die geschichtliche Entfaltung im Werke durch Kritik und die philosophische ihres Wahrheitsgehaltes stehen in Wechselwirkung". Deshalb wartet ein Kunstgebilde auf Interpretation wohlgemerkt seines Gehaltes, nicht vom Bewußtsein und Willen des Autors. Positiver Wissenschaft und Philosophie nach ihrem Muster ist (dieser)

Wahrheitsgehalt verschlossen. Unwahr sind nur mißlungene Werke. Generelle Kriterien dafür kann es nicht geben, denn sie widersprächen der strikten Einzigkeit des mimetischen Gebildes, seiner monadischen Fensterlosigkeit nach außen. „Aenigmatisch sind die Kunstwerke als Physiognomik eines objektiven Geistes, der niemals im Augenblick seines Erscheinens sich durchsichtig ist." Auch die Idee, etwa des Tragischen oder Komischen, welche dem Idealismus zufolge künstlerischer Wahrheit entsprechen sollte, ihr Nerv, bleibt den Werken äußerlich, macht sie zu Exempeln eines Immergleichen. „Der Gehalt ist nicht in die Idee auflöslich, sondern Extrapolation des Unauflöslichen. Von den akademischen Ästhetikern durfte Friedrich Theodor Vischer allein das gespürt haben." Diese These scheint für die Irrationalität eines Kunstgebildes zu plädieren. Trotzdem spricht Adorno von einer Logizität, die dem diskursiven Denken entgegenkommt – das macht Kunstgebilde ja zu Rätseln –, aber notwendig zu Enttäuschungen führt. Für die Musik leuchtet die Verwandtschaft am ehesten ein. Sie kennt die Figur des Schlusses. „Die Logik der Kunst ist ... ein Schlußverfahren ohne Begriff und Urteil." Wenn die Rechtfertigung des Unternehmens einer Ästhetik nur darin gesucht werden kann, daß Kunstwerke wahr oder unwahr sind, wenn sie deshalb auf ihre Interpretation warten, weil sie sie zur fortschreitenden Entfaltung des in ihnen verschlüsselten Gehaltes brauchen, dann müssen Philosophie und Kunst in deren Wahrheitsgehalt konvergieren. Nicht in dem fatalen und billigen Sinn der Bezeichnung der Philosophie als Gedankendichtung – auch nicht im Sinn einer Konzession an den Idealismus. „Daß sie (die Kunstwerke) trotz ihrer Autarkie und durch diese hindurch auf ihr Anderes außerhalb ihres Bannes gehen, treibt über jene Idealität des Kunstwerks mit sich selbst hinaus, an der es seine spezifische Bestimmung hat." Ästhetische Erfahrung muß Philosophie werden, oder sie ist überhaupt nicht. Was macht die Konvergenz möglich? Beider *Allgemeinheit*, die jede auf ihre nicht transponierbare Weise besitzt. Diese Allgemeinheit ist das Kollektiv, nicht sein Schatten, das Bewußtsein überhaupt. „Damit wohnt Gesellschaft dem Wahrheitsgehalt inne."

Adornos zentrale These von einem Wahrheitsgehalt des Kunstwerks bedingt seine Ablehnung einer wertfreien Ästhetik und damit seine Abschirmung gegen jede Art von Relativismus. Gegen den Charakter immanenter Stimmigkeit der Werke, ihrer Quasilogik läßt sich weder unter dem Aspekt der Form noch ihres Inhaltes etwas einwenden. Daß aber „die immanente Stimmigkeit der Kunstwerke und ihre metaphysische Wahrheit konvergieren in ihrem Wahrheitsgehalt" (S. 420), läßt die Bestimmung dessen, was unter Wahrheitsgehalt zu denken ist, im Dunkeln. Wenn man auf S. 391 dann liest, „keiner könnte die Meistersinger verstehen, der nicht das von Nietzsche denunzierte Moment, daß Positivität darin narzistisch gespielt wird, wahrnähme, also das Moment der Unwahrheit", dann staunt man über die Reduktion des Gehalts auf psychologische Schwäche eines Autors, bei dem, wie bekannt, erotische Impulse durch sein ganzes Schaffen maßgebend waren. Entragt, um einen Adornoschen Ausdruck zu gebrauchen, der Tristan nicht der Affaire mit Mathilde Wesendonk? Wahrheit als Gehalt hat mit Wahrhaftigkeit, zumal bei kreativen Naturen, nichts zu tun. Das weiß natürlich niemand besser als Adorno, schon als Musiker und Philosoph, dem es um die Objektivität des Werkes geht, gegen jeden Versuch, es, wie immer auch, in ein Bündel von Reizen aufzulösen.

Auch der Gedanke einer Herleitung des den Kunstwerken inhärenten mimetischen Momentes aus archaischer Tiefenschicht hilft hier nicht weiter. Was hat eine Phylogenese des Künstlerischen aus Magie und Kult mit der Objektivität von Gebilden zu tun, die Respekt vor ihrer Autonomie verlangen, um wahrgenommen, geschweige denn verstanden zu werden? Wie aber werden sie verstanden? Die künstlerische Erfahrung ist paradox. „Ihr Medium ist die Selbstverständlichkeit des Unverständlichen." Doch soll dieser Satz nicht ohne weiteres mit einer Verteidigung verwechselt werden. Den Platz des Unverstehbaren nimmt die Reflexion des Rätselcharakters ein. Ein Passus auf S. 189 liest sich wie ein Konzentrat der ästhetischen Theorie. „Alle Kunstwerke sind Schriften, nicht erst die, die als solche auftreten; und zwar hieroglyphenhafte, zu denen der Code verloren ward und zu deren Gehalt nicht zuletzt beiträgt, daß er fehlt. Sprache sind Kunstwerke nur als Schrift. Ist keines je Urteil, so birgt doch ein jegliches Momente in sich, die vom Urteil stammen, richtig und falsch, wahr und unwahr." Nur offenbart sich die ebenso verschwiegene wie bestimmte Antwort nicht in neuer Unmittelbarkeit, sondern erst durch Vermittlungen hindurch „der Disziplin der Werke wie des Gedankens, der Philosophie". Dies Bemühen wird nicht durch ein Wort gestillt: „Der Rätselcharakter überlebt die Interpretation." Rätselhaft bleibt, „daß ein vieldeutig Verschlungenes gleichwohl eindeutig und demgemäß verstanden werden kann".

In solcher Diagnose schimmert die Erfahrung der Moderne durch und macht den programmatischen Satz aus der frühen Einleitung verständlich, daß Ästhetik weder hinter der Kunst noch hinter der Philosophie zurückbleiben darf. Solchem Anspruch will Adorno genügen und faßt ihn in die Formel: Wahrheit hat Kunst (deren Medium die Sinnenschönheit ist) als „Schein des Scheinlosen". So wird sie in einer Welt, deren Erkenntnisideal nachprüfbare Verifikation nach dem Maße von Falsifikationsmöglichkeit ist, zum Absoluten und die Ästhetik zur Zuflucht der Metaphysik. Ist nach Kantischer Doktrin dem Menschen das Ansich versperrt, „prägt es in den Kunstwerken, ihrem einheimischen Reich, in dem es keine Differenz zwischen Ansich und Für uns geben soll, zu Rätselfiguren". Hegel spricht vom „Scheinen der Idee" als der Essenz des Kunstwerks. Adorno ersetzt Idee durch das Scheinlose, aber als abgebrochene Transzendenz. wäre es nicht gebrochen, hätte das Kunstwerk den Charakter des Mysteriums. Damit steht die Ästhetik an der Schwelle negativer Theologie. Zu Beckett paßt es.

Adorno wollte seinem Buch ein Fragment Friedrich Schlegels als Motto voranstellen: „In dem, was man Philosophie der Kunst nennt, fehlt gewöhnlich eins von beiden; entweder die Philosophie oder die Kunst." Ob die Ästhetik Nutzen davon hat, wenn sich in ihr beide vereinigen?

Das mit allen Zusätzen 544 Seiten umfassende Fragment berührt Themen der klassischen Ästhetik ebenso wie die von der Moderne seit Baudelaire und Mallarmé, Proust und Kafka – und Beckett, Klee und Schönberg gestellten Fragen. Wer Adornos Meisterschaft im Aphorismus kennt, kann sich auf einen ganzen Sack voller ungefaßter Brillanten gefaßt machen. Man findet Kants Theorie des interesselosen Wohlgefallens mit der psychoanalytischen Kunsttheorie konfrontiert und neben fast altmodisch anmutenden Themen wie die des Schönen in Natur und Kunst die aktuellen der Hermeneutik des Ausdrucks nach Form, Inhalt und Material. Wo sich die Thematik ins Prinzipielle steigert, werden Kant und Hegel, dieser als gegnerisches Vorbild, hörbar.

Es spricht für den Reichtum dieses Werkes, daß man sich darin verlieren kann. Das sprengte den Rahmen, aber auch den Sinn einer Besprechung, zumal eines solchen Fragmentes. Sie kann nur versuchen, seinen Leitgedanken, der in vielen Variationen begegnet, deutlich zu machen. Von ihm ist die These der Rätselhaftigkeit des Kunstwerks, seines Aufforderungscharakters an die gedankliche Form und seiner gebrochenen Transzendenz bedingt.

Ein solches Werk trägt bewußt den Stempel der Moderne und ihrer Infragestellung der Kunst als solcher. Im Zeichen ihrer Gefährdung durch sie selber wie durch die ihr inhärente Gesellschaft steht die Schwermut seiner Theorie. Alles Leichte muß sich rechtfertigen, alles Leuchtende hat zu seinem Grunde schwarz. Bezeichnend ist, daß der Begriff des Spiels sich nur an einer Stelle findet, in der von Schiller die Rede ist. Wenn Kunstwerke an ihrer Wahrheit gemessen werden – was eine wertfreie Ästhetik ausschließt –, darf man sich über Empörungen nicht wundern. Richard Strauß fragte einmal den Dirigenten Otto Klemperer, einen Schüler Mahlers: Der Mahler will immer erlöst werden. Wovon eigentlich? Deshalb hat Adorno ein Buch über Mahler geschrieben und nicht über Richard Strauß.

IV. Erinnerungen

Ad memoriam Edmund Husserl
(1859–1938)

In den ersten Tagen des Mai hat Edmund Husserl, der Schöpfer der Phänomenologie, die Augen für immer geschlossen. Das Land, dessen hohe philosophische Tradition er mit neuem Leben erfüllte und das ihm wie wenig anderen zur Dankbarkeit verpflichtet ist, darf heute an das Lebenswerk dieses Mannes kaum erinnert werden. Denn er gehört jener angeblichen Rasse an, die verfehmt sein soll, damit das Nordlicht germanischen Geistes um so reiner erstrahle. Wie wenig das selbst höchsten Parteifunktionären und Exponenten des gegenwärtigen Deutschlands einleuchtet, bewies noch vor wenigen Jahren der Reichspressechef Dr. Dietrich, als er in einer Rede Husserls Phänomenologie unter den großen Leistungen deutschen Geistes nannte; beweisen der Rassenpsychologe und -physiognomiker Ludw. Ferd. Clauss und der Metaphysiker des heroischen Nihilismus Martin Heidegger, die beide Schüler und Assistenten Husserls gewesen sind. Besser paßte schon ins offizielle Blutbild, daß die phänomenologische Bewegung durch ihr neues Vertrauen zur anschaulichen Fülle und Ordnung der Wirklichkeit sehr wesentlich zur „Rückkehr des Katholizismus aus dem Exil" beigetragen hat, in einem Lande, dessen Geistesgeschichte überwiegend vom Protestantismus geprägt ist. Mag diese Rückkehr für den deutschen Aspekt auch Episode geblieben sein, ein Œuvre wie das von Scheler, des bedeutendsten Mannes aus der Husserlschen Schule, erschöpft sich nicht in dieser zeitgeschichtlichen Wirkung. Aus ihm wird die katholische Haltung und Weltsicht auch in Zukunft neue Kräfte ziehen können, die sie dem Prinzip der Phänomenologie verdankt. Wer war Husserl? Was hat er mit seiner Phänomenologie gewollt? Warum konnte sie eine tiefere und nachhaltigere Wirkung auf Wissenschaft und Leben haben als selbst der Intuitionismus Bergsons oder der Pragmatismus von William James? Wenn man seine Schriften zur Hand nimmt, die *Logischen Untersuchungen* (1900/01), die *Ideen zur reinen Phänomenologie* (1913) und selbst noch die *Méditations Cartésiennes* (1931), muß man sich wundern, daß ein derart esoterischer Schreiber, dessen Bücher jeden Glanz und Charme entbehren und vom Leser allergrößte Geduld verlangen, eine so umfassende Resonanz finden konnte. Schwerfällig wie sein ganzes Wesen vollzog sich sein Aufstieg. Er stammte aus Proßnitz in Mähren, wuchs also in einer Welt auf, deren Zentrum Wien war. Er studierte zunächst Mathematik, besonders bei Weierstraß in Berlin, später Philosophie und Psychologie bei Brentano in Wien. Beiden Quellen suchte er die Treue zu halten. Mathematik war ihm durch sein ganzes Leben das Ideal aller Wissenschaft, und wie so viele Vernunftgläubige vor ihm fahndete er für die Zonen der Erfahrung, denen wir mit Figuren und Zahlen nicht beikommen können, nach Prinzipien von gleicher Gewißheit. Als echter Rationalist blieb er bei seiner jugendlichen Überzeugung, daß der Mensch über Erkenntnisquellen verfüge, welche ein dauerndes Einverständnis in Dingen der moralischen, sozialen und politischen Ordnung gewährleisten. Wie aber sie finden? Darauf hatte sein katholischer Lehrer Brentano, im Gegensatz zu dem damals aufkommenden Kantianismus, die Antwort: durch das Studium der inneren Erfahrung, durch Psychologie.

So begann Husserl als Privatdozent in Halle mit einer Psychologie der Arithmetik, aber er erkannte bald die Unmöglichkeit, sein Ideal der Begründung zeitloser Wahrheiten auf dem Boden einer wenn auch inneren Erfahrung zu erreichen. Aus dieser Spannung zwischen Rationalismus und Positivismus ist der Gedanke seiner Phänomenologie geboren. Eine Fundamentalwissenschaft sollte es sein, offen für alle Erfahrung, offen wie alle Erfahrung und doch nicht von der Erfahrung und ihren Realitäten abhängig. Sie sollte die Prinzipien nicht allein der Natur, sondern darüber hinaus der ganzen Welt erarbeiten, die sich im Erkennen ebensogut erschließt als im Fühlen, Wollen und Glauben, kein bloßes Panorama, sondern auch Kampfplatz und Kampf, Bild im geschlossenen Rahmen und grenzenlose Weite wechselnder Horizonte in einem.

Eine derart universale Grundwissenschaft durfte die Prinzipien nicht einseitig etwa den Wissenschaften entnehmen, wie es damals die sogenannte kritische Erkenntnistheorie versuchte. Die Welt des Erkennens stellt bereits eine Interpretation der unmittelbaren Welt dar, sie verhält sich zu ihr wie ein Photo, eine Skizze zur Wirklichkeit. Ebensowenig durfte die Fundamentalwissenschaft sich einseitig durch Glauben, Wollen oder Fühlen leiten lassen. Husserl fürchtete die Gefahr willkürlicher Hierarchie, gewaltsamer Einengung der Horizonte durch herrscherliche und herrische Systematik, welcher Gesinnung sie auch entstammen mochte. Wie für Nietzsche war auch für ihn der Wille zum System ein Mangel an Rechtschaffenheit.

Er wollte sich der Wirklichkeit in ihrer ganzen Frische und Ursprünglichkeit versichern. Dieser für das ausgehende neunzehnte Jahrhundert typische Trieb, der die akademisch-romantische Tradition in der Kunst durchbrach, um Impression und freien Rhythmus zu gewinnen, führte auch ihn zu den Quellen der unmittelbaren Anschauung als den Prinzipien, die gleichermaßen Erfahrung und Denken bestimmen. Prinzip, Kategorie, Idee – das konnte für Husserl nichts sein, was dem erkennenden oder wollenden Subjekt des Menschen entspringt und einer an sich unfaßbaren Welt das Gepräge ihrer Faßbarkeit aufdrückt. Das mußte zur Welt gehören, Struktur der Sache selber sein, die vom menschlichen Subjekt Anerkennung erzwingt und jedem Relativismus von Standpunkten und Betrachtungsweisen entrückt ist. Prinzipien, Kategorien, Ideen sind Strukturen des Seienden, wie es sich von sich her zeigt, wie es erscheint, nicht Forderungen oder Antworten des Bewußtseins. Man sollte eigentlich nicht glauben, daß ein Mann von so ausgesprochen liberal-positivistischer Haltung, von vollkommener Indifferenz gegen die Autorität christlicher Offenbarung so feindlich dem ganzen kritischen Idealismus Kants und seiner Nachfolger gegenüberstand. Und doch war es so. Die Isolierung des Menschen in seinem Bewußtsein, der ethische Rigorismus, die Betonung der sittlichen Autonomie, die Emanzipation der Gewissensentscheidung, die Überbewertung des exakten Denkens in der naturwissenschaftlichen Erfahrung, die in der Kantischen Philosophie ihre Rechtfertigung fanden, waren ihm zuwider. Er war Ontologe aus Leidenschaft. Der Kontakt mit dem Sein ging ihm über alles. Ich erinnere mich einer kleinen Szene am Tor seines Gartens in Göttingen. Wir sprachen über Fichte und seinen seltsamen Begriff vom Ich, das die Natur aus sich hervorbringt. Da nahm er seinen Spazierstock, stemmte ihn gegen den Türpfosten und sagte: „So wie ich diesen Widerstand hier erfahre, muß die Philosophie sich des Seins versichern." Das Bewußtsein sollte die Welt tausendfach hereinlassen, nicht in Erscheinungen von etwas, das es nicht kennt und nie erreichen kann, gegen das Sein sich abschließen. Darum galt es, den Menschen zur Demut, zur Ehrfurcht vor der Anschauung zu erziehen, die er so leicht verliert, weil er durch das übliche Gerede der Sprache dazu verleitet wird, über ihren Abstraktionen und bequemen Verständigungsmitteln die Sachen selbst zu vergessen.

Erziehung zur Ehrfurcht vor der Anschauung durch Besinnung auf die ursprünglich begreifende Funktion der Sprache ist der Sinn der Phänomenologie. Nicht stehen bleiben bei Phänomenen, wie es der Positivismus und Phänomenalismus der sinnlichen Erfahrung wollte, der eine Philosophie des Mißtrauens war und die Beobachtung im Experiment zur Richtschnur der Anschauung machte. Wir sollen vielmehr zum Logos der Phänomene durchdringen, der sich daran offenbart daß das Wort sie bezeichnet und begreift. Das Wort in seiner ursprünglichen Bedeutung, in seiner von jedem einsehbaren und mitzuvollziehenden „Intention" erfaßt Husserl als den natürlichen Leitfaden zur „quellgebenden" Anschauung und damit zu den fundamentalen Prinzipien von Sein und Leben.

Der Menschheit große Gegenstände und Anliegen spiegeln sich in Worten, das heißt in Begriffen, berufen sich auf Begriffe, erzeugen Begriffe. So wird die Wortbedeutung zum natürlichen Träger aller Intentionen, in denen wir uns auf das Sein wahrnehmend, denkend, wollend, glaubend, fühlend beziehen. Indem wir sie aufklären und analysieren, was eigentlich mit ihnen gemeint ist, dringen wir zu dem letzten Endes nur anschaulich, das heißt intuitiv zu fassenden Sinngehalt der gemeinten „Sache" hindurch. Er macht ihr Wesen aus. Es ist nicht so, daß wir dieses Wesens einer Sache uns rein verstandesmäßig erst versichern müßten. Wir haben es irgendwie, immer schon, es hat uns schon und wir haben es nur vergessen. Unser Sprachgefühl weist uns den Weg. Der treffende Ausdruck kann nur darum treffend sein, weil er den Wesensgehalt gleichsam erinnernd zur Anschauung bringt.

Wir sprechen etwa von Leben. Was ist Leben? Die übliche Antwort lautet: das können uns nur die Wissenschaften sagen, die Leben zum Gegenstand haben. Wendet man sich aber an Biologen, Mediziner, Historiker, Soziologen, dann werden sich alle mit irgendeiner behelfsmäßigen Definition zufrieden geben, einem Begriff, der ihrer Arbeit eine gewisse Richtung und Abgrenzung sichert. Und alle werden uns auf die allmähliche anschauliche Anfüllung des Begriffs durch die wachsende Erfahrung vertrösten.

Nein, sagt die Phänomenologie. Wir wissen, was Leben ist. Wüßten wir es nicht, könnten wir den Begriff niemals bilden, könnten wir das Wort nicht einmal verstehen und sinnvoll gebrauchen. Wir haben schon – in welcher Sprachschicht auch: in der Umgangssprache, in der Sprache des Dichters, des Gelehrten, des Mystikers – einen Vorbegriff davon, der zwar nicht definiert werden kann, weil er kein Abstraktum ist, wohl aber Präzision besitzt und nicht etwa die Verschwommenheit des Gefühls oder die Unbewußtheit des Instinkts. Seine Klarheit und

Bestimmtheit lassen sich allein exemplarisch zum Bewußtsein bringen, wie irgendeine andere anschauliche Gegebenheit auch. Zu solcher beispielhaften Verdeutlichung taugt jede sprachlich bezeugte Wendung, in der Ausdrücke wie Leben, Lebendigkeit, Lebhaftigkeit und ihre Derivate nachdrücklich gebraucht werden.

Für die Phänomenologie spielen Sprachbedeutung und Sprachgefühl nur die Rolle eines Zugangs zu den eigentlichen Wesenheiten, die uns an irgendeinem der Wirklichkeit oder der Phantasie entnommenen Beispiel intuitiv klar werden; in der Art klar werden wie die Ideen in den Sokratischen Dialogen. Man hat Husserl wohl einen Platoniker genannt, aber er hat sich bei dem platonischen Verhältnis von Idee und Einzelfall nie beruhigt. Eher könnte man ihn einen Aristoteliker nennen, weil seine Arbeit darum bemüht war, an jeder Erscheinung die Struktur ihres „Typus" (signalisiert im treffenden Ausdruck) zur Transparenz zu bringen. Und nur die uferlose Breite der mit der heutigen Erfahrungs- und Ausdrucksfülle hereinbrechenden Wesensmöglichkeiten trennt die moderne Phänomenologie von dem klassischen Bild aristotelischer Systematik.

Mehr als die um die Methode der Wesensforschung kreisende Arbeit Husserls haben die Arbeiten seiner Schüler den Sinn und Wert dieser Wendung in der Philosophie vom Subjekt zum Objekt, zur Fülle des Seins demonstrieren können. Die Starre der kantischen Weltinterpretation war überwunden. Ein Strom unverbrauchter Themen riß das Denken einer ganzen Generation mit sich fort. Es gab keine verbotenen Fragen mehr. Die bis zur Sterilität gepflegten Grenzen zwischen den einzelnen wissenschaftlichen Disziplinen begannen sich zu lockern. Die Philosophie sah sich nicht mehr auf Logik, Erkenntnistheorie, Ethik und Kategorialanalysen beschränkt. Am Leitfaden der Sprache fand sie in der Fülle unabgeschlossener Erfahrung ihr neues unabgeschlossenes Arbeitsfeld. Schelers Ethik der materialen Werte überwand den kantischen Pflichtformalismus. Sie erschloß wieder die Leidenschaften, die Reue, den Stufenbau der Person dem philosophischen Verständnis. Dietrich von Hildebrand, der Sohn des großen Bildhauers, der 1933 von München nach Wien ging und dort für den katholischen Ständestaatsgedanken wirkte, bis der Anschluß ihn abermals vertrieb, hat Schelers Werk fortgesetzt. In die Religionsphilosophie kam neues Leben. Was in der scholastischen Tradition behütet und verfeinert, aber auch dem Leben der Zeit langsam entfremdet war, natürliche Theologie und Naturrecht – erinnert sei nur an Ottos Buch *Das Heilige*, an Schelers *Vom Ewigen im Menschen* und an Reinachs *Apriorische Grundlagen des bürgerlichen Rechts* –, erhielt durch die Phänomenologie unerwartete Hilfen. Neues Verständnis unter den Konfessionen bahnte sich an.

Um 1910 hat die Phänomenologie sich durchgesetzt. Auf allen Wissensgebieten macht sich ihr umwälzender Einfluß geltend. Die Psychologie rebelliert gegen die Herrschaft des Naturalismus und entwickelt im neuen Kontakt mit der geistigen Wirklichkeit, auf dem Boden der Personalität des Menschen Ausdruckslehre, Charakterkunde, Typologie der Konstitution. Psychiatrie und innere Medizin, Biologie und Soziologie, Kunstwissenschaft und Geistesgeschichte beginnen umzulernen und ihre Grundlagen zu revidieren. Der Sinn für Formung und Stufung, für Eigenart und Wesensgrenzen wird empfindlicher. Das so lange durch den Mechanismus verdrängte morphologische und funktionelle Verstehen der anschaulichen Naturgestalten im Sinne Goethes und des Aristoteles erhält neuen Impuls. Eine für die moderne Welt unverständlich gewordene Tradition, die scholastische Philosophie, begegnet nicht mehr dem Lächeln hochmütiger Aufklärung.

Obwohl allein die Wiedereinführung des scholastischen Gedankens der Intentionalität sein Werk ermöglichte, hat Husserl diese Entwicklung nicht vorausgesehen. Er dachte selbst noch viel zu positivistisch, um das Vertrauen in die stetige Ausbaufähigkeit seiner Phänomenologie zu einer Einzelwissenschaft zu verlieren. Strenge Wissenschaft mit tausend Einzelproblemen, endlosen Arbeitsmöglichkeiten, uferlos wie das Sein und die Sprache, in der es sich spiegelt, war sein Ideal. In diese Beliebigkeit Ordnung zu bringen, methodische Linie, terminologische Disziplin, erkannte er als seine Aufgabe. Sie wurde ihm zum Verhängnis. Denn er verlor dadurch den Kontakt mit der von ihm selbst proklamierten Richtung zur unmittelbaren Fülle der Anschauung. Im Grunde hat er sie gefürchtet und die Sicherheit des Bewußtseins dem Wagnis des Seins vorgezogen. Er entwickelte sich zum Erkenntnistheoretiker seiner Methode und lenkte damit, fast wider sein besseres Wollen, in die alten idealistischen Bahnen zurück. So glaubte er sich sehr bald schon von seinen Schülern mißverstanden und alleingelassen. Er wollte Scheler und Heidegger, Anthropologie und Existenzphilosophie nicht als legitime Konsequenzen seiner phänomenologischen Methode gelten lassen.

So hat ihn das typische Schicksal des Liberalen in dieser Zeit ereilt, ehe noch die Schatten des Dritten Reiches seine letzten Jahre verdunkelten. Aber das Werk, das mutiger und vertrauensvoller war als sein Urheber, wird seinen Namen kommenden Geschlechtern bewahren. Die Möglichkeiten, die in ihm schlummern, sind noch lange nicht erschöpft. Auf sie wird immer zurückgreifen müssen, wer nicht will, daß

Christentum und platonisch-aristotelische Überlieferung im Humanismus aus unserem Leben verschwinden.

In memoriam Hans Driesch

Neues sehen und Großes erreichen, das den Tag überdauert, ist auch in der Wissenschaft nur denen möglich, die, in dunklem Drang des rechten Weges sich bewußt, den Mut haben, nur von der Macht der Sache sich führen zu lassen – nach Cromwells Wort: niemand kommt weiter als der, der nicht weiß, wohin er geht. Driesch war ein mutiger Mann. Kurz nach seiner Doktorpromotion, als junger Anfänger in der Zoologie, brach er mit seinem Lehrer Haeckel und verzichtete damit auf akademische Karriere. Er ging nach Neapel an die Zoologische Station und begann in offenem Gegensatz zur herrschenden abstammungsgeschichtlichen und vergleichend anatomischen Richtung mit seinen Experimenten. Experimentieren in der Zoologie war damals eine Seltenheit. Der Mut wurde belohnt. Ihm gelang an Hand des merkwürdigen Fundes, daß aus halbierten Seeigellarven ganze Seeigel wurden, die Widerlegung der Weismannschen Keimplasmatheorie, die der Hallenser Anatom Roux mit ähnlichem Experiment an der Froschlarve und entgegengesetztem Resultat bewiesen zu haben glaubte. Der Streit war da, das Problem eines neuen Wissenszweiges, der „Entwicklungsmechanik", gefunden. In immer neuen Variationen konnte der junge Driesch die Unmöglichkeit einer mechanischen Analyse des Entwicklungsvorgangs nachweisen, sehr gegen die Neigung der Zeit, sehr auch gegen seine eigene Neigung.

Denn dieser Sohn eines begüterten, wenn auch für damalige Hamburger Verhältnisse nicht übermäßig reichen Kaufmanns, dem der frühe Tod des Vaters jedenfalls unabhängiges Leben, große Reisen erlaubte, war durch und durch Rationalist. Schon in seiner Dissertation, den *Tektonischen Studien über Hydroidpolype*, schwebte ihm das Ideal einer logisch-mathematischen Ableitung ihrer Formenmannigfaltigkeit vor, ein Ideal, das er in seiner nächsten Schrift ausdrücklich zum Programm machte. Die einzelnen Formen sollen sich als Abwandlungen einer Grundform ergeben wie die Kegelschnitte aus der Konstruktion des Kegels. Biologie *more geometrico* ist sein Ziel und „unentwickelt-entwickelbare" Begriffe will er schon damals finden, in denen sich die Logik der organischen Welt enthüllt.

Damit konnte ein so historisch-romantischer Augenmensch wie Haeckel nichts anfangen. Ihm war die Natur – wie einst für Schelling, für Novalis, von denen man freilich damals in Naturforscherkreisen höchst alberne Vorstellungen hatte, weil niemand sie las – eine Geschichte. War nicht der Darwinismus die – freilich verintellektualisierte – Durchführung des Novaliswortes: Natur ist lauter Vergangenheit? Instinktiv wehrte sich die bildfreudige Romantik in ihrem leidenschaftlichsten Vertreter Haeckel gegen das Aufklärungsprogramm des jungen Driesch, der die Welt der Organismen als Verwirklichung zeitloser Prinzipien erkennen will. Und jahrzehntelang sieht es so aus, als verteidige Haeckel mit seinem mechanistisch-materialistischen Programm einer kausalen Abstammungsgeschichte die Sache der nüchternen Forschung, lenke Driesch mit seiner Behauptung von der Autonomie des Lebendigen und seinem Neovitalismus in die (Gott sei Dank doch verlassenen) Bahnen der Romantik zurück.

Oder war es vielleicht kein Rückfall in die „alte Unwissenschaftlichkeit", dem Leben eine Eigengesetzlichkeit unabhängig von aller Gesetzlichkeit im Anorganischen zu reservieren? War es vielleicht kein Widerspruch, mit den modernen Methoden experimenteller Analyse an die Lebenserscheinungen heranzutreten, und, wenn's nicht so weiterging, wie man gehofft, zu erklären: es geht überhaupt nicht? Warum dann noch Experiment, wenn das Objekt die Möglichkeit hat, sich seinen Bedingungen zu entziehen; wenn es sich grundsätzlich nicht kausal verstehen läßt? Das mußte sich Driesch nicht nur von der stammesgeschichtlichen Richtung, sondern auch von den jungen Experimentalzoologen sagen lassen, die methodisch an seiner Seite standen, aber den Vitalismus ablehnten. Nicht so sehr aus einer mechanistischen Weltanschauung, als um der experimentellen Analyse willen, die der Vitalismus sinnlos machte.

Driesch hatte sich von Anfang an selbst gesagt, daß es hier um mehr ging als um die Deutung eines Versuchsergebnisses. Wenn der Organismus, vor allem der Keim in seinen Frühstadien, praktisch unbegrenzt regulationsfähig ist, dann kann er keine Maschine sein, und wenn er keine Maschine ist, dann sind der Analyse Grenzen gezogen. Denn sie verfügt dann nicht über die Möglichkeit, grundsätzlich alle Faktoren in die Hand zu bekommen. Autonom ist das Leben heißt dann nicht: es gibt noch keine spezifisch biologische Methodik, was bisher so heißt, paßt allein zur anorganischen Natur, sondern heißt positiv: das Leben entzieht sich der kausalen Interpretation im Sinne der Verknüpfung einzelner Komponenten.

Damit war er auf gefährliches Gebiet gekommen. Die Autorität

Kants stand hier im Wege, auf die sich die Verständigen unter den Gegnern des Neovitalismus, die methodischen Mechanisten, mit Recht berufen konnten. Erkenntnistheorie und Kritizismus waren in den neunziger Jahren, im ersten Jahrzehnt des neuen Jahrhunderts die philosophische Mode in Deutschland. Driesch arbeitete sich in die Literatur ein, holte nach, was man als Student bei Haeckel in Jena schon aus Gründen des *bon ton* hatte unterlassen müssen. Aus dem Experimentator wird zum Schmerz nicht nur seines Lebensfreundes und Mitkämpfers, des späteren Heidelberger Zoologieprofessors C. Herbst, immer ausgesprochener ein Philosoph. Er studiert Liebmanns Analysis der Wirklichkeit, Riehls Philosophischen Kritizismus, kommt tiefer in Kant und Schopenhauer und begreift langsam als seine Lebensaufgabe die Verteidigung des experimentell, wie er glaubt, bewiesenen Vitalismus vor dem Forum der Philosophie.

In noch nicht zwanzig Jahren hat er den Weg zur Höhe durchlaufen. Aufsehenerregende, lebhaftes Hin und Wider entfachende Experimente, scharfsinnige Bücher zur Logik der biologischen Begriffsbildung machen seinen Namen international bekannt. In Bergsons Schriften ist der Einfluß Drieschs deutlich zu verfolgen. Vor allem aber findet er Resonanz in den angelsächsischen Ländern. Seine Verbindung von Experiment und Philosophie ist englischem Denken verwandt. Empirisch im Fundament, empirisch in der ganzen Denkhaltung auch dem Nichtempirischen gegenüber, offen für das „Jenseitige", das sich im Diesseitigen meldet, begegnet er dort größerer Bereitwilligkeit als in Deutschland, das ihn vorläufig als Outsider in jeder Hinsicht mit gemischten Gefühlen betrachtet. Knapp vierzig, ist er Giffordlecturer in Aberdeen auf dem außerordentlichen Lehrstuhl für „Natürliche Theologie im weitesten Sinne des Wortes". Die Frucht dieser Vorlesungen, sein schönstes Buch, die *Philosophie des Organischen* (1909), in die seine früheren Schriften mitverarbeitet sind, bezeichnet den Höhepunkt seines Schaffens.

Was nun folgt, ist Ausbau, ständige Vertiefung der aus seinem Lebensgang erwachsenen, von Beobachtung und Analyse gleichmäßig getragenen Lehre. 1912 kommt die *Ordnungslehre,* System des nicht-metaphysischen Teils der Philosophie, Logik, Erkenntnistheorie und Wissenschaftslehre in einem, 1917 die *Wirklichkeitslehre,* ein metaphysischer Versuch. Der vom Ausland erkannte Outsider hat Aufnahme an der Universität seines Wohnorts Heidelberg gefunden. Ein bei allem Kantianismus weitherziger Mann wie Windelband bestimmt ihn 1909 zur Habilitation für „Naturphilosophie" schon aus repräsentativen Gründen gegenüber dem Internationalen Kongreß für Philosophie.

Das Vorkriegsheidelberg war ein Sammelpunkt der erlesensten Köpfe, in philosophicis ein Mittelpunkt neukantianischer Wertphilosophie. Neben Windelband wirkten Troeltsch, Max Weber, der scharfsinnige Logiker und Rechtsphilosoph Lask. Jaspers begann seine Laufbahn. Problem und Essenz der Geschichte bewegte dort die philosophischen Geister, nicht die Natur. Man hatte für eine metaphysische Fruktifizierung naturwissenschaftlicher Ergebnisse nichts übrig, sah in ihr eine „vorkantianische" Naivität. Driesch hat es in der Tat in diesem Kreis zu keiner Anerkennung bringen können, es sei denn als Biologe. Zehn Jahre war er – bei allem Kontakt mit Biologen (Bütschli, Klebs), Medizinern (Nissl z. B.) und vielen selbständigen Männern dieser unvergeßlichen Universität, mit dem anderen großen Outsider der deutschen Biologie damals, von Uexküll – philosophisch isoliert. Die Ernennung zum ordentlichen Honorarprofessor nach der Berufung Rickerts auf den verwaisten Lehrstuhl Windelbands 1917 schien das Ende seiner spät begonnenen akademischen Laufbahn in seinem fünfzigsten Lebensjahr zu bedeuten. Da kamen nach Kriegsende zwei Universitäten, eine alte, kleine, Gießen und eine neue, große, Köln. Er entschied sich für Köln, wo Scheler wirkte und die katholische Atmosphäre dem Erneuerer aristotelischer Gedanken voller Erwartung gegenüberstand. Doch blieb er dort nicht lange, folgte 1921 einem Ruf als Nachfolger Volkelts nach Leipzig – das damit seine Tradition erfahrungsnaher Philosophie von Fechner über Wundt fortzusetzen verstand, wie es überhaupt unter allen deutschen Hochschulen seine alte Höhe am längsten zu bewahren wußte. Leipzig, wo er bis zu seiner etwas verfrühten Emeritierung 1933 gewirkt hat und wo er nun im März dieses Jahres 74jährig gestorben ist.

Erneuerer aristotelischen Denkens ihn zu nennen wäre nicht nur überschwenglich, es wäre auch falsch. Man weiß, daß er den aristotelischen Namen Entelechie wieder zu Ehren brachte, indem er ihn zur Bezeichnung desjenigen „Faktors" verwandte, auf dessen Wirken die spezifischen Lebenserscheinungen beruhen sollen. Diese Zitierung hat nicht zur Klärung der Sache des Vitalismus beigetragen. Von aristotelischer Naturanschauung findet sich in seinem ganzen Œuvre keine Spur. Der aristotelische Entelechiebegriff lebt in Leibniz' Monadenidee, in Goethes Urform, bei den Romantikern. Erst der phänomenologischen Haltung im gegenwärtigen Philosophieren ist es geglückt, Verständnis für jene bildgebundene, bildsuchende Natursicht wiederzugewinnen, die den Nerv einer Empirie im Sinne des Aristoteles, Goethes, Schellings, Carus' ausmacht. Drieschs Naturanschauung ist davon völlig verschieden. Seine Empirie ist die des exakten Naturforschers, des analytischen Physiologen. Darum gibt sich auch die Unreduzierbarkeit des Organischen ins Anorganische stets in der Form eines Restes, der zu dem maschinenhaften Gefüge anorganischer Energiefaktoren als typisch nicht energetischer Faktor hinzukommt; der darum so scharf von aller Lebenskraft im Sinne einer Energie unterschieden werden muß. Den „Naturfaktor E" nicht räumlich, aber in den Raum hinein wirkend, denkt Driesch als ein isoliertes Agens, das sich „von anderswo her" meldet und bestimmte materiell ausgezeichnete Gefüge zum Schauplatz seiner zielgerichteten Wirksamkeit auswählt. Das sein Wesen vielleicht auch anders treiben kann – und wahrscheinlich treibt, weshalb Driesch (auch hier mutig und konsequent) den okkulten Phänomenen in steigendem Maße sein Interesse zuwandte. Eines seiner letzten Bücher *Alltagsrätsel des Seelenlebens,* in dem das Hellsehen zur Basis einer Theorie von Gedächtnis und Wahrnehmung gemacht wird, legt davon besonders nachdrücklich Zeugnis ab.

Wie bei so vielen Philosophen des ausgehenden neunzehnten Jahrhunderts führt das Festhalten einerseits an dem Grundsatz, daß gewiß nur das ist, was und sofern ich es „weiß", habe, erlebe, andererseits an dem Wirklichkeitsbegriff der empirischen Naturwissenschaft, zu jenen typischen Konflikten, die dann eine mehr oder weniger hypothetische Metaphysik auflösen muß: Immanenzstandpunkt, sich steigernd zum methodischen Solipsismus und korrespondierend damit das Streben, um der Ordnung, Erklärung, Wahrheit, Allgemeingültigkeit willen diese Klausur zu durchbrechen. Dem Cartesianismus des Ausgangspunktes ist der Dualismus von Leib und Seele, von Anorganisch und Organisch konform. Es zeugt von der Ehrlichkeit und Ursprünglichkeit des Drieschschen Denkens, daß er seine eigene Lösung versucht.

Deutlich zeichnen sich hier auch „moderne" Einflüsse der Brentanoschule, Husserls und Meinongs, ab. Driesch erkennt, daß seinem Vitalismus Kants Theorie der Naturbegriffe entgegen steht. Also muß die Basis der transzendentalen Logik, die Lehre von den Grundfunktionen des verstehenden Bewußtseins geändert werden. Spielt für Kant die Synthesis als schöpferisches Verbinden des Ich die zentrale Rolle, dann setzt Driesch hier ein. Und er vertritt die Gegenthese: schöpferische Aktivität des Ich gibt es nicht. „Ich" tue nichts, vollziehe auch keine Akte, habe nur. Die Sphäre der Unmittelbarkeit, besetzt mit irreduziblen Urgegebenheiten, breitet sich allein vor einem schauenden Inhaber aus, der um dieses Haben weiß und um der Ordnung willen, die er an Ordnungszeichen erlebt, dazu gebracht wird, diese (wie von einem Pointillisten gesehene) Sphäre des Unmittelbaren als Erscheinung eines Verborgenen, Anderen, Wirklichen zu fassen. Womit Driesch ganz auf der Linie der antikantischen Opposition vieler Immanenztheoretiker,

Positivisten, Phänomenologen, Gegenstandtheoretiker operiert. Denn die Neukantianer hatten die gegenstandsformende Aktivität enorm gesteigert und dem entsprechend die „Natur" gegenüber dem „Menschen" in ihrem ursprünglichen Gewicht herabgesetzt. Einem Physiker konnte das zur Not noch eingehen, einem Biologen nie.

Dann aber wird zum Rätsel aller Rätsel: daß ich Ordnung will. Wer treibt mich? Wer oder was bringt mich auf den Weg? Was ist der Grund für formale Antizipierbarkeit und Voraussagbarkeit der „Erfahrung"? „Von anderswo her" ein Agens hinter dem nur Gegebenheiten habenden Ich. Zum ersten Mal hat Driesch mit dieser Frage den Übergang von der Ordnungslehre zur Wirklichkeitslehre in der Schrift von 1913 *Logik als Aufgabe* vollzogen. In dem Prinzip seiner Wirklichkeitslehre, einer hypothetischen Erwägung des Verhältnisses zwischen dem verborgenen Anderen und der Erscheinung: der Grund – das unbekannte Agens – kann nicht mannigfaltigkeitsärmer sein als das Gegebene, die Folge, einem auf den ersten Blick mager und nicht sehr überzeugend anmutenden Gedanken – steckt der Schlüssel zu seiner Metaphysik. Sie soll das, was im Diesseits des Bewußtseins gegeben, freilich pulverisiert und ohne jeden Einschlag von Aktivität gegeben ist – im größten Gegensatz nicht nur zu Kant, auch zu Bergson, der sich denken läßt – so weit möglich sein verborgenes Wesen enthüllen.

Darüber hinaus wird man in dem reichen Schrifttum dieses Mannes wesentlich neuen Aspekten nicht beggnen. Aber alles, was er über die großen Fragen zu sagen weiß, kommt aus eigener Denkarbeit, ist niemals um der Schriftstellerei, überhaupt nicht um der Wirkung willen geschrieben. Die scharfe Selbstdisziplin, die vor keiner Wiederholung, keiner Übervorsicht zurückscheut, steht freilich nicht immer im rechten Verhältnis zu dem, was dann gesagt wird. Auch wird heute niemand die merkwürdige Verständnislosigkeit Drieschs gegen die historische Welt übersehen können. Hier ist für ihn alles „im Grunde" einfach und ohne tieferes Gewicht. Das hat schon Troeltsch, der ihn ja gut kannte, in einer Anmerkung seines *Historismus* bedauert.

Natur im Blick des Beobachters blieb ihm das Modell der Welt. Eines seiner Lieblingszitate war der Satz des Geulincx: Spectator sum huius scenae, non actor. Als Kind einer Zeit, in der so viel von selbst ging – und gut ging –, hatte er wohl Recht zu diesem Satz. Auch so hat er die Philosophie, gerade weil er kein „gelernter" Philosoph war, aus seinem Leben heraus bereichert. Seine Bücher sprechen nicht wie so viele der Zunft wieder von Büchern und gegen Bücher. In ihnen weht die freie Luft eigener an Dingen gemachter Erfahrung, der bis zuletzt, bis zu der kürzlich noch erschienenen kleinen Schrift *Biologische Proble-*

me höherer Ordnung sein Interesse galt. Stets bereit, sich auseinanderzusetzen, blieb er gleichwohl in seinem System und seiner Kunstsprache, die in Tonfall und Geist eine sehr hanseatische, nach Ordnung und Erledigung drängende Nüchternheit atmet.

Es ist darum gut zu begreifen, daß dieser in die Weite und aus der Weite lebende Kopf, der in der nachdarwinistischen Periode den Anstoß zur rationalen Biologie gegeben hat, in der Philosophie dieser Zeit ohne tiefere Resonanz geblieben ist. Das darf gewiß jemand sagen, der ihm als Heidelberger Student in der Zoologie vor nun genau dreißig Jahren nahegekommen ist und ihm 1913 sein erstes philosophisches Buch gewidmet hat, Produkt des Einflusses gerade seiner Philosophie. Driesch konnte auf die Jugend, die durch Naturwissenschaft nicht mehr innerlich ergriffen war, keine Anziehungskraft ausüben. Seine Lehre bot ihr weder innere Entwicklungsmöglichkeiten noch Ausblick in die Zeit. So gehört sein System in die Reihe jener im Ansatz idealistischen, in Haltung und Ziel realistischen, dem natürlichen Sein verfallenen Weltsysteme des ausgehenden neunzehnten Jahrhunderts, denen ein mediumistisches Experiment mehr bedeutet als alles geschichtliche Verständnis des Menschen. Aber der Kampf um die Eigengesetzlichkeit des Organischen, den Driesch bis zum letzten Atemzug geführt hat, wird das Werk vor Verkapselung in diesem System bewahren und den Impuls seines Denkens weitertragen. Eines Denkens, das dem „ordnungsmonistischen" Ideal grenzenloser Rationalisierung verpflichtet blieb, aber ständig kreisend um das Faktum der Undurchsichtigkeit der Lebensvorgänge einen stets wachsenden Abstand zu sich gewann. In solchem Abstand und von solchem Blickpunkt aus mußten auch die scheinbar durchsichtigen Alltagsdinge des Seelenlebens, mußte die Ratio selbst ihre Vertrautheit verlieren. Dieses Pathos der Weltentfremdung, das Kants Abscheidung der Erscheinung vom Ansich zum Ansatz nimmt und sich – schon bei Schopenhauer, noch deutlicher aber bei E. von Hartmann – auf so wunderliche Weise mit naturwissenschaftlicher Hypothetik zu verbinden pflegt, ist die Entelechie seiner Philosophie.

Unsere Begegnung

Es mag im Winter 1920/21 gewesen sein, in einem großen Hörsaal der alten, gerade zur Universität erhobenen Handelshochschule Köln, als ich Sie, lieber Freund, zum ersten Male sah. Von weitem, denn ich hatte, Privatdozent im ersten Semester und überdies wieder einmal zu spät gekommen, nicht den Mut, mich unter die Prominenz zu mischen, welche die vordersten Bankreihen besetzt hielt: an Driesch und Scheler mit ihren Damen, den Psychologen Lindworsky glaube ich mich noch zu erinnern. Sie sprachen über tierpsychologische Themen und mit erfrischender Plastik von dem Ausdruck der Weisheit beim alten Schimpansen unter dem Baum der Erkenntnis. Chímpanzé sagten Sie und würzten auch sonst mit fremdem Idiom und kleinen grammatischen Eskapaden die phänomenologische Analyse. Köhlers Intelligenzuntersuchungen waren noch neu und umstritten, die Gestalttheorie, die Ausdrucksthematik ungewohnt, aber dem Phänomenologen und Zoologen doppelt willkommen. Ich fühlte mich viel zu unsicher, in der Diskussion etwas zu sagen, und werde mich wohl – deficiente pecu = deficit omne nia – zur Deutzer Freiheit oder in die Käsenstraße zurückgetrollt haben. Etwa 1923 lernte ich Sie dann bei Scheler in der Wolfgang Müllerstraße kennen, der große Stücke auf Sie hielt. Sie und Grünbaum waren die Künder seines Ruhms in Holland, dem glücklichen Ausland vor unseren Toren, fremd und nah zugleich. Grünbaum liebte er, fand seine ‚kanonenkugelhafte Existenz' großartig, drollig und in hohem Maß genant. Aber Grünbaum war ein 1914 nach Holland verschlagener russischer Jude aus Odessa, der in Bonn, der Stadt seines Studiums, im letzten Moment den Dampfer genommen und mit nicht viel mehr als seinem Strohhut nach Amsterdam gekommen war, um der Internierung zu entgehen. Sie dagegen waren ein richtiger Holländer, ein Calvinist, wie mir Scheler vorher zugeflüstert hatte, welches Wort Vorstellungen von schmallippigem Puritanertum, schwarzer Kleidung und innerweltlicher Askese in mir weckte und offenbar wecken sollte. Nun, ich hätte Sie eher für einen Franzosen gehalten, dem die Kombination des Buchs der Bücher mit dem Hauptbuch schlecht zu Gesicht stand. Als Zoologe und Phänomenologe Ihnen vorgestellt, der über den Lichtsinn der Seesterne und die Heteromorphose des Auges bei Krebsen gearbeitet hatte, seltsamerweise aber auch Schüler Husserls gewesen war, schien ich Ihnen zu gefallen. Sie sprachen von einer Einladung an Ihr Laboratorium, aber daraus wurde zunächst nichts. Meine *Einheit der Sinne* erschien, und ich hatte im Februar 1924 auch schon die *Grenzen der Gemeinschaft* abgeschlossen, als mir das *Steuncomité* für deutsche und österreichische Akademiker unter Ernst Laqueur einen einmaligen Erholungsaufenthalt in Amsterdam anbot. So kam ich, zugleich mit Wilhelm Worringer und dem Berliner Wirtschaftsgeographen Rühl, im März nach Holland und suchte Sie alsbald auf; etwas befangen und im Ganzen ausgehungert, denn die Stabilisierung der Mark war erst ein halbes Jahr alt und bis in den Oktober hatte ich mir nur zwei warme Mahlzeiten in der Woche erlauben können. Ein Semester lang bildeten den Fundus Leberwurst und Kakao.

Die zweite Begegnung führte zu einem Plan. Sie riefen den Bürgemeister an, den Präsidenten des Kuratoriums Ihrer Freien – vom Staate freien – Universität und fragten ihn, ob sich der Besuch eines jungen Gelehrten für ein paar Monate finanzieren lasse. Sie haben es mir später erzählt: dafür war allerdings kein Geld da. Aber im Etat war ein Posten für die Beschaffung eines Anthropoiden vorgesehen, und für den sprang ich ein. Aus dem Objekt wurde ein Subjekt, an die Stelle des Tieres trat der Tierpsychologe, und im Mai bezog ich im Souterrain an der Delairessestraat ein Zimmer beim Diener des Laboratoriums Herrn Zadel. Oben im Hause wohnte der damals schon über Atmung arbeitende, Apparate ersinnende Dirken, zur *koffietafel* blieb man zusammen, ohne den um die Ecke wohnenden Chef, aber gegen sechs hörte man auf und versuchte sich als freier Mensch. Allerdings: in zwei Monaten sollte unsere Arbeit über Deutung des mimischen Ausdrucks geschafft sein, theoretisch wie experimentell. Kindern und hübschen Mädchen der benachbarten Montessorischule wurden Deutungsaufgaben gestellt, die Protokolle habe ich heute noch. Sie reichten bei weitem nicht aus, aber sie halfen uns, unsere Gedanken zu ordnen und uns auf das Phänomen des Ausdrucks zu konzentrieren. Sie fungierten nicht mehr als Daten, sondern als Vehikel für die Besinnung. Wir schrieben gemeinsam, und Ihnen gebührt die Ehre, den Anfang mit der Kröte formuliert zu haben. Mir wollte er vor lauter methodischen Vorerwägungen nicht einfallen.

Sie hatten damals eine Professur für Physiologie, ein Fach, das mir zu Anfang meines Studiums als Ziel vorgeschwebt hatte. Sie hatten also kein ganz gutes Gewissen, wenn Sie philosophierten. Wenn aber der Nachweis gelang, daß die bildhafte Erscheinung des Menschen der physiologischen Funktionsanalyse entzogen ist, weil sie ihr vorausliegt; daß sie in Ausdruck und Deutbarkeit einer Zone zwischenmenschlicher Einvernehmbarkeit angehört, welche nicht das Ergebnis von Auseinandersetzungen zwischen einem Subjekt und einem Objekt sein kann, vielmehr die tragende Schicht für solche wie für ganz andersartige Verhaltensweisen bildet – weshalb wir sie, ohne an den damals noch recht primitiven amerikanischen Behaviorismus zu denken – die Schicht des Verhaltens nannten –, wenn uns, sage ich, dieser Nachweis gelang (und er ist uns gelungen), durfte auch Ihr physiologisches Gewissen, eine klare Grenze vor Augen, wieder ruhig sein.

Ähnliches hatte wohl Klages im Sinne und findet sich auch, nur nicht explizit, bei Scheler. Die 1925 im von mir gegründeten *Philosophischen Anzeiger* erschienene Arbeit bekam dann auch ein ermutigendes Echo. Für ein altes, in erkenntnistheoretischen Modellvorstellungen ersticktes Problem zeigten sich neue Lösungsmöglichkeiten. La structure du comportement war in den Mittelpunkt gerückt. Wenn Sie wollen, die Erkenntnis, daß Lebendiges darin seine Autonomie beweist, einander begegnen zu können. Unsere Begegnung hatte sich als solche bewährt: *wij waren elkaar op een gegeven moment niet alleen tegen het lijf gelopen,* sondern waren einander begegnet und wußten auch, worin.

Es war eine Begegnung mit Buytendijk gewesen – mit Holland noch nicht. Ich fand vieles merkwürdig, schön und beklemmend: *het kopje koffie, het cadetje, het Nieuwe Zuid,* das alte Amsterdam, die Fallreeptreppen, an deren Fuß man zweifelt, den Berg des Heils erklimmen zu können, die Seilbahn des Brotkorbs und die Galgenperspektive der Valeriusstraat, in der damals unser Pos noch bei seinen Eltern wohnte; die flachen Dächer mit den Antennen für Radio, die hellen Klinkerfronten mit den weißen Fenstereinfassungen. Einem nach zehn Jahren Krieg und Inflation zum ersten Male wieder über die Grenzen hinauslugenden Deutschen brachte die freundliche Welt, gut genährt und wohl gesittet, in der man sein Fahrrad ruhig an einen Baum lehnen durfte und fand es noch nach Wochen wieder, die Welt des hohen Himmels und der kleinen Reize, der Toleranz und der Kanäle, im eigentlichen wie im übertragenen Sinne, seine lange Abgeschlossenheit deutlich zum Bewußtsein.

Wir haben uns in den folgenden Jahren noch häufig in Köln gesehen, wenn Sie aus Groningen zu Vorträgen herüber kamen. 1926 im Spätwinter hatten Sie mich einmal eingeladen. Das Thema hieß: Gibt es einen Fortschritt in der Philosophie? Ein kleiner, auf Heymans eingeschworener Kreis, der hochbetagte Meister mit ihm, folgte mit großer Reserve damals meinem Bemühen, dem gegen seine Fachnatur rebellierenden Fach die Fortschrittsfähigkeit neuzeitlichen Stils abzusprechen. Niemand konnte damals ahnen, daß ich nach acht Jahren vom gleichen Katheder als Emigrant meine Vorträge über die geistesgeschichtlichen Grundlagen des Nationalsozialismus halten, nach zwanzig Jahren als Inhaber des Heymansschen Lehrstuhls dort Kolleg lesen würde. Sie setzten Ihre tierpsychologischen Arbeiten fort und schrieben *Wesen und Sinn des Spiels*. Ich brachte 1928 meine *Stufen der Organischen* heraus, 1931 *Macht und menschliche Natur*. Hitler kam, mir wurde die venia legendi entzogen, ich saß auf der Straße, und wenn Sie nicht gewesen wären, wer weiß, wann und wo ich wieder hätte Fuß fassen können. Philosophen sind ja wohl am wenigsten gefragt und in der akademischen Welt am schwierigsten unterzubringen, schon weil sie untereinander so uneins sind. Am 8. Januar 1934 nahmen Sie mich abermals in Groningen am Zuge in Empfang. Es war kalt, sehr kalt, der *Elfstedentocht* hatte schon stattgefunden, wo doch gerade Emigranten so viel Wärme brauchen. Aber dafür sorgten Sie, waren auch Ihrem Einfluß auf Klima und *frisse slaapkamers* Grenzen gezogen. Sie machten die Kollegen mobil, Sie gingen mit mir auf die Wohnungssuche, Sie lehrten mich die geldersparende Kunst, selbst ohne Maschinchen Zigaretten zu drehen und für den Telegraaf Feuilletons zu schreiben, die Sie dann übersetzten. Der Sonntag gehörte Ihnen und Ihrer überströmenden Gastlichkeit. Ich fühlte mich nach Amsterdam an die Koninginnelaan zurückversetzt und an das Valeriusplein.

Zehn Jahre hatte die Unterbrechung gedauert, aber was nun begann, war mehr als die Wiederanknüpfung an vergangene Arbeit, mehr als die Wiederaufnahme einer Kooperation. Es war die Begegnung mit Holland. Sie wissen ja, Amice, und haben es oft aus meinem Munde gehört, daß sie mir Mühe machte. Hätte ich in Amsterdam gesessen, wäre mir manches leichter gefallen, weil man einer historisch anerkannten Physiognomie, die das Gegenbild gewissermaßen unserer anerzogenen und angelesenen Vorurteile ist, mit einer Vorgabe gegenübertritt, die es zu echter Wahrnehmung des Fremdartigen zunächst nicht kommen läßt. Das innere Cliché des Fremden von Holland ist aber von Amsterdam und seiner Polderlandschaft her bestimmt. Hier weiß er schon, was dazu gehört, und eben darum nimmt er es nicht wahr, sondern nur für wahr. In Groningen jedoch fiel es mir auf und stieß ich mich daran. Hätte ich Ostfriesland gekannt, wäre mir wiederum vieles vertraut gewesen, die Landschaft von Haren und Eelde bis nach Zoutkamp, die bäuerlichen Menschen und die Straßenfronten. So aber, mit enorm wenig Geld in der Tasche und nur wenigen deutschen Bekannten – mit denen man übrigens damals noch verkehren konnte, ohne sich und ihnen etwas ver-

geben zu müssen – rückte einem das Leben in seiner ganzen Andersartigkeit auf den Leib. Es galt zu begreifen, um Frieden zu finden und das Gefühl zu überwinden, ein Ovid in Tomi zu sein.
 Die Metamorphose gelang, langsam zwar, aber gründlich. Ich begriff, warum die Zigarren Karel I oder Willem II heißen, wie weit das siebzehnte und noch das achtzehnte Jahrhundert holländisches Leben bis zum *kopje thee* und *bitteruurtje* bestimmen, wie eng es zu England und Frankreich gehört und wie weit es, trotz trügerischer geographischer und linguistischer Nähe, von Deutschland entfernt ist. Ich begann mich als Deutschen zu sehen, was mir 1924 nicht in den Sinn gekommen war. Der Emigrant bekommt, wenn er das Anfangsstadium der *les* ‚Bei uns' zu überwinden in der Lage ist, ein zweites Gesicht. Das Fremde verhilft ihm zur Entfremdung seiner selbst, was kein leichtes, aber durch und durch ein philosophisches Geschäft ist. So entstanden meine Vorträge über das Schicksal deutschen Geistes, Studien zur Geschichtsphilosophie unseres Unglücks und gewissermaßen die Antrittsvorlesung, der siebzehn Jahre später meine Abschiedsvorlesung über Holland und die Philosophie folgen sollte. Ein weiter Weg, aber damals war es keineswegs sicher, daß ich ihn in Holland zurücklegen konnte. Für zwei Jahre reichte der *Steunfonds*, und dann mußte entweder der Hitler verschwunden oder ich mit Carnegies und Gottes Hilfe ins Commonwealth oder nach USA gewandert sein. Sie schrieben an einen physiologischen Nobelpreismann in Toronto, aber er wußte nichts von Philosophie. Dann wieder ließ sich Herr Demuth aus London vernehmen mit dem reizvollen Vorschlag, mich um ein der Erkenntnistheorie bestimmtes Extraordinariat an einer westaustralischen Universität zu bewerben, woraus ebenfalls nichts wurde. Istanbul, der Anfang meiner erzwungenen Exterritorialität, hatte inzwischen, um einem dringenden Bedürfnis abzuhelfen, Herrn von Aster aus Gießen berufen. So wandten wir uns an Rockefeller, und er gewährte für weitere zwei Jahre eine Starthilfe, wenn Groningen mich dann in fester Form übernähme. Das war nicht ganz leicht, denn ein Privatdozent verdient in Holland genau so viel wie ein Rotkehlchen. Erst der gloriose Einfall mit der Soziologie half uns weiter. Als es mit der kräftigen Unterstützung Vrys, Aalders', van der Leeuws und van Os' geglückt war, eine Stiftung zu errichten, die den stolzen Namen Soziologisches Institut trug, konnte ich zu ihrem Professor ernannt werden. Das Rotkehlchen hatte sich in eine Eule, um nicht zu sagen: in einen Kauz verwandelt. Die Dämmerung begann hereinzubrechen, der Krieg stand vor der Tür.
 Trotz seiner wiederholten Mauserung saß der seltsame Vogel aber immer noch im gleichen Käfig, Ihrem Arbeitszimmer im Physiologi-

schen Institut, Bloemsingel 1. Der Schreibtisch aus heller Eiche, in einem Winkel von 90° zu dem Ihrigen, trug allmählich andere Papiere. Unsere Zusammenarbeit, die mit einer gemeinsamen Kritik Pawlows begonnen und die Linie unserer Analyse von 1924 fortgesetzt hatte, bewegte sich allmählich in anderen Bahnen. Die Thematik erweiterte sich. Zunächst übersetzte ich Ihre inzwischen umgeschriebenen, aus der *Psychologie des Animaux* und den *Grondproblemen van het dierlijk leven* hervorgegangenen *Wege zum Verständnis der Tiere* (1938/39). Wobei ich die in de Burlets Brutraum fragmentarisch durchgeführten Beobachtungen an auskriechenden Hühnern zur Kontrolle von Coghills Theorie der primären Bewegungen, mit denen ich, als Physiologe verkleidet, meine Groninger Tätigkeit angefangen und mir eine schwere Halsentzündung geholt hatte, taktvoll übergehe. Dann fand ich zu meinem alten Plan einer Theorie von Lachen und Weinen zurück. Mit Dirken erwog ich, die Dinge auch physiologisch anzupacken, von den Veränderungen der Respiration her. Doch hielt uns die Kompliziertheit zurück. Das Buch wurde fertig und fand noch vor Kriegsausbruch, mit Hilfe der belgischen *Tijdschrift voor Philosophie*, in van Loghum Slaterus einen Verleger.

Sechs Jahre habe ich das Zimmer mit Ihnen geteilt, haben wir diskutiert und geschrieben, gelacht und geluncht, zwei Tassen Bouillon aus braunen Würfeln gezaubert und dazu die schwer zu schneidenden *cadetjes* gegessen. Eines Morgens waren die Deutschen im Land. Die Herren wußten durch einen Brief, den Sie als Mitglied des Olympischen Komitees auf die Einladung zur Berliner Olympiade an den Minister Rust geschrieben hatten, daß Sie ein empörter Feind des Barbarenregimes waren. Wir haben damals den Brief in ein ebenso untadeliges wie unmißverständliches Deutsch gegossen, dessen Komposition uns kaum weniger Freude machte als 1940 der Brief an Herrn Gehlen, mit dem Sie den Empfang seines Buches über den Menschen quittierten. Die rustikale Deutlichkeit hatten die Herren übel vermerkt und Sie alsbald, unter der Maske der Geiselhaft, festgenommen. Immerhin kamen Sie nach nicht allzu langer Zeit wieder frei.

Es hat dann noch zwei Jahre mit uns gedauert, bis ich nach erfolgter Entlassung durch den Reichskommissar Groningen verließ und auch Sie es für geraten hielten, unterzutauchen. In dieser Zeit haben Sie das Buch über den Schmerz geschrieben, das ich später übersetzte, und in Ihrem Utrechter Versteck an der großangelegten *Allgemeinen Theorie der menschlichen Haltung und Bewegung* gearbeitet, die den Übergang von der Physiologie zur Psychologie, vom Groninger zum Utrechter Lehrstuhl markiert und erklärt.

Dieses Werk ist die Frucht Ihres ganzen Lebens, die Durchführung des anthropologischen Prinzips in der vollen Breite physiologischer und psychologischer Erfahrung: daß im Lebendigen das Geistige bereits – ‚wie in einer Anspielung' müssen wir das Wort *zinspelend* übersetzen – erscheint, während umgekehrt sogar im Menschen noch dort, wo er am menschlichsten ist, blinde Notwendigkeit wirkt. Der Mensch als ein sich zu sich, zu anderen und anderem verhaltender Organismus, der als Leib stehend, gehend, laufend, springend, greifend, sich kratzend, in den sogenannten reflektorischen Bewegungen, in Haltung und Ausdruck ein intentionales Gefüge bildet, wird hier mit vollem Nachdruck auf seiner Erscheinung Gegenstand der Besinnung. Die Prozesse, mit denen die Erscheinungen sich jeweils auf- und abbauen, gehören ins Feld der Physiologie, die Motive, Erlebnisse, Befindlichkeiten, Strebungen, die dem intentionalen Gefüge in seiner Selbststellung angehören, sie bedrohen und zunichte machen, aber noch im Effekt der Vernichtung ihr zugeordnet bleiben, ins Feld der Psychologie. Die Analyse der leibhaften Intentionalität des Gefüges aber wird weder von der einen noch der anderen Wissenschaft geleistet. Sie bringt jene Ausgangseinheit wieder ins Blickfeld, das uns der methodische Antagonismus der beiden Disziplinen, wenn nicht geradezu verdeckt, dann doch als etwas Äußerliches und bloß Ansatzhaftes zu entziehen strebte. Ich gebrauche das Imperfekt, denn die Gegenbewegung der Psychosomatik, der Typologie, Ausdruckswissenschaft und Charakterologie hat sich an den Verbotstafeln des Cartesianismus nicht gestört. Der etwas schüchterne Untertitel zur Allgemeinen Theorie, ‚als Verbindung und Entgegensetzung physiologischer und psychologischer Betrachtung', umschreibt die Sache und lokalisiert sie mit Hilfe eines Gegensatzes, der gerade überwunden werden soll. Das hat einen großen Vorteil. In der hochmodernen Daseinsanalyse wird zwar auf beiden Manualen zugleich gespielt, aber dabei so verfahren, als brächte der Daseinsbegriff die Lösung des Rätsels. In Wirklichkeit setzt er sich nur darüber hinweg. Daseinsanalyse und Verhaltenslehre sind nicht dasselbe, stehen auch nicht im Verhältnis von Praxis und Theorie zueinander. Vielmehr sollte man in der Daseinsanalyse die von der Vorherrschaft des Bewußtseins befreite Psychologie erkennen, die um die Tiefen- und Leibesdimension des in Selbststellung sich verhaltenden Menschen bereichert ist und der nach wie vor eine Physiologie der Prozesse und Funktionen seines Körpers entzogen bleibt. Entzogen und doch auf rätselhafte Weise verbunden.

Auf diese Art der Verschränkung beider Wirklichkeiten nimmt auch Ihre Theorie des Ewig Weiblichen Rücksicht, in deren deutscher Ausgabe die nach meiner Meinung zu enge Erläuterung: ‚eine existenzpsychologische Studie' zum Glück weggelassen ist. Gebsattels treffliche Einführung hebt daher den phänomenologisch-anthropologischen Charakter des Buches mit Recht hervor. Daß sich manche Kritiker dann wieder an dem Titel *Die Frau* gestoßen haben, hat politische Gründe. Im Zeitalter der Gleichberechtigung wittern ihre Vorkämpfer, unter denen es sogar immer noch viele kluge Frauen gibt, hinter der These von der Andersartigkeit und spezifischen Wesensnatur der Geschlechter den reaktionären Anspruch des Mannes, seine uralte Vorherrschaft auch in der industriellen Gesellschaft aufrecht zu erhalten. Es wäre an der Zeit, diesen Kritikern mit einer Darstellung der Idole der Gleichberechtigung zu begegnen. Mag an der These der Sartreuse manches wahr, die Frau eine Erfindung des Mannes (und der Mann eine Erfindung der Frau) sein, so dürfte das schöpferische Widerspiel in seinem historisch-gesellschaftlichen Wechsel sein Substrat und seine Grenze doch wohl an der schlichten Tatsache haben, daß immer nur die Frauen Kinder kriegen. Die Variabilität der Daseinsauslegung in den geschichtlichen Gestaltungen des Verhältnisses der Geschlechter zueinander ist von einer biologischen Konstanz durchzogen und in sie verschränkt, die der Psychologe zwar erfahren, aber mit den Mitteln seiner Wissenschaft ebenso wenig sichtbar machen kann wie der Biologe, Historiker oder Soziologe. Genau an dieser Frage meldet sich die philosophische Anthropologie zu Wort. Und wenn, was ich mir gut denken kann, Ihr großes Buch über die menschliche Haltung und Bewegung einen hartgesottenen Physiologen von der Notwendigkeit solcher Betrachtung noch nicht überzeugt, mag er ihr auch psychologische Verdienste zubilligen, so wird er, mit der geistig-somatischen Verzwicktheit des Geschlechterproblems konfrontiert, allerdings zugeben müssen, daß man seiner, wenn überhaupt, auf keinem anderen Wege Herr werden kann.

Es ist eine alte Geschichte, doch ist sie ewig neu, die Spannung zwischen dem galileischen und dem aristotelischen Erkenntnisbegriff. Unter ihr hat auch Ihr Leben gestanden, und sogar verschärft, weil Sie den ganzen Tag im Laboratorium mit Berufspositivisten verbrachten. Sie hat aber bei Ihnen nicht wie bei meinem alten Lehrer von Kries zu einem Doppelleben geführt, der im Laboratorium klassische Physiologie machte und zu Hause Logik. Sie fanden Brücken in der Verhaltensforschung, für die man noch nicht Elektrotechniker oder Chemiker sein muß, und in der Phänomenologie, welche Theoria im platonisch-aristotelischen Sinne treibt, wenngleich im Habitus positiver Forschung. Um es mit Scheler und Grünbaum zu sagen: Die Erkenntnisweise des Herrschens suchten Sie der Erkenntnisweise der Liebe anzunähern und einzuordnen. Nicht die Natur in den Griff bekommen sollte das Ziel sein, sondern ihren Augen begegnen.

Vielleicht mache ich mich der Übertreibung schuldig, wenn ich glaube, daß eine Kameradschaft wie die unsere zwischen zwei nicht ohne weiteres benachbarten Fächern ein seltener Glücksfall im Spezialistenbetrieb der modernen Wissenschaft ist. Die Kameradschaft bleibt. Doch empfanden wir beide, als Ihnen, aus Gründen der Anciennität damals gerade Sekretär des Senats, 1946 im März, die Aufgabe zugefallen war, mich in mein neues Groninger Amt einzuführen, daß ein Kreis sich geschlossen. Solche zu deutlichen Akzente dürfen Dichter nicht setzen, sie sind das Privileg jener Macht der Fügungen und Zufälle, die wir immer erst erkennen, wenn ‚eine Geschichte' vorbei ist.

In Heidelberg 1913

Heidelberg hatte damals eine glorreiche Zeit. Der liberalen Hochschulpolitik des badischen Staates war es gelungen, die Universität zu einem Sammelpunkt führender Gelehrter in fast allen Fächern zu machen. Da gab es die Nobelpreisträger in Physik und Physiologie, Lenard und Kossel, die Internisten Erb und Krehl, die Psychiater Nissl, Wilmanns, Gruhle und Jaspers, die Romanisten Vossler und Olschki, den Historiker Oncken, Juristen wie Georg Jellinek und Gradenwitz, den Theologen Troeltsch, die Philosophen Windelband und Lask, den Privatdozenten Gundolf, den Nationalökonomen und Kulturhistoriker Gothein, die Biologen Bütschli und Klebs. Zwei für die Entwicklung der modernen Biologie entscheidende Männer, J. v. Uexküll und H. Driesch, lebten dort als Privatgelehrte, Driesch seit zwei Jahren à la suite der Universität, als Privatdozent für Naturphilosophie. Max Weber hatte schon zehn Jahre nicht gelesen. Sein Bruder Alfred war ihm auf dem nationalökonomischen Lehrstuhl gefolgt, doch herrschte Spannung zwischen beiden. An den von Alfred Weber geleiteten soziologischen Abenden war Lukács zu hören, sehr kultiviert, intelligent und von seltsamer Monotonie des Vortrags, die ich oft an begabten Ungarn beobachtet habe – und welcher Ungar ist nicht begabt? –, zuletzt an einem Spätling der Heidelberger zwanziger Jahre, Karl Mannheim. Max Weber mied diese Veranstaltungen.

Sonntag nachmittags hatten Webers ihren jour. Da kam ein Kreis meist jüngerer Leute zusammen, Historiker und Nationalökonomen zur Hauptsache, gelegentlich auch Ernst Troeltsch, der in dem schönen Hausrathschen Haus, unweit der Einmündung der alten Neckarbrücke in die Ziegelhäuser Landstraße, die zweite Etage über der Weberschen bewohnte. Jaspers, der sich gerade für Psychiatrie bei Nissl habilitiert hatte, und Emil Lask, die Hoffnung damals des süddeutschen Neukantianismus, ein liebenswerter, scheuer Mann, beide enge Freunde des Hauses, hin ich dort nicht begegnet. Wohl Lukács und Bloch, die bald das Gespräch beherrschten. Von ihnen ging die Sage, sie seien Gnostiker. Jedenfalls erinnere ich mich noch temperamentvoller Äußerungen Blochs in bestem Mannheimerisch zur Eschatologie, die Max Weber dräuendes Stirnrunzeln und Griffe in seinen Assyrerbart entlockten, von dem Paul Honigsheim behauptete, er sei ein wahres Werturteil ... Wer sind die vier Evangelisten, fragte man damals: Marcus, Matthäus, Lukács und Bloch.

Für einen Studenten, dazu noch der Zoologie, bedeutete die Aufnahme in diesen Kreis eine besondere Ehre. Ich hatte sie dem allerdings ungewöhnlichen Umstand zu verdanken, daß ich, gerade zwanzig geworden, ein Buch bei C. Winter publiziert hatte: *Die wissenschaftliche Idee*, das Windelband dissertationsreif fand, obwohl es sich ganz in Gedankengängen Drieschs bewegte, dem es auch gewidmet ist. Honigsheim betrieb meine Einladung, und ich bat Driesch um eine Empfehlung. Er gab sie, zögernd, denn – sagte er –: „Bei Weber bin ich suspekt, er hält nichts von Naturphilosophie." Er hielt jedenfalls nichts von Vitalismus und hatte auch kein unmittelbares Verhältnis zur Naturwissenschaft. Trotz dieser alles andere als empfehlenden Umstände empfing mich der große Mann freundlich, wie man eben einem Studenten begegnet, dem's die Sprache verschlägt – was damals noch möglich und üblich war.

Sein Ruhm und seine Erscheinung waren wohl dazu angetan. Ich kannte zwar sehr wenig von ihm, nur die Thesen der Calvinismusarbeit, aber man wußte, daß er, ein Schüler Mommsens, Historiker, Jurist und Nationalökonom in einer Person war, im Verein für Sozialpolitik Kämpfe für eine wertfreie Analyse sozialer Wirklichkeit entfesselt hatte, an einer vergleichenden Wirtschaftsethik der Weltreligionen arbeitete und ein gefürchteter Polemiker war, dem Gerechtigkeit über alles ging. Ich erinnere mich einer leidenschaftlichen Kontroverse – ich glaube, um Arthur Salz – mit der Prager Fakultät.

Weber war jede Pose fremd. Gelassene Bewegungen, zu seiner eher groß wirkenden Statur passend, baritonaler Stimmklang ohne ausgesprochene Dialektfärbung und ein vorwaltend ernster, gesammelter Ausdruck nahmen sofort gefangen, denn das mächtige Haupt mit den schräg über die nicht sehr hohe, aber steile Stirn fallenden Haaren, der wie bei Thomas Mann scharf und fast klobig vorspringenden Nase und dem aggressiven Vollbart verriet ein leidenschaftliches, ein gewalttätiges Temperament. So wirkte er hoheitsvoll, wie ein Mensch, der seiner chthonischen Eruptivität Herr geworden und gelernt hatte, sich zu befehlen. Sein Wort zu Friedrich Naumann, er sei religiös unmusikalisch, er, dessen Lebenswerk der Soziologie der Religion gewidmet war, ist nur bedingt zu nehmen. Dogmatisch bedeutete ihm das Christentum wenig, und für die Welt des religiösen Handelns, die Liturgie, hatte er kein Organ, welcher Mangel ihn gereizt haben mochte, sich ihrem subjektiv gemeinten Sinn auf dem Umweg über ihre gesellschaftlichen Wirkungen zu nähern. Unverständliches sucht man sich zu erklären. Aber niemand hat je bezweifelt, daß er ein Protestant war, ein Lutheraner mit dem scharfen Blick für die Calvinsche Konkurrenz und dem Leiden am Zwiespalt zwischen den Forderungen des Gewissens und den Forderungen der Verantwortung. Man sieht das an den beiden noch 1918 vor Studenten gehaltenen Reden *Wissenschaft als Beruf* und *Politik als Beruf*, an seiner heroischen Bejahung des Pluralismus einer sich durchrationalisierenden Gesellschaft, einer Bejahung ohne Glauben an irgendeine objektive Hierarchie der Werte oder den Fortschritt, man sieht es an seiner Auffassung von Wissenschaft und seiner Methodologie.

Weber war Neukantianer. Aber seinem Kantianismus merkte man den Primat der praktischen im Verhältnis zur theoretischen Vernunft stärker an als den Erkenntnistheorien aus dem gleichen Lager, weil der Nationalökonom es mit entscheidungsträchtigem Material zu tun hat. Die Volkswirtschafts- und Sozialpolitik hängt an Erkenntnissen ihrer Theorie, aber wie? Resultiert die Entscheidung aus der theoretischen Einsicht, die – wenn wissenschaftlich – nicht bloß de facto immer kontrovers sein wird, sondern Anspruch darauf hat, kontrovers zu sein? Wie weit darf die Theorieförmigkeit der Entscheidung den Spielraum der Entscheidung, die aus sittlichen Gründen frei sein muß, einengen, womöglich ausschalten, so daß der Mensch zur Marionette seiner Theorien wird? Der Werturteilsstreit, vordergründig um die Sicherung der Objektivität sozialwissenschaftlicher Erkenntnis geführt und ausgelöst durch allzu kurzschlüssige Empfehlungen im Verein für Sozialpolitik, bedeutete Weber zugleich den Kampf um die Restriktion theoretischer Ansprüche auf Einengung oder gar Ausschaltung der sittlichen Entscheidungsfreiheit, das heißt der Autonomie der Politik, eine Autonomie, die zum Beispiel dem Interesse des nationalen Staates gegebenenfalls den Vorrang läßt. Ein derartiger Dezisionismus, welcher der Freiheit ihr volles Gewicht erhalten will, hat mit dem gewissenlosen Dezisionismus Carl Schmitts nichts gemein. (Vgl. F. Tenbruck, *Die Genesis der Methodologie Max Webers*. In: KZSS, Jg. 11, Heft 4; Chr. von Ferber: *Der Werturteilsstreit 1909/1959*. In: KZSS, Jg. 11, Heft 1.)

Zu anderen Schwierigkeiten führte Webers Festhalten am Neukantianismus auf seinem ureigensten Gebiet vergleichender Soziologie, die zwar nicht in Gesetzmäßigkeiten historischer Abläufe kulminieren muß, aber ohne Typisierung jedenfalls nicht auskommt. Wenn das Material jedoch von sich aus typisch ist, dann stimmt der nominalistische Ansatz des Neukantianismus nicht mehr, dann gibt es universalia in rebus, und der Weg zur Phänomenologie ist offen: nach Weber der Weg zur Heteronomie und romantischen Reaktion. Weber respektierte den Husserlschen Ernst, aber die Sache war ihm zuwider. So wenig er mit der auch von seinem Freunde Rickert gehandhabten Alternative nomothetischer und idiographischer Methoden noch auskommen konnte, das Typisieren sollte für den Kantianismus gerettet werden. Um der sittlichen Souveränität des Forschers willen erklärte er den Idealtypus zu einer konstruktiven Hilfsmaßnahme, die Vergleiche zwischen soziokulturellen Größen durch einseitig übersteigerte Abstraktion möglich macht.

Bei meinem Antrittsbesuch streifte er diese Dinge, das vorwitzige Opus meines phänomenologischen Enthusiasmus vor Augen, nicht polemisch und ohne jedes propagandistische Pathos. Auch an der Etablierung zum Beispiel einer Soziologie als eigenständiger Wissenschaft mit Lehrstühlen und Forschungsbetrieb war ihm, wie man weiß, nichts gelegen. Im Gegenteil beurteilte er derartiges Emanzipationsstreben, ähnlich seinen Kollegen von der Geschichtswissenschaft und Ökonomie, eher als schädlich. Empirische Sozialforschung (den Begriff gab es damals nicht), die er selber in der Enquete über die Verhältnisse der ostelbischen Landarbeiter betrieben hatte, war ein Hilfsmittel der Sozialpolitik, ein Zwischenglied therapeutischer Maßnahmen. Soziologie dagegen war eine Sache der Kritik, nicht der Domäne. Sie hatte eine aufklärende Funktion zu erfüllen, welche den eigenen Standort ihres Bemühens durch Vergleich mit der Fülle anderer Standorte bei sorgfältiger Vermeidung jeder Option für eine einzige Art von Faktoren ins Bewußtsein heben soll. Ein derartiges Unternehmen verlangt die Bewältigung heterogener historischer Stoffe und die Mitleidlosigkeit geschulten Blicks, Dinge, die man in Webers Augen einem Anfänger nicht beibringen kann – und wenn man sie ihm beibringt, die Gefahr betriebsmäßiger Verflachung steigert.

Soziologie als Instrument der Selbsterkenntnis und Entzauberung, durchgeführt mit den Mitteln historischer Analyse, war ihm wohl eine Alterskunst. Daß sie ihre eigene Methode hat: Rückgang auf den subjektiv gemeinten Sinn eines Handelns und Einsatz des so ermittelten Sinnes in die Kausalanalyse, widerspricht dem nicht. Methoden sind Gebrauchsanweisungen, aber quod licet Jovi, non licet bovi.

Als Weber nach fünfzehnjähriger Unterbrechung seiner Lehrtätigkeit den Ruf erst nach Wien als Nachfolger Böhm-Bawerks, dann nach München auf den Brentanoschen Lehrstuhl 1919 angenommen hatte, erlebte ich ihn zum ersten Mal als Dozenten in einem Kolleg mit dem apotropäischen Titel: Einige Kategorien der verstehenden Soziologie.

Der Besuch ließ auch rasch nach, was ihm nur recht war. Darstellung lag ihm nicht, weder im Kolleg noch im Buch. Prophetie gar auf dem Katheder haßte er. Ein überfülltes Kolleg – oder war es eine der damals häufigen Studentenversammlungen? – begann er mit dem George-Zitat: Schon Ihre Zahl ist Verbrechen. Sein rednerisches Können verbannte er, wenn er dozierte. In dem Kategorien-Kolleg gab er, ein wahres Bild innerweltlicher Askese, soweit ich mich erinnere, pure Definitionen und Erläuterungen: Trockenbeerauslese, Kellerabzug. Ich besuchte ihn in der Universität, er schien sich zu erinnern, sprach von Versailles, wo er zeitweilig zur deutschen Delegation unter Brockdorff-Rantzau gehört hatte, und dann von den Sowjetführern: „Die haben alle bei mir Tee getrunken." Alle? – Lukács zum Beispiel konnte er damals noch nicht gemeint haben.

Weber hat das Hohenzollernreich („ein Jugendstreich ..., den die Nation auf ihre alten Tage beging und seiner Kostspieligkeit halber besser unterlassen hätte, wenn er ... nicht der Ausgangspunkt einer deutschen Weltmachtpolitik sein sollte") um kaum zwei Jahre überlebt, seine Chance und ihre Erfordernisse mit F. Naumann früh erkannt, doch sehr bald weit negativer als dieser beurteilt. Im Haß auf den dilettantischen zweiten Wilhelm traf er sich mit Bismarck und blieb er ein Bismarckianer, im Liebeshaß auf die preußischen Junker wurde er zum Demokraten. Für die praktische Politik war er nicht geschaffen. Er konnte nicht taktieren, er wollte keinen Kompromiß. Der unversöhnliche Gegensatz war das Element seines Lebens, die grimmige Freude in der Widerlegung menschlicher Wünsche durch die Gewalt der von ihnen in die Welt gesetzten Tatsachen die Schwungkraft seines Denkens. Dem Unermeßlichen mit allen Mitteln besonnener Rationalität in dem Bewußtsein letzter Vergeblichkeit standhalten, verstehen, um zu erklären, erklären, um an die Grenze des Begreifens zu kommen: das war Max Weber – und Jaspers hat ihn in seiner Philosophie des Scheiterns in Musik gesetzt. Die Philosophie der Existenz ist sein Denkmal. Aber sein Werk wächst über ihn hinaus. An ihm erfüllt sich das Gesetz der Emanzipation von seinem subjektiv gemeinten Sinn.

Die ersten zehn Jahre Soziologie in Göttingen

Über der Etablierung der Soziologie als akademisches Fach in Deutschland stand kein guter Stern. Die ersten Ansätze gab es 1919, der volle Durchbruch erfolgte 1945. Im Schatten von Niederlagen konstituiert, hatte ihre Einrichtung immer etwas von Konzession an den Geist der Sieger behalten und wirkte wie eine Art Ersatzhandlung für Revolutionen, die fällig waren, aber nicht stattfanden. 1919 war das Selbstvertrauen der gelehrten Welt noch stark genug gewesen, um die Etablierung der Soziologie auf die jungen Universitäten Frankfurt und Köln zu beschränken. Staatsrechtler und Historiker fühlten sich zu Wächtern der Tradition berufen und variierten die Gedanken der Kampfschrift *Die Gesellschaftslehre* des damals noch liberalen Treitschke aus dem Jahr der Schlacht von Solferino. Zweifellos war ihre Position seitdem stärker geworden, denn sie verteidigte nun nicht mehr nur eine bestimmte Auffassung von Staatslehre, sondern die vom Marxismus bedrohten heiligsten Güter der Nation, wenn sie sich gegen die Soziologie stellte. 1945 haben diese Ressentiments und Argumente keine Kraft mehr gehabt. Da man sich in der Bundesrepublik für Amerika entschied, sah man in der Soziologie gewissermaßen ein Stück Umerziehung zur Demokratie. Beeindruckt von dem Nachholbedarf an Freiheit und Sozialforschung, beeilten sich die Fakultäten und Unterrichtsverwaltungen, Lehrstühle zu errichten. Immerhin sollte die apertura a sinistro wenigstens durch die Person des Lehrstuhlinhabers gemildert sein.

Der erste Kandidat in Göttingen war Freyer, dessen Leipziger Position damals schon prekär geworden und der mit seiner zweibändigen *Weltgeschichte Europas* die Herzen der Historiker gewonnen hatte. Es schienen dann doch gegen den Autor von *Revolution von rechts* und *Der Staat* Bedenken gekommen zu sein, und so fand man die Lösung mit einem Emigranten der Stunde angemessener. Nach einem etwas turbulenten Gastsemester im Sommer 1949 wurde ich berufen.

Bei all meiner Liebe zu Göttingen und den Erinnerungen an meine Studienzeit 14/15 bei Husserl konnte ich mich nur schwer entschließen. Groningen hatte mir in den Hitlerjahren geholfen. 1946 war ich dort trotz meiner deutschen Nationalität zum Ordinarius für Philosophie ernannt worden, und ein Ruf nach Utrecht kam in dem gleichen Augenblick, in dem Göttingen anklopfte. Wieder sollte ich mich zwischen Philosophie und Soziologie entscheiden, denn bis zur Besetzung Hollands hatte ich eine soziologische Stiftungsprofessur inne gehabt. Rückkehr nach Hause bedeutete also offizielle Abkehr von der Philosophie, bot aber die Chance etwas Neues zu schaffen. Mit 58 Jahren nochmals umsatteln und zum richtigen Soziologen werden, hält der enragierte Fachmann natürlich für unmöglich. Unter einem richtigen Soziologen stellt er sich, frei nach Max oder Alfred Weber, Oppenheimer oder Sombart, einen Nationalökonomen mit historischen und politischen Ambitionen vor. Dieser Typ war nahezu ausgestorben, weil die Ökonomie sich inzwischen mathematisiert hatte. Dafür gab es nach dem Zusammenbruch eine ganze Reihe Philosophen, welche ihrer Herkunft abschworen und mit dem Eifer von Apostaten und Konvertiten aus den Enttäuschungen ihrer frühen Jahre die äußersten Konsequenzen totaler Entideologisierung ziehen wollten. Sie schienen unter ihrem philosophischen Training wie unter einem Minderwertigkeitskomplex zu leiden und kompensierten ihn mit einer Technik geistigen Atemanhaltens, die zu einem zweiten unconditional surrender unter die amerikanischen Methoden der Sozialforschung führte. Nachdem die Herren ihre Gründerjahre hinter sich haben, sind sie ruhiger geworden und scheinen random sample, repräsentativen Querschnitt und Verkoden nicht mehr für eine Geheimlehre zu halten, die man nur im fernen Westen lernen kann.

Für diese Kinderkrankheit war ich zu alt. Ich habe von keiner Methode mehr erwartet, als daß sie in einer bestimmten Hinsicht Ordnung gewährt. Ich habe auch von der Soziologie kein anderes Heil erwartet. Daß die raschen Transformationen, unübersichtlichen Verfilzungen und permanenten Pseudomorphosen der industriellen Gesellschaft sie als Orientierungsmittel und ständige Korrektur nötig machen, zumal in dem auch geistig zerrütteten Deutschland, war selbstverständlich. Nur keine Illusionen, wenn man als Soziologe nach Deutschland zurückging!

Vordringlich war die Einrichtung des Seminars, dem ich seinen bescheidenen Namen lassen wollte. Zu einem Institut oder gar Forschungsinstitut fehlten Anlaß und Mittel. Nur einen Assistenten und eine Sekretärin hatte ich mir ausbedungen, eine Personalbesetzung, die 1950 für ein Seminar sensationell war. Bis zu seiner Promotion in Nationalökonomie übernahm Herr Goldschmidt, Ingenieur und Betriebswirt, Schüler Passows und Mitbegründer der Göttinger Universitätszeitung, die Wahrnehmung der Assistentenstelle. Er sorgte für die Einrichtung des Grundstocks der Bibliothek, zum Teil mit Hilfe der „Brücke" und einiger Amerikahäuser. Denn die geringen Soziologika im historischen Seminar aus der Zeit der Herren von Martin und Walter reichten natürlich nicht aus. Frau Liselotte Stern, bis zu meiner Emeritierung meine Sekretärin in Göttingen, stand Goldschmidt, heute Abteilungsleiter im Max-Planck-Institut für Bildungsforschung in Berlin, bei allen Unternehmungen zur Seite.

Bis zu unserem Einzug in den Oberstock des Reitstalls waren wir in zwei Parterre-Räumen im rechten Flügel des Auditoriums untergebracht. Was Direktorzimmer werden sollte, bot bei erster Besichtigung einen surrealistischen Anblick: möbliert war es mit einem Gerippe eines mittelgroßen Huftieres und einem Sofa aus der Zeit des deuxieme Rokoko (Solferino).

Die neue Professur gehörte zur Rechts- und Staatswissenschaftlichen Fakultät, doch hatte ich von vorneherein dafür gesorgt, daß der Soziologe auch in der Philosophischen Sitz und Stimme hat, unabhängig übrigens von dem mir gegebenen Lehrauftrag für Philosophie. So sicherte ich ihm die Möglichkeit, einen Kandidaten zum Dr. phil. (ohne Nachweis eines Staatsexamens), einen Referendar zum Dr. jur. und einen Diplomvolkswirt zum Dr. rer. pol. zu bringen. Das Fach verlangt nun einmal diese breite Streuung. Der Fall des Dr. jur. wurde allerdings in meiner Zeit nicht aktuell. Rechtssoziologie wird wenig betrieben und dürfte auch in Zukunft zur Domäne des Politologen gehören.

Meine Hauptsorge war die Heranbildung eines akademischen Nachwuchses im Fach. Solange ich allein nur Vorlesungen und Übungen halten konnte, war an Spezialthemen nicht zu denken. Mein Assistent mußte erst promovieren, bevor ich ihn mit Anfängerübungen im Rahmen des Seminars betrauen konnte. Da für Soziologen vom Fach sich zunächst das Erhebungsgewerbe bei demoskopischen Unternehmungen anbietet, müssen sie frühzeitig mit seinen praktischen Methoden vertraut gemacht werden. In meinem Gastsemester führten wir schon eine Befragung des Theaterpublikums und eine nach Lebensgewohnheiten der Studenten durch. Solche Anfängerpraktiken sind aber kein probates Mittel, denn sie verschrecken meistens ihr Publikum durch Ungeschick. Man muß sich an einen Kreis wenden, der den pädagogischen Sinn der Sache begreift und bejaht, womit natürlich Befragungssituation und Ergebnisse verzerrt werden.

Der Ausbildungswert solcher Practica für den Studenten, der im Normalfall sein Studium mit dem Doktor abschließen will, ist aber noch aus einem dissertationstechnischen Grunde begrenzt. Dissertationen sollen allein gemacht werden. Erhebungen aber lassen sich in den seltensten Fällen allein durchführen. Immerhin ist uns auch das mit der Hildesheimstudie über Ansatz und Wirksamkeit der Erwachsenenbildung in einer Stadt mittlerer Größe gelungen, die Wolfgang Schulenberg, heute Professor der Soziologie an der Pädagogischen Hochschule Oldenburg, durchführte. Aber das sind Glücksfälle. Normalerweise bieten sich theoretische und historische Themen an. Dazu gehörten die Dissertationen von Graf von Krockow, Chr. von Ferber, P. Dreitzel, M. Schwonke. Lemperts Studie über den Gewerbelehrer stützt sich wieder auf kodifiziertes Material, auf eigene Erhebungen und persönliche Erfahrungen. Man sieht übrigens, daß ich bei unserem Pädagogen Weniger, der von soziologischer Betrachtung eher eine Schwächung des Normbewußtseins befürchtete, doch Verständnis fand.

Wertvoll für den Aufbau war mir die Vergleichsmöglichkeit mit dem Frankfurter Institut für Sozialforschung, das 1950 im neuen Haus an seine 1933 gewaltsam beendete Tradition anknüpfen konnte, mit seinem Gründer Max Horkheimer wieder an der Spitze. Er war damals Rektor und Adorno, sein Stellvertreter, für ein Jahr in Kalifornien. Auf ihre Bitte sollte ich mich um den Fortgang der Arbeiten kümmern. Ich habe dadurch manchen Einblick in die Schwierigkeiten der Durchführung größerer Untersuchungen (Darmstadtstudie, Gruppenstudie über Umfang und Virulenz nazistischer Vorstellungen im politischen Bewußtsein der bundesdeutschen Bevölkerung) bekommen, die mir für eigene Pläne dienlich waren. Ein Jahr lang fuhr ich jeden Freitag nach Frankfurt, um mich vor allem um die wissenschaftlichen Arbeiten zu kümmern, soweit sie greifbare Gestalt annehmen wollten oder durften.

In Göttingen war, dank der geringeren Umfänglichkeit des äußeren Apparats und der geringeren Ambition nach public relations, das Arbeiten leichter und intensiver. Das eigene Milieu der Universität bot sich wie von selbst für fieldwork an, zumal die Überständigkeit universitärer Einrichtungen mit jedem Tag drohender fühlbar wurde. Für die Finanzierung einer auf Bundesebene durchzuführenden Untersuchung der Lage deutscher Hochschullehrer traf es sich gut, daß der damalige Präsident der deutschen Forschungsgemeinschaft, Professor Raiser, mein früherer Göttinger Kollege, sich mit gleichen Plänen trug. Auch gehörten wir beide wie auch sein Nachfolger, Professor Hess, einem Kreis entschiedener Universitätsreformer an, dem sogenannten Hofgeismarkreis, den der Theologe Rengstorf Anfang der fünfziger Jahre gebildet hatte. Ähnliche Fragen hatten mich schon 1938/39 in Holland beschäftigt, nur kam der Krieg dazwischen. Leider sind auch die wenigen Aufzeichnungen, die mein damaliger Mitarbeiter Dan Krantz gemacht hatte, in den letzten Kriegstagen in Groningen verbrannt.

Die Untersuchung (Göttingen 1956) gliedert sich in drei Teile: I Nachwuchsfragen im Spiegel einer Erhebung 1953–55; II Stellenplan und Lehrkörperstruktur [der Universitäten und Hochschulen in der Bundesrepublik und Berlin (West)] 1953–54; III Die Entwicklung des Lehrkörpers [der deutschen Universitäten und Hochschulen] 1864–1954; die Interviews mit Vertretern aller Fakultäten auf allen Stufen der akademischen Hierarchie, die institutionelle Entwicklung der Universitäten in den letzten hundert Jahren (Bearbeiter Chr. von Ferber) und den eigentlichen statistischen Teil (Bearbeiter A. Busch). Jeder Teil war, unbeschadet seiner Selbständigkeit und seines Eigengewichtes, für die Beurteilung des gegenwärtigen Zustandes der Universitäten nötig. Die offizielle Hochschulstatistik war nicht differenziert genug und verdeckte durch Kategorien, die mehr dem Verwaltungsinteresse und dem Etatgesichtspunkt gerecht werden, den wirklichen Zustand. Um aber diesen beurteilen zu können, das heißt die Differenzierungsrichtung der institutionalisierten Fächer, mußte man wieder historisch werden, soweit jedenfalls, als die Vergleichbarkeit mit älteren Zuständen den gegenwärtigen gewährleistet ist und die geschichtliche Dokumentation eine Stütze bietet.

Den größten Erfolg hatte der statistische Teil. Seinen Wert begriff das Bundesamt für Statistik sofort. Nachdem sein Bearbeiter, Alexander Busch, auch noch mit einem amüsant-instruktiven Buch zur Geschichte des Privatdozenten promoviert hatte, holte ihn sich das Amt in Wiesbaden als Leiter seiner Hochschulstatistik.

Den meisten Ärger machte natürlich der Interviewteil, und zwar in allen seinen Stadien. Daß Rundsenden von Fragebogen, noch ganz abgesehen vom Zeitpunkt der Erhebung zu Anfang der fünfziger Jahre, in denen niemand Nazi gewesen, die denkbar schlechteste Methode war, hatten wir bald heraus. Aber für Intensivgespräche mit Dozenten aller Waffengattungen brauchte man gebildete und sensible Interpellanten, reifere Menschen mit wissenschaftlichem Verständnis. Demoskopische Erhebungen müssen nicht so wählerisch sein. Da es um Verhältnisse im Fach ging, Nachwuchsfragen, personelle und materielle Ausstattung von Instituten im innerdeutschen und internationalen Vergleich, wäre es beiden Partnern des Gesprächs schlecht zumutbar gewesen, wenn ein Student seine Professoren hätte interpellieren sollen.

Wichtiger war es, daß die Gesprächsführung dem Befragten Freiheit ließ, seine Sorgen und Wünsche zu formulieren. Nur die Route des Gesprächs mußte festliegen. Die Auswertung der Aussagen verlangte dann allerdings fachliches Verständnis und Sinn für die jeweils sehr anders liegende Problematik. Dazu war nun größere Übersicht und Reife vonnöten, als man von jungen Hilfsarbeitern erwarten kann. Das bleibt also schließlich doch am Chef hängen.

Auf ihn richteten sich denn auch mit Recht die Pfeile kollegialen Unmuts, als die ganze Sache gedruckt vorlag. Die Hauptreklamationen kamen von den Medizinern, die mir erst nicht glauben wollten, die Untersuchung sei auf Bundesebene durchgeführt. Sie befürchteten Rückschlußmöglichkeiten auf Göttingen. Die Empfindlichkeit der Mediziner hat sachliche Gründe. Kliniken müssen straff organisiert sein und klar gegliederte Verantwortlichkeiten haben. In der Furcht des Herrn wird das Betriebsklima eher klein geschrieben. Die an sich verständlichen Wünsche der nachgeordneten, oft nicht mehr jüngeren Ärzte nach größerer Liberalität und Verantwortung stoßen dabei nicht allein auf Vorurteile von gottgegebener Privilegiertheit des Ordinarius, sondern auf echte Schwierigkeiten der Verteilung der Entscheidungsbefugnisse. Wir leben nicht mehr im neunzehnten Jahrhundert, die Spezialisierung macht eine übergreifende Autorität illusorisch und zwingt zur Kooperation, wo früher einer allein bestimmen konnte. Und was nicht die Spezialisierung erzwingt, das besorgen die Krankenversicherung und das Anwachsen der Studentenzahlen.

Aufs Ganze gesehen, zeigten sich aber die Kollegen weit aufgeschlossener und dem Unternehmen hilfsbereiter gesinnt, als ich anfangs angenommen hatte. Auch die älteren Herren, die noch bessere Zeiten an unseren Universitäten kannten, sahen den Nutzen der Sache und die Schwierigkeiten ihrer Durchführung. Ich bin überzeugt, daß das Unternehmen vor 1914 am Widerstand der Geheimräte hätte scheitern müssen. Das Vertrauen in die Idealität der Universitätsorganisation, die Richtigkeit der harten Auslese im Wettbewerb um die Professur und in die Wissenschaft selber waren zu stark. Auch in den zwanziger Jahren wäre es noch schwierig gewesen, obwohl z. B. in der preußischen Hochschulstatistik Anfang der dreißiger Jahre soziologisches Verständnis deutlich wird. Aber es bedurfte doch wohl des Einbruchs der Lumperei in Staat und Lehrkörper 1933 und des moralischen Versagens gegenüber den sogenannten nichtarischen Kollegen, des erschütternden Substanzverlustes durch Emigration und Krieg, um den Professoren das ganze Maß ihrer gesellschaftlich-politischen Abhängigkeit zum Bewußtsein zu bringen.

Jetzt, nach dem Untergang, unter dem Andrang nicht mehr zu bewältigender Studentenmassen, unter dem Druck gebieterischen Nachholbedarfs in puncto Ausbau der Fächer, der Raumnot, der Nachwuchssorgen war Hochschulreform an der Tagesordnung. Was wir mit unserer Untersuchung, dank der Unterstützung durch die Forschungsgemeinschaft, bescheiden begonnen hatten, vermochte der Ende der fünfziger Jahre geschaffene Wissenschaftsrat mit großer Autorität, aufgrund detaillierter Erhebungen zu Empfehlungen zu verdichten. Seine Vorschläge zur Neugliederung des Lehrkörpers zeigen übrigens deutliche Spuren des oben erwähnten Hofgeismarkreises, dem Snell, einer der Mitverfasser des „blauen Gutachtens" und zwei Präsidenten der Forschungsgemeinschaft, Hess und Raiser, der dann den Wissenschaftsrat leitete, angehörten. Vor allem der Gedanke des Mittelbaues ist wohl in seinen Diskussionen konzipiert worden. Die Vorstellung, an der Universität dürften nur habilitierte Kräfte lehren, ein gutes Prinzip in alter Zeit, muß außer Kraft gesetzt werden, wenn man einer rasch wachsenden Studentenbevölkerung helfen will, deren Schulbildung in jeder Hinsicht zu wünschen übrig läßt. Allein mit Studium Generale, Podiumsdiskussionen (Pseudopodium), Reihenvorlesungen und Arbeitsgemeinschaften lassen sich Elementarmängel nicht beheben. Zur Universität drängen heute nicht nur in den Fächern der höheren Schule und der Betriebswirtschaftslehre unverhältnismäßig viele unterdurchschnittlich Begabte, die dort nicht hingehören, für Schule und Wirtschaft aber noch immer ein Reservoir bilden können, wenn sie im Studium sorgfältiger beobachtet werden. Solche Aufgliederung läßt sich nur mit einem auch pädagogisch erfahrenen zusätzlichen Lehrkörper erreichen.

Wie nicht anders zu erwarten, hat man gegen den Mittelbau das Humboldtsche Prinzip der Einheit von Forschung und Lehre aufgerufen, jenes aus aristokratischer Bildungsgesinnung geborene und gegen die utilitaristischen Tendenzen an den Universitäten des achtzehnten Jahrhunderts gerichtete Prinzip, das den Ruhm der deutschen Wissenschaftsorganisation im neunzehnten Jahrhundert begründete. Man wird es nicht aufgeben, auch nicht aufgeben dürfen, denn selbst Fiktionen gewordene Ideen bewahren vor bloßer Routine. Nur muß man sich darüber klar sein, daß die Forschung selber sich inzwischen verändert hat. Sie verlangt in weit höherem Maße als früher Training, methodische Schulung und Beherrschung eines technischen Rüstzeuges, die der Student sich aneignen muß, auch wenn er „nur" in die Praxis gehen will und nicht in die Forschung. Wenn man will, hat das Humboldtsche Prinzip – List der Idee – wissenschaftsgeschichtlich dazu gedient, den utilitaristischen Tendenzen, die es bekämpfte, im zwanzigsten Jahrhundert zum Sieg zu verhelfen, das heißt das Bündnis zwischen Forschung und Industrie endgültig zu besiegeln.

Die zum Großbetrieb gewordene Forschung, big science, ist ein dankbares, ein dringliches Untersuchungsobjekt der Soziologie nicht zuletzt aus bildungspolitischen Gründen geworden. Der Sektor Forschung tangiert den Sektor Bildung in Schule und Volkshochschule, weil diese bei aller Eigenständigkeit pädagogischen Bemühens von der Forschung leben. In einer von der Wissenschaft bestimmten Kultur ist das nicht anders. So kam ich Mitte der fünfziger Jahre mit einem Unternehmen in Berührung, das sich die Einrichtung des extra mural departments englischer Universitäten zum Vorbild nahm, um der Erwachsenenbildung die Mittel und Formen universitären Unterrichts zur Verfügung zu stellen. Tradition war bei uns der Vortrag oder Vortragszyklus des Universitätsmannes im Rahmen der Volkshochschule. Nun sollte – und dazu ergriff Ministerialdirigent Alfken in Hannover, von Haus aus Anglist, die Initiative – die Seminarform unter Leitung von Universitätsdozenten bzw. -angehörigen an der Volkshochschule heimisch gemacht werden. Man holte dafür Dr. Strzelewicz, der als Emigrant in Schweden lebte (heute Professor an der Pädagogischen Hochschule in Hannover). Ihm gelang es in zäher Arbeit, das Werk bis an die Schwelle seiner Institutionalisierung an der Universität zu führen. Die Eingliederung ist ab 1966 beschlossen. Was niemand für möglich gehalten und auch nur lau von dem Vertreter der Pädagogik gefördert worden war, hatte in Südhannover und Kassel so großen Erfolg, daß andere Universitäten dem Beispiel Göttingens folgten und schließlich die Georgia Augusta sich zur offiziellen Anerkennung des Göttinger Experiments verstehen mußte. Es zeigte sich mal wieder, daß man die pädagogische Begabung gerade der jungen Anfänger in der Wissenschaft ebenso gering eingeschätzt hatte wie die Bereitschaft zu ernster, ausdauernder Mitarbeit in den Kreisen akademisch nicht Geschulter, die oft nur Volksschulbildung haben. Vor zehn Jahren war freilich das Reservoir der Assistenten und jungen Dozenten, aus dem die Seminarkurse schöpfen konnten, klein. Heute ist die Auswahl leichter. Übrigens ist die Erfahrung, die man im Laufe der zehn Jahre ihres Bestehens machen konnte, der großen Untersuchung *Bildung und gesellschaftliches Bewußtsein* (Stuttgart 1965) von Raapke, Schulenberg und Strzelewicz deutlich zugute gekommen.

Wissenschafts- und Bildungssoziologie standen in den ersten Jahren des Institutes für die Zusammenarbeit im Vordergrund. Gegen Ende aber entdeckten wir vor den Toren Göttingens ein anderes, nicht weniger dankbares und aufschlußreiches Objekt: die Stadt des Volkswagenwerkes Wolfsburg, das für Westdeutschland einzigartige Experiment einer Stadtgründung aus den dreißiger Jahren. Als ich meine Fühler ausstreckte, hatte ich wenig Hoffnung, noch zurechtzukommen. Aber wie mir der Oberstadtdirektor versicherte: wir waren die ersten. Von Dortmund hatte sich wohl G. Ipsen einmal blicken lassen, aber nicht Feuer gefangen. Das Stadium einer Kommune, die dreißig Jahre alt ist, wird einem vielleicht in Kanada oder Australien noch geboten, aber in der alten Welt sehr selten. Hier kann der Soziologe noch beraten und den Kommunalisierungsprozeß beeinflussen. Martin Schwonke, heute Professor an der Pädagogischen Hochschule Göttingen, hat sich dieser Aufgabe unterzogen, für die ihn seine Dissertation *Vom Staatsroman zur Science Fiction* in keiner Weise präpariert hatte.

Es hat meinen Schülern nicht geschadet, daß ich Soziologie als Philosoph betrieb. Sie sind dadurch nicht zu Armchair-Soziologen geworden. Davon legen die Göttinger Abhandlungen zur Soziologie und ihren Grenzgebieten beredtes Zeugnis ab, die jetzt mein Nachfolger H. P. Bahrdt mit mir herausgibt. Auch er ist von der Philosophie ausgegangen und hat, ein Schüler Stavenhagens, nach dessen Tod bei mir mit einer Arbeit über Herder promoviert. Kurz darauf wandte er sich im Stahlwerk Rheinhausen der Industriesoziologie zu und in der BASF den Fragen der Industriebürokratie. Man muß mit dem Bismarckschen Prinzip, daß das Reiten sich von selber lernt, wenn man erst mal im Sattel sitzt, nicht immer schlechte Erfahrungen machen.

Totale Reflexion. Zum Tode Adornos

Adorno zählte zu den in unserer Sprache seltenen und immer mit Mißtrauen betrachteten philosophischen Schriftstellern, denen man in Frankreich und England großen Respekt erweist. Das hängt mit der mangelnden Weltläufigkeit unserer schriftstellerischen Tradition zusammen. Wer witzig ist, macht sich bei uns verdächtig, zumal in der Philosophie. Ganz ohne sittlichen Ernst erträgt man sie nicht. In dieser Hinsicht wird man von Marxisten nie enttäuscht, auch nicht, wenn sie schreiben können. Wir haben es nicht gern, wenn jemand esprit zeigt. Ansätze bei Lichtenberg und Lessing sind bei uns nie zu Vorbildern geworden. Daß ernste Dinge auch heiter gesagt werden können, überläßt man der Literatur, die von der soliden Wissenschaft getrennt bleibt. Philosophen, die nicht so waren und deshalb auch eine soziologische Schlagseite hatten wie Simmel und Scheler, traute man bei allem Respekt doch nie so ganz über den Weg. Und wenn dann die écrivains auch noch hartgesottene Marxisten sind wie Bloch, Lukács, Walter Benjamin und Adorno, verstärkt die Animosität gegen Ideologie noch die Animosität gegen den sowieso fragwürdigen Schriftsteller. Denn ihr Medium, die Gesellschaft heute, welche Gelehrte und Künstler zum Leben brauchen, um sich gegen sie abzuschirmen und in ihr Resonanz zu finden, ist nach marxistischer Ansicht in einem Prozeß rastloser Selbstzerstörung begriffen. Ihr Prinzip, die Aufklärung, die gegen alle Autoritäten sich emanzipierende und auf ihre Selbstverantwortung bedachte Vernunft, „zwingt das Denken dazu, sich auch die letzte Arglosigkeit gegenüber den Gewohnheiten und Richtungen des Zeitgeistes zu verbieten" (Vorrede zur *Dialektik der Aufklärung*). Die Kunst des Mißtrauens darf aber nicht bloß von Fall zu Fall geübt werden, sie will gelernt sein. Adorno war 18 als der Krieg 1918 zu Ende ging. Ihn haben die zwanziger Jahre geprägt, die im Nachhall einer versäumten politischen Revolution ihre Energien an die Radikalisierung der geistigen Gewohnheiten konzentrierten.

Damit geriet, wer das Neue wollte, mit dem ganzen Interessenapparat des eingefahrenen Kulturbetriebes in Konflikt. Denn das von diesem Apparat gegängelte Publikum, seine Leser, Besucher von Austellungen und Konzerten, durchschaut ja nicht, daß und was mit ihm gespielt wird, daß die Interessen in der Maske der Interessenlosigkeit sich des Kulturbetriebes bedienen. Die Verfilzung mit dem juste milieu verlangt nach einer gesamtgesellschaftlichen Umwälzung, von der man sich damals in der Weimarer Republik und zur Zeit von Lunatscharski und Trotzki progressive Resultate versprechen konnte.

Inzwischen haben alle gelernt. Die bürokratischen Verhärtungen in West und Ost triumphieren über die Visionen einer zu sich selber gekommenen Gesellschaft. Marcuses große Weigerung, die überdies gegen das Interesse jeder entwickelten Industriegesellschaft, die von ihren Möglichkeiten einen humanen Gebrauch machen will, verstößt, ist pure Utopie, welche die Massen ebenso wenig in Bewegung bringt wie die Intellektuellen auf die Couch des Psychoanalytikers, um den Leistungsfimmel loszuwerden. Sicher ist Psychoanalyse ein wesentliches Instrument, das Individuum über sich aufzuklären, aber das allein bringt die Gesellschaft nicht voran. Hier hilft, und so verstehe ich die Bedeutung Walter Benjamins für Adorno, nur eine Einsicht: daß das Individuum nicht ein bloßes Mittel zur Verdeutlichung des Ganzen ist. Sondern die Gesellschaft ist wesentlich die Substanz des Individuums. Das ist doppeldeutig, je nachdem der Nachdruck auf den einzelnen oder das Ganze fällt. Für Hegel, aber auch für Marx ist der einzelne eine Marionette des weltgeschichtlichen Prozesses. Aber die Kostbarkeit, welche im Zuge der Aufklärung Liberalismus und Individualismus des späten neunzehnten Jahrhunderts erworben haben, sollte bewahrt bleiben.

Darum bietet die individuelle Erfahrung der gesellschaftlichen Analyse auch Wirklichkeitsaufschlüsse. Und in dieser Analyse war Adorno Meister, ob es um Proust oder Kafka, de Sade oder Mahler ging. „Angesichts der totalitären Einigkeit, welche die Ausmerzung der Differenz unmittelbar als Sinn ausschreit, mag temporär sogar etwas von der befreienden gesellschaftlichen Kraft in die Sphäre des Individuellen sich zusammengezogen haben. In ihr verweilt die kritische Theorie nicht nur mit schlechtem Gewissen" (*Minima Moralia*, S. 13).

Das Ende der *Minima Moralia* nimmt die Grundidee von Adornos letztem Werk, der *Negativen Dialektik*, vorweg. „Philosophie, wie sie im Angesicht der Verzweiflung einzig noch zu verantworten ist" – der Verzweiflung über die unentrinnbare Bedingtheit jedes Gedankens, also auch dieses Gedankens, der kritischen Theorie totaler Reflexion –, „wäre der Versuch, alle Dinge so zu betrachten, wie sie vom Standpunkt der Erlösung aus sich darstellten. Erkenntnis hat kein Licht, als das von der Erlösung her auf die Welt scheint: alles andere erschöpft sich in der Nachkonstruktion und bleibt ein Stück Technik. ... Es ist das Allereinfachste, weil der Zustand unabweisbar nach solcher Erkenntnis ruft, ja weil die vollendete Negativität, einmal ganz ins Auge gefaßt, zur Spiegelschrift ihres Gegenteils zusammenschießt. Aber es ist auch das ganz Unmögliche, weil es einen Standpunkt voraussetzt, der dem Bannkreis des Daseins ... entrückt ist." Noch ein Mal: „Je leidenschaftlicher der Gedanke gegen sein Bedingtsein sich abdichtet um des Unbedingten willen, um so bewußtloser, und damit verhängnisvoller, fällt er der Welt zu. Selbst seine eigene Unmöglichkeit muß er noch begreifen um der Möglichkeit willen." Und dann kommt der merkwürdige Satz: „Gegenüber der Forderung, die damit an ihn ergeht, ist aber die Frage nach der Wirklichkeit oder Unwirklichkeit der Erlösung selber fast gleichgültig." Erlösung vom falschen Bewußtsein durch die nie zu überwindende Gebundenheit des Denkens im Bannkreis des Daseins ist nicht entscheidend. Zu verantworten ist einzig, alle Dinge so zu betrachten, wie sie sich vom Standpunkt der Erlösung aus darstellen. Die totale Selbstpräsenz des auf bedingungslose Wahrheit verpflichteten Denkens ist nicht, wie bei Hegel, „immer schon" in dem sich selber denkenden Gott erreicht, so daß Erklärung und Verklärung des Faktischen zusammenfallen. Aber auch nicht, fast nicht, wie bei Marx, für den das Ende der Selbstentfremdung des Menschen in Sicht und mit jedem Tage näher kommt. Und wenn es nicht so wäre? Dann noch bliebe die Forderung, nach ihrem Prinzip der vollendeten Illusionslosigkeit zu verfahren.[1] An der eschatologischen Perspektive wird nicht gerüttelt. Aber mit dem Schlußakkord der Befreiung in Es-Dur kann es länger, als Marx dachte, dauern. Seit Marx und den Umwälzungen in seinem Zeichen sind wir um viele Erfahrungen ärmer geworden. Darum sich in den Wartestand einer sogenannten bloßen Theorie flüchten wäre schlimmer, weil Verrat am Gedanken. Kritische Theorie ist ein Stück Praxis. Deshalb haben ihn die albernen Vorwürfe der Aktivisten, die es hätten besser wissen können, denn sie haben bei ihm gelernt, mit Recht verletzt. Und Mädchen mit oben nicht ganz ohne sind selbst im ganz entkleideten Zustand kein Argument.

---

[1] *Am Rand:* Jede Verwirklichung hat sich als Verrat an der Vision erwiesen, der sie zum Leben verhelfen wollte.

Erinnerungen an Max Scheler[1]

Den Namen Scheler hörte ich zum ersten Mal 1911 an unserem studentischen Mittagstisch im damaligen Restaurant Rheingold auf der Potsdamer Straße in Berlin. Die Zeitungen berichteten von einer Skandalaffäre, die den jungen Privatdozenten der Philosophie in München zum Verzicht auf seine venia legendi gezwungen hatte. Der Name sagte mir als Studenten der Zoologie noch nichts. Als ich Scheler dann 1919 in Seeshaupt am Starnberger See zum ersten Mal persönlich begegnete, war er ein bekannter Mann, Ordinarius der Philosophie an der neu entstandenen Universität Köln und Vorkämpfer religiöser Erneuerung im Sinne einer „Rückkehr des Katholizismus aus dem Exil". Durch ihn erfuhr ich von der Berufung meines alten Lehrers Driesch nach Köln, und als Scheler hörte, ich sei Drieschs Schüler, habe aber später bei Husserl in Göttingen studiert und wolle mich in Philosophie habilitieren, rief er aus: Kommen Sie nach Köln, das neue Alexandrien.

Scheler wirkte untersetzt, gedrungen, hatte lebhafte, blaßblaue Augen, eine breite, aber flache Stirn und einen kurzen Hals. Er war sehr lebendig im kaum abreißenden Gespräch, dessen Führung er bald an sich riß. Er war witzig, jedoch zum Zuhören nicht geschaffen, „wie Simmel", meinte er.

Schon die persönlichen Umstände seiner Herkunft: Sohn einer jüdischen Mutter, über die er mit Lion Feuchtwanger verwandt war, und eines protestantischen Vaters, scheinen für seine Jugend Spannungen bedeutet zu haben. Wie er mir später sagte, ist er mit zwölf Jahren zum Katholizismus übergetreten. Er studierte bei Rudolf Eucken in Jena. 1897 promovierte er bei ihm mit einer Arbeit über die *Beziehungen zwischen den logischen und ethischen Prinzipien* und habilitierte sich 1899 mit einer Schrift über *Die transzendentale und die psychologische Methode*. 1901 war er Husserl und seinen *Logischen Untersuchungen* begegnet und gehörte von da an zum Kreis der Phänomenologen. Die Phänomenologie wurde ihm zum Ausweg aus dem Zwiespalt des forma-

---

[1] Auszugsweise vorabgedruckt in der *Neuen Zürcher Zeitung*, 18. August 1974, Nr. 380, 41–42.

len Apriorismus Kantischer Prägung und des empirischen Psychologismus, der damals die Gegenstimme in der Philosophie bildete. Persönliche Mißhelligkeiten zwischen Frau Eucken und seiner Frau, einer geborenen von Dewitz, veranlaßten Scheler 1907 zur Umhabilitierung nach München zu Th. Lipps, dessen Richtung einer erlebnisnahen deskriptiven Psychologie der Phänomenologie in ihrer frühen Fassung entgegenkam. Hier wirkten Moritz Geiger, Alexander Pfänder und Dietrich von Hildebrand. In diese Zeit fällt die Trennung von seiner ersten Frau, mit der er einen Sohn hatte, und seine Wiederverheiratung mit der Tochter des Archäologen Furtwängler, eines Freundes des Bildhauers A. von Hildebrand und Konrad Fiedlers. Durch die Intrigen der ersten Frau, die ihn erst frei gab, als Märit Furtwängler ihr ihre Mitgift überließ, kam es zu jenem Prozeß, der schließlich mit dem Verzicht Schelers auf sein Lehramt endete und ihn zur Übersiedlung nach Berlin und in eine Tätigkeit bei einer Zeitschrift zwang, die ihm nur ein knappes Auskommen bot. Ernst Troeltsch, der Theologe und Historiker des Historismus, und Werner Sombart, der Historiker des modernen Kapitalismus, haben sich um ihn gekümmert, bis er 1913 sein erstes Buch *Der Formalismus in der Ethik und die materiale Wertethik* herausbrachte. 1915, kurz nach Kriegsausbruch, erschien *Der Genius des Krieges und der deutsche Krieg,* der seinen Namen weithin bekannt und das Auswärtige Amt auf ihn aufmerksam machte. Es beauftragte ihn mit Propaganda in Genf und im Haag. 1917 war er klüger geworden. Seine Schrift *Die Ursachen des Deutschenhasses* ist unter dem Eindruck seiner Auslandstätigkeit entstanden. An den Enthusiasmus seines Kriegsbuches wollte er nicht gern erinnert werden: „Ich habe eben den Genius der Perserkriege gemeint."

Mit der Berufung nach Köln hatte die Unsicherheit ein Ende. Seine anfangs große Wirkung beruhte auf einer in der deutschen Philosophie – die in ihren Repräsentanten von Leibniz bis Nietzsche vom Protestantismus geprägt ist – sehr seltenen Verbindung von Katholizität und Progressivität, welche es ihm erlaubte, auf Augustin und Pascal und dessen raison du cœur zurückzugreifen. Die Wiederentdeckung der emotionalen Sphäre mit den Mitteln der Phänomenologie ist sein bleibendes Verdienst.

Gewiß ist eine Arbeit wie die über die Rolle des Ressentiments im Aufbau der Moralen nicht ohne Nietzsches *Zur Genealogie der Moral* von 1887 denkbar, wie denn auch seine Arbeiten über Sympathie, Liebe und Haß, Scham und Reue ohne Nietzsche nicht denkbar sind. Aber wer hat denn in der Zeit der Hochblüte des Neukantianismus und der Experimentalpsychologie diese Themen philosophisch ernst genommen? Nicht zuletzt durch die Vorherrschaft der experimentellen Psychologie und ihrer vom Vorbild der exakten Naturwissenschaft geprägten Methode entzog sich der Bereich der gefühlsmäßigen Emotionen der Erforschung. Sie ermöglicht zu haben bleibt das Verdienst Schelers, der die Chancen, die Husserls phänomenologische Methode bot, früh erkannte und bereits in seinem Buch von 1913 wahrnahm. Dieses Buch gegen den Formalismus in der Ethik zeugt übrigens von einer Konzentration und Selbstzucht, zu der den Autor seine Gegnerschaft zu Kant ebenso wie persönliche Schwierigkeiten gezwungen haben mögen. Der Angriff auf die Kantische Pflichtmoral war von einer katholischen Gesinnung getragen und richtete sich im Grunde gegen eine ganze philosophische Tradition, die vom protestantischen Geist in Deutschland geprägt ist, und die nach 1918 Benedikt XV. in das Wort gefaßt hat: Luther hat den Krieg verloren. Wenn das wahr sein sollte, war auch Kants Problematisierung der Metaphysik bis hin zu Nietzsches: Gott ist tot, davon getroffen.

In den ersten Kölner Jahren blieb Schelers Verhältnis zum Katholizismus ungetrübt. Er war zeitweise sogar Mitglied der Zentrumsfraktion des Stadtrates. In diese Zeit gehören die Bücher *Vom Umsturz der Werte* und *Vom Ewigen im Menschen*. Doch je distanzierter sein Verhältnis zum Katholizismus wurde, desto mehr suchte er, den moralischen Abgrund und die totale Entsicherung der abendländischen Kultur vor Augen, nach vermittelnden Konzepten in einer an radikalen Angeboten überreichen Welt, wie sie die Weimarer Zeit kannte. Ausgangspunkt war und blieb ihm eine geschichtsphilosophische Konzeption der seit dem Beginn der Aufklärung wachsenden Rastlosigkeit und Entsicherung des europäischen Menschen, dem die Rückkehr in einen Kosmos gestufter Rangordnung der Werte nur möglich werden kann, wenn er das Denken der Neuzeit zu Ende denkt, um die zerstörenden Wirkungen der Aufklärung zu überwinden. Der kulturelle Wiederaufbau Europas kann nur, so Scheler, im Sinne einer Erneuerung der christlichen Demut und Liebesidee in Gang kommen. Den moralischen Bankrott des Weltkrieges (vor Tische las man's anders) hat der enthemmte Nationalismus verschuldet, die Entgötterung des Staates und die Inthronisation des Individuums: mit einem Wort, der radikale Geist der Aufklärung und, in seinem Gefolge, die kapitalistische Wettbewerbsgesellschaft.

In der Mitte der zwanziger Jahre greift Scheler über den Rahmen christlicher Tradition hinaus, um die Aufgaben, die dem europäischen Menschen in einem Zeitalter „kommenden Ausgleichs" der nationalen Interessen gestellt werden, die mögliche Lösung zu weisen:

„Es bedarf überhaupt das hyperaktivistische, hyperbetriebsame Europa ... einer gewissen Liegekur in den Tiefen, in dem Ewigkeitssinn, in der Ruhe und Würde des asiatischen Geistes. Hat dazu Asien seit dem Japanisch-Russischen Krieg mit Sicherheit aufgehört, nur passives Objekt zu sein kapitalistischer Ausbeutung einerseits, christlicher, aber zu oft nur Handelspionierschaft treibender Missionen andererseits – regt es überall nun *aktiv* seine Flügel und wischt sich den Schlaf von Jahrhunderten aus den Augen, wie wir es überall sehen, im asiatischen Rußland, Japan, China, Indien, in der mohammedanischen Welt –, so hat Europa doppelten Grund zu einer *neuen Auseinandersetzung* all seines Kultur- und Bildungsbesitzes mit Asien und dem Osten überhaupt."[2]

Grundlage für die religiös-moralische Erneuerung bildet für Scheler eine auch philosophisch fundierte Neufassung der menschlichen Person im Verhältnis zu Gott, zur Welt und zu sich selbst. Ihre Explikation findet sich in den schon genannten Büchern *Vom Umsturz der Werte*, *Vom Ewigen im Menschen*, vor allem aber schon in der materialen Wertethik von 1913. Ihr Aufbau ist bestimmt von dem spezifisch phänomenologischen Gedanken eines materialen Apriori, das heißt konkreter Sinn- und Wesensstrukturen. In Wiederanknüpfung an das Vorbild der sokratisch-platonischen Tradition offenen Diskutierens über das, was Tugend oder Tapferkeit „ist" oder „meint", wirft Scheler in Handhabung der phänomenologischen Methode Fragen der „natürlichen" Rangordnung der Werte und Güter auf. Ein materiales, an spezifische Gehalte gebundenes Apriori hat weder im theoretischen noch im praktischen Bereich der Kantischen Philosophie Platz. Für beide Bereiche gilt die Gleichsetzung materialer Gehalte mit empirischen, die, weil letztlich in den Sinnen fundiert, keinen Anspruch auf Notwendigkeit und Allgemeinheit erheben können. Wesensgesetze des Fühlens, eine bindende Rangordnung für Billigung und Verwerfung, eine natürliche Hierarchie von Werten und Gütern, eine logique du cœur gar, sind für Kant und seine formale Imperativethik unmöglich. Zuneigung und Abneigung, Liebe und Haß entziehen sich einer Gesetzesmoral, der es nur um die Reinerhaltung des Gewissens zu tun ist. Die puristische Befehlsmoral bedeutet bei aller Größe eine radikale Verengung des in der Weite der menschlichen Person gegebenen moralischen Sensoriums und zugleich eine Gefahr. Denn der Mensch ist ein gesellschaftliches Wesen und an soziale Normen gebunden, die sich nicht nur an sein Gewissen wenden und jeweils bestimmen, was um ihrer selbst willen getan werden muß.

---
[2] Max Scheler: Vom Ewigen im Menschen, Gesammelte Werke 5, 429.

Deshalb gewinnt Schelers Absage an den Formalismus der Kantischen Ethik einen soziologisch-politischen Aspekt. Schon in seiner Schrift von 1917 über *Die Ursachen des Deutschenhasses* wird die verhängnisvolle Identifikation der Pflichtmoral mit dem Preußentum in den Blick gefaßt, die sich freilich bei Kant selber nicht findet, wohl aber dem Wilhelminismus zur Verklärung dienen konnte. Ihn klagt Scheler des „Verrats der Freude" an:

„Ich muß einer führenden Strömung in der deutschen Geistesgeschichte des 19. Jahrhunderts einen Vorwurf in einer Sache machen, die mir von größerem Gewicht und von tieferen Folgen für unser ganzes deutsches Leben – auch für unser gegenwärtiges schweres Schicksal – zu sein scheint, als es auf den ersten Blick einleuchten mag. Ich nenne diesen Vorwurf den „*Verrat der Freude*" zugunsten sei es eines falschen Heroismus, sei es einer falschen, unmenschlichen Pflichtidee. Der Verrat der Freude beginnt mit Kant, der – wie die gebräuchlichsten Schulbücher der Philosophie sagen – dem ‚flachen Eudaimonismus des Zeitalters der Aufklärung sein herbes anti-eudaimonistisches, erhabenes Pflichtideal des kategorischen Imperativs entgegengestellt hat'. ... Diese Losung Kants war bestimmend für Fichte, ferner für Hegel, dem auch ‚die Weltgeschichte nicht der Boden des Glückes' ist, und sie war es in anderer Richtung auch für unsere großen Pessimisten, für Schopenhauer, E. von Hartmann, die Kants negative Glückslehre und seinen starken geschichtsphilosophischen Pessimismus von ihm übernahmen. Und selbst der große Werterevolutionär Fr. Nietzsche erklärt emphatisch: ‚Trachte ich denn nach Glücke? Ich trachte nach meinem Werke!'."[3]

„Man darf eine so starke ethisch-philosophische Strömung wie diesen von Kant inaugurierten heroizistischen Anti-Eudaimonismus nicht nur rational und rein geistesgeschichtlich würdigen; am wenigsten dann, wenn diese Theorie *mehr* ist als eine schöne Theorie im philosophischen Lehrbuch, wenn sie vielmehr *die lebendige Form der Lebenswertung* gerade der Besten eines ganzen Volkes geworden ist. Dann ist sie immer auch zugleich der geistig-seelische Ausdruck einer Stammestradition, eines Staatsgeistes, einer Landschaft – ihrer Seele und Sitte, ihres Bodens und Klimas – kurz: der *rationale Ausdruck eines historisch und ethnisch geprägten Menschentypus*. So angesehen, gewinnt das, was wir den ‚Verrat der Freude' zu nennen uns erlaubten, sofort sein anschaulich-plastisches Relief" (6, 74).

---

[3] Max Scheler: Vom Verrat der Freude. In: Schriften zur Soziologie und Weltanschauungslehre, Gesammelte Werke 6, 73 und 74.

Was hier als aufschließendes Paradigma für Schelers ethische Gesinnung steht – sicher keine Absage an den Gedanken der Pflicht, aber an seine Diktatur über alle Werte in Sitte und Sittlichkeit –, ist zugleich ein Beispiel für das, was ihn in seiner Auseinandersetzung mit dem Historismus, Pragmatismus und Marxismus Ende der zwanziger Jahre bewegt hat, eine gegen den totalen Wertrelativismus, Historismus und ökonomischen Materialismus abgesicherte Position der Mitte einzunehmen, die gleichwohl vor der Macht der Realfaktoren die Augen nicht verschließt.

Für eine Soziologie des Wissens, Schelers letztes größeres Unternehmen von 1924, das er selbst als eine Rhapsodie, eine ungeordnete Menge von mehr oder weniger offenen Problemen bezeichnete und als Teil der Kultursoziologie behandelte – und überfrachtete, ist der Pluralismus der Kulturen und Gruppen der gegebene Ausgangspunkt. Neben den Realfaktoren gibt es – auch für den ökonomischen Materialismus, hier allerdings nur im Überbau – Idealfaktoren. Ihr Zusammenwirken bestimmt den möglichen Fortgang des soziohistorischen Geschehens:

„Der Geist im subjektiven und objektiven Sinne, ferner als individualer und kollektiver Geist, bestimmt für *Kultur*inhalte, die da *werden* können, nur und ausschließlich ihre *Sosein*sbeschaffenheit. Der Geist als solcher hat jedoch an sich *ursprünglich* und von Hause aus *keine Spur* von ‚Kraft' oder ‚Wirksamkeit', diese seine Inhalte auch ins *Dasein* zu setzen. Er ist wohl ein ‚*Determinationsfaktor*', aber kein ‚Realisationsfaktor' des möglichen Kulturwerdens."[4]

Gegenspieler sind die negativen Realisationsfaktoren oder Auslesefaktoren, die realen, triebhaft bedingten Lebensverhältnisse, die besondere Kombination der Machtverhältnisse, geographischen und geopolitischen Bedingungen. Sie bestimmen, was aus dem Spielraum des ideell Möglichen nicht realisiert werden kann:

„Je ‚reiner' der Geist, desto machtloser im Sinne dynamischen Wirkens ist er in Gesellschaft und Geschichte" (8, 21). Das ist das große gemeinsame Wahrheitselement jeder skeptischen, pessimistischen, naturalistischen Geschichtsauffassung.

Der menschliche Geist vermag nur zu enthemmen, loszulassen dasjenige, was aufgrund realer Ursachen ins Leben treten will. Ideen, die nicht im Spielraum von Realfaktoren liegen, haben keine Aussicht auf Verwirklichung und bleiben Utopie. Umgekehrt lassen sich Ideen aus gegebenen Realstrukturen nicht eindeutig ableiten. Im geistigen Be-

---

[4] Max Scheler: Probleme einer Soziologie des Wissens. In: Die Wissensformen und die Gesellschaft, Gesammelte Werke 8, 21.

reich gibt es potentielle „Freiheit" und Autonomie des Geschehens nach Sosein, Sinn und Wert, aber stets suspendierbar durch die Eigenkausalität des „Unterbaues", liberté modifiable im Gegensatz zur fatalité modifiable im Felde der Realfaktoren im Sinne Comtes: „Luther brauchte die Interessen der Fürsten, Städte, der partikular gerichteten Territorialherren, brauchte das aufstrebende Bürgertum – ohne diese Faktoren wäre es nichts geworden mit der Verbreitung der Lehre vom bibellesenden ‚spiritus sanctus internus' und der ‚sola-fides'-Lehre" (8, 22).

Natürlich wußte Scheler, daß die Scheidung in Real- und Idealfaktoren nur im Sinne von Gegenpolen zu verstehen ist, die sich wechselseitig permanent durchdringen. So spiegelt etwa das Konzept der sogenannten sozialen Marktwirtschaft ein ganzes Bündel ökonomischer Interessen, gehört aber damit als ihre Interpretation, um nicht zu sagen: Ideologie, zu den Idealfaktoren, die ihre Durchsetzungskraft von den ihr entsprechenden Realfaktoren nimmt.

Scheler bezieht also eine Zwischenposition zwischen Marx und Hegel, zwischen historischem Materialismus mit der Präponderanz von Ökonomie und Klassenlage und einem autonomen Entfaltungszwang des dialektisch geregelten Widerspruchsgeistes. Diese Zwischenposition war Max Weber, Troeltsch und Sombart nicht fremd und bestimmte noch das Werk Karl Mannheims, der diese Art von Wissenssoziologie in *Ideologie und Utopie* fortgesetzt hat. Schelers Lehre von der selektiven, nicht produktiven Wirksamkeit der Realfaktoren harmonisiert mit einer Auffassung von der Interessen- und Triebbindung des Wahrnehmens, Vorstellens, Denkens und Erkennens:

„Erst da, wo sich ‚Ideen' irgendwelcher Art mit Interessen, Trieben, Kollektivtrieben oder, wie wir letztere nennen, ‚Tendenzen' *vereinen*, gewinnen sie *indirekt* Macht und Wirksamkeitsmöglichkeit ... *Positiver Realisationsfaktor* eines rein kulturellen Sinngehaltes aber ist stets die *freie Tat* und der freie Wille der ‚kleinen Zahl' von *Personen*, an erster Stelle der Führer, Vorbilder, Pioniere ..." (8, 21). Und was dann zündet, steckt an und verbreitet sich durch Nachahmung. In diesen Rahmen gehören Schelers „Wissensformen": Bildungswissen, Herrschaftswissen und Erlösungswissen. Die Naturwissenschaft dient dem Herrschaftswissen, während Bildung und Erlösung als Medien heute nicht mehr die gleiche Kraft haben wie das Herrschaftswissen.

Für die Wissenssoziologie unmittelbar nicht relevant, wohl aber für eine philosophische Anthropologie, um die es Scheler vor allem in seinen letzten Jahren zu tun war, ist die Natur des Geistes. Die als ursprünglich angenommenen Geistesstrukturen der Gruppen lassen sich so wenig erklären wie der Geist überhaupt. Er ist eine Urvoraussetzung der Idee des Menschen. Auch wenn wir gewisse vitalpsychische Fähigkeiten mit den Anthropoiden teilen, so ist das, was wir Vernunft oder Geist nennen, durch sein psychologisches Substrat nicht bedingt. Zwischen Menschentier und Mensch gibt es keinen Übergang. Geist ist nach Scheler eine hinzunehmende Voraussetzung, kein Kulminationsprodukt etwa der Zerebralisierung, sondern in jedem Fall ein aus dem empirischen Rahmen herausfallendes Urphänomen.

Auch hier nimmt Scheler bei aller entschiedenen Ablehnung jeder biologischen Ableitung des Geistes, seiner rein negativen Bewertung in der Linie Schopenhauer–Klages–Freud und seiner positiven Bewertung im Sinne der griechischen Klassik eine vermittelnde Stellung ein. Der Geist leitet die Triebverdrängung ein, erweist sich aber insofern als ihre Voraussetzung. Er hemmt durch Versagen von Vorstellungen und Wünschen und enthemmt durch Vorhalten von Ideen und Werten die Triebimpulse, übt also die schon erwähnte Steuer- und Schleusenfunktion aus. Aber die natürlichen Sublimierungsprozesse (im Sinne Freuds) der wertblinden Kräfte kommen den kraftlosen Intentionen des geistigen Weltgrundes, an dem Scheler trotz seiner Distanzierung vom Glauben an einen persönlichen Gott immer festhalten wollte, wachsend entgegen. Denn in der Geschichte der Natur, des Lebens und in der menschlichen Geschichte gewinnen dank wachsender Aneignung der Ideen und Werte durch die großen Gruppentendenzen und Interessenverflechtungen die Ideen an Boden. Ein Beispiel wäre die durch das Patt der Atommächte erzwungene Verhinderung von globalen Kriegen. Daß die Ausbreitung der industriellen Technik aber von einer zunehmenden Verschärfung nationalistischer und partikularistischer Tendenzen begleitet wird, konnte ihn in den zwanziger Jahren von seiner Überzeugung, Europa sei mit dem Ende des Ersten Weltkrieges in ein Zeitalter des Ausgleichs gekommen, nicht abbringen.

In diese Zeit, in der er sich zunehmend vom Katholizismus entfernte, fällt die Trennung von seiner zweiten Frau Märit und seine dritte Heirat mit Maria Scheu. Auch aus dieser Ehe hatte Scheler einen Sohn, dessen Geburt er freilich nicht mehr erlebte.

Mit seiner Veröffentlichung (1928) *Die Stellung des Menschen im Kosmos*, der ein Vortrag in der philosophischen Gesellschaft Keyserlings in Darmstadt zugrunde liegt, stellte sich Scheler als Begründer, wenn man will, als Wiedererwecker einer philosophischen Anthropologie vor. Im Menschen begegnen sich alle Stufen der organischen Natur vom Gefühlsdrang, Instinkt über das assoziativ-dissoziative Gedächtnis bis hin zur vitalgebundenen Intelligenz, freilich in einer durch seine

Geistigkeit modifizierten Form. Sie ist, wie wir wissen, ein Monopol des Menschen und entzieht ihn als Vermögen der Ideation und Wesensschau der zoologischen Einordnung im Sinne des homo sapiens, des Menschentieres, eines animal rationale. Wieder bewährt sich (wenn auch unter anderen Vorzeichen) der Dualismus Descartes'. Meinen Versuch, mit Hilfe des Positionalitätsbegriffes die Lebendigkeit von vorneherein so zu fassen, daß sie als exzentrische Positionalität dem Geist als einer Art Lebensmöglichkeit Raum bietet, hätte Scheler nicht akzeptieren können, auch wenn er von diesem Gedanken, als wir uns das letzte Mal bei Erdbeeren und Schlagsahne aussprachen, „beeindruckt" war.

Schließlich wollte er in seiner Lehre von der wachsenden Durchdringung des dämonischen Lebensdranges mit dem machtlosen Geist seine Metaphysik, um nicht zu sagen, eine Theologie des geschichtlichen Werdens geben. Die Verlebendigung des Geistes ist dem Menschen anvertraut, der im Unterschied zu den ihm biologisch stammverwandten Primaten als einziges Lebewesen über die Gabe der *Versachlichung* verfügt, die ohne Wesensschau nicht möglich ist. Dem sich vergeistigenden Menschen entspricht die Vermenschlichung des Geistes im geschichtlichen Weltprozeß. Christlich gesprochen: Gott als geistlicher Weltgrund braucht den Menschen. Dem werdenden Menschen steht ein werdender Gott gegenüber. Teilhard de Chardin und Scheler haben vermutlich nicht voneinander gewußt, konvergieren aber in ihren Überzeugungen: Gott als Prozeß, Bergsons Dieu se fait, hat die Menschheit zur Stätte seiner in der Zukunft liegenden Realisierung. Gott braucht den *philosophierenden* Menschen als Mitarbeiter. Das steht diametral zu Hegels Eule der Minerva, die erst mit einbrechender Dämmerung ihren Flug beginnt. Hegels Gott ist kein kommender, sondern gekommener, ein zu sich selbst gekommener Gott, der, weil er zur Selbstsicht in der Philosophie gelangt ist, ihr Ende bedeutet.

Überhaupt wäre es falsch – und das scheint mir angesichts der Wissenschaftsverachtung etwa bei dem Scheler doch sehr verpflichteten Heidegger der Fall – bei ihm eine ähnliche Haltung zu vermuten. Die philosophische Anthropologie darf sich nicht an einer Definition des Menschen festbeißen – dazu hat der Mensch, wie er sagt, „zu viele Enden". Sie muß sich als das erkenntnistheoretische und ontologische Bindeglied zwischen den Erfahrungswissenschaften vom Menschen verstehen. Gott braucht insofern auch den empirischen Forscher. Je konkreter, um so besser. Was Scheler an Husserl störte, zumal in den Göttinger Jahren, in denen sich dessen „Rückwendung" zum transzendentalen Idealismus gegen den Protest der Schüler der ersten Stunde vollzog, war „das ewige Messer-Wetzen ohne zum Essen zu kommen".

Scheler im Kolleg habe ich nie erlebt – nur in Gesellschaft, vor allem im Hause von Frau Louise Koppel in der Marienburg, das Olbrich gebaut hatte und das den köstlichen Rahmen für eine Geselligkeit bot, wie es sie längst nicht mehr gibt. Hier konnte Scheler seinen ganzen Charme, seine Koketterie entfalten, mit der er, sagen wir etwa, den Satz vom ausgeschlossenen Dritten seinen Zuhörern so nahe zu bringen wußte, daß sie mit dem Dritten geradezu Mitleid bekamen. Ich habe nie verstanden, warum seine akademische Wirkung auf Schüler vergleichsweise gering war. Ich kenne eigentlich nur zwei von Format: Paul Ludwig Landsberg, der ein Opfer der Gestapo wurde, und den Kunstphilosophen Heinrich Lützeler.

Ein brennender Mensch, wie ihn das Portrait von Dix im Dozentenzimmer der Kölner Universität leicht heroisierend festhält, war Scheler in höchstem Maße impressionabel. Man wußte nie genau, woran man mit ihm war, je nachdem (oder wie der Dirigent Otto Klemperer, unser gemeinsamer Freund, verbesserte: je nach der). Unter vier Augen gefiel er sich in der Rolle des Mephisto: „Man hat mir oft zum Vorwurf gemacht, ich hätte in der Münchener Zeit manchen Freund, nicht zuletzt durch meine Bücher, zum Katholizismus bekehrt. Aber wissen Sie: Ich habe meine Dummheiten nie mitgemacht."

So war es nun nicht. Trotz seiner Distanzierung vom Katholizismus, die immer schärfere Formen annahm und Berlin auf Wunsch Adenauers veranlaßte, ihn nach Frankfurt zu berufen, setzte der Prälat Grosche die Beerdigung nach katholischem Ritus durch – wenn ich heute zurückdenke, gewiß in seinem Sinne.

Nachweise

I. Kultur – Politik – Ästhetik

Vom abendländischen Kulturbegriff. (Anläßlich der Umbildung der Universität Konstantinopel.). In: Beiträge zur Kenntnis des Orients. Jahrbuch der Deutschen Vorderasiengesellschaft 13 (1916), S. 44–53
Die Untergangsvision und Europa. In: Der Neue Merkur 4 (April–September 1920), S. 265–279
Staatskunst und Menschlichkeit. In: Volkswacht für Schlesien. Breslau, 9. November 1920
Politische Kultur. Vom Wert und Sinn der Staatskunst als Kulturaufgabe. In: Frankfurter Zeitung, 3. April 1921
Politische Erziehung in Deutschland. In: Die Zukunft, 30. Jg., Nr. 6, Berlin, 5. November 1921, S. 149–165
Wiedergeburt der Form im technischen Zeitalter. Bislang ungedruckt. Vortrag auf der 25-Jahr-Feier des Deutschen Werkbundes am 14. Oktober 1932. Typoskript; Plessner-Archiv Groningen, Mappe 42
Das Problem der Klassizität für unsere Zeit. In: Algemeen Nederlands Tijdschrift voor Wijsbegeerte en Psychologie 30 (1936/1937), S. 152–162
Zur Genesis moderner Malerei. In: Gerhard Funke (Hrsg.), Konkrete Vernunft. Festschrift für Erich Rothacker. Bonn 1958, S. 411–419

II. Philosophische Anthropologie und Soziologie

Hören und Vernehmen. In: Melos 5 (Januar 1925), Heft 6, S. 285–290
Sinnlichkeit und Verstand. Zugleich ein Beitrag zur Philosophie der Musik. Deutsche Originalfassung (ca. 1936) der ersten drei Abschnitte des Aufsatzes „Sensibilité et raison. Contribution à la philosophie de la musique" [in: Recherches philosophiques. Paris 1936/37, S. 144–189; jetzt in: GS VII, S. 131–183], aus dem Nachlaß herausgegeben von Hans-Ulrich Lessing. In: Divinatio 10 (Autumn – Winter 1999), S. 7–35
Tier und Mensch (zusammen mit F. J. J. Buytendijk). In: Die neue Rundschau 49 (1938), S. 313–337
Das Problem der menschlichen Umwelt. Vortrag im Sender RIAS, Berlin am 6. Juli 1951. Herausgegeben vom Institut für Film und Bild in Wissenschaft und Unterricht. München 1965, S. 29–39
Nachwort zu Ferdinand Tönnies. In: Kölner Zeitschrift für Soziologie und Sozialpsychologie 7 (1955), S. 341–347
Philosophische Anthropologie. In: Die Religion in Geschichte und Gegenwart. Handwörterbuch für Theologie und Religionswissenschaft. 3., völlig neu bearbeitete Auflage. Band 1. Tübingen 1957, Sp. 410–414

Über die allgemeine Bedeutung des Normativen in der Lebensbewältigung. In: Otto Walter Haseloff/Herbert Stachowiak (Hrsg.), Kultur und Norm. Berlin 1957, S. 23–31

Spiel und Sport, erweiterte Fassung von: Der Mensch im Spiel. Vortrag, gehalten auf dem Freiburger Dies Universitatis 1966. In: Werner Marx (Hrsg.), Das Spiel, Wirklichkeit und Methode. Freiburg i. Br. 1967, S. 7–11, zuerst in: Helmuth Plessner: Diesseits der Utopie. Ausgewählte Beiträge zur Kultursoziologie. Düsseldorf und Köln 1966 [Neuauflage: Frankfurt a. M. 1979], S. 160–172 ; Abdruck in: Helmuth Plessner u. a. (Hrsg.), Sport und Leibeserziehung. Sozialwissenschaftliche, pädagogische und medizinische Beiträge. München 1967, S. 17–27

Die Gesellschaft und das Selbstverständnis des Menschen – Philosophische Aspekte. In: Universitas 34 (1979), S. 9–15

III. Philosophie

Über die Rätselhaftigkeit der Philosophie. Bislang ungedruckt. Beitrag für die nicht veröffentlichte Festschrift zum 60. Geburtstag von Karl Jaspers [vgl. GS IX, S. 190]. Typoskript, ca. 1943; Plessner-Archiv Groningen, Mappe 43

Lebensphilosophie und Phänomenologie. Deutsche Originalfassung (ca. 1949) des Aufsatzes „Levensphilosophie en Phaenomenologie" [in: Philosophia. Benopt handboek tot de geschiedenis van het wijsgeerig denken, herausgegeben von H. van Oyen. Deel II. Utrecht 1949; jetzt in: GS IX, 192–223], aus dem Nachlaß herausgegeben von Guy van Kerckhoven. In: Dilthey-Jahrbuch für Philosophie und Geschichte der Geisteswissenschaften 7 (1990/91), S. 289–313

Offene Problemgeschichte. In: Heinz Heimsoeth/Robert Heiß (Hrsg.), Nicolai Hartmann. Der Denker und sein Werk. Göttingen 1952, S. 97–104

Adornos *Negative Dialektik*. Ihr Thema mit Variationen. In: Kant-Studien 61 (1970), S. 507–519

Carl Friedrich von Weizsäckers Studien *Die Einheit der Natur*. In: Universitas 26 (1971), S. 1095–1098

Zum Verständnis der ästhetischen Theorie Adornos. In: Philosophische Perspektiven 4 (1972), S. 126–136

IV. Erinnerungen

Ad memoriam Edmund Husserl (1859-1938). In: De Gemeenschap. Utrecht 1938, S. 310–318

In memoriam Hans Driesch. In: Tijdschrift voor Philosophie 3 (1941), S. 399–404

Unsere Begegnung. In: Rencontre/ Encounter/ Begegnung. Contributions à une psychologie humaine dédiées au Professeur F. J. J. Buytendijk. Utrecht/ Antwerpen 1957, S. 331–338

In Heidelberg 1913. In: René König/Johannes Winckelmann (Hrsg.), Max Weber zum Gedächtnis. Materialien und Dokumente zur Bewertung von Werk und Persönlichkeit. Köln und Opladen 1963, S. 30–34

Die ersten zehn Jahre Soziologie in Göttingen. In: Mens en Maatschappij 40 (1965), S. 448–455 [die in der Druckvorlage (Plessner-Archiv Groningen, Mappe 52) fehlenden – offenbar von der Redaktion hinzugefügten – erläuternden Anmerkungen sind weggelassen]

Totale Reflexion. Zum Tode Adornos. Bislang ungedruckt. Typoskript, ca. 1969; Plessner-Archiv Groningen, Mappe 60

Erinnerungen an Max Scheler. In: Paul Good (Hrsg.), Max Scheler im Gegenwartsgeschehen der Philosophie. Bern und München 1975, S. 19–27

Personenregister

Aalders, W. J. 315
Adenauer, Konrad 346
Adorno, Theodor W. 18 f., 23, 265–267, 269–272, 274–276, 278, 280 f., 286–291, 293–296, 328, 334 f.
Aischylos 89
Alsberg, Paul 166
Aristoteles 44, 89, 95, 111, 219 f., 224 f., 228, 253, 258, 262, 284, 302, 307
Arminius 40
Asam, Cosmas Damian und Egid Quirin 40
Aster, Ernst von 315
Augustin 97, 250, 253, 338
Augustus 98

Baader, Franz Xaver von 38
Bach, Johann Sebastian 57, 279, 290
Bachofen, Johann Jakob 99, 241
Bahrdt, Hans Paul 333
Bamberger, Ludwig 53
Baudelaire, Charles 295
Bazaine, Jean 112
Bebel, August 53
Becker, Carl Heinrich 25, 32
Beckett, Samuel 291, 295
Beethoven, Ludwig van 35, 41, 279
Benedikt XV. 339
Benjamin, Walter 269, 280, 334 f.
Benningsen, Rudolf von 53
Bergson, Henri 15, 131, 154, 156 f., 163, 231, 235, 259, 270, 298, 306, 309, 345
Berlinger, Rudolph 286
Bethmann Hollweg, Theobald von 69
Bismarck, Otto Fürst von 35, 51, 53, 55, 58, 324, 333
Bloch, Ernst 39, 280, 320 f., 334

Boeckh, August 233
Böhm-Bawerk, Eugen 323
Bölsche, Wilhelm 38
Bolk, Louis 15, 163
Brahms, Johannes 37
Brentano, Franz 243, 245, 298, 308, 323
Breysig, Kurt 44
Brockdorff-Rantzau, Ulrich Graf von 324
Bruckner, Anton 37
Buddha 91
Bütschli, Otto 307, 320
Burckhardt, Jacob 233
Burlet, H. M. de 316
Busch, Alexander 329
Buytendijk, Frederik Jacobus Johannes 15, 19, 22 f., 164 (Anm. 1), 200, 254, 313

Cacciatore, Giuseppe 24
Calvin, Johann 322
Carlyle, Thomas 233
Carnegie, Andrew 315
Carus, Carl Gustav 307
Cassirer, Ernst 138
Cavour, Camillo Graf Benso di 35
Cézanne, Paul 108
Chagall, Marc 109
Chopin, Frédéric 36
Claparède, Edouard 200
Claudel, Paul 37
Clauss, Ludwig Ferdinand 297
Clearchus 219
Coghill, G. E. 316
Comte, Auguste 36, 233, 343
Conrad-Martius, Hedwig 248
Croce, Benedetto 240
Cromwell, Oliver 304

Dacqué, Edgar 166
Dahlmann, Friedrich Christoph 233
Darwin, Charles 36, 129, 148–150, 156, 233, 278 f.
Demokrit 186
Descartes, René 225, 242, 262, 345
Dietrich, Otto 297
Dilthey, Wilhelm 17, 20, 130, 139, 177, 185 f., 188, 231 f., 234–239, 243, 250, 254
Dirken, M. N. J. 312, 316
Disraeli, Benjamin 55, 59
Dix, Otto 346
Dreitzel, Hans Peter 328
Driesch, Hans 18–20, 304–311, 320 f., 337
Droysen, Johann Gustav 233
Dufy, Raoul 110

Einstein, Albert 136
Engels, Friedrich 186, 240, 277–279
Erb, Wilhelm Heinrich 320
Ernst, Max 109
Eucken, Rudolf 240, 337
Euklid 142

Fechner, Gustav Theodor 104, 237, 307
Ferber, Christian von 322, 328 f.
Feuchtwanger, Lion 337
Feuerbach, Ludwig 184, 186, 278
Fichte, Immanuel Hermann 184
Fichte, Johann Gottlieb 38 f., 226, 228, 235, 277, 281, 299, 341
Fiedler, Konrad 338
Fischer, Joachim 11 (Anm. 11)
Flaubert, Gustave 37, 289
France, Anatole 37
Freud, Sigmund 200, 242, 269, 344
Frey, Dagobert 111
Freyer, Hans 325
Friedmann, Hermann 136 f.
Furtwängler, Adolf 338
Furtwängler, Märit 338, 344

Galilei, Galileo 29, 95 f., 103, 230, 244, 283
Gebsattel, Victor-Emil von 318
Gehlen, Arnold 15, 316

Geiger, Moritz 244, 338
George, Stefan 37, 58, 177, 324
Gervinus, Georg 233
Geulincx, Arnold 309
Giammusso, Salvatore 8 (Anm. 2)
Giotto 42, 100
Gobineau, Arthur Comte de 233
Goethe, Johann Wolfgang von 87, 95, 98, 148, 228, 302, 307
Goldschmidt, Dietrich 326 f.
Gothein, Eberhard 320
Gradenwitz, Otto 320
Gregor der Große 40
Grimm, Jacob 233 f.
Gris, Juan 110
Groethuysen, Bernhard 184, 232
Groos, Karl 200
Grosche, Robert 346
Grünbaum, A. A. 254, 311, 318
Grünewald, Mathias 106
Gruhle, Hans Walter 320
Gundolf, Friedrich 320

Haas, Wilhelm 25
Habermas, Jürgen 207
Haeckel, Ernst 38, 41, 148, 278, 304–306
Hall, Stanley 199 f.
Hartmann, Eduard von 104, 310, 341
Hartmann, Nicolai 18, 231, 250 f., 253 f., 256–264
Hauptmann, Gerhart 213
Hegel, Georg Wilhelm Friedrich 35, 38 f., 77, 174, 192 f., 213 f., 220, 226, 228, 230, 233–235, 238 f., 250, 254, 258, 261 f., 265 f., 268–278, 280 f., 287 f., 292, 295, 335 f., 341, 343, 345
Heidegger, Martin 14, 131, 139, 186, 225, 231, 243 f., 250–254, 261 f., 283, 285, 291, 302, 345
Heine, Heinrich 36
Heraklit 89, 219
Herbst, Curt 306
Herder, Johann Gottfried von 98, 172, 174, 204, 333
Hering, Ewald 116
Hess, Gerhard 328, 331
Hesse, Hermann 290

Heymans, Gerardus 313 f.
Hildebrand, Adolf von 338
Hildebrand, Dietrich von 301, 338
Hitler, Adolf 291, 314 f., 326
Hobbes, Thomas 176
Hodges, Herbert Arthur 232
Homer 41, 94
Honigsheim, Paul 321
Horaz 94
Horkheimer, Max 278, 328
Hornbostel, Erich von 133
Huizinga, Johan 17, 200–202, 219, 223
Humboldt, Wilhelm von 23, 331
Hume, David 224, 226, 284
Husserl, Edmund 17–21, 39, 139, 177, 220, 231, 238, 243–247, 249–254, 260–262, 270–272, 297–302, 308, 312, 323, 325, 337, 339, 345

Ibsen, Henrik 36
Imaz, Eugenio 232
Ipsen, Gunther 333

James, William 298
Jaspers, Karl 14, 17, 131, 186, 225, 229, 261 f., 307, 320, 324
Jellinek, Georg 320
Jolles, André 220 f., 223

Kafka, Franz 213, 295, 335
Kaiser, Georg 208
Kandinsky, Wassily 109
Kant, Immanuel 26, 37, 39, 138, 140, 156, 184, 199, 201, 203, 214, 225, 228, 230, 234 f., 239, 242, 244 f., 249 f., 252, 262, 273, 280–282, 295, 299, 306, 308–310, 338–341
Katz, David 248
Kayser, Wolfgang 111
Kerckhoven, Guy van 24
Keyserling, Graf Hermann 241, 344
Kierkegaard, Søren 186, 220, 250
Klaatsch, Hermann 163
Klages, Ludwig 15, 131, 135, 154, 156–158, 235, 241, 313, 344
Klebs, Georg 307, 320
Klee, Paul 109, 295
Kleist, Heinrich von 201
Klemperer, Otto 296, 346

Köhler, Wolfgang 161, 311
Koppel, Louise 346
Kossel, Albrecht 320
Kramme, Rüdiger 10 (Anm. 9)
Krantz, Dan 329
Krehl, Ludolf von 320
Kries, Johannes von 318
Krockow, Christian Graf von 328

Lachmann, Karl 233
Lamarck, Jean 129
Landmann, Michael 184
Landsberg, Paul Ludwig 278, 346
Laqueur, Ernst 312
Lask, Emil 270, 307, 320
Leeuw, Gerardus van der 315
Leibniz, Gottfried Wilhelm 148, 156, 158, 262, 307, 338
Lempert, Wolfgang 328
Lenard, Philipp 320
Lenin 40
Leonardo da Vinci 42
Lessing, Gotthold Ephraim 98, 334
Lessing, Hans-Ulrich 12 (Anm. 17)
Lessing, Theodor 158, 241
Leyendecker, Herbert 248
Lichtenberg, Georg Christoph 334
Liebmann, Otto 306
Lindworsky, Johannes 311
Linné, Carl von 147
Lipps, Theodor 245, 338
Liszt, Franz von 36
Lloyd George, David 69
Locke, John 120, 127
Loghum Slaterus, van 316
Lotze, Rudolf Hermann 184, 235
Ludwig XIV. 98
Lützler, Heinrich 346
Lukács, Georg 265, 280, 320 f., 324, 334
Lunatscharski, Anatoli 335
Luther, Martin 10 (Anm. 9), 29, 339, 343

Mach, Ernst 226
Maeterlinck, Maurice 37
Mahler, Gustav 37, 296, 335
Maimon, Salomon 273 f.
Mallarmé, Stéphane 295

Mann, Thomas 290, 321
Mannheim, Karl 232, 320, 343
Marcuse, Herbert 269, 335
Marshall, Thomas Humphrey 211
Martin, Alfred von 327
Marx, Karl 36 f., 48, 186, 211 f., 214, 240, 242, 265 f., 269, 271 f., 275, 277 f., 280, 287, 290, 335 f., 343
Matisse, Henri 110
Max, Prinz von Baden 47
Meinong, Alexius 243, 308
Michelangelo 40
Michelet, Karl Ludwig 184
Misch, Georg 232, 243
Mommsen, Theodor 321

Napoleon 34, 100, 233
Naumann, Friedrich 53, 321, 324
Newton, Isaac 103, 283
Nietzsche, Friedrich 32, 37–39, 99, 220, 224, 233, 235, 238, 240–242, 248, 252, 260, 294, 299, 338 f., 341
Nissl, Franz 307, 320
Nohl, Herman 232
Novalis 305

Occam, William von 262
Olbrich, Joseph Maria 346
Olschki, Leonardo 320
Oncken, Hermann 320
Oppenheimer, Franz 326
Ortega y Gasset, José 232, 240
Os, C. H. van 315
Otto, Rudolf 301
Ovid 315

Palágyi, Melchior 135 f., 241
Palestrina 40
Parmenides 259 f.
Pascal, Blaise 253, 338
Passow, Richard 327
Paulus 40
Pawlow, Iwan 153 f., 316
Péladan, Josephin 37
Perikles 98
Pfänder, Alexander 248, 338
Picasso, Pablo 109
Pissarro, Camille 108
Planck, Max 136

Platon 44, 111, 135, 147, 192, 199, 225, 228, 235, 246, 282, 284
Plessner, Monika 24
Poincaré, Henri 285
Porzig, Walter 221
Pos, H. J. 313
Preyer, Wilhelm 200
Proust, Marcel 295, 335
Puder, Martin 291

Raapke, Hans-Dietrich 332
Raffael 100
Raiser, Ludwig 328, 331
Ranke, Leopold von 233 f.
Reger, Max 37
Reinach, Adolf 248, 301
Reinhardt, Max 41
Rembrandt 280
Rengstorf, Karl Heinrich 328
Richter, Eugen 53
Rickert, Heinrich 235, 243, 307, 323
Riehl, Alois 306
Rockefeller, John 315
Rodi, Frithjof 24
Rothacker, Erich 173 f.
Rousseau, Henri 109
Rousseau, Jean Jacques 33, 200
Roux, Wilhelm 304
Rühl, Alfred 312
Rümke, H. C. 254
Ruge, Arnold 36
Rust, Bernhard 316

Sade, Donatien-Alphonse-François de 335
Salz, Arthur 321
Sartre, Jean-Paul 186, 231, 251
Savigny, Friedrich Carl von 233
Schapp, Wilhelm 248
Scheler, Max 15, 18 f., 21 f., 139, 183, 185, 203, 251, 244, 248–254, 262, 278, 297, 301 f., 307, 311, 313, 318, 334, 337–346
Schelling, Friedrich Wilhelm Joseph 35, 38 f., 156, 214, 226, 235, 252, 275, 281, 305, 307
Scheu, Maria 344
Schiller, Friedrich von 199, 202 f., 295
Schlegel, Friedrich 38, 99, 295

Schmalenbach, Herman 177
Schmidt, Georg 100, 102
Schmitt, Carl 11, 322
Schöffler, Herbert 204
Schönberg, Arnold 295
Scholtz, Gunter 24
Schopenhauer, Arthur 38 f., 104, 156 f., 228, 233, 306, 310, 341, 344
Schubert, Franz 35
Schulenburg, Wolfgang 328, 332
Schwonke, Martin 328, 333
Seidel, Alfred 158
Semper, Gottfried 72 f.
Seurat, Georges 108
Signac, Paul 108
Sigwart, Christoph 239
Simmel, Georg 139, 176, 240, 270, 280, 334, 337
Snell, Bruno 331
Sokrates 224, 246, 301
Sombart, Werner 29 (Anm. 1), 176, 183, 326, 338, 343
Spencer, Herbert 148, 176, 200, 233
Spengler, Oswald 9, 38, 174, 235, 240 f.
Spinoza, Baruch de 176, 228, 262
Spranger, Eduard 232
Stalin, Josef W. 269
Stavenhagen, Kurt 333
Stern, Liselotte 327
Straus, Erwin 133
Strauß, Richard 37, 296
Strzelewicz, Willy 332
Stumpf, Carl 116, 243
Szondi, Peter 286

Talleyrand, Charles Maurice de 33, 55
Teilhard de Chardin, Pierre 345
Tenbruck, Friedrich H. 332
Tessitore, Fulvio 24
Thomas von Aquin 29 (Anm. 1), 97, 262
Tönnies, Ferdinand 16, 176–180, 182 f.

Tolstoi, Leo 41
Treitschke, Heinrich von 325
Trendelenburg, Adolf 234, 243
Troeltsch, Ernst 240, 307, 309, 320, 338, 343
Trotzki, Leo 335

Uexküll, Jakob von 154, 156, 158–160, 171–173, 307, 320
Usener, Hermann 233

Veblen, Thorstein 207
Verdi, Giuseppe 41
Vergil 94
Vischer, Friedrich Theodor 293
Volkelt, Johannes 307
Voltaire 98
Vossler, Karl 320

Wagner, Richard 37, 233
Weber, Alfred 320, 326
Weber, Max 8, 10 (Anm. 9), 19 f., 29 (Anm. 1), 176, 242, 276 f., 307, 320–324, 326, 343
Weierstraß, Karl 243, 298
Weismann, August 304
Weizsäcker, Carl Friedrich von 18, 282–285
Welcker, Friedrich Gottlieb 233
Weniger, Erich 328
Wesendonk, Mathilde 294
Wilhelm der Große 40
Wilhelm II. 324
Wilmanns, Karl 320
Wilson, Woodrow 69
Winckelmann, Johann Joachim 44, 98
Windelband, Wilhelm 18, 306 f., 320 f.
Windthorst, Ludwig 53
Worringer, Wilhelm 312
Wundt, Wilhelm 136, 237, 307

Zenon 219, 282
Zola, Emile 36

Über diese Reihe

Die Bände der Reihe „Übergänge" bewegen sich in einem Zwischenbereich, in dem philosophische Überlegungen und sozialwissenschaftliche Forschung aufeinander stoßen und sich verschränken. Das thematische Schwergewicht sind Prozesse des gemeinsamen Handelns, Sprechens und leiblichen Verhaltens, die sich in einer sozialen Lebenswelt abspielen und verändern. Die Frage nach der Ordnung der Welt und Gesellschaft und nach den Übergängen von einer Ordnung zur anderen stellt sich auf neue Weise, sobald man von einer Zwischensphäre ausgeht, die auf die Dauer von keiner Einzelinstanz zu steuern und durch keine bestimmte Ordnung zu erschöpfen ist. In dieser Begrenzung liegt das Potential zu einer Kritik, die nicht aufs Ganze geht.

In der Abfolge der Reihe, die der phänomenologischen Tradition verbunden, aber nicht auf sie beschränkt ist, soll die Erörterung theoretischer und methodischer Grundfragen abwechseln mit der Präsentation spezifischer Forschungsansätze und geschichtsvariabler Untersuchungen. Bevorzugte Themen sind etwa die leibliche Verankerung von Handeln und Erkennen, die Ausbildung und Ausgrenzung von Milieus, Prozesse der Normalisierung und Typisierung, der Kontrast von Alltags- und Forschungspraktiken, die Divergenz von Erkenntnis- und Rationalitätsstilen, der Austausch zwischen fremden Kulturen, Krisen der abendländischen Lebens- und Vernunftordnung u. ä.

Um diesen Studien ein historisches Relief zu verleihen, werden thematisch relevante Traditionsbestände in repräsentativen Texten vergegenwärtigt. Diesem internationalen Programm entspricht auf deutscher Seite der Versuch, an die Forschungslage vor 1933 wiederanzuknüpfen und Vergessenes wie Verdrängtes zurückzuholen.

Herausgeber:
Wolfgang Eßbach und
Bernhard Waldenfels

Erschienen sind:

Band 1
Richard Grathoff/Bernhard Waldenfels (Hrsg.)
Sozialität und Intersubjektivität
Phänomenologische Perspektiven der Sozialwissenschaften im Umkreis von Aron Gurwitsch und Alfred Schütz
1983. 410 S. ISBN 3-7705-2187-8

Band 2
Ulf Matthiesen
Das Dickicht der Lebenswelt und die Theorie des kommunikativen Handelns
2. Aufl. 1985. 186 S.
ISBN 3-7705-2188-9

Band 3
Maurice Merleau-Ponty
Die Prosa der Welt
Hrsg. von Claude Lefort. Einleitung zur dt. Ausg. von Bernhard Waldenfels. Aus dem Franz. von Regula Giuliani
2. Aufl. 1993. 168 S.
ISBN 3-7705-2823-9

Band 4
Alfred Schütz, Aron Gurwitsch
Briefwechsel 1939-1959
Hrsg. von Richard Grathoff. Mit einer Einleitung von Ludwig Landgrebe
1985. XXXX, 544 S. mit Frontispiz.
ISBN 3-7705-2260-5

Band 5
Hermann Coenen
Diesseits von subjektivem Sinn und kollektivem Zwang
Schütz – Durkheim – Merleau-Ponty
Phänomenologische Soziologie im Feld des zwischenleiblichen Verhaltens
1985. 332 S. ISBN 3-7705-2242-7

Band 7
Käte Meyer-Drawe
Leiblichkeit und Sozialität
Phänomenologische Beiträge zu einer pädagogischen Theorie der Inter-Subjektivität
2. Aufl. 1987. 301 S.
ISBN 3-7705-2241-9

Band 8
Christa Hoffmann-Riem
Das adoptierte Kind
Familienleben mit doppelter Elternschaft
3. Aufl. 1989. 343 S. mit 36 Tab.
ISBN 3-7705-2248-6

Band 9
Peter Kiwitz
Lebenswelt und Lebenskunst
Perspektiven einer Kritischen Theorie des sozialen Lebens
1986. 230 S. ISBN 3-7705-2322-9

Band 10
Anselm L. Strauss
Grundlagen qualitativer Sozialforschung
Datenanalyse und Theoriebildung in der empirischen soziologischen Forschung
1991. 376 S. ISBN 3-7705-2656-2

Band 11
Stéphane Mosès
System und Offenbarung
Die Philosophie Franz Rosenzweigs.
Vorw. von Emmanuel Lévinas. Aus dem Franz. von Rainer Rochlitz
1985. 242 S. mit 7 Tab.
ISBN 3-7705-2314-8

Band 12
Paul Ricœur
Die lebendige Metapher
(Vom Verfasser gekürzte Fassung). Aus dem Franz. von Rainer Rochlitz
1986. 325 S. ISBN 3-7705-2349-0

Band 13
Maurice Merleau-Ponty
Das Sichtbare und das Unsichtbare
Gefolgt von Arbeitsnotizen. Hrsg., mit Vorwort und Nachwort versehen von Claude Lefort. Aus dem Französischen von Regula Giuliani/Bernhard Waldenfels
1986. 391 S. ISBN 3-7705-2321-0

Band 14
Rüdiger Welter
Der Begriff der Lebenswelt
Theorien vortheoretischer Erfahrungswelt
1986. 219 S. ISBN 3-7705-2357-1

Band 15
Alexandre Métraux, Bernhard Waldenfels (Hrsg.)
Leibhaftige Vernunft
Spuren von Merleau-Pontys Denken
1986. 309 S. und Frontispiz.
ISBN 3-7705-2315-6

Band 16
Wolfgang Eßbach
Die Junghegelianer
Soziologie einer Intellektuellengruppe
1988. 470 S. ISBN 3-7705-2434-9

Band 17
Jaques Derrida
Husserls Weg in die Geschichte am Leitfaden der Geometrie
Ein Kommentar zur Beilage III der „Krisis". Aus dem Franz. von Rüdiger Hentschel und Andreas Knop. Mit einem Vorw. von Rudolf Bernet
1987. 233 S. ISBN 3-7705-2424-1

Band 18/I
Paul Ricœur
Zeit und Erzählung
Band I: Zeit und historische Erzählung.
Aus dem Franz. von Rainer Rochlitz
1988. 357 S. ISBN 3-7705-2467-5

Band 18/II
Paul Ricœur
Zeit und Erzählung
Band II: Zeit und literarische Erzählung.
Aus dem Franz. von Rainer Rochlitz
1989. 286 S. ISBN 3-7705-2468-3

Band 18/III
Paul Ricœur
Zeit und Erzählung
Band III: Die erzählte Zeit. Aus dem Franz. von Andreas Knop
1991. 450 S. ISBN 3-7705-2608-2

Band 19
Gerhard Riemann
Das Fremdwerden der eigenen Biographie
Narrative Interviews mit psychiatrischen Patienten
1987. 512 S. ISBN 3-7705-2396-2

Band 20
Eckhard Lobsien
Das literarische Feld
Phänomenologie der Literaturwissenschaft
1988. 225 S. ISBN 3-7705-2485-3

Band 21
Józef Tischner
Das menschliche Drama
Phänomenologische Studien zur Philosophie des Dramas
1989. 276 S. ISBN 3-7705-2589-2

Band 22
John O'Neill
Die fünf Körper
Medikalisierte Gesellschaft und Vergesellschaftung des Leibes
1990. 172 S. ISBN 3-7705-2620-1

Band 23
Jürgen Seewald
Leib und Symbol
Ein sinnverstehender Zugang zur kindlichen Entwicklung
2. Aufl. 2000. 560 S. ISBN 3-7705-2748-8

Band 24
Burkhard Liebsch
Spuren einer anderen Natur
Piaget, Merleau-Ponty und die ontogenetischen Prozesse
1992. 434 S. ISBN 3-7705-2780-1

Band 25
Alexander Haardt
Husserl in Rußland
Phänomenologie der Sprache und Kunst bei Gustav Spet und Aleksej Losev
1993. 259 S. ISBN 3-7705-2807-7

Band 26
Paul Ricœur
Das Selbst als ein Anderer
Aus dem Französischen von Jean Greisch in Zusammenarbeit mit Thomes Bedorf und Birgit Schaaff
1996. 443 S. ISBN 3-7705-2904-9

Band 27
Verena Olejniczak
Subjektivität als Dialog
Philosophische Dimension der Fiktion. Zur Modernität Ivy Compton-Burnetts
1993. 463 S. ISBN 3-7705-2906-5

Band 28
Maurice Merleau-Ponty
Keime der Vernunft
Vorlesungen an der Sorbonne 1949-1952. Hrsg. und mit einem Vorwort versehen von Bernhard Waldenfels. Aus dem Franz. von Antje Kapust. Mit Anm. von Antje Kapust und Burkhard Liebsch
1994. 450 S. ISBN 3-7705-2927-8

Band 29
Käte Meyer-Drawe
Menschen im Spiegel ihrer Maschinen
1996. 232 S. ISBN 3-7705-3087-X

Band 30
Burkhard Liebsch
Geschichte im Zeichen des Abschieds
1997. 435 S. ISBN 3-7705-3128-0

Band 31
Ichiro Yamaguchi
Ki als leibhaftige Vernunft
Beitrag zur interkulturellen Phänomenologie der Leiblichkeit
1997. 248 S. ISBN 3-7705-3204-X

Band 32
Bernhard Waldenfels/Iris Därmann (Hrsg.)
Der Anspruch des Anderen
Perspektiven phänomenologischerEthik
1998. 351 S. ISBN 3-7705-3254-6

Band 33
László Tengelyi
Der Zwitterbegriff der Lebensgeschichte
1997. 446 S. ISBN 3-7705-3248-1

Band 34
Maurice Merleau-Ponty
Sinn und Nicht-Sinn
Aus dem Französischen von Hans-Dieter Gondek
2000. 260 S. ISBN 3-7705-3379-8

Band 35
Maurice Merleau-Ponty
Die Natur
Aufzeichnungen von Vorlesungen am Collège de France 1956–1960. Herausgeben und mit Anmerkungen versehen von Dominique Séglard. Aus dem Französischen von Mira Köller
2000. 378 S. ISBN 3-7705-3339-9

Band 36
Thomas Rolf
Normalität
Ein philosophischer Grundbegriff des 20. Jahrhunderts
1999. 322 S. ISBN 3-7705-3391-7

Band 37
Regula Giuliani (Hrsg.)
Merleau-Ponty und die Kulturwissenschaften
2000. 361 S. ISBN 3-7705-3478-6

Band 38
Ruben Zimmermann (Hrsg.)
Bildersprache verstehen
Zur Hermeneutik der Metapher und anderer bildlicher Sprachformen. Mit einem Geleitwort von Hans-Georg Gadamer. Eingel. von Ruben Zimmermann
2000. 391 S. ISBN 3-7705-3492-1

Band 39
Thomas Keller
Deutsch-französische Dritte-Weg-Diskurse
Personalistische Intellektuellendebatten in der Zwischenkriegszeit
2000. 437 S. ISBN 3-7705-3504-9